Reihe Hanser 124

Elias Canetti · Masse und Macht
Erster Band

»Den Plan zu einem Buch über ›Die Masse‹ faßte ich schon 1925, als ich 20 war, also lange vor der ›Blendung‹. Ich schrieb mir schon damals viel dazu auf und sammelte von überallher Material. 1931 erkannte ich, daß ein solches Buch ohne eine ergänzende Studie der Macht wertlos bleiben müßte, und erweiterte den Plan. So hat das Buch mich eigentlich 35 Jahre begleitet und 20 davon, in England, habe ich mich ausschließlich darauf konzentriert.«

1960 erschien das Buch im Claassen-Verlag – 1962 folgten die amerikanische Ausgabe bei Viking Press und die englische bei Viktor Gollancz – 1966 die französische bei Gallimard – 1971 die japanische bei Hosei University Press – 1972 die italienische bei Rizzoli, die holländische ist bei Polak en van Gennep in Vorbereitung.

Reihe Hanser 124

Elias Canetti
Masse und Macht

Erster Band

Carl Hanser Verlag

ISBN 3 446 11746 6

Lizenzausgabe mit freundlicher
Genehmigung des Claassen Verlag GmbH

Ausstattung:
Heinz Edelmann
Gesamtherstellung:
Friedrich Pustet,
Regensburg
Printed in Germany

Inhalt

Die Masse

Die Meute

Meute und Religion

Masse und Geschichte

Die Eingeweide der Macht

Der Überlebende

Umschlagen der Berührungsfurcht

Nichts fürchtet der Mensch mehr als die Berührung durch Unbekanntes. Man will *sehen,* was nach einem greift, man will es erkennen oder zumindest einreihen können. Überall weicht der Mensch der Berührung durch Fremdes aus. Nachts oder im Dunkel überhaupt kann der Schrecken über eine unerwartete Berührung sich ins Panische steigern. Nicht einmal die Kleider gewähren einem Sicherheit genug; wie leicht sind sie zu zerreißen, wie leicht ist es, bis zum nackten, glatten, wehrlosen Fleisch des Angegriffenen durchzudringen.

Alle Abstände, die die Menschen um sich geschaffen haben, sind von dieser Berührungsfurcht diktiert. Man sperrt sich in Häuser ein, in die niemand eintreten darf, nur in ihnen fühlt man sich halbwegs sicher. Die Angst vor dem Einbrecher gilt nicht seinen räuberischen Absichten allein, sie ist auch eine Furcht vor seinem plötzlichen, unerwarteten Griff aus dem Dunkel. Die Hand, zur Kralle geformt, wird als Symbol für diese Angst immer wieder verwendet. Viel von diesem Sachverhalt ist in den Doppelsinn des Wortes ›angreifen‹ eingegangen. Die harmlose Berührung wie die gefährliche Attacke, beides ist zugleich in ihm enthalten, und etwas vom letzteren klingt im ersten immer mit. ›Angriff‹, das Hauptwort, aber hat sich auf den schlechten Sinn des Wortes ausschließlich beschränkt.

Diese Abneigung vor der Berührung verläßt uns auch nicht, wenn wir unter Leute gehen. Die Art, wie wir uns auf der Straße, unter vielen Menschen, in Restaurants, in Eisenbahnen und Autobussen bewegen, ist von dieser Furcht diktiert. Selbst dort, wo wir ganz nahe neben anderen stehen, sie genau betrachten und mustern können, vermeiden wir, wenn es irgend geht, eine Berührung mit ihnen. Wenn wir das Gegenteil tun, haben wir Gefallen an jemandem gefunden, und die Annäherung geht dann von uns selber aus.

Die Promptheit der Entschuldigung, die man für eine unbeabsichtigte Berührung hat, die Spannung, in der sie erwartet wird, die heftige und manchmal tätliche Reaktion, wenn sie nicht erfolgt, der Widerwille und Haß, den man für den ›Übeltäter‹ empfindet, auch wenn man gar nicht sicher sein kann, daß er es ist – dieser ganze Knoten seelischer Reaktionen um die Berührung durch Fremdes, in ihrer extremen Labilität und Reizbarkeit, beweist, daß es hier um etwas sehr Tiefes, immer Waches und immer Verfängliches geht, etwas, das den Menschen nie mehr verläßt, sobald er die Grenzen seiner Person einmal festgestellt hat. Selbst der Schlaf, in dem man viel wehrloser ist, ist durch diese Art von Furcht nur zu leicht zu stören.

Es ist die *Masse* allein, in der der Mensch von dieser Berührungsfurcht erlöst werden kann. Sie ist die einzige Situation, in der diese Furcht in ihr Gegenteil umschlägt. Es ist die *dichte* Masse, die man dazu braucht, in der Körper an Körper drängt, dicht auch in ihrer seelischen Verfassung, nämlich so, daß man nicht darauf achtet, wer es ist, der einen ›bedrängt‹. Sobald man sich der Masse einmal überlassen hat, fürchtet man ihre Berührung nicht. In ihrem idealen Falle sind sich alle gleich. Keine Verschiedenheit zählt, nicht einmal die der Geschlechter. Wer immer einen bedrängt, ist das gleiche wie man selbst. Man spürt ihn, wie man sich selber spürt. Es geht dann alles plötzlich wie *innerhalb eines Körpers* vor sich. Vielleicht ist dies einer der Gründe, warum die Masse sich so dicht zusammenzuziehen sucht: sie will die Berührungsfurcht der einzelnen so vollkommen wie nur möglich loswerden. Je heftiger die Menschen sich aneinanderpressen, um so sicherer fühlen sie, daß sie keine Angst voreinander haben. Dieses *Umschlagen der Berührungsfurcht* gehört zur Masse. Die Erleichterung, die sich in ihr verbreitet und von der noch in anderem Zusammenhang die Rede ist, erreicht ein auffallend hohes Maß in ihrer größten Dichte.

Offene und geschlossene Masse

Eine ebenso rätselhafte wie universale Erscheinung ist die Masse, die plötzlich da ist, wo vorher nichts war. Einige wenige Leute mögen beisammen gestanden haben, fünf oder zehn oder zwölf, nicht mehr. Nichts ist angekündigt, nichts erwartet worden. Plötzlich ist alles schwarz von Menschen. Von allen Seiten strömen andere zu, es ist, als hätten Straßen nur eine Richtung. Viele wissen nicht, was geschehen ist, sie haben auf Fragen nichts zu sagen; doch haben sie es eilig, dort zu sein, wo die meisten sind. Es ist eine Entschlossenheit in ihrer Bewegung, die sich vom Ausdruck gewöhnlicher Neugier sehr wohl unterscheidet. Die Bewegung der einen, meint man, teilt sich den anderen mit, aber das allein ist es nicht: sie haben ein Ziel. Es ist da, bevor sie Worte dafür gefunden haben: das Ziel ist das schwärzeste – der Ort, wo die meisten Menschen beisammen sind.

Es wird manches über diese extreme Form der spontanen Masse zu sagen sein. Sie ist dort, wo sie entsteht, in ihrem eigentlichen Kern, nicht ganz so spontan, wie es den Anschein hat. Aber überall sonst, wenn man von den fünf oder zehn oder zwölf Leuten absieht, von denen sie ihren Ausgang nahm, ist sie es wirklich. Sobald sie besteht, will sie aus *mehr* bestehen. Der Drang zu wachsen ist die erste und oberste Eigenschaft der Masse. Sie will jeden erfassen, der ihr erreichbar ist. Wer immer wie ein Mensch gestaltet ist, kann zu ihr stoßen. Die natürliche Masse ist die *offene* Masse: ihrem Wachstum ist überhaupt keine Grenze gesetzt. Häuser, Türen und Schlösser erkennt sie nicht an; die sich vor ihr versperren, sind ihr verdächtig. ›Offen‹ ist hier in jedem Sinn zu verstehen, sie ist es überall und in jeder Richtung. Die offene Masse besteht, solange sie wächst. Ihr Zerfall setzt ein, sobald sie zu wachsen aufhört.

Denn so plötzlich, wie sie entstanden ist, zerfällt die Masse. In dieser spontanen Form ist sie ein empfindliches Gebilde. Ihre Offenheit, die ihr das Wachstum ermöglicht, ist zugleich ihre Gefahr. Eine Ahnung vom Zerfall, der ihr droht, ist immer in ihr lebendig. Durch rapide Zunahme sucht sie ihm zu entgehen. Solange sie kann, nimmt sie alles auf; aber da sie alles aufnimmt, muß sie zerfallen.

Im Gegensatz zur offenen Masse, die ins Unendliche wachsen kann, die überall ist und eben darum ein universelles Interesse beansprucht, steht die *geschlossene* Masse.

Diese verzichtet auf Wachstum und legt ihr Hauptaugenmerk auf Bestand. Was an ihr auffällt, ist die *Grenze*. Die geschlossene Masse setzt sich fest. Sie schafft sich ihren Ort, indem sie sich begrenzt; der Raum, den sie erfüllen wird, ist ihr zugewiesen. Er ist einem Gefäß vergleichbar, in das man Flüssigkeit gießt, es ist bekannt, wieviel Flüssigkeit hineingeht. Die Zugänge zum Raum sind gezählt, man kann nicht auf jede Weise hineingelangen. Die Grenze wird respektiert. Sie mag aus Stein, aus festem Mauerwerk bestehen. Vielleicht bedarf es eines besonderen Aufnahmeaktes; vielleicht hat man eine bestimmte Gebühr für den Eintritt zu entrichten. Wenn der Raum einmal dicht genug gefüllt ist, wird niemand mehr eingelassen. Selbst wenn er überfließt, bleibt immer noch als Hauptsache die dichte Masse im geschlossenen Raum, zu der die Außenstehenden nicht ernsthaft gehören.

Die Grenze verhindert eine regellose Zunahme, aber sie erschwert und verzögert auch das Auseinanderlaufen. Was an Wachstumsmöglichkeit so geopfert wird, das gewinnt die Masse an Beständigkeit. Sie ist vor äußeren Einwirkungen geschützt, die ihr feindlich und gefährlich sein könnten. Ganz besonders aber rechnet sie mit *Wiederholung.* Durch die Aussicht auf Wiederversammeln täuscht sich die Masse über ihre Auflösung jedesmal hinweg. Das Gebäude wartet auf sie, um ihretwillen ist es da, und solange es da ist, werden sie sich auf dieselbe Weise zusammenfinden. Der Raum gehört ihnen, auch wenn er Ebbe hat, und in seiner Leere gemahnt er an die Zeit der Flut.

Die Entladung

Der wichtigste Vorgang, der sich innerhalb der Masse abspielt, ist die *Entladung.* Vorher besteht die Masse eigentlich nicht, die Entladung macht sie erst wirklich aus. Sie ist der Augenblick, in dem alle, die zu ihr gehören, ihre Verschiedenheiten loswerden und sich als *gleiche* fühlen.

Unter diesen Verschiedenheiten sind besonders äußerlich auferlegte zu verstehen, Unterschiede des Ranges, Standes und Besitzes. Die Menschen als einzelne sind sich dieser Unterschiede immer bewußt. Sie lasten schwer auf ihnen, sie zwingen sie mit großem Nachdruck auseinander. Auf einem bestimmten, sicheren Platze steht der Mensch und hält sich alles, was ihm in die Nähe kommt, mit wirkungsvollen Rechtsgebärden vom Leibe. Wie eine Windmühle auf riesiger Ebene, so steht er da, ausdrucksvoll und bewegt, bis zur nächsten Mühle ist nichts. Alles Leben, wie er es kennt, ist auf Distanzen angelegt, das Haus, in dem er seinen Besitz und sich verschließt, die Stellung, die er bekleidet, der Rang, nach dem er strebt – alle dienen dazu, *Abstände* zu schaffen, zu festigen und zu vergrößern. Die Freiheit jeder tieferen Bewegung von einem zum anderen ist unterbunden. Regungen und Gegenregungen versickern wie in einer Wüste. Keiner kann in die Nähe, keiner in die Höhe des anderen. Fest etablierte Hierarchien auf jedem Gebiete des Lebens erlauben niemandem, an den Höheren zu rühren, sich zum Tieferen anders als scheinbar herabzulassen. In verschiedenen Gesellschaften sind diese Distanzen verschieden gegeneinander ausbalanciert. In manchen liegt der Nachdruck auf den Unterschieden der Herkunft, in anderen auf denen der Beschäftigung oder des Besitzes.

Es kommt hier nicht darauf an, diese Rangordnungen im einzelnen zu kennzeichnen. Wesentlich ist, daß sie überall da sind, daß sie sich überall im Bewußtsein der Menschen einnisten und ihr Verhalten zu den anderen entscheidend bestimmen. Die Genugtuung, in der Rangordnung höher als andere zu stehen, entschädigt nicht für den Verlust an Bewegungsfreiheit. In seinen Distanzen erstarrt und verdüstert der Mensch. Er schleppt an diesen Lasten und kommt nicht vom Fleck. Er vergißt, daß er sie sich selber auferlegt hat und sehnt sich nach einer Befreiung von ihnen. Aber wie soll er sich allein befreien? Was immer er dazu täte, und wäre er noch so entschlossen, er fände sich unter anderen, die sein Bemühen vereiteln. Solange sie an ihren Distanzen festhalten, ist er ihnen um gar nichts näher.

Nur alle zusammen können sich von ihren Distanzen befreien. Genau das ist es, was in der Masse geschieht. In der *Entladung* werden die Trennungen abgeworfen und alle fühlen sich *gleich*. In dieser Dichte, da kaum Platz zwischen ihnen ist, da Körper sich an Körper preßt, ist einer dem anderen so nahe wie sich selbst. Ungeheuer ist die *Erleichterung* darüber. Um dieses glücklichen Augenblickes willen, da keiner *mehr,* keiner besser als der andere ist, werden die Menschen zur Masse.

Aber der Augenblick der Entladung, der so begehrt und so glücklich ist, hat seine eigene Gefahr in sich. Er krankt an einer Grundillusion: Die Menschen, die sich plötzlich gleich fühlen, sind nicht wirklich und für immer gleich geworden. Sie kehren in ihre separaten Häuser zurück, sie legen sich in ihre Betten schlafen. Sie behalten ihren Besitz, sie geben ihren Namen nicht auf. Sie verstoßen ihre Angehörigen nicht. Sie laufen ihrer Familie nicht davon. Nur bei Bekehrungen ernsthafter Art treten Menschen aus alten Verbindungen heraus und in neue ein. *Solche* Verbände, die ihrer Natur nach nur eine begrenzte Zahl

von Mitgliedern aufnehmen können und ihren Bestand durch harte Regeln sichern müssen, bezeichne ich als Massenkristalle. Von ihrer Funktion wird noch ausführlich die Rede sein.
Die Masse selbst aber zerfällt. Sie fühlt, daß sie zerfallen wird. Sie fürchtet den Zerfall. Sie kann nur bestehen bleiben, wenn der Prozeß der Entladung fortgesetzt wird, an neuen Menschen, die zu ihr stoßen. Nur der *Zuwachs* der Masse verhindert die ihr Angehörigen daran, unter ihre privaten Lasten zurückzukriechen.

Zerstörungssucht

Von der Zerstörungssucht der Masse ist oft die Rede, es ist das erste an ihr, was ins Auge fällt, und es ist unleugbar, daß sie sich überall findet, in den verschiedensten Ländern und Kulturen. Sie wird zwar festgestellt und mißbilligt, doch wird sie nie wirklich erklärt.
Am liebsten zerstört die Masse Häuser und Gegenstände. Da es sich oft um Zerbrechliches handelt, wie Scheiben, Spiegel, Töpfe, Bilder, Geschirr, neigt man dazu zu glauben, daß es eben diese Zerbrechlichkeit von Gegenständen sei, die die Masse zur Zerstörung anreizt. Es ist nun gewiß richtig, daß der Lärm der Zerstörung, das Zerbrechen von Geschirr, das Klirren von Scheiben zur Freude daran ein Beträchtliches beiträgt: Es sind die kräftigen Lebenslaute eines neuen Geschöpfes, die Schreie eines Neugeborenen. Daß es so leicht ist, sie hervorzurufen, steigert ihre Beliebtheit, alles schreit mit einem und den anderen mit, und das Klirren ist der Beifall der Dinge. Ein besonderes Bedürfnis nach dieser Art von Lärm scheint zu Beginn der Ereignisse zu bestehen, da man sich noch nicht aus allzu vielen zusammensetzt und wenig oder gar nichts geschehen ist. Der Lärm verheißt die Verstärkung, auf die man hofft, und er ist ein glückliches Omen für die kommenden Taten. Aber es wäre irrig zu glauben, daß die Leichtigkeit des Zerbrechens das Entscheidende daran ist. Man hat sich an Skulpturen aus hartem Stein herangemacht und nicht geruht, bis sie verstümmelt und unkenntlich waren. Von Christen wurden die Köpfe und Arme griechischer Götter zerstört. Von Reformatoren und Revolutionären wurden die Bildwerke der Heiligen heruntergeholt, manchmal aus Höhen, wo es lebensgefährlich war, und oft war

der Stein, den man zu zertrümmern suchte, so hart, daß man nur halb damit zum Ziel gelangte.
Die Zerstörung von Bildwerken, die etwas vorstellen, ist die Zerstörung der Hierarchie, die man nicht mehr anerkennt. Man vergreift sich an den allgemein etablierten Distanzen, die für alle sichtbar sind und überall gelten. Ihre Härte war der Ausdruck für ihre Permanenz, sie haben seit langem, man denkt, seit je bestanden, aufrecht und unverrückbar; und es war unmöglich, sich ihnen in feindlicher Absicht zu nähern. Nun sind sie gestürzt und in Trümmer geschlagen. Die *Entladung* hat sich in diesem Akt vollendet.
Doch sie geht nicht immer so weit. Die Zerstörung gewöhnlicher Art, von der anfangs die Rede war, ist nichts als ein Angriff auf alle *Grenzen*. Scheiben und Türen gehören zu den Häusern, sie sind der empfindlichste Teil ihrer Abgrenzung gegen außen. Wenn Türen und Scheiben eingeschlagen sind, hat das Haus seine Individualität verloren. Jeder kann dann nach Herzenslust hinein, nichts und niemand darin ist geschützt. In diesen Häusern stecken aber gewöhnlich, so glaubt man, die Menschen, die sich von der Masse auszuschließen suchen, ihre Feinde. Nun ist, was sie abtrennt, zerstört. Zwischen ihnen und der Masse steht nichts. Sie können heraus und sich ihr anschließen. Man kann sie holen.
Es ist aber noch mehr daran. Der einzelne Mensch selbst hat das Gefühl, daß er in der Masse die Grenzen seiner Person überschreitet. Er fühlt sich erleichtert, da alle Distanzen aufgehoben sind, die ihn auf sich zurückwarfen und in sich verschlossen. Mit dem Abheben der Distanzlasten fühlt er sich frei, und seine Freiheit ist die Überschreitung dieser Grenzen. Was ihm geschieht, soll auch den anderen geschehen, er erwartet von ihnen dasselbe. An einem irdenen Topf reizt ihn, daß er nichts als Grenze ist. An einem Haus reizen ihn die verschlossenen Türen. Riten und Zeremonien, alles, was Distanzen hält, bedroht ihn und ist ihm unerträglich. In diese vorgebildeten Gefäße überall wird man die Masse zersplittert zurückzuführen suchen. Sie haßt ihre künftigen Gefängnisse, die ihr immer Gefängnisse waren. Der nackten Masse erscheint alles als Bastille.
Das eindrucksvollste von allen Mitteln der Zerstörung ist das *Feuer*. Es ist weithin sichtbar und zieht andere an. Es zerstört auf unwiderrufliche Weise. Nichts ist nach einem Feuer wie es vorher war. Die Masse, die Feuer legt, hält sich für unwider-

stehlich. Alles wird zu ihr stoßen, während es um sich greift. Alles Feindliche wird von ihm vernichtet werden. Es ist, wie man noch sehen wird, das kräftigste Symbol, das es für die Masse gibt. Nach aller Zerstörung muß es wie sie erlöschen.

Der Ausbruch

Die *offene* Masse ist die eigentliche Masse, die sich ihrem natürlichen Drang zu wachsen frei überläßt. Eine offene Masse hat kein klares Gefühl oder Bild davon, *wie* groß sie werden könnte. Sie hält sich an kein Gebäude, das ihr bekannt ist und das sie zu erfüllen hätte. Ihr Maß ist nicht festgelegt; sie will ins Unendliche wachsen, und was sie dazu braucht, sind mehr und mehr Menschen. In diesem nackten Zustand fällt die Masse am meisten auf. Doch behält sie etwas Außergewöhnliches und wird, da sie immer zerfällt, nicht ganz voll genommen. Sie wäre vielleicht auch weiterhin nicht mit dem Ernste betrachtet worden, der ihr gebührt, hätte nicht die ungeheuerliche Zunahme der Bevölkerungszahl überall und das rapide Wachstum der Städte, die unser modernes Zeitalter kennzeichnen, zu ihrer Bildung immer häufiger Gelegenheit gegeben.
Die *geschlossenen* Massen der Vergangenheit, von denen noch die Rede sein wird, waren alle zu vertrauten Institutionen geworden. Der eigentümliche Zustand, in den ihre Teilnehmer oft gerieten, schien etwas Natürliches; immer war man zu einem bestimmten Zweck beisammen, sei es religiöser, festlicher oder kriegerischer Art, und der Zweck schien den Zustand zu heiligen. Wer einer Predigt beiwohnte, war gewiß im guten Glauben, daß es ihm auf die Predigt ankam, und er wäre erstaunt und vielleicht empört gewesen, hätte ihm jemand auseinandergesetzt, daß die große Zahl der anwesenden Hörer ihm mehr Befriedigung gewähre als die Predigt selbst. Alle Zeremonien und Regeln, die zu solchen Institutionen gehören, haben es im Grunde auf ein *Abfangen* der Masse abgesehen: lieber eine sichere Kirche voll von Gläubigen als die unsichere ganze Welt. In der Gleichmäßigkeit des Kirchenbesuches, der vertrauten und genauen Wiederholung bestimmter Riten sichert man der Masse etwas wie ein gezähmtes Erlebnis ihrer selbst. Der Ablauf dieser Verrichtungen zu festgesetzten Zeiten wird zu einem Ersatz für Bedürfnisse härterer und heftigerer Art.

Vielleicht hätten solche Einrichtungen genügt, wenn die Zahl der Menschen sich ungefähr gleichgeblieben wäre. Aber es liefen immer mehr Leute in den Städten herum, die Vermehrung der Bevölkerungszahl in den letzten hundert Jahren ging mit zunehmender Geschwindigkeit vonstatten. Damit waren auch alle Reizungen zur Bildung neuer und größerer Massen gegeben und nichts, auch die erfahrenste und raffinierteste Leitung nicht, wäre imstande gewesen, sie unter solchen Voraussetzungen zu verhindern.

Alle Auflehnungen gegen überkommenes Zeremoniell, von denen die Religionsgeschichte meldet, sind gegen die Beschränkung der Masse gerichtet, die endlich ihr Wachstum wieder fühlen will. Man denkt an die Bergpredigt im Neuen Testament: sie spielt sich im Freien ab, Tausende können zuhören, und sie ist, daran kann kein Zweifel bestehen, gegen das begrenzende Zeremonien-Treiben des offiziellen Tempels gerichtet. Man denkt an die Tendenz des paulinischen Christentums, aus den Volks- und Stammesgrenzen des Judentums auszubrechen und zu einem universalen Glauben für alle Menschen zu werden. Man denkt an die Verachtung des Buddhismus für das Kastenwesen des damaligen Indien.

Auch die *innere* Geschichte der einzelnen Weltreligionen ist an Ereignissen ähnlichen Sinnes reich. Immer ist Tempel, Kaste und Kirche zu eng. Die Kreuzzüge führen zu Bildungen von Massen von einer Größe, wie sie kein Kirchengebäude der damaligen Welt zu halten vermocht hätte. Ganze Städte werden später zu Zuschauern für die Verrichtungen der Geißler, und sie wandern dann erst noch von Stadt zu Stadt. Wesley baut, noch im 18. Jahrhundert, seine Bewegungen auf Predigten im Freien auf. Er ist sich der Bedeutung seiner enormen Zuhörermassen sehr wohl bewußt, manchmal redet er sich in seinem Tagebuch aus, wie viele ihn wohl diesmal gehört haben mögen. Der Ausbruch aus den geschlossenen Verrichtungslokalen bedeutet jedesmal, daß die Masse sich ihre alte Lust am plötzlichen, rapiden und unbegrenzten Wachstum zurückholen will.

Als *Ausbruch* bezeichne ich also den plötzlichen Übergang einer *geschlossenen* in eine *offene* Masse. Dieser Vorgang ist häufig, doch darf man ihn nicht zu räumlich verstehen. Oft sieht es so aus, als ob eine Masse überfließe, aus einem Raum, in dem sie wohlbehütet war, auf den Platz und auf die Straßen einer Stadt, wo sie, alles an sich ziehend und allem ausgesetzt, sich frei ergeht. Wichtiger als dieser äußere ist aber der innere Vorgang, der ihm entspricht: die Unzufriedenheit mit der Begrenzung in der Zahl der Teilnehmer, der plötzliche Wille *anzuziehen*, die leidenschaftliche Entschlossenheit, *alle* zu erreichen.

Seit der Französischen Revolution haben diese Ausbrüche eine Form bekommen, die wir als modern empfinden. Vielleicht weil sich die Masse vom Gehalt der traditionellen Religionen so weitgehend freigemacht hat, ist es uns seither leichter, sie nackt, man möchte sagen, biologisch zu sehen, ohne die transzendenten Sinngebungen und Ziele, die sie sich früher einimpfen ließ. Die Geschichte der letzten 150 Jahre hat sich zu einer raschen Vermehrung solcher Ausbrüche zugespitzt; selbst die Kriege sind in sie einbezogen, sie sind zu Massenkriegen geworden. Die Masse begnügt sich nicht mehr mit frommen Bedingungen und Verheißungen, sie will das größte Gefühl ihrer animalischen Stärke und Leidenschaft selbst erleben und benutzt zu diesem Zwecke immer wieder, was sich ihr an sozialen Anlässen und Forderungen bietet.

Es ist wichtig, als erstes einmal festzustellen, daß die Masse sich nie gesättigt fühlt. Solange es einen Menschen gibt, der nicht von ihr ergriffen ist, zeigt sie Appetit. Ob sie diesen auch behalten würde, wenn sie wirklich *alle* Menschen in sich aufgenommen hätte, kann niemand sicher sagen, doch ist es sehr zu vermuten. Ihre Versuche, *bestehen* zu bleiben, haben etwas Ohnmächtiges. Der einzig aussichtsreiche Weg dazu ist die Bildung von Doppelmassen, wobei dann eine Masse sich an einer anderen mißt. Je näher sich diese sind, an Kraft und Intensität, um so länger bleiben die beiden, die sich messen, am Leben.

Verfolgungsgefühl

Zu den auffallendsten Zügen im Leben der Masse gehört etwas, was man als ein Gefühl von Verfolgtheit bezeichnen könnte, eine besondere, zornige Empfindlichkeit und Reizbarkeit gegen ein für allemal als solche designierte Feinde. Diese können unternehmen, was immer sie wollen, sie können scharf vorgehen oder entgegenkommend, teilnahmsvoll oder kalt sein, hart oder milde – alles wird ihnen so ausgelegt, als ob es einer unerschütterlichen Böswilligkeit entspringe, einer schlechten Ge-

sinnung gegen die Masse, einer vorgefaßten Absicht, sie offen oder heimtückisch zu zerstören.
Um dieses Gefühl von Feindschaft und Verfolgung zu erklären, muß man wieder von der Grundtatsache ausgehen, daß die Masse, einmal entstanden, rapid wachsen will. Von der Kraft und Unbeirrbarkeit, mit der sie sich ausbreitet, macht man sich schwer eine übertriebene Vorstellung. Solange sie fühlt, daß sie im Wachsen ist – in revolutionären Zuständen zum Beispiel, die mit kleinen, aber sehr hochgespannten Massen beginnen –, empfindet sie alles als Einengung, was sich ihrem Wachstum entgegenstellt. Sie kann zerstreut und auseinandergetrieben werden durch Polizei, aber das hat eine bloß temporäre Wirkung – eine Hand, die in einen Mückenschwarm fährt. Sie kann aber auch von innen her angegriffen werden, indem man den Forderungen, die zu ihrer Bildung geführt haben, entgegenkommt. Schwächere fallen dann von ihr ab; andere, die eben daran waren, zu ihr zu stoßen, kehren auf halbem Wege um.
Der *äußere* Angriff auf die Masse kann diese nur stärken. Die körperlich Auseinandergetriebenen zieht es um so kräftiger wieder zusammen. Der Angriff *von innen* dagegen ist wirklich gefährlich. Ein Streik, der irgendwelche Vorteile erzielt hat, bröckelt zusehends ab. Der Angriff von innen appelliert an individuelle Gelüste. Er wird von der Masse als Bestechung empfunden, als ›unmoralisch‹, da er ihrer klaren und sauberen Grundgesinnung entgegenläuft. Jeder, der zu einer solchen Masse gehört, trägt einen kleinen Verräter in sich, der essen, trinken, lieben und seine Ruhe haben will. Solange er diese Verrichtungen nebenher besorgt und nicht zuviel Wesens aus ihnen macht, läßt man ihn gewähren. Sobald er sich aber laut vernehmlich macht, beginnt man ihn zu hassen und zu fürchten. Man weiß dann, daß er die Lockungen des Feindes gehört hat.
Immer ist die Masse etwas wie eine belagerte Festung, aber auf eine doppelte Weise belagert: Sie hat den Feind vor den Mauern, und sie hat den Feind im Keller. Während des Kampfes zieht sie immer mehr Anhänger an. Vor allen Toren sammeln sich ihre neuen Freunde und klopfen stürmisch um Einlaß. In günstigen Augenblicken wird dieser Bitte willfahren; aber sie klettern auch über die Mauern. Die Stadt füllt sich mehr und mehr mit Kämpfern an; doch jeder von ihnen bringt seinen

kleinen, unsichtbaren Verräter mit, der sich schleunigst in einen Keller verzieht. Die Belagerung besteht darin, daß man die Zuzügler abzufangen sucht. Für die Feinde außen sind die Mauern wichtiger als für die Belagerten innen. Die Belagerer sind es, die immer daran bauen und sie erhöhen. Sie suchen die Zuzügler zu bestechen, und wenn sie sie schon gar nicht abhalten können, sorgen sie dafür, daß der kleine Verräter, der mitgeht, auf seinem Weg in die Stadt genug Feindschaft mitbekommt.

Das Verfolgungsgefühl der Masse ist nichts anderes als dieses Gefühl doppelter Bedrohung. Die Mauern von außen werden enger und enger gezogen, die Keller von innen mehr und mehr untergraben. Die Verrichtungen des Feindes sind offen und überschaubar, wenn er an den Mauern arbeitet; sie sind verdeckt und heimtückisch in den Kellern.

Aber es ist mit solchen Bildern immer so, daß sie nur einen Teil der Wahrheit treffen. Die von außen Zuströmenden, die in die Stadt hinein wollen, sind nicht nur neue Anhänger, Verstärkung, Stütze, sie sind auch die *Nahrung* der Masse. Eine Masse, die nicht zunimmt, ist im Zustand des Fastens. Es gibt Mittel, dieses Fasten durchzuhalten; die Religionen haben darin große Meisterschaft entwickelt. Es wird gezeigt werden, wie es den Weltreligionen gelingt, ihre Massen zu halten, auch ohne daß sie sich akut und heftig vergrößern.

Zähmung der Massen in den Weltreligionen

Religionen mit universalem Anspruch, die anerkannt worden sind, verändern sehr bald den Akzent ihrer Werbung. Anfangs ist es ihnen darum zu tun, alle zu erreichen und zu gewinnen, die zu erreichen und zu gewinnen sind. Die Masse, die ihnen vorschwebt, ist universal; es kommt auf jede einzelne Seele an und jede Seele soll die ihre werden. Aber der Kampf, den sie zu bestehen haben, führt allmählich zu einer Art von verborgenem Respekt für die Gegner, deren Institutionen bereits vorhanden sind. Sie sehen, wie schwer es ist, sich zu halten. Institutionen, die ihnen Solidarität und Bestand gewähren, erscheinen ihnen immer wichtiger. Durch die ihrer Gegner angeregt, tun sie alles dazu, selber welche einzuführen; und wenn es ihnen gelingt, werden diese mit der Zeit zur Hauptsache.

Das Eigengewicht der Institutionen, die dann ein Leben für sich haben, zähmt allmählich die Wucht der ursprünglichen Werbung. Kirchen werden so gebaut, daß sie die Gläubigen aufnehmen, die bereits da sind. Man vergrößert sie mit Zurückhaltung und Bedacht, wenn ein Bedarf danach wirklich vorhanden ist. Es ist eine starke Tendenz da, die vorhandenen Gläubigen in separaten Einheiten zusammenzufassen. Gerade weil es nun viele geworden sind, ist die Neigung zum Zerfall sehr groß und eine Gefahr, der man immer entgegenarbeiten muß.

Ein Gefühl für die Tücken der Masse liegt den historischen Weltreligionen sozusagen im Blut. Ihre eigenen Traditionen, die verbindlichen Charakter haben, belehren sie darüber, wie plötzlich und unerwartet sie gewachsen sind. Ihre Geschichten von Massenbekehrungen erscheinen ihnen wunderbar, und sie sind es. In den Abfallsbewegungen, die die Kirchen fürchten und verfolgen, richtet sich dieselbe Art von Wunder gegen sie, und die Verletzungen, die ihnen so am eigenen Leibe zugefügt werden, sind schmerzlich und unvergeßlich. Beides, das rapide Wachstum in ihrer Frühzeit und die nicht weniger rapiden Abfälle später, erhalten ihr Mißtrauen gegen die Masse immer am Leben.

Was sie sich wünschen, ist im Gegensatz zu dieser eine folgsame *Herde*. Es ist üblich, die Gläubigen als Schafe zu betrachten und für ihren Gehorsam zu loben. Auf die wesentliche Tendenz der Masse, nämlich zu raschem Wachstum, verzichten sie ganz. Sie begnügen sich mit einer zeitweiligen Fiktion von Gleichheit unter den Gläubigen, die aber nie zu streng durchgeführt wird; mit einer bestimmten Dichte, die in gemäßigten Grenzen gehalten wird, und einer starken Richtung. Das Ziel setzen sie gern in eine sehr weite Ferne, ein Jenseits, in das man gar nicht gleich hineinkommen soll, da man noch lebt, und das man sich durch viel Bemühungen und Unterwerfungen verdienen muß. Die Richtung wird allmählich das wichtigste. Je ferner das Ziel, um so mehr hat es Aussicht auf Bestand. An die Stelle jenes anderen, scheinbar unerläßlichen Prinzips des Wachstums wird etwas davon ganz Verschiedenes gesetzt: die Wiederholung.

In bestimmten Räumen, zu bestimmten Zeiten werden die Gläubigen versammelt und durch immer gleiche Verrichtungen in einen gemilderten Massenzustand versetzt, der sie beeindruckt, ohne gefährlich zu werden, und an den sie sich gewöhnen. Das Gefühl ihrer Einheit wird ihnen *dosiert* verabreicht. Von der Richtigkeit dieser Dosierung hängt der Bestand der Kirche ab.

Wo immer Menschen sich an dieses präzis wiederholte und präzis begrenzte Erlebnis in ihren Kirchen oder Tempeln gewöhnt haben, können sie es nicht mehr entbehren. Sie sind darauf angewiesen wie auf Nahrung und alles, was sonst ihr Dasein ausmacht. Ein plötzliches Verbot ihres Kultes, die Unterdrückung ihrer Religion durch ein staatliches Edikt, kann nicht ohne Folgen bleiben. Die Störung ihres sorgfältig ausbalancierten Massen-Haushalts muß nach einiger Zeit zum Ausbruch einer *offenen* Masse führen. Diese hat dann alle elementaren Eigenschaften, die man kennt. Sie greift rapid um sich. Sie führt eine wirkliche statt der fiktiven Gleichheit durch. Sie holt sich neue und jetzt viel intensivere Dichten. Sie gibt, für den Augenblick, jenes ferne und schwer erreichbare Ziel, zu dem sie erzogen war, auf und setzt sich eines *hier*, in der unmittelbaren Umgebung dieses konkreten Lebens.

Alle plötzlich verbotenen Religionen rächen sich durch eine Art von *Verweltlichung*: In einem Ausbruch von großer und unerwarteter Wildheit ändert sich der Charakter ihres Glaubens vollkommen, ohne daß sie die Natur dieser Änderung selber verstehen. Sie halten es für den alten Glauben und meinen, nur an ihren tiefsten Überzeugungen festzuhalten. Aber in Wirklichkeit sind sie plötzlich ganz andere geworden, mit einem akuten und singulären Gefühl von der offenen Masse, die sie jetzt bilden und aus der sie um keinen Preis herausfallen wollen.

Panik

Die Panik in einem Theater ist, wie schon oft angemerkt wurde, ein *Zerfall* der Masse. Je gebundener die Menschen durch die Aufführung waren, je geschlossener die Form des Theaters, das sie äußerlich zusammenhält, desto heftiger der Zerfall.

Es mag aber auch, durch die Aufführung allein, gar keine echte Masse bestanden haben. Oft fühlt sich das Publikum nicht gepackt und bleibt zusammen, bloß weil es schon da ist. Was das Stück nicht zustande gebracht hat, das bewirkt dann gleich ein *Feuer*. Es ist Menschen nicht weniger gefährlich als Tieren, das stärkste und älteste Massensymbol. Das Gewahrwerden des Feuers treibt, was immer an Massengefühl des Publikums vorhanden war, plötzlich auf die Spitze. Durch die gemeinsame, unmißverständliche Gefahr entsteht eine allen gemeinsame Angst. Für kurze Zeit besteht so im Publikum eine wirkliche Masse. Wäre man nicht in einem Theater, so könnte man gemeinsam fliehen, wie eine Tierherde in Gefahr, und durch gleichgerichtete Bewegungen die Energie der Flucht erhöhen. Eine aktive Massenangst dieser Art ist das große, kollektive Erlebnis aller Tiere, die in Herden leben und sich als gute Läufer zusammen retten.

Im Theater hingegen muß die Masse auf die gewaltsamste Weise zerfallen. Die Türen lassen nur einen oder wenige Menschen zugleich durch. Die Energie der Flucht wird von selbst zu einer Energie des Zurückstoßens. Zwischen den Sitzreihen kann nur je ein Mensch hindurch, einer ist säuberlich vom anderen getrennt; jeder sitzt für sich, jeder steht für sich, jeder hat seinen Platz. Die Distanz zur nächsten Tür ist für jeden eine andere. Das normale Theater hat es darauf angelegt, die Menschen festzusetzen und ihnen nur die Freiheit ihrer Hände und Stimmen zu überlassen. Die Bewegung der Beine ist soweit wie möglich beschränkt.

Der plötzliche Befehl zur Flucht, der den Menschen vom Feuer gegeben wird, ist also sofort konfrontiert mit der Unmöglichkeit einer gemeinsamen Bewegung. Die Tür, durch die jeder hindurch muß, die er sieht, in der er sich sieht, scharf abgeschnitten von allen übrigen, ist der Rahmen des Bildes, der ihn sehr bald beherrscht. So muß die Masse, eben noch auf ihrer Höhe, mit Gewalt zerfallen. Der Umschlag wird an den heftigsten, individuellen Tendenzen deutlich: man stößt, schlägt und trampelt wild um sich.

Je mehr man ›um sein eigenes Leben‹ kämpft, desto klarer wird es, daß man *gegen* die anderen kämpft, die einen auf allen Seiten behindern. Sie stehen da wie Stühle, Balustraden, verschlossene Türen, aber mit dem Unterschied, daß sie gegen einen angehen. Sie drängen einen da und dort hin, wo es ihnen paßt, oder eigentlich wohin sie selber gedrängt werden. Frauen, Kinder und alte Leute werden nicht geschont, man unterscheidet sie nicht von den Männern. Es gehört das zur Verfassung der Masse, in der alle gleich sind; und während man selber sich nicht mehr als Masse fühlt, ist man noch ganz von ihr umgeben. Die Panik ist ein Zerfall der Masse *in* der Masse. Der einzelne fällt von ihr ab und will ihr, die als Ganzes gefährdet ist, entkommen. Aber da er noch physisch in ihr steckt, muß er gegen sie angehen. Sich ihr jetzt zu überlassen, wäre sein Untergang, da sie selber vom Untergang bedroht ist. In einem solchen Augenblick kann er seine Eigenheit nicht genug betonen. Durch Schläge und Stöße weckt er Schläge und Stöße. Je mehr er austeilt, je mehr er bekommt, desto klarer fühlt er *sich*, desto deutlicher sind die Grenzen seiner eigenen Person auch für ihn wieder gezogen.

Es ist merkwürdig zu beobachten, wie sehr die Masse für den in ihr Kämpfenden den Charakter des Feuers annimmt. Durch den unerwarteten Anblick einer Flamme oder den Ruf ›Feuer!‹ ist sie entstanden; wie Flammen spielt sie mit dem, der zu entrinnen versucht. Die Menschen, die er wegstößt, sind ihm brennende Gegenstände, ihre Berührung ist feindlich, an jeder Stelle seines Körpers erschreckt sie ihn. Wer immer im Wege steht, ist von dieser allgemein feindlichen Gesinnung des Feuers angesteckt; die Art, wie es sich verbreitet, wie es sich allmählich um einen herumarbeitet, wie es einen schließlich ganz umgibt, gleicht sehr dem Verhalten der Masse, die einen auf allen Seiten bedroht. Die unberechenbaren Bewegungen in ihr, das Hervorschießen des Armes, einer Faust, eines Beines sind wie die Flammen des Feuers, die plötzlich und von überall hervorzüngeln können. Das Feuer als Wald- oder Steppenbrand *ist* eine feindliche Masse, ein heftiges Gefühl davon läßt sich in jedem Menschen wecken. Das Feuer als Symbol für sie ist in seinen seelischen Haushalt eingegangen und macht einen unveränderlichen Bestandteil davon aus. Jenes nachdrückliche Trampeln auf Menschen aber, das so häufig bei Paniken beobachtet wird und so sinnlos scheint, ist nichts anderes als das *Austreten* von Feuer.

Die Panik als Zerfall läßt sich bloß abwenden, indem man den ursprünglichen Zustand einheitlicher Massenangst verlängert. In einer Kirche, die bedroht ist, läßt sich das herbeiführen: Man betet in gemeinsamer Angst zu einem gemeinsamen Gott, in dessen Hand es liegt, das Feuer durch ein Wunder zu löschen.

Die Masse als Ring

Eine zwiefach geschlossene Masse hat man in der *Arena* vor sich. Es ist nicht ohne Wert, sie auf diese merkwürdige Qualität hin zu untersuchen.

Die Arena ist nach außen hin gut abgegrenzt. Sie ist gewöhnlich weithin sichtbar. Ihre Lage in der Stadt, der Raum, den sie einnimmt, ist allgemein bekannt. Man fühlt immer, wo sie ist, auch wenn man nicht an sie denkt. Rufe von ihr dringen weithin. Wenn sie oben offen ist, teilt sich manches vom Leben, das sich in ihr abspielt, der umliegenden Stadt mit.

Aber erregend wie diese Mitteilungen auch sein mögen, ein unbehinderter Zustrom in die Arena ist nicht möglich. Die Zahl der Plätze, die sie faßt, ist beschränkt. Ihrer Dichte ist ein Ziel gesetzt. Die Sitze sind so angelegt, daß man sich nicht zu sehr drängt. Die Menschen darin sollen es bequem haben. Sie sollen gut sehen können, jeder von seinem Platz, und sie sollen sich nicht untereinander stören.

Nach außen, gegen die Stadt, weist die Arena eine *leblose* Mauer. Nach innen baut sie eine Mauer von Menschen auf. Alle Anwesenden kehren der Stadt ihren *Rücken* zu. Sie haben sich aus dem Gefüge der Stadt, ihren Mauern, ihren Straßen herausgelöst. Für die Dauer ihres Aufenthalts in der Arena scheren sie sich um nichts, was in der Stadt geschieht. Sie lassen das Leben ihrer Beziehungen, ihrer Regeln und Gewohnheiten zurück. Ihr Beisammensein in großer Zahl ist für eine bestimmte Zeit gesichert, ihre Erregung ist ihnen versprochen worden – aber unter einer ganz entscheidenden Bedingung: Die Masse muß sich nach *innen* entladen.

Die Reihen sind übereinander angelegt, damit alle sehen, was unten vorgeht. Aber das hat zur Folge, daß die Masse sich selber gegenübersitzt. Jeder hat tausend Menschen und Köpfe vor sich. Solange er da ist, sind sie alle da. Was ihn in Erregung versetzt, erregt auch sie, und er *sieht* es. Sie sitzen in einiger Entfernung von ihm; die Einzelheiten, die sie sonst unterscheiden und zu Individuen machen, verwischen sich. Sie werden sich alle sehr ähnlich, sie benehmen sich ähnlich. Er bemerkt an ihnen nur, was ihn jetzt selber erfüllt. Ihre sichtbare Erregung steigert die seine.

Die Masse, die sich selber so zur Schau stellt, ist nirgends unterbrochen. Der Ring, den sie bildet, ist geschlossen. Es entkommt ihr nichts. Der Ring aus faszinierten Gesichtern übereinander hat etwas sonderbar Homogenes. Er umfaßt und enthält alles, was unten vor sich geht. Keiner von allen läßt es los, keiner will weg. Jede Lücke in diesem Ring könnte an den Zerfall, das spätere Auseinandergehen gemahnen. Aber es ist keine da: diese Masse ist nach außen und in sich, also auf zwiefache Weise geschlossen.

Die Eigenschaften der Masse

Es ist angebracht, bevor man den Versuch einer *Einteilung* der Masse unternimmt, ihre Haupteigenschaften kurz zusammenzufassen. Folgende vier Züge sind hervorzuheben:

1. *Die Masse will immer wachsen.* Ihrem Wachstum sind von Natur aus keine Grenzen gesetzt. Wo solche Grenzen künstlich geschaffen werden, in allen Institutionen also, die zur Bewahrung geschlossener Massen verwendet werden, ist ein Ausbruch der Masse immer möglich und erfolgt auch von Zeit zu Zeit. Einrichtungen, die das Anwachsen der Masse ein für allemal verhindern könnten und die unbedingt sicher sind, gibt es nicht.

2. *Innerhalb der Masse herrscht Gleichheit.* Sie ist absolut und indiskutabel und wird von der Masse selbst nie in Frage gestellt. Sie ist von so fundamentaler Wichtigkeit, daß man den Zustand der Masse geradezu als einen Zustand absoluter Gleichheit definieren könnte. Ein Kopf ist ein Kopf, ein Arm ist ein Arm, auf Unterschiede zwischen ihnen kommt es nicht an. Um dieser Gleichheit willen wird man zur Masse. Was immer davon ablenken könnte, wird übersehen. Alle Forderungen nach Gerechtigkeit, alle Gleichheitstheorien beziehen ihre Energie letzten Endes aus diesem Gleichheitserlebnis, das jeder auf seine Weise von der Masse her kennt.

3. *Die Masse liebt Dichte.* Sie kann nie zu dicht sein. Es soll nichts dazwischenstehen, es soll nichts zwischen sie fallen, es soll möglichst alles sie selber sein. Das Gefühl größter Dichte hat sie im Augenblick der Entladung. Es wird möglich sein, diese Dichte näher zu bestimmen und zu messen.

4. *Die Masse braucht eine Richtung.* Sie ist in Bewegung und bewegt sich auf etwas zu. Die Richtung, die allen Angehörigen gemeinsam ist, stärkt das Gefühl von Gleichheit. Ein Ziel, das außerhalb jedes einzelnen liegt und für alle zusammenfällt, treibt die privaten, ungleichen Ziele, die der Tod der Masse

wären, unter Grund. Für ihren Bestand ist die Richtung unentbehrlich. Die Furcht vor Zerfall, die immer in ihr rege ist, macht es möglich, sie auf irgendwelche Ziele zu lenken. Die Masse besteht, solange sie ein unerreichtes Ziel hat. – Aber es ist noch eine dunkle Bewegungstendenz in ihr, die zu übergeordneten und neuen Bindungen führt. Es ist oft nicht möglich, die Natur dieser Bildungen vorauszusagen.

Jede dieser vier Eigenschaften, die man festgestellt hat, kann in größerem oder geringerem Maße vorhanden sein. Je nachdem man die eine oder die andere von ihnen ins Auge faßt, gelangt man zu einer verschiedenen *Einteilung* der Massen.

Es war die Rede von offenen und geschlossenen Massen, und es ist auch erklärt worden, daß diese Einteilung sich auf ihr *Wachstum* bezieht. Solange ihr Wachstum nicht behindert wird, ist die Masse offen; sie ist geschlossen, sobald man ihr Wachstum begrenzt.

Eine andere Unterscheidung, von der man noch hören wird, ist die zwischen rhythmischen und stockenden Massen. Sie bezieht sich auf die beiden nächsten Haupteigenschaften, auf *Gleichheit* und *Dichte* nämlich, und zwar auf beide zusammen.

Die *stockende* Masse lebt auf ihre Entladung hin. Aber sie fühlt sich dieser sicher und verzögert sie. Sie wünscht eine relativ lange Periode der Dichte, um sich auf den Augenblick der Entladung vorzubereiten. Man möchte sagen, sie erwärmt sich an ihrer Dichte und hält so lange wie möglich mit der Entladung zurück. Der Prozeß der Masse beginnt bei ihr nicht mit Gleichheit, er beginnt mit Dichte. Die Gleichheit wird hier zum hauptsächlichen Ziel der Masse, in das sie schließlich mündet; jeder gemeinsame Schrei, jede gemeinsame Äußerung drückt diese Gleichheit dann gültig aus.

Ganz im Gegensatz dazu fallen bei der *rhythmischen* Masse Dichte und Gleichheit von Anfang an zusammen. Alles hängt hier an Bewegung. Alle Körperreize, die zu erfolgen haben, sind vorausbestimmt und werden im Tanze wiedergegeben. Durch Ausweichen und Wiederannäherung wird die Dichte bewußt gespaltet. Die Gleichheit aber stellt sich selbst zur Schau. Durch Vorspielen von Dichte und Gleichheit wird das Massengefühl kunstvoll hervorgerufen. Diese rhythmischen Gebilde entstehen rasch, und es ist die physische Ermüdung allein, die ihnen ein Ende bereitet.

Das nächste Begriffspaar, das der *langsamen* und der *raschen* Masse, bezieht sich ausschließlich auf die Art ihres Ziels. Die auffallenden Massen, von denen gewöhnlich die Rede ist, die einen so wesentlichen Teil unseres modernen Lebens ausmachen, die politischen, sportlichen, kriegerischen Massen, die wir heute täglich vor Augen haben, sind alle *rasch*. Sehr verschieden von ihnen sind die religiösen Massen des *Jenseits* oder die der *Pilger*; das Ziel bei diesen ist in der Ferne, der Weg ist lang und die wahrhaftige Bildung der Masse ist in ein weit abgelegenes Land oder in ein Himmelreich verschoben. Von diesen langsamen Massen bekommen wir eigentlich nur die Zuflüsse zu sehen, denn die Endzustände, nach denen sie streben, sind *unsichtbar* und für Ungläubige nicht zu erreichen. Die langsame Masse sammelt sich langsam und sieht sich selbst als Beständiges in weiter Ferne.
Alle diese Formen, deren Wesen hier nur angedeutet worden ist, bedürfen einer genaueren Betrachtung.

Rhythmus

Der Rhythmus ist ursprünglich ein Rhythmus der Füße. Jeder Mensch geht, und da er auf zwei Beinen geht und mit seinen Füßen abwechselnd am Boden aufschlägt, da er nur weiterkommt, wenn er immer wieder aufschlägt, entsteht, ob er es beabsichtigt oder nicht, ein rhythmisches Geräusch. Die beiden Füße treten nie mit genau derselben Kraft auf. Der Unterschied zwischen ihnen kann größer oder kleiner sein, je nach persönlicher Anlage oder Laune. Man kann aber auch rascher oder langsamer gehen, man kann laufen, plötzlich stillstehen oder springen.
Immer hat der Mensch auf die Schritte anderer Menschen gehört, er war sicher mehr auf sie bedacht als auf die eigenen. Auch die Tiere hatten ihren wohlvertrauten Gang. Von ihren Rhythmen waren viele reicher und vernehmlicher als die der Menschen. Huftiere flohen in Herden davon wie Regimenter aus lauter Trommlern. Die Kenntnis der Tiere, von denen er umgeben war, die ihn bedrohten und auf die er Jagd machte, war das älteste Wissen des Menschen. Im Rhythmus ihrer Bewegung lernte er sie kennen. Die früheste Schrift, die er lesen lernte, war die der *Spuren*: Es war eine Art von rhythmischer

Notenschrift, die es immer gab; sie prägte sich von selber dem weichen Boden ein, und der Mensch, der sie las, verband mit ihr das Geräusch der Entstehung.
Viele dieser Fußspuren traten in großen Mengen dicht beisammen auf. Die Menschen, die ursprünglich in kleinen Horden lebten, konnten selbst in der ruhigen Betrachtung solcher Spuren des Gegensatzes zwischen ihrer geringen Zahl und der ungeheuren mancher Herden innewerden. Sie waren hungrig und immer auf Beute aus; je mehr Beute, desto besser für sie. Aber sie wollten auch selber *mehr* sein. Das Gefühl des Menschen für seine eigene Vermehrung war immer stark. Es ist darunter keineswegs nur zu verstehen, was man mit einem unzulänglichen Ausdruck als Drang zur Fortpflanzung bezeichnet. Die Menschen wollten jetzt, an dieser ganz bestimmten Stelle, in diesem Augenblick, mehr sein. Die große Zahl einer Herde, auf die sie Jagd machten, und ihre eigene Zahl, die sie sich groß wünschten, waren in ihrem Gefühl auf eine besondere Weise verquickt. Sie gaben dem Ausdruck in einem bestimmten Zustand gemeinsamer Erregung, den ich als *rhythmische* oder *zuckende Masse* bezeichne.
Das Mittel dazu waren zuallererst der Rhythmus ihrer Füße. Wo viele gehen, gehen andere mit. Die Schritte, die sich in rascher Wiederholung an Schritte reihen, täuschen eine größere Zahl von Menschen vor. Sie bewegen sich nicht vom Fleck, sie verharren im Tanz immer an derselben Stelle. Ihre Schritte verhallen nicht, sie wiederholen sich und bleiben über eine lange Zeit immer gleich laut und lebendig. Sie ersetzen durch Intensität, was ihnen an Zahl abgeht. Wenn sie stärker aufstampfen, klingen sie nach mehr. Auf alle Menschen in ihrer Nähe üben sie eine Anziehungskraft aus, die nicht nachläßt, solange sie nicht vom Tanz ablassen. Was immer in ihrer Hörweite lebt, stößt zu ihnen und bleibt bei ihnen versammelt. Das Natürliche wäre, daß immer neue Menschen zu ihnen stoßen. Aber da es bald keine mehr gibt, müssen sie aus sich, aus ihrer beschränkten Zahl heraus, die Zunahme vortäuschen. Sie bewegen sich, als ob ihrer immer mehr würden. Ihre Erregung wächst und steigert sich zur Raserei.
Auf welche Weise ersetzen sie aber, was sie an wachsender Zahl nicht haben können? Da ist einmal wichtig, daß jeder von ihnen dasselbe tut. Jeder stampft auf, und jeder tut es auf die gleiche Weise. Jeder schwenkt die Arme, jeder bewegt den

Kopf. Die Gleichwertigkeit der Teilnehmer *verzweigt* sich in die Gleichwertigkeit ihrer Glieder. Was immer an einem Menschen beweglich ist, gewinnt sein Eigenleben, jedes Bein, jeder Arm lebt wie für sich allein. Die einzelnen Glieder werden alle zur Deckung gebracht. Sie sind sich ganz nahe, oft ruhen sie aufeinander. Zu ihrer Gleichwertigkeit kommt so ihre Dichte hinzu, Dichte und Gleichheit werden ein und dasselbe. Schließlich tanzt vor einem ein einziges Geschöpf, mit fünfzig Köpfen, hundert Beinen und hundert Armen ausgestattet, die alle auf genau dieselbe Weise oder in einer Absicht agieren. In ihrer höchsten Erregung fühlen sich diese Menschen wirklich als eines, und nur die physische Erschöpfung schlägt sie nieder.
Alle zuckenden Massen haben – eben dank dem Rhythmus, der in ihnen vorherrscht – etwas Ähnliches. Der Bericht, der nun *einen* solchen Tanz zur Anschauung bringen soll, stammt aus dem ersten Drittel des vorigen Jahrhunderts. Es handelt sich um den *Haka* der *Maori* auf Neuseeland, der ursprünglich ein Kriegstanz war.
›Die Maori stellten sich in einer verlängerten Linie auf, vier Mann tief. Der Tanz, Haka genannt, mußte jeden, der ihn zum erstenmal erlebte, mit Schrecken und Angst erfüllen. Die ganze Gesellschaft, Männer und Frauen, Freie und Sklaven, waren durcheinander gemischt, ohne Rücksicht auf den Rang, den sie in der Gemeinde einnahmen. Die Männer waren alle vollkommen nackt, bis auf eine Patronentasche, die sie um den Leib hängen hatten. Alle waren mit Büchsen bewaffnet oder mit Bajonetten, die sie an Speerenden und Stöcken befestigt hatten. Die jungen Weiber, auch die Frauen des Häuptlings, nahmen mit entblößtem Oberkörper am Tanze teil.
Der Takt des Gesanges, der den Tanz begleitete, wurde sehr streng eingehalten. Ihre Beweglichkeit war erstaunlich. Plötzlich sprangen sie vom Boden senkrecht in die Höhe, alle genau zugleich, als wären die Tanzenden alle zusammen von *einem* Willen belebt. Im selben Augenblick schwangen sie ihre Waffen und verzerrten das Gesicht, und mit den langen Haaren, die Männer wie Frauen bei ihnen oft haben, glichen sie einem Heer von Gorgonen. Beim Niederfallen schlugen sie mit beiden Füßen zugleich laut auf dem Boden auf. Diesen Sprung in die Höhe wiederholten sie oft und immer rascher.
Die Züge wurden auf jede Weise verzerrt, die den Muskeln eines menschlichen Gesichtes möglich ist, jede neue Grimasse

wurde von allen Teilnehmern pünktlich übernommen. Wenn einer das Gesicht so streng wie mit einer Schraube zusammenzog, taten es ihm alle anderen sofort nach. Sie rollten die Augen hin und her, manchmal war nur das Weiße davon sichtbar, es war, als würden sie im nächsten Moment aus den Höhlen fallen. Den Mund verzerrten sie bis zu den Ohren auseinander. Alle zugleich streckten die Zungen ganz lang zum Munde heraus, nie hätte ein Europäer ihnen das nachtun können; eine frühe und lange Übung hatte sie dazu befähigt. Ihre Gesichter boten einen schrecklichen Anblick, es war eine Erleichterung, den Blick von ihnen abzuwenden.
Jedes Glied ihres Körpers war separat in Tätigkeit, Finger, Zehen, Augen, Zungen so gut wie Arme und Beine. Mit der flachen Hand schlugen sie sich laut bald auf die linke Brust, bald auf den Schenkel. Ohrenbetäubend war der Lärm ihres Gesanges, über 350 Leute nahmen am Tanze teil. Man kann sich vorstellen, welche Wirkung dieser Tanz in Kriegszeiten hatte, wie sehr er den Mut erhöhte und wie er die Abneigung der beiden Parteien gegeneinander auf die Spitze trieb.‹
Das Rollen der Augen und das Herausstrecken der Zungen sind Zeichen des Trotzes und der Herausforderung. Aber obwohl der Krieg im allgemeinen Sache der Männer, und zwar der freien Männer ist, überlassen sich *alle* der Erregung des Haka. Die Masse hier kennt weder Geschlecht noch Alter noch Rang: alle agieren als gleiche. Was aber diesen Tanz von anderen ähnlicher Absicht unterscheidet, ist eine besonders extreme *Verzweigung* der Gleichheit. Es ist, als würde jeder Körper in alle seine einzelnen Teile auseinandergelegt, nicht nur in Beine und Arme, denn das ist oft der Fall, sondern auch in Zehen, Finger, Zungen und Augen, und nun tun sich alle Zungen etwa zusammen und vollführen im selben Augenblick genau dasselbe. Bald sind sich alle Zehen, bald alle Augen in ein und derselben Unternehmung gleich. Die Menschen in jedem ihrer kleinsten Teile sind von dieser Gleichheit ergriffen, und immer wird sie in einer Aktion, die sich heftig steigert, vorgeführt. Der Anblick von 350 Menschen, die zugleich in die Höhe springen, zugleich die Zunge herausstrecken, zugleich die Augen rollen, muß einen Eindruck von Einheit geben, die unüberwindlich ist. Die Dichte ist nicht bloß eine Dichte der Leute, es ist ebenso die ihrer separaten Glieder. Man könnte meinen, die Finger und die Zungen, auch wenn sie nicht zu

den Menschen gehörten, würden sich auch für sich selber zusammentun und kämpfen. Der Rhythmus des Haka bringt jede dieser Gleichheiten einzeln zur Geltung. In ihrer Steigerung und zusammen sind sie unwiderstehlich.
Denn alles geschieht unter der Voraussetzung, daß es *gesehen* wird: der Feind schaut zu. Die Intensität der gemeinsamen Drohung macht den Haka aus. Aber da der Tanz einmal bestand, ist er auch zu mehr geworden. Er wird von kleinauf eingeübt, hat viele verschiedene Formen und wird bei allen möglichen Gelegenheiten vorgeführt. Viele Reisende sind mit einem Haka willkommen geheißen worden. Einem solchen Anlaß verdankt man den angeführten Bericht. Wenn eine freundliche Truppe zu einer anderen stößt, begrüßen sich die beiden mit einem Haka; und so ernst geht es dabei zu, daß ein unschuldiger Zuschauer jeden Augenblick den Ausbruch der Schlacht befürchtet. Bei den Begräbnisfeierlichkeiten für einen großen Häuptling, nach allen Phasen heftigster Klage und Selbstverstümmelung, die bei den Maori Sitte sind, nach einem festlichen und sehr reichlichen Mahl, springen sie alle plötzlich auf, greifen nach ihren Büchsen und formieren sich zu einem Haka.
In diesem Tanze, an dem alle teilnehmen können, empfindet sich der Stamm als Masse. Sie bedienen sich seiner, wann immer sie ein Bedürfnis danach fühlen, Masse zu sein und vor anderen als solche zu erscheinen. In der rhythmischen Vollkommenheit, die er erlangt hat, erfüllt er mit Sicherheit seinen Zweck. Dank dem Haka ist ihre Einheit von innen her nie ernsthaft gefährdet.

Stockung

Die *stockende Masse* ist dicht gedrängt, wirklich freie Bewegung wäre ihr gar nicht möglich. Ihr Zustand hat etwas Passives, die stockende Masse *wartet*. Sie wartet auf einen Kopf, der ihr gezeigt werden soll, oder auf Worte oder sie sieht einem Kampfe zu. Auf die *Dichte* kommt es hier ganz besonders an: Der Druck, der von allen Seiten empfunden wird, mag den betroffenen auch als Maß für die Kraft des Gebildes dienen, von dem sie nun einen Teil ausmachen. Je mehr Menschen zusammenfließen, um so größer wird dieser Druck. Die Füße können nirgends hin, die Arme sind eingezwängt, frei bleiben nur die Köpfe, um zu sehen und zu hören; die Körper geben einander Anregungen direkt weiter. Ringsherum hat man an verschiedenen Menschen zugleich mit seinem Körper teil. Man weiß, es sind mehrere Menschen, aber da sie auch untereinander so dicht zusammenhängen, empfindet man sie als eins. Diese Art der Dichte läßt sich Zeit; ihre Einwirkung über eine gewisse Dauer ist konstant; sie ist amorph, keinem vertrauten und eingeübten Rhythmus unterworfen. Es geschieht lange nichts; aber die Aktionslust staut und steigert sich und bricht dann schließlich um so heftiger los.

Die *Geduld* der stockenden Massen ist vielleicht nicht so erstaunlich, wenn man sich die Bedeutung dieses Gefühls von Dichte für sie recht vergegenwärtigt. Je dichter sie ist, um so mehr neue Menschen zieht sie an. An ihrer Dichte *mißt* sie ihre Größe, aber die Dichte ist auch der eigentliche Anreiz zu weiterem Wachstum. Die dichteste Masse wächst am raschesten. Das Stocken vor der Entladung ist eine Exhibition dieser Dichte. Je länger sie stockt, um so länger fühlt und zeigt sie ihre Dichte.

Von den einzelnen aus gesehen, die eine Masse ausmachen, ist die Weile des Stockens eine des Staunens; man legt die Waffen und Stacheln ab, mit denen man sonst gegeneinander so gut ausgerüstet ist; man berührt sich und fühlt sich doch nicht beengt; Griffe sind keine Griffe mehr, man hat voreinander keine Furcht. Bevor man ausfährt, in welche Richtung immer, will man sicher sein, daß man zusammenbleibt. Es ist ein Zusammenwachsen, für das man Ungestörtheit braucht. Die stokkende Masse ist ihrer Einheit noch nicht ganz sicher und hält sich darum so lange wie möglich still.

Aber diese Geduld hat ihre Grenzen. Eine Entladung ist schließlich unerläßlich, ohne sie ist gar nicht zu sagen, ob eine Masse wirklich vorhanden war. Der Aufschrei, wie er früher bei öffentlichen Hinrichtungen üblich war, wenn der Kopf des Übeltäters vom Henker hochgehalten wurde, oder der Aufschrei, wie man ihn heute von den sportlichen Veranstaltungen her kennt, sind die *Stimme* der Masse. Ihre Spontaneität ist von größter Bedeutung. Einstudierte und in regelmäßigen Zeitabständen wiederholte Rufe sind noch kein Zeichen dafür, daß die Masse ihr eigenes Leben erlangt hat. Sie sollen wohl dazu führen, aber sie können äußerlich sein, wie die einexerzierten Bewegungen einer Heeresabteilung. Dagegen ist der spontane, von der Masse nicht genau vorauszubestimmende

Schrei untrüglich, seine Wirkung ungeheuer. Er kann Affekte jeder Art ausdrücken; es kommt oft weniger darauf an, um welche Affekte es sich handelt, als auf ihre Stärke und Verscheidenartigkeit und auf die Freiheit in ihrer Folge. Sie sind es, die der Masse ihren seelischen Rahmen geben.
Sie können allerdings oft heftig und konzentriert sein, daß sie die Masse sofort *zerreißen*. Öffentliche Hinrichtungen haben diesen Effekt; man kann ein und dasselbe Opfer nur einmal töten. Wenn es sich gar um jemand handelt, der immer für unverletzlich galt, so wird an der Möglichkeit, ihn umzubringen, bis zum letzten Augenblick gezweifelt. Der Zweifel, der hier dem Anlaß entstammt, vergrößert das natürliche Stocken der Masse. Um so schneidender und schärfer wirkt dann der Anblick des abgetrennten Hauptes. Der Aufschrei, der darauf folgt, wird furchtbar sein, aber es ist der letzte Schrei dieser ganz bestimmten Masse. Man kann also sagen, daß die Masse in diesem Fall das Zuviel an stockender Erwartung, das sie auf das Intensivste genießt, mit ihrem eigenen, sofortigen Tode bezahlt.
Unsere modernen sportlichen Veranstaltungen sind zweckmäßiger. Die Zuschauer können *sitzen*; die allgemeine Geduld wird sich selber sichtbar. Sie haben die Freiheit ihrer Füße zum Stampfen und bleiben doch am selben Fleck. Sie haben die Freiheit ihrer Hände zum Klatschen. Eine gewisse Zeitdauer ist für die Veranstaltung vorgesehen; es ist im allgemeinen nicht anzunehmen, daß sie verkürzt wird; so lange wenigstens bleibt man bestimmt beisammen. Innerhalb dieser Zeit kann dann alles mögliche geschehen. Man kann nicht vorher wissen, ob und wann und auf welcher Seite ein Tor geschossen wird; und auch neben diesen begehrten Hauptereignissen gibt es manches andere, das zu lauten Ausbrüchen führt. Die Stimme hört sich oft und bei verschiedenen Gelegenheiten. Dem schließlichen Zerfall aber, dem Auseinandergehen, ist durch die zeitliche Vorausbestimmtheit etwas von seinem schmerzlichen Charakter genommen. Auch wird der Geschlagene Gelegenheit haben, Revanche zu nehmen, und es ist nicht alles für immer zu Ende. Die Masse kann sich hier wirklich breitmachen; sich erst an den Eingängen stauen, dann auf den Sitzen stocken; auf allerhand Arten schreien, wenn der richtige Augenblick sich ergibt; und selbst wenn alles vorüber ist, auf künftige, ähnliche Gelegenheiten hoffen.

Stockende Massen viel passiverer Art bilden sich in *Theatern.* Der ideale Fall ist der, daß man vor vollem Hause spielt. Die gewünschte Zahl der Zuschauer ist von Anfang an gegeben. Sie sammeln sich von selbst, mit Ausnahme der kleineren Stauungen vor den Kassen finden die Menschen getrennt ihren Weg in den Saal. An ihre Plätze werden sie geführt. Es ist alles festgesetzt: das Stück, das gespielt wird, die Schauspieler, die auftreten, die Zeit des Beginns und die Zuschauer selbst auf ihren Plätzen. Zuspätkommende werden mit leichter Feindseligkeit empfangen. Wie eine ausgerichtete Herde, so sitzen die Menschen da, still und in unendlicher Geduld. Doch ist sich jeder seiner separaten Existenz sehr wohl bewußt; er hat gezahlt und bemerkt genau, wer neben ihm sitzt. Vor Beginn betrachtet er sich in Ruhe die Reihe versammelter Köpfe: sie wecken ein angenehmes, aber nicht zudringliches Gefühl von Dichte in ihm. Die Gleichheit unter den Zuschauern besteht eigentlich nur darin, daß sie sich von der Bühne her alle dasselbe gefallen lassen. Aber ihre spontanen Reaktionen darauf sind nun eingeschränkt. Selbst der Beifall hat seine vorgeschriebenen Zeiten, und meist klatscht man tatsächlich nur, wenn man klatschen soll. Aus der Stärke des Beifalls allein ist zu entnehmen, wie sehr man Masse geworden ist; er ist der einzige Maßstab dafür und wird von den Schauspielern ebenso gewertet.
Das Stocken ist im Theater schon so sehr zum Ritus geworden, daß man es äußerlich empfindet, als gelinden Druck von außen, der die Menschen nicht tiefer berührt und ihnen jedenfalls kaum das Gefühl einer inneren Einheit und Zusammengehörigkeit gibt. Man darf aber nicht vergessen, wie groß und gemeinsam die *Erwartung* ist, mit der sie dasitzen, und wie diese Erwartung während der ganzen Aufführung vorhält. Nur selten verlassen sie das Theater vor Schluß; selbst wenn sie enttäuscht sind, halten sie durch; das bedeutet aber, daß sie so lange zusammenhalten.
Der Gegensatz zwischen der Stille der Zuhörer und dem lauten Treiben des Apparates, der auf sie einwirkt, ist noch auffallender in *Konzerten.* Hier kommt alles auf vollkommene Ungestörtheit an. Jede Bewegung ist unerwünscht, jeder Laut verpönt. Während die Musik, die aufgeführt wird, zum guten Teil von ihrem Rhythmus lebt, darf nichts von rhythmischer Wirkung auf die Zuhörer spürbar werden. Die Affekte, die von

der Musik in unaufhörlichem Wechsel ausgelöst werden, sind mannigfaltigster und intensivster Art. Es ist ausgeschlossen, daß sie von den meisten der Anwesenden nicht empfunden werden, und es ist ausgeschlossen, daß man sie nicht *zugleich* empfindet. Aber alle äußeren Reaktionen darauf unterbleiben. Die Menschen sitzen regungslos da, als brächten sie es fertig, *nichts* zu hören. Es ist klar, daß eine lange, künstliche Erziehung zur Stockung hier notwendig war, an deren Ergebnisse wir uns bereits gewöhnt haben. Denn unbefangen besehen, gibt es wenig Erscheinungen in unserem kulturellen Leben, die so erstaunlich sind wie ein Konzertpublikum. Menschen, die Musik *natürlich* auf sich einwirken lassen, benehmen sich ganz anders; und solche, die Musik überhaupt noch nicht gehört haben, können das erstemal, da sie welche erleben, in die zügelloseste Erregung geraten. Als den Ureinwohnern Tasmaniens von landenden Matrosen die Marseillaise vorgespielt wurde, gaben sie ihrer Zufriedenheit durch sonderbare Verdrehungen des Körpers und die erstaunlichsten Gesten Ausdruck, so daß die Matrosen sich vor Lachen schütteln mußten. Ein begeisterter junger Mann riß sich an den Haaren, kratzte sich den Kopf mit beiden Händen und stieß wiederholt laute Rufe aus.

Ein kümmerlicher Rest von körperlicher Entladung hat sich auch in unseren Konzerten erhalten. Das Beifallsklatschen wird als Dank für die Ausführenden dargebracht, ein chaotischer, kurzer Lärm für einen wohlorganisierten, langen. Bleibt der Beifall ganz weg, geht man still, wie man dagesessen ist, auseinander, so fühlt man sich bereits ganz in der Sphäre religiöser Andacht.

Aus ihr leitet sich ursprünglich die Stille des Konzertes her. Das *gemeinsame Stehen* vor Gott ist eine in manchen Religionen verbreitete Übung. Sie zeichnet sich durch dieselben Züge des Stockens aus, die man nun von weltlichen Massen her kennt, und sie kann zu ebenso plötzlichen und heftigen Entladungen führen.

Vielleicht der eindrucksvollste Fall ist das berühmte ›*Stehen auf Arafat*‹, der Höhepunkt der Pilgerfahrt nach Mekka. Auf der Ebene von Arafat in einigen Stunden Entfernung von Mekka sammeln sich an einem bestimmten, rituell festgesetzten Tage 600000–700000 Pilger. Sie gruppieren sich in einem großen Kreis um den ›Berg der Gnade‹, einen kahlen Hügel, der sich in der Mitte dieser Ebene erhebt. Gegen 2 Uhr nachmittags, wenn es am heißesten ist, nehmen die Pilger Aufstellung und bleiben bis Sonnenuntergang da stehen. Sie sind barhäuptig und alle in dasselbe weiße Pilgergewand gekleidet. In leidenschaftlicher Spannung horchen sie auf die Worte des Predigers, der vom Hügel herab zu ihnen spricht. Seine Predigt ist eine ununterbrochene Lobpreisung Gottes. Sie entgegnen mit einer Formel, die sich tausendmal wiederholt: »Wir harren deiner Befehle, Herr, wir harren deiner Befehle!« Manche schluchzen vor Erregung, manche schlagen sich auf die Brust. Manche werden in der ungeheuren Hitze ohnmächtig. Aber es ist wesentlich, daß sie in diesen glühend langen Stunden auf der heiligen Ebene ausharren. Erst bei Sonnenuntergang wird das Zeichen zum Aufbruch gegeben.

Die weiteren Vorgänge, die zum Rätselhaftesten gehören, was an religiösen Gebräuchen bekannt ist, werden später in einem anderen Zusammenhang behandelt und gedeutet. Hier interessiert uns nur dieser stundenlange *Moment des Stockens.* Hunderttausende von Menschen in steigender Erregung werden auf der Ebene von Arafat festgehalten und dürfen, was immer ihnen geschieht, diese Station vor Allah nicht verlassen. Zusammen treten sie an und zusammen erhalten sie das Zeichen zum Aufbruch. Sie werden durch die Predigt angefeuert, und sie feuern sich selber durch Zurufe an. In der Formel, die sie gebrauchen, ist das ›Harren‹ enthalten und kehrt als solches immer wieder. Die Sonne, die sich unmerklich langsam von der Stelle bewegt, taucht alles ins selbe glänzende Licht, in dieselbe Glut; man möchte sie die *Verkörperung* des Stockens nennen.

Es gibt alle Abstufungen des Erstarrens wie der Stille unter religiösen Massen, aber der höchste Grad von Passivität, den sie überhaupt erreichen kann, wird der Masse gewaltsam von außen auferlegt. In der *Schlacht* gehen zwei Massen aufeinander los, von denen jede stärker als die andere sein will. Durch das Schlachtgeschrei suchen sie *sich* wie dem Feinde zu beweisen, daß sie wirklich die Stärkeren sind. Das Ziel der Schlacht ist es, die andere Partei zum Verstummen zu bringen. Wenn alle Gegner niedergemacht sind, ist ihre laute, in eins gesammelte Stimme, eine Drohung, die man mit Recht gefürchtet hat, für immer verstummt. Die stillste Masse ist die der *feindlichen Toten.* Je gefährlicher sie war, um so lieber sieht man sie regungslos auf einem Haufen beisammen. Es ist eine eigene

Sucht, sie so wehrlos als Haufen von Toten zu erleben. Denn als Haufen sind sie zuvor auf einen losgegangen, als Haufen haben sie gegen einen geschrien. Diese *gestillte Masse* der Toten hat man früher keineswegs als leblos empfunden. Man nahm an, daß sie anderswo auf ihre Weise weiterleben würden, wieder alle beisammen, und im Grunde sollte es ein ähnliches Leben sein wie jenes, das man selber an ihnen gekannt hatte. Die Feinde, die als Leichen dalagen, stellten so für den Betrachter den extremen Fall einer stockenden Masse vor.
Aber auch diese Vorstellung hat noch eine Steigerung erfahren. Statt den gefällten Feinden können es *alle Toten* überhaupt werden, die in der gemeinsamen Erde liegen und da auf ihre Auferstehung harren. Jeder, der stirbt und begraben wird, vermehrt ihre Zahl; alle, die je gelebt haben, gehören dazu, und es sind ihrer schon unendlich viele. Die Erde, die sie verbindet, ist ihre Dichte, und so hat man, auch wenn sie einzeln liegen, das Gefühl, daß sie ganz nahe beieinander sind. Sie bleiben unendlich lange so liegen bis zum Tage des Jüngsten Gerichts. Ihr Leben stockt bis zum Augenblick der Auferstehung, und dieser Augenblick fällt zusammen mit dem ihrer Versammlung vor Gott, der sie richten wird. Es ist nichts dazwischen; als Masse liegen sie da, als Masse stehen sie wieder auf. Für die Realität und Bedeutung der stockenden Masse gibt es keinen großartigeren Beweis als die Entwicklung dieser Konzeption von Auferstehung und Jüngstem Gericht.

Langsamkeit oder die Ferne des Ziels

Zur *langsamen* Masse gehört die *Ferne* des Zeils. Man bewegt sich mit großer Beharrlichkeit auf ein Ziel hin, das unverrückbar ist, und bleibt unterwegs auf alle Fälle zusammen. Der Weg ist weit, die Hindernisse unbekannt, Gefahren drohen von allen Seiten. Eine Entladung ist nicht erlaubt, bevor man das Ziel erreicht hat.
Die langsame Masse hat die Form eines Zuges. Sie kann von Anfang an aus allen bestehen, die zu ihr gehören, wie beim Auszug der Kinder Israel aus Ägypten. Ihr Ziel ist das Gelobte Land, und sie sind eine Masse, solange sie an dieses Ziel glauben. Die Geschichte ihrer Wanderung ist die Geschichte dieses Glaubens. Oft sind die Schwierigkeiten zu groß, daß sie zu

zweifeln beginnen. Sie hungern oder dürsten, und sobald sie murren, sind sie vom Zerfall bedroht. Immer wieder bemüht sich der Mann, der sie anführt, ihren Glauben zu retablieren. Immer wieder gelingt es ihm und wenn nicht ihm, so gelingt es den Feinden, von denen sie sich bedroht fühlen. Die Geschichte der Wanderung, die sich über vierzig Jahre erstreckt, enthält viele Einzelbildungen von Massen rascher und akuter Natur, und es wird über sie bei Gelegenheit manches zu sagen sein. Aber sie sind alle der umfassenderen Vorstellung einer einzigen, langsamen Masse untergeordnet, die sich auf ihr gelobtes Ziel hinbewegt, das Land, das ihnen verheißen wurde. Die Erwachsenen unter ihnen werden alt und sterben ab, Junge werden geboren und werden groß, aber auch wenn die Individuen alle andere sind, der Zug als ganzer bleibt derselbe. Es fließen ihnen keine neuen Gruppen zu. Von Anfang an ist bestimmt, wer zu ihnen gehört und ein Anrecht auf das verheißene Land hat. Da diese Masse nicht sprunghaft wachsen kann, bleibt es während ihrer ganzen Wanderung die eine kardinale Frage: Wie macht sie es, daß sie nicht *zerfällt*?

Eine zweite Form der langsamen Masse ist eher mit einem Flußsystem zu vergleichen. Sie beginnt mit kleinen Bächen, die allmählich zusammenrinnen; in den Fluß, der entsteht, münden von allen Seiten andere Flüsse; das Ganze wird, wenn genug Land vor ihm liegt, ein Strom, und sein Ziel ist das Meer. Die jährliche Pilgerfahrt nach Mekka ist vielleicht das eindrucksvollste Beispiel für diese Form der langsamen Masse. Von den entferntesten Teilen der islamischen Welt ziehen Karawanen mit Pilgern aus, alle in Richtung auf Mekka zu. Manche beginnen vielleicht klein, andere, die von Fürsten mit großem Glanze ausgestattet sind, sind von Anfang an der Stolz der Länder, aus denen sie ihren Ursprung nehmen. Aber alle stoßen im Verlaufe ihrer Wanderung auf andere Karawanen, die dasselbe Ziel haben, und so wachsen sie mehr und mehr an und werden in der Nähe ihres Ziels zu mächtigen Strömen. Mekka ist ihr Meer, in das sie münden.

Es gehört zur Verfassung solcher Pilger, daß viel Raum für Erlebnisse gewöhnlicher Art bleibt, die mit dem Sinn der Fahrt an sich gar nichts zu tun haben. Man lebt seinen oft wiederkehrenden Tag, man schlägt sich mit vielen Gefahren herum, man ist meist arm und hat für Nahrung und Trank zu sorgen. Das Leben dieser Menschen, das sich in der Fremde abspielt, einer

Fremde, die immerwährend wechselt, ist Gefahren viel mehr ausgesetzt als zu Haus. Es sind nicht durchaus Gefahren, die sich auf die Art ihres Unternehmens beziehen. So bleiben diese Pilger im weiten Maße Individuen, die separiert für sich dahinleben wie Menschen überall. Aber solange sie an ihrem *Ziele* festhalten, und das ist bei den meisten von ihnen der Fall, sind sie auch immer Teile einer langsamen Masse, die – wie immer sie sich zu ihr verhalten mögen – weiterbesteht und bestehenbleiben wird, bis sie an ihr Ziel gelangt.

Eine dritte Form der langsamen Masse hat man in all jenen Gebilden vor sich, die sich auf ein unsichtbares und in diesem Leben unerreichbares Ziel beziehen. Das Jenseits, in dem die Seligen auf alle die warten, die sich einen Platz darin verdient haben, ist ein wohlartikuliertes Ziel und den Gläubigen allein zugehörig. Sie sehen es klar und deutlich vor sich und müssen sich nicht mit einem vagen Symbol dafür begnügen. Das Leben ist wie ein Pilgerweg dorthin, zwischen ihnen und dem Jenseits steht der Tod. Der Weg ist im einzelnen nicht bezeichnet und schwer zu überschauen. Viele verirren sich und gehen auf ihm verloren. Immerhin färbt die Hoffnung auf das Jenseits das Leben der Gläubigen so sehr, daß man das Recht hat, von einer langsamen Masse zu sprechen, zu der die Anhänger eines Glaubens alle zusammen gehören. Da sie einander nicht kennen und über viele Städte und Länder verstreut leben, ist das Anonyme dieser Masse besonders eindrucksvoll.

Wie aber sieht es *in* ihr aus, und was unterscheidet sie am meisten von den *raschen* Formen?

Die *Entladung* ist der langsamen Masse versagt. Man könnte sagen, daß dies ihr wichtigstes Kennzeichen ist, und so ließe sich auch statt von langsamen von entladungslosen Massen sprechen. Doch ist die erste Bezeichnung vorzuziehen, denn es ist nicht so, daß man auf die Entladung ganz verzichten kann. In der Vorstellung von einem Endzustand bleibt sie immer mit enthalten. Sie wird in eine weite Ferne hinausgeschoben. Dort, wo das Ziel ist, ist auch die Entladung. Eine starke Vision von ihr ist immer da, ihre Sicherheit liegt am Ende.

In der langsamen Masse hat man es darauf abgesehen, den Prozeß, der zur Entladung führt, auf weite Sicht hin zu *verzögern*. Die großen Religionen haben in diesem Verzögerungsgeschäft eine besondere Meisterschaft entwickelt. Es liegt ihnen daran, die Anhänger, die sie gewonnen haben, zu behalten. Um sie zu behalten und um neue dazuzugewinnen, müssen sie sich von Zeit zu Zeit versammeln. Wenn es bei diesen Versammlungen einmal zu heftigen Entladungen gekommen ist, müssen diese wiederholt und an Heftigkeit womöglich übertroffen werden; zumindest wird eine regelmäßige Wiederholung der Entladungen unerläßlich, wenn die Einheit der Gläubigen nicht verlorengehen soll. Was während dieser Art des Dienstes geschieht, der sich in rhythmischen Massen abspielt, ist über größere Distanzen hin nicht zu kontrollieren. Das Zentralproblem der Universalreligionen ist die Beherrschung ihrer Gläubigen über weite Erdstriche hin. Diese Beherrschung ist nur möglich durch eine bewußte Verlangsamung der Massenvorgänge. Die Ziele in der Ferne müssen an Bedeutung gewinnen, die der Nähe müssen immer mehr an Gewicht verlieren und schließlich wertlos erscheinen. Die irdische Entladung ist nie von Dauer, was ins Jenseits verlegt wird, hat Bestand.

Viel und Entladung fallen so zusammen, das Ziel aber ist unverwundbar. Denn das gelobte Land hier auf Erden kann von Feinden besetzt und verwüstet, das Volk, dem es gelobt war, kann daraus vertrieben werden. Mekka ist von den Karmaten erobert und ausgeraubt worden, der heilige Stein der Kaaba wurde von ihnen verschleppt. Viele Jahre lang konnte keine Pilgerfahrt dorthin unternommen werden.

Das Jenseits aber mit seinen Seligen ist allen Verwüstungen dieser Art entrückt. Es lebt vom Glauben allein und ist nur in diesem Zustand zu treffen. Der Zerfall der langsamen Masse des Christentums hat in dem Augenblick eingesetzt, da der Glaube an dieses Jenseits sich zu zersetzen anfing.

Die unsichtbaren Massen

Wo immer es Menschen gibt, auf der ganzen Erde, findet sich die Vorstellung von den *unsichtbaren Toten.* Man möchte sie als die älteste Vorstellung der Menschheit bezeichnen. Es gibt gewiß keine Horde, keinen Stamm, kein Volk, das sich nicht ausgiebig Gedanken über seine Toten machte. Der Mensch war von ihnen besessen; sie waren von ungeheuerer Bedeutung für ihn; ihre Einwirkung auf die Lebenden war ein wesentlicher Teil dieses Lebens selbst.

Man dachte sie sich alle beisammen, so wie die Menschen beisammen sind, und neigte dazu, sehr viele von ihnen anzunehmen. ›Die alten *Bechuana* wie die anderen Eingeborenen Südafrikas glaubten, daß aller Raum von den Geistern ihrer Ahnen voll sei. Erde, Luft, und Himmel waren von Geistern erfüllt, in deren Willkür es lag, einen bösen Einfluß auf die Lebenden auszuüben.‹ – ›Die *Boloki* am Kongo glauben, daß sie von Geistern umgeben sind, die ihnen bei jeder Gelegenheit etwas anzutun, die ihnen zu jeder Tages- und Nachtstunde zu schaden suchen. Flüsse und Bäche sind erfüllt von den Geistern ihrer Ahnen. Auch Wald und Busch stecken voll von Geistern. Den Reisenden zu Land oder Wasser, die sich von der Nacht ereilen lassen, können sie gefährlich werden. Niemand ist mutig genug, bei Nacht durch den Wald zu gehen, der ein Dorf vom anderen trennt, auch die Aussicht auf eine große Belohnung kann keinen dazu verlocken. Die Antwort auf solche Angebote lautet immer: »Es sind zuviel Geister im Wald.«‹

Man glaubt gewöhnlich, daß die Toten zusammen hausen, in einem fernen Lande, unter der Erde, auf einer Insel oder in einem Himmelshaus. In einem Lied der *Pygmäen* des Gabun heißt es:

»Die Tore der Höhle sind geschlossen. Die Seelen der Toten drängen sich dort, in Scharen, wie ein Schwarm von Fliegen, die am Abend tanzen. Ein Schwarm von Fliegen, die am Abend tanzen, wenn die Nacht dunkel geworden ist, wenn die Sonne verschwand, ein Schwarm von Fliegen: Schwirren von toten Blättern in einem heulenden Sturm.«

Es ist aber nicht genug, daß der Toten immer mehr werden und ein Gefühl der Dichte vorherrschend wird. Sie sind auch in Bewegung und auf gemeinsame Unternehmungen aus. Gewöhnlichen Leuten bleiben sie unsichtbar, aber es gibt Menschen mit kostbaren Gaben, *Schamanen,* die sich auf Beschwörungen verstehen und Geister unterwerfen können, die zu ihren Dienern werden. Bei den *Tschuktschen* in Sibirien ›hat ein guter Schamane ganze Legionen von Hilfsgeistern, und wenn er sie alle ruft, kommen sie in solchen Mengen, daß sie das kleine Schlafzelt, in dem die Beschwörung stattfindet, geradezu wie mit einer Wand von allen Seiten umgeben‹.

Die Schamanen *sagen,* was sie sehen. ›Mit einer Stimme, die vor Bewegung zittert, ruft der Schamane durch die Schneehütte:

»Der Himmelsraum ist mit nackten Wesen erfüllt, die durch

die Luft daherfahren. Menschen, nackte Männer, nackte Frauen, die dahinfahren und Sturm und Schneegestöber entfachen.
Hört ihr es sausen? Es braust wie der Flügelschlag großer Vögel oben in der Luft. Das ist die Angst nackter Menschen, das ist die Flucht nackter Menschen! Die Geister der Luft blasen Sturm aus, die Geister der Luft treiben den fliegenden Schnee über die Erde.«‹
Dieses großartige Gesicht von nackten Geistern auf der Flucht stammt von den *Eskimos.*
Manche Völker denken sich ihre Toten oder eine gewisse Anzahl unter ihnen als kämpfende Heere. Bei den *Kelten* des schottischen Hochlandes wird das Heer der Toten mit einem besonderen Worte bezeichnet: sluagh. Dieses Wort wird englisch mit ›spirit-multitude‹ oder ›Geister-Vielzahl‹ wiedergegeben. Das Geisterheer fliegt in großen Wolken – wie die Stare über das Antlitz der Erde – auf und ab. Immer kehren sie an die Stätten ihrer irdischen Sünden zurück. Mit ihren unfehlbaren, giftigen Pfeilen töten sie Katzen, Hunde, Schafe und Rinder der Menschen. Sie schlagen Schlachten in der Luft wie die Menschen auf der Erde. In klaren, frostigen Nächten kann man sie hören und sehen, wie ihre Heere gegeneinander vorrücken und sich zurückziehen, sich zurückziehen und wieder vorrücken. Nach einer Schlacht färbt ihr Blut Felsen und Steine rot. Das Wort ›gairm‹ bedeutet ›Schrei, Ruf‹, und ›sluaghghairm‹ war der Schlachtruf der Toten. Daraus ist später das Wort ›slogan‹ geworden: Die Bezeichnung für die Kampfrufe unserer modernen Massen stammt von den Totenheeren des Hochlands.
Zwei nordische Völker, die weit auseinander wohnen, die *Lappen* in Europa und die *Tlinkit-Indianer* in Alaska, haben diese Vorstellung über das *Nordlicht* als Schlacht. ›Die Kolta-Lappen glauben im Nordlicht die im Kriege Gefallenen zu sehen, die noch als Geister in der Luft miteinander kämpfen. Die russischen Lappen erblicken im Nordlicht die Geister der Getöteten. Sie wohnen in einem Haus, wo sie sich manchmal versammeln, da stechen sie sich tot, und der Boden ist voll Blut. Das Nordlicht zeigt an, daß die Seelen der Ermordeten ihre Schlachten beginnen. Bei den Tlinkit in Alaska kommen alle, die an Krankheit sterben und nicht im Kriege gefallen sind, bloß in die Unterwelt. Nur die tapferen Krieger, die in Kriegen

getötet wurden, sind im Himmel. Dann und wann öffnet sich dieser, um neue Geister aufzunehmen. Dem Schamanen zeigen sie sich immer als vollgerüstete Krieger. Diese Seelen der Gefallenen erscheinen oft als Nordlicht, besonders als solche Nordlicht-Flammen, die als Pfeile oder Garben sichtbar werden und sich hin und her bewegen, manchmal aneinander vorbeilaufen oder die Plätze tauschen, was sehr an die Kampfesweise der Tlinkit erinnert. Ein starkes Nordlicht kündigt, glaubt man, ein großes Blutvergießen an, weil da die toten Krieger sich Kameraden wünschen.‹

Eine ungeheure Zahl von Kriegern findet sich nach dem Glauben der *Germanen* in Walhall beisammen. Alle Männer, die seit Anbeginn der Welt im Kampfe gefallen sind, gelangen nach Walhall. Ihre Zahl wächst immer weiter, denn der Kriege ist kein Ende. Da schlemmen und zechen sie, ewig erneuert sich ihnen Nahrung und Trank. Jeden Morgen ergreifen sie ihre Waffen und ziehen aus zum Kampf. Sie töten einander im Spiel, aber sie stehen wieder auf, es ist kein wirklicher Tod. Durch 640 Tore ziehen sie in Walhall wieder ein, je 800 Mann in einer Reihe.

Es sind aber nicht nur die Geister der Verstorbenen, die man sich in solchen für gewöhnliche Lebende unsichtbaren Mengen vorstellt. ›An dem Menschen ist es zu wissen‹, heißt es in einem alten *jüdischen* Text, ›und er sollte es sich merken, daß es keinen freien Raum gibt zwischen Himmel und Erde, sondern ist alles voll von Scharen und Mengen. Ein Teil von ihnen ist rein, voller Gnade und Milde; ein Teil aber sind unreine Geschöpfe, Schädiger und Peiniger. Alle fliegen sie in der Luft herum: welche von ihnen wollen Frieden, welche suchen den Krieg; welche stiften Gutes, welche richten Böses an; welche bringen Leben, welche aber den Tod.‹

In der Religion der alten *Perser* bilden die Dämonen ein besonderes Heer, das unter eigenem Oberbefehl steht. Für die Unzählbarkeit dieser Dämonen findet sich in ihrem heiligen Buche, dem *Zend-Avesta,* folgende Formel: ›Tausende und aber Tausende von Dämonen, Zehntausende und aber Zehntausende, ihre zahllosen Myriaden.‹

Das *christliche* Mittelalter hat sich über die Zahl der *Teufel* ernsthaft Gedanken gemacht. Im ›Dialog über die Wunder‹ des Cäsarius von Heisterbach wird berichtet, wie sie einmal den Chor einer Kirche so dicht erfüllten, daß sie den Gesang

der Mönche störten. Diese hatten den dritten Psalm ›Herr, wie sind meiner Feinde so viel‹ begonnen. Die Teufel flogen von einer Seite des Chors zur anderen und mischten sich unter die Mönche. Diese wußten gar nicht mehr, was sie sangen, und in ihrer Verwirrung suchte eine Seite die andere zu überschreien. Wenn so viele Teufel sich an einem Orte versammeln, um einen einzigen Gottesdienst zu stören – wie viele muß es dann erst auf der ganzen Erde geben! Aber schon das Evangelium, meint Cäsarius, bezeugt, daß eine Legion von ihnen in einen einzigen Menschen fuhr.
Ein böser Priester auf seinem Totenbett sagte zu einer Verwandten, die bei ihm saß: »Siehst du jene große Scheune uns gegenüber? Unter ihrem Dache sind so viele Strohhalme, als jetzt Teufel um mich versammelt sind.« Da lauern sie auf seine Seele, um sie ihrer Strafe zuzuführen. Aber sie versuchen ihr Glück auch am Totenbett der Frommen. Beim Begräbnis einer guten Äbtissin waren mehr Teufel um sie versammelt, als es Blätter an den Bäumen eines großen Waldes gibt. Um einen sterbenden Abt waren ihrer mehr als der Sand an den Ufern des Meeres. Diese Angaben verdankt man einem Teufel, der persönlich dabei war, und einem Ritter, mit dem er ins Gespräch kam, Rede und Antwort stand. Er verhehlte seine Enttäuschung über diese erfolglosen Bemühungen nicht und gestand, daß er schon beim Tode Christi auf einem Kreuzesarme saß.
Man sieht, die Zudringlichkeit dieser Teufel ist so ungeheuerlich wie ihre Zahl. Wenn der Zisterzienser-Abt Richalm die Augen schloß, sah er sie dicht wie Staub um sich. Es hat genauere Schätzungen ihrer Zahl gegeben. Unter diesen sind mir zwei bekannt, die aber weit auseinandergehen. Die eine lautet auf 44 635 569, die andere auf elf Billionen.
In großem und natürlichen Gegensatz dazu steht die Vorstellung, die man sich von den Engeln und Seligen macht. Hier ist alles Ruhe, man will nichts mehr erlangen, man ist am Ziel. Aber auch sie sind versammelt, die himmlischen Heerscharen, ›eine Unzahl von Engeln, Patriarchen, Propheten, Aposteln, Märtyrern, Bekennern, Jungfrauen und anderen Gerechten‹. In großen Kreisen angeordnet stehen sie um den Thron ihres Herrn, wie die Untertanen eines Hofes ihrem König zugewandt. Kopf ist dicht an Kopf, auf ihrer Nähe zu ihm gründet sich ihre Glückseligkeit. Sie sind für immer bei ihm aufgenom-

men worden, und so wenig wie ihn werden sie einander je verlassen. Sie sind in seinen Anblick versunken, und sie lobpreisen ihn. Es ist das einzige, was sich noch tun, sie tun es gemeinsam.
Von solchen Vorstellungen unsichtbarer Massen ist der Geist der Gläubigen erfüllt. Ob es die Toten oder die Heiligen sind, man denkt sie sich in großen, konzentrierten Scharen. Man möchte sagen, daß die Religionen mit diesen unsichtbaren Massen *beginnen.* Ihre Lagerung ist verschieden, in jedem Glauben bildet sich ein besonderes Gewicht für sie heraus. Eine Einteilung der Religionen nach der Art, wie sie ihre unsichtbaren Massen manipulieren, ist möglich und wäre sehr wünschenswert. Die höheren Religionen, worunter man die versteht, die allgemeine Geltung erlangt haben, beweisen darin eine souveräne Sicherheit und Klarheit. An die unsichtbaren Massen, die sie durch ihre Predigt am Leben erhalten, hängen sich die Ängste und Wünsche der Menschen. Das Blut des Glaubens sind diese Unsichtbaren. Sobald sie verblassen, ist der Glaube geschwächt, und während er allmählich abstirbt, treten andere Scharen an die Stelle der Verblaßten.
Von *einer* solchen Masse – und es ist vielleicht die wichtigste – war noch nicht die Rede. Es ist die einzige, die auch uns Menschen von heute ihrer Unsichtbarkeit zum Trotz als natürlich erscheint: die *Nachkommenschaft.* Bis auf zwei oder vielleicht auch drei Generationen mag ein Mensch sie noch übersehen, aber dann liegt sie ganz in der Zukunft. Eben in ihrer Zahllosigkeit ist die Nachkommenschaft sichtbar. Man weiß, daß sie zunehmen muß, erst allmählich, dann mit wachsender Beschleunigung. Stämme und ganze Völker führen sich auf einen Stammvater zurück, und aus den Verheißungen, die diesem gegeben werden, ist ersichtlich, wie herrliche, doch vor allem *wie viele* Nachkommen er sich wünscht: zahlreich wie die Sterne des Himmels und wie der Sand am Meer. Im *Schi-King,* dem klassischen Liederbuch der *Chinesen,* findet sich ein Gedicht, in dem die Nachkommenschaft einem Heuschreckenschwarm verglichen wird:

›Die Schwingen der Heuschrecken sagen: Dränge, dränge!
O mögen deine Söhne und Enkel
Ein unzählbares Heer sein!
Die Schwingen der Heuschrecken sagen: Binde, binde!
O mögen deine Söhne und Enkel
Sich in endloser Linie folgen!

Die Schwingen der Heuschrecken sagen: Vereine, vereine!
O mögen deine Söhne und Enkel
Für immer eins sein!‹

Große Zahl, Nichtabreißen in der Nachfolge – also eine Art von Dichte über die Zeit hin – und Einheit sind die drei Wünsche für die Nachkommenschaft, die hier ausgesprochen werden. Der Heuschreckenschwarm als Symbol für die Masse der Nachkommenschaft ist darum besonders eindrucksvoll, weil die Tiere hier nicht als schädliches Ungeziefer, sondern eben um der Kraft ihrer Vermehrung willen als etwas Vorbildliches angesehen werden.
Das Gefühl für die Nachkommenschaft ist heute so lebendig, wie es immer war. Doch hat sich die Vorstellung des Massenhaften von der eigenen Nachkommenschaft abgelöst und auf die zukünftige Menschheit als Ganzes übertragen. Für die meisten von uns sind die Heere der Toten ein leerer Aberglaube geworden. Doch gilt es als edle und keineswegs müßige Bemühung, die Masse der Ungeborenen vorauszufühlen, ihnen wohlzuwollen und ein besseres und gerechteres Leben für sie vorzubereiten. In der allgemeinen Bangigkeit um die Zukunft der Erde ist dieses Gefühl für die Ungeborenen von der größten Bedeutung. Es könnte sein, daß der Abscheu von ihrer Verstümmelung, der Gedanke daran, wie sie aussehen möchten, wenn wir heute unsere neuartigen Kriege führen, mehr als alle privaten Ängste um uns selbst zur Abschaffung dieser Kriege und des Krieges überhaupt führen.
Bedenkt man nun noch das *Schicksal* der unsichtbaren Massen, von denen hier die Rede war, so läßt sich sagen, daß einige von ihnen weitgehend, andere ganz verschwunden sind. Zu den letzteren gehören die Teufel, in ihrer vertrauten Gestalt sind sie ihren früheren Mengen zum Trotz nirgends anzutreffen. Doch haben sie ihre Spuren hinterlassen. Für ihre *Kleinheit* hatten sich aus der Zeit ihrer Hochblüte, aus Cäsarius von Heisterbach zum Beispiel, manche frappierenden Zeugnisse beibringen lassen. Sie haben seither alle Züge, die an die menschliche Gestalt gemahnen könnten, aufgegeben und sind noch viel kleiner geworden. Sehr verändert also und in noch viel größerer Menge sind sie im 19. Jahrhundert aufgetaucht, als *Bazillen.* Statt gegen die Seele richtet sich ihr Angriff gegen den Leib des Menschen. Diesem aber können sie gefährlich werden. Die

wenigsten Menschen haben in ein Mikroskop geblickt und sie da wirklich zu Gesicht bekommen. Aber alle, die von ihnen gehört haben, sind sich ihrer Gegenwart immer bewußt und geben sich Mühe, mit ihnen nicht in Berührung zu kommen: bei ihrer Unsichtbarkeit ein etwas vages Unternehmen. Ihre Gefährlichkeit und die Konzentration ganz ungeheurer Zahlen von ihnen auf sehr kleinem Raum haben sie ohne Zweifel von den Teufeln übernommen.

Eine unsichtbare Masse, die immer bestand, aber als solche erst erkannt wurde, seit es Mikroskope gibt, ist die des *Sperma.* Zweihundert Millionen dieser Samentierchen machen sich zugleich auf den Weg. Sie sind untereinander gleich und in größter Dichte beisammen. Sie haben alle ein Ziel, und bis auf ein einziges unter ihnen gehen alle auf dem Weg zugrunde. Es ließe sich sagen, daß sie keine Menschen sind und daß man von Masse im beschriebenen Sinne hier eigentlich nicht sprechen sollte. Aber dieser Einwand bringt alles mit, was von den Ahnen erhalten bleiben wird. Es enthält die Ahnen, *es ist* die Ahnen. Es ist eine Überraschung ungeheuerlichster Art, sie hier wiederzufinden, zwischen einem Menschendasein und dem anderen, in gründlich veränderter Gestalt: alle von ihnen in *einem* winzigen, unsichtbaren Geschöpf, und dieses Geschöpf in solchen unermeßlichen Zahlen.

Einteilung nach dem tragenden Affekt

Die Massen, die man kennengelernt hat, sind von den verschiedenartigsten Affekten erfüllt. Von der Art dieser Affekte war noch kaum die Rede. Die erste Absicht der Untersuchung ging auf eine Einteilung nach formalen Prinzipien. Ob die Masse offen oder geschlossen ist, langsam oder rasch, unsichtbar oder sichtbar, sagt über das, was sie empfindet, über ihren Gehalt, nur wenig aus.

Nun ist dieser Gehalt keineswegs immer rein zu fassen. Man ist bereits mit den Gelegenheiten bekannt, bei denen die Masse eine ganze Reihe von Affekten durchläuft, die rasch aufeinanderfolgen. Stunde über Stunde können Menschen im Theater verbringen, und die Erlebnisse, die sie da gemeinsam haben,

sind mannigfaltigster Art. Im Konzert sind ihre Empfindungen vom Anlaß noch mehr abgelöst als im Theater; man möchte sagen, daß sie hier ihr Höchstmaß an Varietät erreichen. Aber diese Gelegenheiten sind künstlich; ihr Reichtum ist ein Endprodukt hoher und komplexer Kulturen. Ihre Wirkung ist maßvoll. Die Extreme heben sich aneinander auf. Diese Einrichtungen dienen im allgemeinen einer Milderung und Minderung von Leidenschaften, denen Menschen allein sich ausgeliefert fühlen.

Die affektiven Hauptformen der Masse aber gehen viel weiter zurück. Sie treten sehr früh auf, ihre Geschichte ist so alt wie die der Menschheit selbst und in zwei dieser Formen noch älter. Jede von ihnen zeichnet sich durch eine einheitliche Färbung aus, eine einzige Hauptpassion beherrscht sie. Hat man sich einmal Klarheit über sie verschafft, so ist es unmöglich, sie je wieder miteinander zu verwechseln.

Im folgenden werden nach ihrem affektiven Gehalt fünf Arten von Massen unterschieden. Die Hetz- und die Fluchtmasse sind die beiden ältesten von ihnen. Sie kommen unter Tieren so gut wie beim Menschen vor, und es ist wahrscheinlich, daß im einzelnen ihre Ausbildung unter Menschen sich immer wieder von tierischen Vorbildern genährt hat. Die Verbots-, die Umkehrungs- und die Festmasse sind spezifisch menschlich. Eine Beschreibung dieser fünf Hauptarten ist unerläßlich und kann in ihrer Deutung zu Erkenntnissen von beträchtlicher Tragweite führen.

Hetzmassen

Die Hetzmasse bildet sich im Hinblick auf ein rasch erreichbares Ziel. Es ist ihr bekannt und genau bezeichnet, es ist auch nah. Sie ist aufs Töten aus, und sie weiß, wen sie töten will. Mit der Entschlossenheit ohnegleichen geht sie auf dieses Ziel los; es ist unmöglich, sie darum zu betrügen. Es genügt, dieses Zeil bekanntzugeben, es genügt zu verbreiten, wer umkommen soll, damit eine Masse sich bildet. Die Konzentration aufs Töten ist eine besonderer Art und an Intensität durch keine andere zu übertreffen. Jeder will daran teilhaben, jeder schlägt zu. Um seinen Schlag führen zu können, drängt sich jeder in die nächste Nähe des Opfers. Wenn er nicht treffen kann, will er sehen, wie es von den anderen getroffen wird. Alle Arme kommen wie aus ein und demselben Geschöpf. Doch die Arme, die *treffen*, haben mehr Wert und Gewicht. Das Ziel ist alles. Das Opfer ist das Ziel, doch es ist auch der Punkt der größten Dichte: es vereinigt die Handlungen aller in sich. Ziel und Dichte fallen zusammen.

Ein wichtiger Grund für das rapide Anwachsen der Hetzmasse ist die Gefahrlosigkeit des Unternehmens. Es ist gefahrlos, denn die Überlegenheit auf seiten der Masse ist enorm. Das Opfer kann ihnen nichts anhaben. Es flieht oder ist gefesselt. Es kann nicht zuschlagen, in seiner Wehrlosigkeit ist es nur noch Opfer. Es ist aber auch für seinen Untergang freigegeben worden. Es ist zu seinem Schicksal bestimmt, für seinen Tod hat niemand eine Sanktion zu befürchten. Der freigegebene Mord springt für alle Morde ein, die man sich versagen muß, für deren Ausführung man schwere Strafen zu befürchten hätte. Ein gefahrloser, erlaubter, empfohlener und mit vielen anderen geteilter Mord ist für den weitaus größten Teil der Menschen unwiderstehlich. Man muß dazu sagen, daß die Todesdrohung, unter der alle Menschen selber stehen und die in mancherlei Verkleidungen immer wirksam ist, auch wenn sie nicht kontinuierlich ins Auge gefaßt wird, eine *Ablenkung* des Todes auf andere zum Bedürfnis macht. Die Bildung von Hetzmassen kommt diesem Bedürfnis entgegen.

Es ist ein so leichtes Unternehmen und es spielt sich so rasch ab, daß man sich beeilen muß, um zurechtzukommen. Die Eile, Gehobenheit und Sicherheit einer solchen Masse hat etwas Unheimliches. Es ist die Erregung von Blinden, die am blindesten sind, wenn sie plötzlich zu sehen glauben. Die Masse geht auf Opfer und Hinrichtung zu, um den Tod all derer, aus denen sie besteht, plötzlich und wie für immer loszuwerden. Was ihr dann wirklich geschieht, ist das Gegenteil davon. Durch die Hinrichtung, aber erst nach ihr, fühlt sie sich mehr als je vom Tode bedroht. Sie zerfällt und zerstreut sich in einer Art von Flucht. Je gehobener das Opfer war, um so größer ist ihre Angst. Sie kann sich nur beisammenhalten, wenn eine Serie gleicher Ereignisse rasch aufeinanderfolgt.

Die Hetzmasse ist sehr alt, sie geht auf die ursprünglichste dynamische Einheit zurück, die unter Menschen bekannt ist, die Jagdmeute. Von den Meuten, die klein sind und sich auch sonst in vielem von Massen unterscheiden, wird später genauer die Rede sein. Hier soll nur von einigen allgemeinen Gelegenheiten gehandelt werden, die zur Bildung von Hetzmassen Anlaß geben.

Unter den Todesarten, die von einer Horde oder von einem Volk gegen den einzelnen verhängt werden, kann man zwei Hauptformen unterscheiden: die eine ist die des *Ausstoßens*. Der einzelne wird ausgesetzt, wo er wehrlos wilden Tieren ausgeliefert ist oder wo er verhungert. Die Menschen, zu denen er früher gehört hat, haben nichts mehr mit ihm zu tun; sie dürfen ihn nicht beherbergen und ihm keine Nahrung reichen. Jede Gemeinschaft mit ihm verunreinigt sie und macht sie selber schuldig. Einsamkeit in ihrer rigorosesten Form ist hier die äußerste Strafe; die Trennung von der eigenen Gruppe eine Qual, die besonders in primitiven Verhältnissen nur ganz wenige zu überleben vermögen. Eine Abart dieser Isolierung ist die Auslieferung an die Feinde. Sie wird, wenn es sich um Männer handelt und sie ohne Kampf erfolgt, als besonders grausam und demütigend empfunden, wie ein zwiefacher Tod.

Die andere Form ist die des *Zusammen-Tötens*. Man führt den Verurteilten aufs Feld hinaus und steinigt ihn. Jeder hat am Töten teil; von den Steinen aller getroffen, bricht der Schuldige zusammen. Es ist niemand zum Hinrichter delegiert, die ganze Gemeinde tötet. Die Steine stehen für die Gemeinde, sie sind das Mal ihres Beschlusses und ihrer Tat. Auch wo das Steinigen außer Gebrauch gekommen ist, bleibt diese Neigung zum Zusammen-Töten bestehen. Der *Feuertod* läßt sich damit vergleichen: Das Feuer agiert für die Menge, die dem Verurteilten den Tod gewünscht hat. Auf allen Seiten wird das Opfer von den Flammen erreicht, von überall, möchte man sagen, wird es ergriffen und getötet. In den Höllenreligionen kommt noch etwas dazu: Mit dem kollektiven Tod durch das Feuer, das ein Symbol für die Masse ist, verbindet man die Idee des Ausstoßens, in die Hölle nämlich, das Ausliefern an die Höllenfeinde. Die Flammen der Hölle greifen auf die Erde hinauf und holen sich den ihnen gebührenden Ketzer. – Das Bespicken eines Opfers mit Pfeilen, das Erschießen eines zum Tode Verurteilten durch ein Peloton Soldaten enthalten die exekutierende Gruppe als Delegierte der Gesamtheit. Beim Begraben von Menschen in Ameisenhaufen, wie es aus Afrika und anderswoher bekannt ist, überläßt man den Ameisen, die für eine zahlreiche Masse stehen, deren peinliches Geschäft.

Alle Formen der öffentlichen Hinrichtung hängen an der alten Übung des Zusammen-Tötens. Der wahre Henker ist die Masse, die sich um das Blutgerüst versammelt. Sie billigt das Schauspiel; in leidenschaftlicher Bewegung strömt sie von weither zusammen, um es von Anfang bis zum Ende mitanzusehen. Sie will, daß es geschieht, und sie läßt sich das Opfer nicht gern entgehen. Die Nachricht von der Verurteilung Christi trifft den Vorgang in seinem Wesen. Das »Kreuziget ihn!« geht von der Masse aus. Sie ist das eigentlich Aktive, zu anderen Zeiten hätte sie das Ganze selber besorgt und Christus gesteinigt. Das Gericht, das sich für gewöhnlich vor einer beschränkten Gruppe von Menschen abspielt, steht für die große Menge, die dann der Hinrichtung beiwohnt. Das Todesurteil, das, im Namen des Rechtes abgegeben, abstrakt und unwirklich klingt, wird wahr, wenn es vor der Menge ausgeführt wird. Denn für sie wird eigentlich Recht gesprochen, und mit der Öffentlichkeit des Rechtes meint man die Masse.

Das Mittelalter führt seine Hinrichtungen mit stattlichem Pomp aus, und sie gehen so langsam wie möglich vor sich. Es kommt vor, daß das Opfer die Zuschauer mit erbaulichen Reden ermahnt. Es ist um ihr Schicksal besorgt, sie sollen es ihm ja nicht gleichtun. Es führt ihnen vor, wohin man durch ein solches Leben gerät. Sie fühlen sich durch seine Fürsorge nicht wenig geschmeichelt. Ihm mag es eine letzte Genugtuung gewähren, noch einmal als *Gleicher* unter ihnen zu stehen, ein Guter wie sie, der mit ihnen zusammen sein früheres Leben abtut und verurteilt. Die Reue von Übeltätern oder Ungläubigen angesichts des Todes, um die sich Geistliche mit allen Mitteln bemühen, hat neben der vorgegebenen Absicht der Seelenrettung auch diesen Sinn: sie soll die Hetzmasse in die Ahnung einer künftigen Festmasse verwandeln. Jeder soll sich in seiner guten Gesinnung bestätigt fühlen und an die Belohnung glauben, die ihm drüben dafür bevorsteht.

In Revolutionszeiten werden Hinrichtungen beschleunigt. Der Pariser Schrafrichter Samson ist stolz darauf, daß seine Gehilfen nicht mehr als ›eine Minute pro Person‹ brauchen. Viel von der fiebrigen Massenstimmung in solchen Zeiten ist auf die rasche Aufeinanderfolge unzähliger Hinrichtungen zurückzuführen. Es ist der Masse wichtig, daß der Henker ihr den Kopf des Getöteten zeigt. Dies und nichts anderes ist der Augenblick der Entladung. Wem immer der Kopf gehört hat, er ist nun *de-*

gradiert, im kurzen Moment, da er auf die Masse starrt, ist er ein Kopf wie alle anderen. Er mag auf den Schultern eines Königs angetreten sein: durch den blitzartigen Prozeß der Degradierung, vor den Augen aller, hat man ihn den anderen angeglichen. Die Masse, die hier aus starrenden Köpfen besteht, erlangt das Gefühl ihrer Gleichheit im Augenblick, da auch dieser Kopf ihr entgegenstarrt. Je mächtiger der Hingerichtete war, je weiter die Distanz, die ihn früher von ihr trennte, um so größer ist die Erregung ihrer Entladung. War es ein König oder ein Mächtiger ähnlichen Stils, so spielt noch die Genugtuung der Umkehrung hinein. Das Recht auf blutige Justiz, das ihm so lange zukam, ist nun gegen ihn ausgeübt worden. Die er früher töten ließ, haben ihn getötet. Die Bedeutung dieser Umkehrung ist nicht zu überschätzen: es gibt eine Form der Masse, die sich durch Umkehrung allein bildet.

Die Wirkung des Kopfes, der der Menge hingehalten wird, erschöpft sich keineswegs in der Entladung. Indem sie ihn mit ungeheuerlicher Gewalt als einen der ihren erkennen, indem er sozusagen unter sie fällt und nicht mehr ist als sie, indem er sie so alle einander gleichmacht, sieht jeder einzelne von ihnen sich selbst in ihm. Der abgeschnittene Kopf ist eine *Drohung.* Sie haben ihm mit solcher Begier ins tote Auge geblickt, daß sie sich nun nicht mehr von ihm befreien können. Da der Kopf zur Masse gehört, ist sie durch seinen Tod auch selbst getroffen: Auf geheimnisvolle Weise erkrankt und erschreckt, beginnt sie zu zerfallen. Es ist eine Art Flucht vor ihm, in der sie sich jetzt zerstreut.

Der Zerfall der Hetzmasse, die ihr Opfer gekriegt hat, ist ein besonders rascher. Diese Tatsache ist gefährdeten Machthabern wohl bewußt. Sie werfen der Masse ein Opfer hin, um ihr Wachstum aufzuhalten. Viele politische Hinrichtungen sind zu diesem Zwecke allein angeordnet worden. Andererseits sind sich die Wortführer radikaler Parteien oft gar nicht klar darüber, daß sie sich selber mit der Erreichung des Zieles, der öffentlichen Hinrichtung eines gefährlichen Feindes, tiefer ins Fleisch schneiden als der feindlichen Partei. Es kann ihnen geschehen, daß nach einer solchen Hinrichtung die Masse ihrer Anhänger sich verläuft und daß sie lange nicht oder nie wieder ihre alte Stärke erlangen. Über andere Gründe zu diesem Umschwung wird noch manches zu sagen sein, wenn von den Meuten und besonders von der Klagemeute die Rede ist.

Der *Abscheu* vor dem Zusammentöten ist ganz modernen Datums. Man überschätze ihn nicht. Auch heute nimmt jeder an öffentlichen Hinrichtungen teil, durch die *Zeitung.* Man hat es nur, wie alles, viel bequemer. Man sitzt in Ruhe bei sich und kann unter hundert Einzelheiten bei denen verweilen, die einen besonders erregen. Man akklamiert erst, wenn alles vorüber ist, nicht die leiseste Spur von Mitschuld trübt den Genuß. Man ist für nichts verantwortlich, nicht fürs Urteil, nicht für den Augenzeugen, nicht für seinen Bericht und auch nicht für die Zeitung, die den Bericht gedruckt hat. Aber man weiß mehr darüber als in früheren Zeiten, da man stundenlang gehen und stehen mußte und schließlich nur wenig sah. Im Publikum der Zeitungsleser hat sich eine gemilderte, aber durch ihre Distanz von den Ereignissen um so verantwortungslosere Hetzmasse am Leben erhalten, man wäre versucht zu sagen, ihre verächtlichste und zugleich stabilste Form. Da sie sich nicht einmal zu versammeln braucht, kommt sie auch um ihren Zerfall herum, für Abwechslung ist in der täglichen Wiederholung der Zeitung gesorgt.

Fluchtmassen

Die *Fluchtmasse* wird durch *Drohung* hergestellt. Es gehört zu ihr, daß alles flieht; alles wird mitgezogen. Die Gefahr, von der man bedroht wird, ist für alle dieselbe. Sie konzentriert sich auf einen bestimmten Ort. Sie macht keinen Unterscheid. Sie kann die Bewohner einer Stadt bedrohen oder alle, die eines Glaubens sind, oder alle, die ein und dieselbe Sprache sprechen.

Man flieht zusammen, weil es sich so besser flieht. Die Erregung ist dieselbe: die Energie der einen steigert die der anderen, die Menschen stoßen einander in dieselbe Richtung fort. Solange man beisammen ist, empfindet man die Gefahr als *verteilt.* Es besteht die uralte Vorstellung, daß die Gefahr an *einer* Stelle zupacken wird. Während der Feind einen ergreift, können die anderen indessen alle entkommen. Die Flanken der Flucht sind offen, aber lang ausgezogen, wie sie sind, ist es undenkbar, daß die Gefahr alle zugleich attackiert. Unter so vielen nimmt keiner an, daß *er* das Opfer ist. Da die einzige Bewegung aller der Rettung gilt, fühlt man sich von ihrer Erlangbarkeit ganz durchdrungen.

Denn das Auffallendste an der Massenflucht ist die Kraft ihrer Richtung. Die Masse ist sozusagen ganz Richtung geworden, weg von der Gefahr. Da es nur auf das Ziel ankommt, an das man sich rettet, auf die eine Strecke dorthin und sonst nichts, sind die Distanzen, die früher zwischen den Menschen bestanden, irrelevant. Ganz sonderbare und gegensätzliche Geschöpfe, die einander nie in die Nähe gekommen sind, können sich hier plötzlich zusammenfinden. In der Flucht heben sich zwar nicht ihre Unterschiede, wohl aber alle Abstände zwischen ihnen auf. Von allen Formen der Masse ist die der Flucht die umfassendste. Das ungleichartige Bild, das sie bietet, wird aber nicht nur durch Teilnahme absolut aller bewirkt, es wird noch verwirrt durch die sehr verschiedenen Geschwindigkeiten, deren diese Menschen in ihrer Flucht fähig sind. Es gibt unter ihnen Junge, Alte, Starke, Schwache, mehr oder weniger Beladene. Die Buntheit dieses Bildes mag einen Betrachter, der außen steht, beirren. Sie ist zufällig und – an der überwältigenden Kraft der Richtung gemessen – ganz bedeutungslos.

Die Energie der Flucht vervielfacht sich, solange jeder darin die anderen erkennt: er darf sie vorwärtsschieben, doch nicht beiseite stoßen. Im Augenblick aber, da er nur noch auf sich selbst bedacht ist und die Umstehenden bloß als Hindernis empfindet, ändert sich der Charakter der Massenflucht vollkommen und schlägt in ihr Gegenteil um: es wird eine *Panik* daraus, ein Kampf jedes einzelnen gegen alle anderen, die ihm im Wege sind. Am häufigsten kommt es zu einem Umschlag, wenn die Richtung der Flucht wiederholt gestört wird. Es genügt, der Masse den Weg abzuschneiden, damit sie in eine andere Richtung ausbricht. Schneidet man ihr den Weg immer wieder ab, so weiß sie bald nicht mehr, wohin sich wenden. Sie wird an ihrer Richtung irre, und damit ändert sich ihre Konsistenz. Die Gefahr, die bis jetzt eine beschwingende und vereinigende Wirkung hatte, stellt *einen* als Feind gegen den *anderen* auf, und jeder versucht, sich für sich selbst zu retten.

Die Massenflucht aber, im Gegensatz zur Panik, bezieht ihre Energie aus ihrem Zusammenhalt. Solange sie sich durch nichts zerstreuen läßt, solange sie in ihrer Unabreißbarkeit verharrt, ein mächtiger Strom, der sich nicht zerteilt, solange bleibt auch die Angst, von der sie getrieben wird, eine erträgliche. Eine

Art von Hochgefühl zeichnet die Massenflucht aus, sobald sie einmal in Gang gekommen ist: das Hochgefühl der gemeinsamen Bewegung. Es ist niemand weniger gefährdet als der andere, und obwohl jeder aus Leibeskräften rennt oder reitet, um sich in Sicherheit zu bringen, so hat er doch im ganzen seinen Platz, den er anerkennt, an dem er mitten in der allgemeinen Aufregung festhält.

Im Verlaufe der Flucht, die sich über Tage und Wochen erstrecken kann, bleiben manche zurück, sei es, daß ihre Kraft sie verläßt, sei es, daß sie vom Feinde getroffen werden. Das Schicksal, das ihn ereilt hat, hat sie ausgenommen. Der Getroffene ist ein Opfer, es wurde der Gefahr gebracht. Wie wichtig immer er einem persönlich als Mitfliehender war, als Gefallener ist er für alle wichtiger geworden. Sein Anblick gibt den Ermattenden neue Kraft. Er war schwächer als sie, auf ihn hatte die Gefahr es abgesehen. Die Isolierung, in der er zurückbleibt, in der sie ihn kurz noch sehen, erhöht für sie den Wert ihres Zusammenhalts. Man kann die Bedeutung des Gefallenen für die Konsistenz der Flucht nicht genug betonen.

Das natürliche Ende der Flucht ist die Erlangung ihres Zieles. In der Sicherheit löst sich diese Masse wieder auf. Die Gefahr kann aber auch an ihrer Quelle aufgehoben werden. Ein Waffenstillstand wird erklärt, und die Stadt, aus der man floh, ist nicht mehr bedroht. Man kehrt einzeln zurück, wie man zusammen floh; und alles ist wieder so geschieden, wie es früher war. Es gibt aber noch eine dritte Möglichkeit; man kann sie als das Versickern der Flucht im Sande bezeichnen. Das Ziel ist zu weit, die Umgebung feindlich, die Menschen hungern, sie werden schwach und matt. Statt einiger bleiben Hunderte und Tausende liegen. Dieser physische Zerfall setzt allmählich ein, und die ursprüngliche Bewegung hält sich unendlich lange. Die Menschen kriechen vorwärts, wenn jede Aussicht auf Rettung geschwunden ist. Von allen Formen der Masse die zäheste ist die der Flucht, bis zum allerletzten Augenblick bleiben die letzten von ihnen beisammen.

An Beispielen für Massenflucht ist wahrhaftig kein Mangel. Unsere Zeit ist an ihnen wieder sehr reich geworden. Bis zu den Erlebnissen des vergangenen Krieges hätte man zuerst an das Schicksal der Grande Armée Napoleons bei ihrem Rückzug aus Rußland gedacht. Es ist der großartigste Fall: die Zusammensetzung dieser Armee aus Menschen so vieler, verschiedener Sprachen und Länder, der furchtbare Winter, die ungeheure Strecke, die von den meisten zu Fuß zu durchmessen war: dieser Rückzug, der in eine Massenflucht ausarten mußte, ist in all seinen Einzelheiten bekannt. – Die Flucht einer *Weltstadt* hat man in solchen Ausmaßen wohl zum erstenmal erlebt, als die Deutschen 1940 sich Paris näherten. Der berühmte ›Exode‹ hat nicht lange gedauert, da es bald zum Waffenstillstand kam. Aber die Intensität und der Umfang dieser Bewegung waren derart, daß sie für die Franzosen zur zentralen Massenerinnerung des letzten Krieges wurde.

Es sollen die Beispiele aus jüngster Zeit hier nicht gehäuft werden. Sie sind noch in frischer Erinnerung aller. Wohl aber scheint es von Wert, hervorzuheben, daß die Massenflucht den Menschen immer schon bekannt war, auch als sie noch in ganz kleinen Gruppen zusammenhausten. Sie hat in ihrer Vorstellung schon eine Rolle gespielt, bevor sie ihnen ihrer Zahl nach möglich war. Man erinnert sich jener Version eines Eskimo-Schamanen:

»Der Himmelraum ist mit nackten Wesen erfüllt, die durch die Luft daherfahren. Menschen, nackte Männer, nackte Frauen, die hinfahren und Sturm und Schneegestöber entfachen. Hört ihr es sausen? Es braust wie ein Flügelschlag großer Vögel oben in der Luft. Das ist die Angst nackter Menschen, das ist die Flucht nackter Menschen!«

Verbotsmassen

Eine besondere Art von Masse bildet sich durch ein *Verbot*: Viele zusammen wollen *nicht* mehr tun, was sie bis dahin als einzelne getan haben. Das Verbot ist plötzlich; sie erlegen es sich selber auf. Es kann ein altes Verbot sein, das in Vergessenheit geraten war; oder eines, das von Zeit zu Zeit wieder hervorgeholt wird. Es kann aber auch ein ganz neues sein. Auf jeden Fall schlägt es mit der größten Kraft ein. Es hat die Unbedingtheit eines Befehls, doch entscheidend an ihm ist sein negativer Charakter. Es kommt, auch wenn es den gegenteiligen Anschein haben sollte, nie wirklich von außen. Immer entstammt es einem Bedürfnis der von ihm Betroffenen selbst. Solbald das Verbot ausgesprochen ist, beginnt sich die Masse zu bilden. Alle weigern sich zu tun, was eine äußere Welt von ihnen erwartet. Was sie ohne viel Aufhebens bis jetzt getan haben, als wäre es ihnen natürlich und gar nicht schwer, das tun sie nun plötzlich auf keinen Fall. An der Bestimmtheit ihrer Weigerung ist ihre Zusammengehörigkeit zu erkennen. Das Negative selbst des Verbots teilt sich dieser Masse vom Augenblick ihrer Geburt an mit und bleibt, solange sie besteht, ihr wesentlichster Zug. Man könnte so auch von einer negativen Masse sprechen. Widerstand macht sie aus: das Verbot ist eine Grenze und ein Damm; nichts kann jene überschreiten, nichts diesen durchdringen. Einer bewacht den anderen, um zu sehen, ob er ein Teil des Dammes bleibt. Wer nachgibt und das Verbot überschreitet, wird von den anderen verpönt.

Das beste Beispiel für die negative oder Verbotsmasse in unserer Zeit ist der *Streik*. Die Arbeiter sind es gewöhnt, ihre Arbeit regelmäßig zu bestimmten Zeiten zu verrichten. Es sind Leistungen der verschiedensten Art, der eine hat dies, der andere etwas ganz anderes zu tun. Aber zu ein und derselben Zeit treten sie an, und zu ein und derselben Zeit verlassen sie die Arbeitsstelle. Sie sind sich gleich im Hinblick auf diesen gemeinsamen Moment des An- und Abtretens. Die meisten verrichten ihre Arbeit mit der Hand. Sie sind sich nah noch in einem anderen Punkt, im Hinblick auf die Tatsache der Entlohnung ihrer Arbeit. Doch je nachdem, was sie leisten, sind die Löhne verschieden. Ihre Gleichheit, wie man sieht, geht nicht sehr weit. Sie allein genügt nicht, um bis zur Massenbildung zu führen. Wenn es aber zum Streike kommt, werden die Arbeiter auf eine verbindlichere Weise gleich: in der Weigerung, weiterzuarbeiten. Von dieser Weigerung wird der ganze Mensch erfaßt. Das Verbot der Arbeit schafft eine akute und widerstandsfähige Gesinnung.

Der Moment des Stillstehens ist ein großer Moment, er ist im Arbeiterlied verherrlicht worden. Vieles trägt zum Gefühl der Erleichterung bei, mit dem ein Streik für die Arbeiter einsetzt. Ihre fiktive Gleichheit, von der man zu ihnen spricht, die aber in Wahrheit nicht weitergeht, als daß sie alle Hände gebrauchen, wird plötzlich zu einer wirklichen. Solange sie arbeiteten, hatten sie die verschiedenartigsten Dinge zu tun, und alles war ihnen vorgeschrieben worden. Wenn sie die Arbeit niederlegen, tun alle dasselbe. Es ist, als ließen sie alle im selben Moment die Hände sinken, als hätten sie nun alle Kraft darauf zu verwenden, sie *nicht* wieder zu heben, gleichgültig, wie hungrig ihre Leute sind. Das Aussetzen der Arbeit macht die Arbeiter gleich. An der Wirkung dieses Augenblicks gemessen, fällt ihre konkrete Forderung wenig ins Gewicht. Das Ziel des Streiks mag eine Lohnerhöhung sein, und gewiß fühlen sie sich auch in diesem Ziele einig. Aber allein würde es nicht genügen, sie zur Masse zu formen.

Die Hände, die niederfallen, haben eine ansteckende Wirkung auf andere Hände. Was sie *nicht* tun, teilt sich der ganzen Gesellschaft mit. Der Streik, der aus ›Sympathie‹ um sich greift, verhindert auch andere, die ursprünglich an eine Stillegung nicht dachten, ihrer Beschäftigung nachzugehen. Der Sinn des Streikes ist der, daß niemand etwas tun soll, solange die Arbeiter nichts tun; und je mehr von dieser Absicht ihnen gelingt, um so größere Aussicht haben sie darauf, den Streik zu gewinnen.

Innerhalb des eigentlichen Streikes ist es wichtig, daß jeder sich an die Verbotsparole hält. Es kommt spontan zur Bildung einer Organisation aus der Masse selbst heraus. Sie hat die Funktion des Staates, der im vollen Bewußtsein seiner Kurzlebigkeit entsteht und in dem nur wenige Gesetze gelten; diese aber werden auf das strengste eingehalten. Posten bewachen die Zugänge zur Lokalität, von der die Aktion ihren Ausgang nahm: die Arbeitsstätte selbst ist verbotener Grund. Das Interdikt, das auf ihr lastet, enthebt sie ihrer Alltäglichkeit und verleiht ihr eine ganz besondere Würde. Die Verantwortung, die man für sie trägt, macht sie zu einem gemeinsamen Besitz. Als solcher wird sie geschützt und mit einem höheren Sinn erfüllt. In ihrer Leere und Stille hat sie etwas Sakrales. Jeder, der sich ihr nähert, wird auf seine Gesinnung hin geprüft. Wer mit profanen Absichten kommt, wer arbeiten will, der gilt als Feind oder Verräter.

Die Organisation sorgt für eine gerechte Verteilung von Lebensmitteln oder Geld. Das Vorhandene soll für möglichst lange reichen. Es ist wichtig, daß jeder gleich wenig bekommt. Es wird dem Stärkeren nicht einfallen, daß er mehr haben sollte; selbst der Gierige wird sich gern bescheiden. Da gewöhnlich für alle sehr wenig da ist und die Art der Regelung sich in Unschuld, nämlich öffentlich abspielt, trägt diese Art der Verteilung zum Stolz der Masse auf ihre Gleichheit bei. Es ist etwas ungemein Ernstes und Achtenswertes um eine solche Organisation. Man kann nicht umhin, an das Verantwortungsbewußtsein und die Würde eines solchen, spontan aus ihrer Mitte entstandenen Gebildes zu denken, wenn von der Wildheit und Zerstörungslust der Masse die Rede ist. Eine Betrachtung der Verbotsmasse ist schon darum unerläßlich, weil sie ganz andere, ja geradezu die entgegengesetzten Züge zeigt. Solange sie ihrem Wesen treu bleibt, ist sie jeder Zerstörung abgeneigt.

Es ist aber wahr, daß es nicht leichtfällt, sie in diesem Zustand zu erhalten. Wenn die Dinge schlecht gehen und der Mangel schwer erträgliche Ausmaße annimmt, ganz besonders aber, wenn sie sich angegriffen oder belagert fühlt, neigt die negative Masse dazu, in eine positive und aktive umzuschlagen. Es kann Streikenden, die sich so plötzlich die gewohnte Tätigkeit ihrer Hände untersagt haben, nach einiger Zeit große Mühe kosten, mit ihnen nichts zu tun. Sobald sie fühlen, daß die Einheit ihres Widerstandes bedroht ist, werden sie zu Zerstörungen neigen, und am ehesten zu Zerstörungen in der Sphäre ihrer eigenen, vertrauten Tätigkeit. Hier ist es, wo die wichtigste Aufgabe der Organisation einsetzt; sie hat den Charakter der Verbotsmasse reinzuhalten und jede positive Einzelaktion zu verhindern. Sie hat auch zu erkennen, wann der Augenblick gekommen ist, das Verbot, dem die Masse ihr Dasein verdankt, wieder aufzuheben. Wenn ihre Einsicht dem Gefühl der Masse entspricht, muß sie, indem sie das Verbot zurücknimmt, ihre Auflösung selbst beschließen.

Umkehrungsmassen

»Lieber, guter Freund, die Wölfe haben immer die Schafe gefressen; werden die Schafe diesmal die Wölfe fressen?« Dieser Satz findet sich in einem Briefe, den Madame Jullien während der französischen Revolution an ihren Sohn schrieb. Er enthält, auf eine knappe Formel gebracht, das Wesen der Umkehrung. Wenige Wölfe haben sich bis jetzt an viele Schafe gehalten. Nun ist es Zeit für die vielen Schafe, sich gegen die wenigen Wölfe zu wenden. Man weiß, daß Schafe keine Fleischfresser sind. Aber eben in seiner scheinbaren Sinnlosigkeit ist der Satz bedeutend. Revolutionen sind die eigentlichen Zeiten der Umkehrung. Die so lange wehrlos waren, haben plötzlich Zähne. Ihre Zahl muß wettmachen, was ihnen an bösartiger Erfahrung abgeht.

Die Umkehrung setzt eine geschichtete Gesellschaft voraus. Die Abgrenzung bestimmter Klassen gegeneinander, von denen eine mehr Rechte als die andere hat, muß eine Weile bestanden haben, bevor ein Bedürfnis nach Umkehrung entstehen kann. Die höhere Gruppe hatte das Recht, der tieferen Befehle zu erteilen, sei es, daß sie durch Eroberung ins Land kam und sich über die Einwohner setzte, sei es, daß die Schichtung durch Vorgänge im Inneren zustande kam.

Jeder Befehl hinterläßt in dem, der gezwungen ist, ihn auszuführen, einen peinlichen *Stachel* zurück. Über die Natur dieser Stacheln, die unverwüstlich sind, wird man später Genaueres erfahren. Menschen, denen viel befohlen wird und die von solchen Stacheln ganz erfüllt sind, verspüren einen starken Drang, sich ihrer zu entledigen. Auf zweierlei Weise läßt sich eine Befreiung von ihnen erlangen. Sie können Befehle, die sie von oben empfangen haben, nach unten weitergeben; dazu müssen Tieferstehende da sein, die bereit sind, Befehle von ihnen entgegenzunehmen. Sie können aber auch, was sie lange von ihren Oberen erlitten und gespeichert haben, diesen selber heimzahlen. Ein einzelner, schwach und hilflos wie er ist, wird nur selten das Glück dieser Gelegenheit haben. Wenn aber viele sich in einer Masse zusammenfinden, mag ihnen gelingen, was ihnen einzeln versagt war. Zusammen können sie sich gegen die wenden, die ihnen bisher befohlen haben. Die revolutionäre Situation läßt sich als der Zustand einer solchen Umkehrung ansehen. Die Masse aber, deren Entladung hauptsächlich aus einer gemeinsamen Befreiung von Befehlsstacheln besteht, ist als *Umkehrungsmasse* zu bezeichnen.

Als der Beginn der französischen Revolution wird der Sturm auf die Bastille betrachtet. Sie begann schon früher mit einem Blutbad unter Hasen. Im Mai 1789 waren die Generalstaaten in Versailles zusammengetreten. Sie berieten über die Aufhebung der feudalen Rechte, zu denen auch das Jagdrecht des Adels gehörte. Am 10. Juni, einen Monat *vor* dem Sturm auf die Bastille, berichtete Camille Desmoulins, der als Abgeordneter an den Beratungen teilnahm, in einem Brief an seinen Vater: »Die Bretonen führen provisorisch einige der Artikel ihrer Beschwerdehefte aus. Sie töten die Tauben und das Wildpret. 50 junge Leute richten ebenso hier in der Gegend eine Verheerung ohnegleichen unter Hasen und Kaninchen an. Es heißt, sie hätten vor den Augen der Wärter 4–5000 Stück Wild in der Ebene von St. Germain umgebracht.« Die Schafe, bevor sie sich an die Wölfe wagen, wenden sich gegen die Hasen. Vor der Umkehrung, die sich gegen die Oberen selbst richtet, hält man sich an den Untersten schadlos, den jagdbaren Tieren.

Das eigentliche Ereignis ist dann der Tag der Bastille. Die ganze Stadt versorgt sich mit Waffen. Die Erhebung gilt der königlichen Justiz. Sie ist im angegriffenen und erstürmten Gebäude verkörpert. Gefangene werden befreit, die dann zur Masse stoßen können. Der Gouverneur, der für die Verteidigung der Bastille verantwortlich war, und seine Helfer werden hingerichtet. Man hängt aber auch Diebe an die Laterne. Die Bastille wird dem Erdboden gleichgemacht, Stein um Stein wird sie abgetragen. Die Justiz in ihren beiden Hauptaspekten, als Todesurteil und als Begnadigung, geht in die Hände des Volkes über. Die Umkehrung hat sich darin – für den Augenblick – vollendet.

Massen dieser Art bilden sich unter den mannigfaltigsten Umständen: Es können Erhebungen von Sklaven gegen ihre Herren sein, von Soldaten gegen ihre Offiziere, von Farbigen gegen Weiße, die in ihrer Mitte angesiedelt sind. Immer haben die einen geraume Zeit unter dem Befehl der anderen gestanden. Immer handeln die Aufständischen aus ihren Stacheln heraus, und es dauert immer lange, bis sie handeln können.

Viel von dem, was man an der Oberfläche von Revolutionen gewahrt, spielt sich allerdings in *Hetzmassen* ab. Es wird Jagd auf einzelne Menschen gemacht, wenn man sie fängt, werden sie von allen zusammen getötet, in Form eines Gerichts oder auch ohne Urteil. Aber es ist keineswegs so, daß die Revolution daraus *besteht*. Mit den Hetzmassen, die eiligst ihr natürliches Ende erreichen, ist es nie getan. Die Umkehrung, die einmal begonnen hat, geht immer weiter. *Jeder* sucht in eine Lage zu kommen, wo er sich seiner Stacheln entledigen kann, und jeder hat viele von ihnen. Die Umkehrungsmasse ist ein Prozeß, der eine ganze Gesellschaft erfaßt, und hat er vielleicht auch gleich zu Anfang Erfolg, so geht er doch nur langsam und schwer zu Ende. So rasch die Hetzmasse abläuft, die an der Oberfläche liegt, so langsam, in vielen aufeinanderfolgenden Rucken, ereignet sich die Umkehrung aus der Tiefe.

Aber die Umkehrung kann noch viel langsamer sein: sie kann für das Jenseits verheißen werden. »Die Letzten werden die Ersten sein.« Zwischen dieser Verfassung und jener steht der

Tod. In der anderen Welt wird man wieder leben. Wer der Ärmste hier war und nichts Böses verübt hat, der gilt dafür am meisten drüben. Als ein Neuer, ein Bessergestellter existiert er weiter. Dem Gläubigen wird die Befreiung von seinen Stacheln versprochen. Doch wird über die genaueren Umstände dieser Befreiung nichts ausgesagt; und wenn auch später alle im Jenseits beisammenstehen, so wird auf die Masse als *Substrat* einer Umkehrung nicht eigentlich hingewiesen.
Im Zentrum dieser Art der Verheißung steht der Gedanke der Wiederbelebung. Fälle von Wiederbelebung durch Christus in dieser Welt werden in den Evangelien berichtet. Die Prediger der berühmten *Revivals* in den angelsächsischen Ländern haben die Wirkung von Tod und Wiedererweckung auf jede Weise verwendet. Die versammelten Sünder wurden von ihnen mit den furchtbarsten Höllenstrafen bedroht und gerieten in einen kaum beschreiblichen Zustand der Angst. Sie sahen einen See von Feuer und Schwefel weit offen vor sich und die Hand des Allmächtigen, der daran war, sie in den schrecklichen Abgrund zu stürzen. Die Heftigkeit der Schmähungen, heißt es von einem dieser Prediger, wurde in ihrer Wirkung noch erhöht durch die scheußlichen Verzerrungen seines Gesichts und den Donner seiner Stimme. Aus 40, 50, 100 Meilen Entfernung strömten Menschen von überallher zusammen, um solche Prediger zu hören. Die Männer brachten ihre Familien in bedeckten Wagen mit und versahen sich mit Bettzeug und Nahrung für mehrere Tage. Ums Jahr 1800 geriet ein Teil des Staates Kentucky durch Versammlungen dieser Art in einen fieberhaften Zustand. Man hielt die Versammlungen im Freien ab, kein Gebäude in den damaligen Staaten hätte diese ungeheuren Massen gefaßt. 20000 Menschen fanden sich im August 1801 im Meeting von Cane Ridge beisammen. Noch nach hundert Jahren war die Erinnerung daran in Kentucky nicht erloschen.
Die Hörer wurden von den Predigern so lange erschreckt, bis sie umfielen und wie tot liegenblieben. Es waren Gottes Befehle, mit denen man sie bedrohte. Von diesen Befehlen wurden sie in die Flucht geschlagen und suchten sich in eine Art von Scheintod zu retten. Es war die wohlbewußte und erklärte Absicht des Predigers, sie zu ›fällen‹. Es ging wie auf einem Schlachtfeld zu, rechts und links fielen ganze Reihen zu Boden. Der Vergleich mit einem Schlachtfeld wurde von den Predigern selber gemacht. Zur moralischen Umkehr, die sie bewirken

wollten, schien ihnen dieser höchste und letzte Schrecken unerläßlich. Der Erfolg der Predigt wurde an der Zahl der ›Erschlagenen‹ gemessen. Ein Augenzeuge, der darüber genau Buch führte, berichtet, daß im Verlauf dieses mehrtägigen Meetings 3000 Menschen hilflos zu Boden stürzten, beinahe ein Sechstel von allen, die anwesend waren. Alle Gefallenen wurden in einen Versammlungsraum nebenan getragen. Zu keiner Zeit war weniger als der halbe Boden von liegenden Menschen bedeckt. Viele, sehr viele, lagen stundenlang still da, unfähig zu sprechen oder sich zu bewegen. Manchmal kamen sie für wenige Augenblicke zu sich und gaben durch ein tiefes Stöhnen, einen durchdringenden Schrei oder ein inbrüstiges Gebet um Gnade zu erkennen, daß sie lebten. Manche trommelten mit den Fersen gegen den Boden. Andere schrien in Todesqual auf und schleuderten sich umher wie Fische, die lebend aus dem Wasser gezogen werden. Manche rollten stundenlang über den Boden. Es gab welche, die plötzlich wild über Rednerbühnen und Bänke sprangen und mit dem Ruf: »Verloren! Verloren!« in den Wald stürzten.

Wenn die Gefallenen wieder zu sich kamen, waren sie andere Menschen. Sie erhoben sich und riefen: »Erlösung!« Sie waren ›neugeboren‹ und konnten nun ein gutes und ein reines Leben beginnen. Sie hatten ihr altes Sündendasein hinter sich gelassen. Aber die Bekehrung war nur glaubhaft, wenn ihr eine Art von Tod vorausging.

Es gab Erscheinungen weniger extremer Art, die im selben Sinne wirkten. Eine ganze Versammlung brach in Weinen aus. Viele wurden von unwiderstehlichen Zuckungen befallen. Manche, gewöhnlich Gruppen von vier oder fünf, begannen wie Hunde zu bellen. Nach einigen Jahren, als die Erregung eine mildere Form annahm, wurden erst einzelne und dann ein ganzer Chor von einem ›heiligen Lachen‹ überkommen.

Aber alles was geschah, geschah in der Masse. Erregtere und höhergespannte Formen von ihr sind kaum bekannt geworden.

Die Umkehrung, auf die hier gezielt wird, ist verschieden von der in Revolutionen. Es handelt sich um das Verhältnis der Menschen zu den göttlichen Geboten. Sie haben ihm bisher zuwidergehandelt. Nun ist die Angst vor seinen Strafen über sie gekommen. Diese Angst, vom Prediger auf jede Weise gesteigert, treibt sie in einen Zustand von Bewußtlosigkeit. Sie

stellen sich tot wie Tiere auf der Flucht; aber ihre Angst ist so groß, daß sie ihr Bewußtsein darüber verlieren. Wenn sie zu sich kommen, erklären sie sich bereit, sich in Gottes Befehle und Verbote zu ergeben. Dafür legt sich die aufs höchste gestiegene Angst vor seiner unmittelbaren Strafe. Der Prozeß ist sozusagen einer der Zähmung: man läßt sich vom Prediger zu Gottes gehorsamem Diener zähmen.
Der Vorgang ist jenem in einer Revolution, wie er oben gedeutet wurde, genau entgegengesetzt. Dort ging es um eine Befreiung von Stacheln, mit denen man sich durch eine lange Unterwerfung unter eine Herrschaft allmählich vollgeladen hatte. Hier geht es um eine Unterwerfung unter die Gebote Gottes, um eine Bereitschaft also, alle Stacheln, die sie in einem erzeugen könnte, willig auf sich zu nehmen. Gemeinsam ist beiden Vorgängen nur die Tatsache einer Umkehr und der seelische Schauplatz, auf dem sie sich abspielt: in diesem wie in jenem Falle die Masse.

Festmassen

Eine fünfte Art von Massen möchte ich als die *festlichen* Massen bezeichnen.
Es ist sehr viel vorhanden auf einem beschränkten Raum, und die vielen, die sich auf diesem gewissen Areal bewegen, können alle daran teilhaben. Die Erträgnisse, welcher Kultur immer, werden in großen Haufen zur Schau gestellt. Hundert Schweine liegen in einer Reihe gebunden da. Berge von Früchten sind aufgetürmt. In mächtigen Gefäßen ist das beliebteste Getränk zubereitet worden und wartet auf die Genießer. Es ist mehr vorhanden, als alle zusammen verzehren könnten, und um es zu verzehren, strömen immer mehr Menschen hinzu. Solange etwas da ist, nehmen sie davon zu sich, es sieht aus, als könnte es nie ein Ende nehmen. Es ist ein Überfluß an Weibern da für die Männer und ein Überfluß an Männern für die Weiber. Nichts und niemand droht, nichts treibt in die Flucht, Leben und Genuß während des Festes sind gesichert. Viele Verbote und Trennungen sind aufgehoben, ganz ungewohnte Annäherungen werden erlaubt und begünstigt. Die Atmosphäre für den einzelnen ist eine der Lockerung und nicht der Entladung. Es gibt kein Ziel, das für alle dasselbe ist und das alle zusammen

zu erlangen hätten. Das *Fest* ist das Ziel, und man hat es erreicht. Die Dichte ist sehr groß, die Gleichheit aber zum guten Teil eine der Willkür und des Genusses. Man bewegt sich durcheinander und nicht miteinander fort. Die Dinge, die aufgehäuft daliegen und von denen man bekommt, sind ein wesentlicher Teil der Dichte, ihr Kern. Sie sind zuerst gesammelt worden, und erst wenn sie alle beieinander sind, sammeln sich die Menschen um sie. Es kann Jahre dauern, bis alles vorhanden ist, und man mag lange Entbehrung für diesen kurzen Überfluß erleiden. Aber man lebt auf diesen Augenblick hin und führt ihn zielbewußt herbei. Menschen, die sich sonst selten zu Gesicht bekommen, sind feierlich und gruppenweise eingeladen worden. Das Eintreffen der einzelnen Kontingente ist kräftig markiert, es steigert in Sprüngen die allgemeine Freude.

Es spielt in diesem Zustand das Gefühl hinein, daß man durch gemeinsamen Genuß bei diesem Fest für viele spätere Feste sorgt. Durch rituelle Tänze und dramatische Darbietungen wird früherer Gelegenheiten derselben Art gedacht. Ihre Tradition ist in der Gegenwart dieses Festes mitenthalten. Ob man der ursprünglichen Stifter dieser Veranstaltungen gedenkt, der mythischen Urheber aller Herrlichkeiten, deren man sich erfreut, der Ahnen oder, wie in kälteren, späteren Gesellschaften, bloß der reichen Spender – auf jeden Fall scheint einem eine künftige Wiederholung ähnlicher Gelegenheiten verbürgt. Die Feste *rufen* einander, und durch die Dichte der Dinge und Menschen vermehrt sich das Leben.

Die Doppelmasse:

Männer und Frauen · Die Lebenden und die Toten

Die sicherste und oft die einzige Möglichkeit für die Masse, sich zu *erhalten,* ist das Vorhandensein einer zweiten Masse, auf die sie sich bezieht. Sei es, daß sie im Spiel einander gegenübertreten und sich messen, sei es, daß sie einander ernsthaft bedrohen, der Anblick oder die starke Vorstellung einer zweiten Masse erlaubt der ersten nicht zu zerfallen. Während die Beine auf der einen Seite dicht beisammenstehen, sind die Augen auf andere Augen gegenüber gerichtet. Während die

Arme sich hier nach einem gemeinsamen Rhythmus bewegen, horchen die Ohren auf den Schrei, den sie von der anderen Seite erwarten.

Man ist mit den eigenen Leuten in physischer Nähe beisammen und agiert mit ihnen in vertrauter und natürlicher Einheit. Alle Neugier und Erwartung indessen oder alle Angst ist auf eine zweite Häufung von Menschen gerichtet, die durch einen klaren Abstand von einem getrennt sind. Sieht man sie gegenüber, so ist man durch den Anblick fasziniert; sieht man sie nicht, so kann man sie doch hören. Von der Aktion oder Absicht des zweiten Haufens hängt alles ab, was man selber tut. Das Gegeneinander wirkt aufs Nebeneinander ein. Die Konfrontation, die bei beiden eine besondere Achtsamkeit hervorruft, ändert die Art der Konzentration innerhalb jeder Gruppe. Solange die anderen nicht auseinandergelaufen sind, muß man selber beisammenbleiben. Die Spannung zwischen den beiden Haufen wirkt sich als Druck auf die eigenen Leute aus. Wenn es sich um die Spannung eines rituellen Spieles handelt, tritt der Druck als etwas wie Scham in Erscheinung: Man setzt alles daran, die eigene Seite vor der gegnerischen nicht bloßzustellen. Wenn die Gegner aber drohen und es wirklich ums Leben geht, verwandelt sich der Druck in den Panzer entschlossener und einiger Abwehr.

Auf jeden Fall hält eine Masse die andere am Leben, wobei vorausgesetzt ist, daß sie an Größe und Intensität ungefähr gleich sind. Um Masse zu bleiben, darf man keinen zu überlegenen Gegner haben, wenigstens darf man ihn nicht für zu überlegen halten. Wo das Gefühl um sich greift, daß man nicht standhalten kann, wird man sich durch Massenflucht zu retten suchen, und wenn diese sich als aussichtslos erweist, zerfällt die Masse in Panik, jeder flieht für sich. Doch ist das nicht der Fall, der hier interessiert. Zur Ausbildung des *Zwei-Massen-Systems,* wie man es auch nennen kann, gehört auf beiden Seiten das Gefühl von ungefähr gleicher Stärke.

Von drei Grundgegensätzen hat man auszugehen, wenn man die Entstehung dieses Systems begreifen will. Sie sind überall da, wo es Menschen gibt, und jede Gesellschaft, die man kennt, war sich ihrer bewußt. Der erste und auffallendste Gegensatz ist der zwischen Männern und Frauen; der zweite jener zwischen den Lebenden und den Toten, der dritte, an den man heute beinahe ausschließlich denkt, wenn von zwei Massen die

Rede ist, die einander entgegenstehen, ist der zwischen Freund und Feind.

Faßt man die erste Zweiteilung, die zwischen Männern und Frauen, ins Auge, so ist nicht ohne weiteres einzusehen, was sie mit der Bildung von besonderen Massen zu tun haben könnte. Männer und Frauen leben in Familien miteinander. Sie mögen zu verschiedenen Tätigkeiten neigen, aber man stellt sich kaum vor, daß sie in separaten und erregten Haufen einander gegenüberstehen. Man muß schon auf Berichte aus ursprünglicheren Lebensverhältnissen zurückgreifen, um ein anderes Bild von der Form dieses Gegensatzes zu gewinnen.

Jean de Léry, ein junger französischer Hugenotte, war im Jahre 1557 Zeuge eines großen Festes bei den Tupinambu in Brasilien.

›Man befahl uns, im Haus zu bleiben, wo die Frauen waren. Wir wußten noch gar nicht, was sie tun würden, da ging plötzlich ein ganz tiefer Lärm los, im Haus, wo die Männer waren, keine dreißig Schritt von uns und den Frauen entfernt. Es klang wie das Murmeln von Gebeten.

Als die Frauen, etwa 200 an der Zahl, das hörten, sprangen sie alle auf, spitzten die Ohren und preßten sich in einem Haufen eng aneinander zusammen. Bald danach erhoben die Männer ihre Stimmen. Wir hörten deutlich, wie sie alle zusammen sangen und immer wieder zu ihrer Aufmunterung einen Ausruf wiederholten: »He, he, he, he!« Wir waren ganz erstaunt, als die Frauen ihnen erwiderten und denselben Ausruf: »He, he, he, he!« ausstießen. Über eine Viertelstunde lang heulten und kreischten sie so laut, daß wir gar nicht wußten, was für ein Gesicht wir dazu machen sollten.

Mitten im Heulen sprangen sie mit großer Heftigkeit in die Luft, ihre Brüste zitterten, sie hatten Schaum um den Mund. Manche fielen bewußtlos zu Boden, wie Leute, die die Fallsucht haben. Es war mir, als sei der Teufel in sie gefahren und als wären sie von ihm ganz toll. In unserer nächsten Nähe hörten wir das Schütteln und Lärmen der Kinder, die in einem besonderen Raume für sich waren. Obschon ich nun mehr als ein halbes Jahr mit den Wilden umging und mich ganz gut bei ihnen eingelebt hatte, war ich – ich will es nicht verhehlen – voller Schrecken. Ich fragte mich, wie die Sache ausgehen würde, und wünschte mich wieder in unser Fort zurück.‹

Der Hexensabbat legt sich schließlich, die Frauen und Kinder verstummen, und Jean de Léry hört die Männer so wunderbar im Chor zusammen singen, daß er es vor Sehnsucht nach ihrem Anblick nicht mehr aushält. Die Frauen suchen ihn zurückzuhalten, sie kennen das Verbot und wissen, daß sie zu den Männern nie hinüber dürfen. Ihm aber gelingt es, sich drüben einzuschleichen, es geschieht ihm nichts, und mit zwei anderen Franzosen zusammen wohnt er dem Feste bei.

Männer und Frauen sind also strikt voneinander getrennt, in verschiedenen Häusern, die aber nahe beisammen sind. Sie können sich nicht sehen, aber um so schärfer horcht die Gruppe auf den Lärm der anderen. Sie stoßen dieselben Rufe aus und steigern sich an ihnen in einen beiden gemeinsamen Zustand von Massenerregung. Die eigentlichen Ereignisse spielen sich bei den Männern ab. Doch an der Entfachung der Masse sind die Frauen mit beteiligt. Es ist bemerkenswert, wie sie auf die ersten Laute hin, die sie aus dem Männerhaus vernehmen, in einen dichten Haufen zusammenrücken und auf die wilden Rufe, die sie bald von dort hören, selbst immer wilder erwidern. Sie sind voller Angst, da sie eingeschlossen sind – sie dürfen auf keinen Fall heraus –, und da sie nicht wissen können, was bei den Männern vorgeht, erhält ihre Erregung eine Färbung besonderer Art. Sie springen in die Höhe, als sprängen sie hinaus. Die hysterischen Züge, die der Beobachter vermerkt, sind bezeichnend für eine verhinderte Massenflucht. Es wäre die natürliche Tendenz für die Frauen, zu den Männern zu fliehen, aber da ein schweres Verbot darauf lastet, fliehen sie sozusagen an Ort und Stelle.

Bemerkenswert sind die Empfindungen Jean de Lérys selbst. Er fühlt die Erregung der Frauen mit, doch kann er nicht wirklich zu ihrer Masse gehören. Er ist ein Fremder, und er ist ein Mann. Mitten unter ihnen, und doch von ihnen getrennt, muß er fürchten, zum Opfer dieser Masse zu werden.

Daß die Teilnahme der Frauen auf ihre Weise nicht gleichgültig ist, ersieht man aus einer anderen Stelle des Berichts. Die Zauberer des Stammes oder ›Caraiben‹, wie sie Jean de Léry nennt, verbieten den Frauen auf das strengste, ihr Haus zu verlassen. Sie befehlen ihnen aber, aufmerksam auf den Gesang der Männer zu achten.

Die Einwirkung der versammelten Frauen auf die Schar ihrer Männer kann von Bedeutung sein, auch wenn sie viel weiter voneinander getrennt sind. Zum Erfolge kriegerischer Expedi-

tionen haben Frauen zuweilen das ihrige beizutragen. Es sollen drei Beispiele folgen, je eines aus Asien, Amerika und Afrika, von Völkern also, die nie miteinander in Berührung kamen und gewiß keinen Einfluß aufeinander hatten.
Bei den *Kafirs* im Hindukusch führen die Frauen den Kriegstanz auf, während die Männer auf einer Expedition abwesend sind. Sie flößen den Kriegern so Kraft und Mut ein, sie steigern so ihre Wachsamkeit, damit sie sich von einem listigen Feind nicht überraschen lassen.
Unter den *Jivaros* in Südamerika versammeln sich die Frauen, während ihre Männer auf einem Kriegszug sind, Nacht für Nacht in einem bestimmten Hause und führen da einen besonderen Tanz auf. Sie tragen Rasseln von Schneckenschalen um den Leib und singen Beschwörungslieder. Dieser Kriegstanz der Frauen soll eine eigene Macht haben: er schützt ihre Väter, Männer und Söhne vor den Lanzen und Kugeln des Feindes, er wiegt den Feind in Sicherheit, so daß er die Gefahr nicht bemerkt, bis es zu spät ist, er hindert ihn auch daran, sich für eine Niederlage zu rächen.
›Mirary‹ heißt auf *Madagaskar* ein alter Tanz der Frauen, der nur im Augenblick des Kampfes getanzt werden darf. Wenn eine Schlacht angekündigt war, wurden die Frauen durch Boten verständigt. Dann lösten sie ihr Haar, begannen den Tanz und stellten auf diese Weise eine Verbindung mit den Männern her. Als die Deutschen im Jahre 1941 auf Paris marschierten, wurde zum Schutze der französischen Soldaten von den Frauen in Tananariva das Mirary getanzt. Es scheint trotz der großen Entfernung gewirkt zu haben.
Auf der ganzen Erde gibt es Feste, bei denen Frauen und Männer in gesonderten Gruppen, aber einander sichtbar und gewöhnlich auch aufeinander zu, tanzen. Es erübrigt sich, sie zu schildern, sie sind allgemein bekannt. Ich habe mich mit Bedacht auf einige extremere Fälle beschränkt, bei denen Trennung, Entfernung und auch das Maß der Erregung besonders auffallend sind. Es läßt sich hier sehr wohl von einer Doppelmasse sprechen, die tief eingewurzelt ist. Die beiden Massen sind in diesem Fall einander gut gesinnt. Die Erregung der einen soll das Wohlergehen und Gedeihen der anderen fördern. Die Männer und Frauen gehören *einem* Volke an und sind aufeinander angewiesen.
In den *Amazonensagen,* die sich durchaus nicht auf das griechi-

sche Altertum beschränken und für die es Beispiele selbst unter den Eingeborenen Südamerikas gibt, haben sich die Frauen von den Männern für immer getrennt und führen gegen sie Krieg wie ein Volk gegen das andere.

Aber bevor wir uns der Betrachtung des Krieges zuwenden, in dem das gefährliche und scheinbar unentrinnbare Wesen der Doppelmasse seinen stärksten Ausdruck gefunden hat, ist es angebracht, einen Blick auf den uralten Gegensatz zwischen den *Lebenden* und den *Toten* zu werfen.

Bei allem, was um Sterbende und Tote geschieht, ist die Vorstellung wichtig, daß auf der anderen Seite eine viel größere Menge von Geistern tätig ist, zu denen der Verstorbene schließlich gelangen wird. Die lebende Seite gibt ihren Angehörigen nicht gern her. Sein Verlust schwächt sie, und wenn es um einen Mann in der Kraft seiner Jahre geht, wird er von seinen Leuten besonders schmerzlich empfunden. Sie wehren sich dagegen, so gut sie es vermögen, aber sie wissen, daß ihr Widerstand nicht viel nützt. Jene Masse drüben ist größer und stärker, und zu ihr wird er hinübergezogen. Was immer man unternimmt, es geschieht im Bewußtsein jener Übermacht drüben. Es muß alles vermieden werden, was jene reizt. Sie haben Einfluß auf die Lebenden und können ihnen überall schaden. Bei manchen Völkern ist die Masse der Toten das Reservoir, dem die Seelen der Neugeborenen entnommen werden. Von ihnen hängt es dann ab, ob die Frauen Kinder bekommen. Manchmal fahren die Geister als Wolken daher und bringen den Regen. Sie können einem die Pflanzen und Tiere vorenthalten, von denen man sich nährt. Sie können sich unter den Lebenden neue Opfer holen. Der eigene Tote, den man nur nach hartem Widerstand hergegeben hat, wird schon als Angehöriger jenes gewaltigen Heeres drüben beschwichtigt.

Das Sterben ist also ein Kampf, ein Kampf zwischen zwei ungleich starken Feinden. Die Schreie die man ausstößt, die Wunden, die man sich selber zufügt, in Trauer und Verzweiflung, sind vielleicht auch als Ausdruck des Kampfes gedacht. Der Tote soll nicht glauben, daß man ihn leicht hergegeben hat, man hat sich um ihn geschlagen.

Es ist ein ganz eigener Kampf, um den es da geht. Es ist ein Kampf, der immer verloren ist, gleichgültig, wie tapfer er geführt wird. Von Anfang an ist man auf der Flucht vor dem Feind, und eigentlich stellt man sich ihm nur zum Schein, in der Hoffnung, sich durch ein Nachhutgefecht von ihm zu lösen. Der Kampf wird auch als eine Schmeichelei an den Sterbenden vorgetäuscht, der bald dabei sein wird, die Reihen des Feindes zu vermehren. Der Tote, der hinübergeht, soll einem dort gut oder wenigstens nicht allzu schlecht gesinnt sein. Er könnte nämlich, wenn er wütend ankommt, die potentiellen Feinde zu einem neuen und gefährlichen Beutezug aufstacheln.

Das Wesentliche an dieser besonderen Art des Kampfes zwischen den Toten und den Lebenden ist sein intermittierender Charakter. Man weiß nie, wann wieder etwas geschieht. Vielleicht geschieht lange nichts. Aber man kann sich nicht darauf verlassen. Jeder neue Schlag erfolgt plötzlich und aus dem Dunkel. Es gibt keine Kriegserklärung. Nach einem einzigen Todesfall kann alles zu Ende sein. Es kann aber auch lange weitergehen, wie bei Seuchen und Epidemien. Man ist immer auf dem Rückzug, und es ist nie ganz zu Ende.

Von der Beziehung der Lebenden zu den Toten wird noch die Rede sein. Hier ging es nur darum, die beiden als Doppelmasse zu sehen, deren Teile sich immerwährend aufeinander beziehen.

Die dritte Form der Doppelmasse ist die des Krieges. Es ist die, die uns heute am nächsten angeht. Man gäbe viel darum, nach den Erfahrungen dieses Jahrhunderts, sie zu begreifen und aufzulösen.

Die Doppelmasse: Der Krieg

In Kriegen geht es ums Töten. ›Die Reihen der Feinde wurden gelichtet.‹ Es geht um ein Töten in *Haufen*. Möglichst viele Feinde werden niedergeschlagen; aus der gefährlichen Masse von lebenden Gegnern soll ein Haufe von Toten werden. Sieger ist, wer mehr Feinde getötet hat. Es ist die wachsende Masse der Nachbarn, der man im Kriege entgegentritt. Ihre Zunahme ist an sich beängstigend. Ihre Drohung, die im Wachstum allein schon enthalten ist, löst die eigene aggressive Masse aus, die zum Krieg drängt. Bei seiner Führung sucht man immer überlegen zu sein, nämlich die zahlreichere Gruppe an Ort und Stelle zu haben und die Schwäche des Gegners in jeder Hinsicht auszunützen, ehe er selber seine Zahl erhöht. Die Kriegführung im einzelnen ist also das genaue Bild dessen, was im ganzen vor sich geht: Man will die größere Masse von Lebenden sein.

Auf der gegnerischen Seite aber sei der größere Haufen von Toten. In diesem Wettbewerb der wachsenden Massen liegt ein wesentlicher, man möchte sagen, der tiefste Grund zu Kriegen. Man kann auch Sklaven machen statt Tote, Frauen und Kinder besonders, die dann dazu dienen, die Masse des eigenen Stammes zu vermehren. Aber nie ist der Krieg ein wirklicher Krieg, wenn er nicht zuerst auf einen Haufen von feindlichen Toten zielt.

Alle die nur zu vertrauten Worte für kriegerische Geschehnisse in alten wie in neuen Sprachen drücken dieses Verhältnis genau aus. Man spricht von ›Schlacht‹ und ›Gemetzel‹. Man spricht von ›Niederlage‹. Ströme von Blut färben Flüsse rot. Der Feind wird bis zum letzten Mann niedergehauen. Man schlägt sich selber ›bis zum letzten Mann‹. Es wird ›kein Pardon gegeben‹.

Es ist aber von Bedeutung, darauf hinzuweisen, daß auch der *Haufe der Toten* als *Einheit* empfunden und in manchen Sprachen durch besondere Worte bezeichnet wird. Das deutsche Wort ›Walstatt‹ für Schlachtfeld enthält den alten Stamm ›wal‹, der ›die auf dem Schlachtfeld Gebliebenen‹ bedeutet. Altnordisch ›valr‹ heißt ›die Leichen auf dem Schlachtfeld‹; ›valhall‹ ist nichts anderes als ›die Wohnung der gefallenen Krieger‹. Durch Ablaut ist aus dem althochdeutschen ›wal‹ das Wort ›woul‹ entstanden, es bedeutet ›Niederlage‹. Im Angelsächsischen aber bedeutet das entsprechende Wort ›wol‹ ›Pest, Seuche‹. Gemeinsam ist all diesen Worten, ob es nun um die auf dem Schlachtfeld Gebliebenen, um Niederlage, um Pest oder Seuche geht, die Vorstellung eines *Haufens von Toten*.

Aber diese Vorstellung ist keineswegs bloß germanisch. Sie findet sich überall. In einem Gesicht des Propheten Jeremias erscheint die ganze Erde als ein einziges Feld von verrotteten Leichen. ›Da werden die Erschlagenen des Herrn zu derselben Zeit liegen von einem Ende der Erde bis ans andere Ende; die werden nicht beklagt noch aufgehoben, noch begraben werden, sondern müssen auf dem Felde liegen und zu Dung werden.‹

Der Prophet Mohammed hat ein so starkes Gefühl für den Haufen seiner toten Feinde, daß er sich in einer Art von Triumphpredigt an sie wendet. Nach der Schlacht bei Bedr, dem ersten großen Sieg über seine Feinde aus Mekka, ›ließ er die erschlagenen Feinde in eine Zisterne werfen. Nur einer von ihnen wurde unter Erde und Steinen begraben, weil er so aufgeschwollen war, daß man ihm den Panzer nicht gleich abnehmen konnte: So blieb er allein übrig, und man ließ ihn liegen. Als die übrigen in der Zisterne waren, stellte sich Mohammed davor und rief: »Oh, ihr Männer der Zisterne! Hat die Verheißung eures Herrn sich bestätigt? Ich habe die Verheißung meines Herrn wahr gefunden.« Seine Gefährten sagten: »Oh, Gesandter Gottes! Sie sind ja Leichen!« Mohammed erwiderte: »Sie wissen *doch,* daß die Verheißung des Herrn wahr geworden.«‹

So hat er die versammelt, die früher auf seine Worte nicht hören wollten; in der Zisterne sind sie gut aufgehoben und dicht beisammen. Ich kenne kein eindringlicheres Beispiel für diesen Rest von Leben und massenhaftem Charakter, den man dem Haufen seiner toten Feinde zuschreibt. Sie bedrohen einen nicht mehr, aber man kann ihnen drohen. Jede Niedertracht läßt sich an ihnen ungestraft verüben. Ob sie noch ein Gefühl dafür haben oder nicht, man nimmt an, daß sie es haben, um seinen eigenen Triumph zu erhöhen. Ihr Beisammensein in der Zisterne ist derart, daß keiner sich regen könnte. Würde einer von ihnen erwachen, er hätte nichts als Tote um sich, seine eigenen Leute würden ihm den Atem benehmen; die Welt, in die er zurückkäme, wäre eine von Toten, und sie bestünde aus denen, die ihm die Nächsten waren.

Unter den Völkern des Altertums galten die *Ägypter* als nicht eigentlich kriegerisch, die Energie ihres Alten Reiches wurde mehr auf den Bau von Pyramiden als auf Eroberungen geleitet. Doch kam es schon zu dieser Zeit auch bei ihnen zuweilen zu Feldzügen. Folgendes Bild davon entwirft Une, ein höherer Richter, der von seinem König Pepy zum Feldherrn gegen die Beduinen ernannt wurde. Une berichtet über sich in seinem Grab:

›Dies Heer ging glücklich und zerhackte das Land der Beduinen.
Dies Heer ging glücklich und zerstörte das Land der Beduinen.
Dies Heer ging glücklich und warf seine Türme um.
Dies Heer ging glücklich und schnitt seine Feigen und Weinstöcke ab.
Dies Heer ging glücklich und warf Feuer in alle seine Dörfer.
Dies Heer ging glücklich und schlachtete dort Truppen zu vielen Zehntausenden.
Dies Heer ging glücklich und brachte Gefangene aus ihm mit, eine große Menge.

Das starke Bild der Zerstörung gipfelt in der Zeile, die Zehntausende von geschlachteten Feinden meldet. – Im Neuen Reich kam es dann, wenn auch nicht auf lange, zu einer planmäßig aggressiven Politik der Ägypter. Ramses II. führt langwierige Kriege gegen die Hethiter. In einem Preislied heißt es von ihm:
›Der das Land der Hethiter zertritt und es zu einem *Leichenhaufen* macht gleich der Sechmet, wenn sie grimmig ist nach der *Pest.*‹ Schon im Mythos hat die löwenköpfige Göttin Sechmet unter den aufsässigen Menschen ein furchtbares Blutbad angerichtet. Sie bleibt Göttin des Krieges und des Gemetzels. Der Dichter des Preisliedes aber verbindet die Vorstellung vom Leichenhaufen der Hethiter mit der von den Opfern der Seuche; ein Zusammenhang, der uns nicht mehr neu ist.
In seinem berühmten Bericht über die Schlacht bei Kadesch, die er gegen die Hethiter schlug, erzählt Ramses II., wie er von seinen Leuten abgeschnitten wurde und durch welche übermenschliche Kraft und Tapferkeit er die Schlacht allein gewann. Seine Leute ›fanden, daß alle Völker, in die ich eingedrungen war, als Gemetzel in ihrem Blute dalagen, mit allen besten Kriegern der Hethiter und mit den Kindern und Brüdern ihres Fürsten. Ich hatte das Feld von Kadesch weiß werden lassen, und man konnte nicht treten von ihrer Menge.‹ Es ist die Menge der Leichen und ihre weißen Kleider, die die Farbe des Feldes verändert, furchtbarster und anschaulichster Satz für das Ergebnis einer Schlacht.
Aber dieses Ergebnis ist eines, das nur die Krieger zu Gesicht bekommen. Die Schlacht ist in der Ferne geschlagen worden, und das Volk daheim möchte auch etwas vom Haufen feindlicher Toter haben. Man ist erfinderisch und weiß ihm diese Genugtuung zu verschaffen. Vom nächsten König Merenptah, dem Sohn Ramses II., wird berichtet, wie er eine große Schlacht gegen die Libyer gewann. Ihr ganzes Lager mit all seinen Schätzen und mit den Angehörigen ihres Fürsten fiel in die Hände der Ägypter; nach der Plünderung wurde es verbrannt. 9376 Gefangene ergänzten die Beute. Aber damit war es noch nicht genug; um die Zahl der Toten dem Volke daheim zu beweisen, schnitt man den Gefallenen die Geschlechtsteile ab; falls sie beschnitten waren, begnügte man sich mit Händen und verlud diese Beute auf Eseln. Später hatte Ramses III. wieder gegen die Libyer zu kämpfen. Die Zahl der Trophäen in diesem Falle

belief sich auf 12535 Stück. Es ist klar, daß diese schaurigen Fuhren nichts anderes sind als der reduzierte Haufen der feindlichen Toten, transportfähig und für das ganze Volk anschaulich gemacht. Jeder der Gefallenen steuert von seinem Körper etwas für den Haufen bei; und es ist wichtig, daß sie sich als Trophäen alle gleichen.

Andere Völker waren mehr auf Köpfe aus. Bei den Assyrern war ein Lohn auf den Kopf des Feindes gesetzt; ein Soldat trachtete sich möglichst viele zu verschaffen. Auf einem Relief aus der Zeit des Königs Assurbanipal ist zu sehen, wie die Schreiber in ihren großen Zelten stehen und die Zahl der abgeschnittenen Köpfe verzeichnen. Jeder Soldat trägt seine Köpfe herbei, wirft sie auf einen gemeinsamen Haufen, gibt seinen Namen und seine Abteilung an und geht wieder. Die assyrischen Könige hatten eine Leidenschaft für diese Haufen von Köpfen. Wenn sie bei der Armee waren, präsidierten sie bei der Einlieferung der Trophäen und verteilten die Prämien an die Soldaten selbst. In ihrer Abwesenheit ließen sie sich den ganzen Haufen von Köpfen kommen; war das unmöglich, so mußten sie sich mit denen der feindlichen Führer begnügen.

Das unmittelbare und ganz konkrete Ziel des Krieges ist also klar. Es ist überflüssig, nach weiteren Illustrationen dafür zu suchen. Die Geschichte ist wahrhaft verschwenderisch damit. Man hat den Eindruck, daß sie am liebsten davon handelt, und nicht ohne wiederholte und große Anstrengungen ist sie dazu gebracht worden, sich auch anderen Erinnerungen der Menschheit zuzuwenden.

Faßt man die beiden kriegführenden Parteien zusammen ins Auge, so bietet der Krieg das Bild *zweier doppelt verschränkter Massen.* Ein möglichst großes Heer ist darauf aus, einen möglichst großen Haufen von toten Feinden zu bewirken. Von der Gegenseite gilt genau dasselbe. Die *Verschränkung* ergibt sich daraus, daß jeder Teilnehmer an einem Krieg immer *zwei* Massen zugleich angehört: Für seine eigenen Leute gehört er zur Zahl der lebenden Krieger; für den Gegner zur Zahl der potentiellen und wünschenswerten Toten.

Um die kriegerische Stimmung aufrechtzuerhalten, muß man immer wieder beteuern, einmal wie stark man selber ist, das heißt, aus wieviel Kriegern das eigene Heer besteht, und dann wie groß schon die Zahl der toten Feinde ist. Von den frühesten Zeiten her zeichnen sich Kriegsberichte durch diese doppelte

Statistik aus: So viel eigene Leute sind ausgezogen, so viel Feinde sind tot. Zu Übertreibungen ist man sehr geneigt, besonders in der Zahl der toten Feinde.
Während man den Krieg führt, wird man nicht zugeben, daß die Zahl der lebenden Feinde für einen zu stark ist. Selbst wenn man es weiß, schweigt man darüber und sucht diesem Übelstand durch die Verteilung der kämpfenden Truppen abzuhelfen. Man tut – wie schon oben bemerkt – alles, um durch leichte Ablösbarkeit und Beweglichkeit der Heeresabteilungen eine Überlegenheit an Ort und Stelle zu erlangen. Erst *nach* dem Kriege wird dann davon gesprochen, wieviel Leute man selber verloren hat.
Daß Kriege so lange dauern können, daß sie noch weitergeführt werden, wenn sie längst verloren sind, hängt mit dem tiefsten Triebe der Masse zusammen, sich in ihrem akuten Zustand zu erhalten, nicht zu zerfallen, Masse zu bleiben. Dieses Gefühl ist manchmal so stark, daß man es vorzieht, sehenden Auges zusammen zugrunde zu gehen, statt die Niederlage anzuerkennen und damit den Zerfall der eigenen Masse zu erleben.
Wie kommt es aber zur *Bildung* der kriegerischen Masse? Was schafft, von einem Augenblick auf den anderen, diesen unheimlichen Zusammenhalt? Was bringt den Menschen plötzlich dazu, soviel und alles aufs Spiel zu setzen? Dieser Vorgang ist noch so rätselhaft, daß man sich ihm mit einiger Vorsicht nähern muß.
Es ist ein ganz erstaunliches Unternehmen. Man beschließt, daß man mit physischer Vernichtung bedroht ist und verkündet diese Bedrohung öffentlich vor aller Welt. ›Ich kann getötet werden‹, erklärt man, und leise denkt man dazu: ›weil ich den oder jenen töten will.‹ Der Ton müßte in Wahrheit auf dem Nachsatz liegen: ›Ich will den oder jenen töten, darum kann ich selber getötet werden.‹ Aber für den Beginn des Krieges, für seinen *Ausbruch*, für die Entstehung der kriegerischen Gesinnung unter den eigenen Leuten ist es die erste Fassung allein, die man sich zugibt. Ob man in Wirklichkeit selber der Angreifer ist oder nicht, immer wird man die Fiktion zu schaffen suchen, daß man bedroht wird.
Die Bedrohung besteht darin, daß jemand sich ein Recht zubilligt, einen zu töten. Jeder einzelne auf der eigenen Seite steht unter derselben Drohung: sie macht alle gleich, die Drohung wendet sich gegen jeden. Von einem bestimmten Augenblick

an, der für alle derselbe ist, dem der Kriegserklärung, kann jedem dasselbe geschehen. Die physische Vernichtung, vor der einen sonst das Leben in der eigenen Gesellschaft schützt, ist gerade durch sie, durch die Zugehörigkeit zu ihr, in nächste Nähe gerückt. Über alle, die sich einem bestimmten Volk zurechnen, ist gleichermaßen die furchtbarste Drohung verhängt. Tausend Leute, von denen jedem einzeln, aber im selben Augenblick gesagt worden ist: ›Du sollst sterben‹, tun sich zusammen, um die Todesgefahr abzuwenden. Sie suchen rapid alle anzuziehen, die unter dieselbe Drohung kommen könnten; sie versammeln sich in großer Dichte und unterwerfen sich zur Abwehr einer gemeinsamen Richtung des Handelns.

Die Betroffenen auf beiden Seiten finden sich gewöhnlich sehr bald zusammen, sei es in leiblicher Wirklichkeit, sei es in Vorstellung und Gefühl. Der Ausbruch eines Krieges ist zu allererst der *Ausbruch zweier Massen.* Sobald sie sich einmal konstituiert haben, ist die oberste Absicht jeder dieser Massen, sich als Gesinnung und Aktion zu *erhalten.* Sie aufzugeben wäre Preisgabe des Lebens selbst. Immer handelt die kriegerische Masse so, als wäre alles *außerhalb* von ihr *Tod,* und der einzelne, der noch so viele Kriege überlebt hat, wird während eines neuen derselben Illusion widerstandslos verfallen.

Der Tod, von dem in Wirklichkeit jeder immer bedroht ist, muß als *kollektives Urteil* verkündet werden, damit man ihm aktiv entgegentritt. Es gibt sozusagen *deklarierte Zeiten des Todes,* in denen er sich einer bestimmten, willkürlich ausgewählten Gruppe im ganzen zuwendet. ›Jetzt geht es gegen alle Franzosen‹ oder ›Jetzt geht es gegen alle Deutschen.‹ Die Begeisterung, mit der Menschen eine solche Deklaration entgegennehmen, hat ihre Wurzel in der Feigheit des einzelnen vor dem Tod. Allein mag ihn keiner ins Auge fassen. Er ist leichter zu zweit, wenn zwei Feinde das Urteil sozusagen aneinander vollstrecken, und er ist überhaupt nicht mehr derselbe Tod, wenn tausend ihm zusammen entgegengehen. Das Schlimmste, was in einem Krieg den Menschen passieren kann, daß sie *zusammen* zugrunde gehen, erspart ihnen den Tod als einzelne, den sie über alles fürchten. Sie glauben aber gar nicht, daß dieses Schlimmste geschehen wird. Sie sehen eine Möglichkeit, das kollektive Urteil, das über sie gefällt worden ist, abzuleiten und weiterzugeben. Ihr *Todableiter* ist der *Feind,* und alles, was sie zu tun haben, ist, ihm zuvorzukommen. Man muß nur rasch ge-

nug sein und keinen Augenblick lang mit dem Todesgeschäft zögern. Der Feind kommt einem wie gerufen, von ihm ist das Urteil ausgesprochen worden, er zuerst hat ›Sterbet!‹ gesagt. Auf ihn fällt zurück, was er gegen andere gewendet hat. Immer hat der Feind damit begonnen. Wenn er es vielleicht nicht als erster ausgesprochen hat, so hat er es doch geplant, und wenn er es nicht geplant hat, hat er es sich gedacht; wenn er es noch nicht gedacht hat, *hätte* er es bald gedacht. Der Tod als Wunsch ist wirklich überall da, und man muß nicht tief in den Menschen greifen, um ihn herauszuziehen.
Die merkwürdige und unverkennbare Hochspannung, die allen kriegerischen Vorgängen eignet, hat zwei Ursachen: Man *will dem Tod zuvorkommen,* und *man handelt in der Masse.* Ohne das letztere hat man auf Erfolg mit dem ersteren überhaupt keine Aussicht. Solange der Krieg dauert, muß man Masse bleiben; und er ist eigentlich zu Ende, sobald man es nicht mehr ist. Die Aussicht auf eine gewisse Lebensdauer, die er der Masse als solcher bietet, hat zur Beliebtheit der Kriege sehr beigetragen. Es läßt sich zeigen, daß ihre Dichte und Dauer in modernen Zeiten mit den viel größeren Doppelmassen zusammenhängt, die von der kriegerischen Gesinnung erfüllt werden.

Massenkristalle

Als Massenkristalle bezeichne ich kleine, rigide Gruppen von Menschen, fest abgegrenzt und von großer Beständigkeit, die dazu dienen, Massen auszulösen. Es ist wichtig, daß diese Gruppen überschaubar sind, daß man sie mit einem Blick umfaßt. Auf ihre *Einheit* kommt es viel mehr an als auf ihre Größe. Ihre Verrichtung muß vertraut sein, man muß wissen, wozu sie da sind. Ein Zweifel an ihrer Funktion würde ihnen jeden Sinn nehmen; am besten ist es, sie bleiben sich immer gleich. Sie sollen nicht zu verwechseln sein. Eine Uniform oder ein bestimmtes Verrichtungslokal kommt ihnen sehr zustatten.
Der Massenkristall ist *beständig.* Er verändert nie seine Größe. Seine Angehörigen sind auf ihre Verrichtung oder Gesinnung eingeübt. Sie können verteilte Funktionen haben wie in einem Orchester, aber es ist wichtig, daß sie als Ganzes in Erscheinung treten. Wer sie sieht oder erlebt, muß zu allererst spüren, daß

sie nie auseinanderfallen werden. Ihr Leben außerhalb des Kristalles zählt nicht. Selbst wo es sich um einen Beruf handelt, wie im Falle der Orchestermusiker, wird man an ihre private Existenz nie denken, sie sind das Orchester. In anderen Fällen sind sie uniformiert, man sieht sie nur so beisammen. Sie sind ganz andere Menschen, sobald sie die Uniform abgelegt haben. Soldaten und Mönche kann man als die wichtigste Form dieser Art bezeichnen. Hier drückt die Uniform aus, daß die Angehörigen eines Kristalls zusammen *hausen;* selbst wenn sie einzeln auftreten, denkt man immer an die feste Einheit, in die sie gehören, das Kloster oder die Truppenabteilung.

Die Klarheit, Isoliertheit und Konstanz des Kristalls sticht von den aufgeregten Vorgängen in der Masse selbst unheimlich ab. Der Prozeß raschen und unkontrollierbaren Wachstums und die Bedrohung durch Zerfall, die beide der Masse ihre eigentümliche Unruhe verleihen, sind innerhalb des Kristalls nicht wirksam. Auch in der größten Erregung hebt er sich immer von ihr ab. Zu welcher Masse immer er Veranlassung gibt und wie sehr er scheinbar in ihr aufgehen mag, er wird das Gefühl seiner Eigenheit nie ganz verlieren und sich nach ihrem Zerfall sofort wieder zusammenfinden.

Die *geschlossene* Masse unterscheidet sich vom Kristall nicht nur durch ihren größeren Umfang; sie hat auch ein spontaneres Gefühl von sich und kann sich keine ernsthafte Verteilung von Funktionen erlauben. Sie hat mit dem Kristall eigentlich kaum mehr als Begrenztheit und reguläre Wiederholung gemein. Aber am Kristall ist alles Grenze; jeder einzelne, der dazu gehört, ist als Grenze konstituiert. Der geschlossenen Masse dagegen wird ganz zuäußerst eine Grenze gesetzt, etwa in der Form und Größe des Gebäudes, in dem sie sich versammelt. Innerhalb dieser Grenze, dort, wo jeder, der ihr zugehört, an die anderen stößt, bleibt sie flüssig, und Überraschungen, ein plötzlich und unerwartet geändertes Verhalten, sind darum jederzeit möglich. Immer, auch in dieser begrenzten Verfassung, kann sie einen Grad von Dichte und Intensität erreichen, der zu ihrem Ausbruch führt. Der Massenkristall dagegen ist statisch durch und durch. Die Art seiner Aktivität ist ihm vorgeschrieben. Er ist sich jeder Äußerung oder Bewegung genau bewußt.

Auch die *historische* Permanenz des Massenkristalls ist erstaunlich. Zwar bilden sich immer neue Formen aus, aber die

alten in ihrem Eigensinn bleiben daneben bestehen. Sie mögen zeitweilig in den Hintergrund treten und an Schärfe und Unentbehrlichkeit verlieren. Die Massen, die zu ihnen gehörten, sind vielleicht abgestorben oder man hat sie ganz unterdrückt. Als harmlose Gruppen, ohne irgend etwas nach außen zu bewirken, leben die Kristalle dann für sich weiter. Kleine Gruppen religiöser Gemeinschaften bleiben in Ländern bestehen, die im ganzen ihren Glauben gewechselt haben. Der Augenblick, da sie gebraucht werden, kommt so sicher wieder, wie es neuartige Massen gibt, zu deren Erregung und Auslösung sie sich eignen mögen. Alle erstarrten Ruhestands-Gruppen dieser Art können hervorgezogen und reaktiviert werden. Man kann sie neu beleben und mit geringfügigen Änderungen ihrer Konstitution als Massenkristall wieder einsetzen. Es gibt kaum eine politische Umwälzung größerer Art, die sich nicht solcher alten, abgesetzten Gruppen erinnert, sie packt, galvanisiert und mit solcher Intensität verwendet, daß sie als etwas vollkommen Neues und gefährlich Aktives erscheinen.
Man wird später sehen, wie Massenkristalle im einzelnen funktionieren. Auf welche Weise sie wirklich Massen auslösen, läßt sich nur an konkreten Fällen zeigen. Kristalle sind unterschiedlich konstituiert und führen darum zu ganz verschiedenen Massen. Man wird – beinahe unmerklich – im Laufe dieser Untersuchung mit einer Reihe von ihnen Bekanntschaft schließen.

Massensymbole

Kollektive Einheiten, die nicht aus Menschen bestehen und dennoch als Massen empfunden werden, bezeichne ich als *Massensymbole*. Solche Einheiten sind das Korn und der Wald, der Regen, der Wind, der Sand, das Meer und das Feuer. Jedes dieser Phänomene enthält in sich ganz wesentliche Eigenschaften der Masse. Obschon es nicht aus Menschen besteht, gemahnt es an Masse und tritt für sie in Mythus und Traum, Rede und Lied symbolisch ein.
Es ist geraten, diese Symbole von den *Kristallen* scharf und unmißverständlich abzugrenzen. Massenkristalle präsentieren sich als eine Gruppe von Menschen, die durch ihren Zusammenhalt und ihre Einheit auffallen. Sie werden als Einheit gedacht und als Einheit erlebt, aber immer setzen sie sich aus wirklich agierenden Menschen zusammen – Soldaten, Mönchen, einem

ganzen Orchester. Die Massensymbole dagegen sind selbst nie Menschen und werden als Masse nur *empfunden*.
Ihre eingehende Behandlung mag auf den ersten Blick als dem Gegenstande unangemessen erscheinen. Aber man wird sehen, daß es so möglich ist, sich der Masse selbst auf eine neue und ertragreiche Weise zu nähern. Es ist ein natürliches Licht, das durch die Betrachtung ihrer Symbole auf sie fällt; man täte unklug daran, sich diesem Licht zu verschließen.

Feuer

Über das Feuer wäre vorerst zu sagen, daß es sich überall gleicht: ob es klein oder groß ist, hier oder dort entsteht, ob es lang oder kurz dauert, für unsere Vorstellung hat es immer etwas Gleiches, das unabhängig von seinen Gelegenheiten ist. Das Bild des Feuers ist uns wie ein Brandmal, kräftig, unauslöschlich und bestimmt.
Das Feuer greift um sich; es ist ansteckend und unersättlich. Die Heftigkeit, mit der es ganze Wälder und Steppen, ganze Städte erfaßt, gehört zu seinen eindrucksvollsten Eigenschaften. Bevor es ausbrach, stand Baum neben Baum, Haus neben Haus, jedes vom anderen getrennt, einzeln für sich da. Was aber gesondert war, wird vom Feuer in kürzester Zeit verbunden. Die isolierten und unterschiedlichen Gegenstände gehen alle in gleichen Flammen auf. Sie werden so sehr gleich, daß sie ganz verschwinden: Häuser, Geschöpfe, alles wird vom Feuer gepackt. Es ist ansteckend: Die Widerstandslosigkeit gegen Berührung durch die Flammen ist immer wieder erstaunlich. Je mehr Leben etwas in sich hat, um so weniger kann es sich dagegen wehren; nur das Lebloseste, die Mineralien, sind dem Feuer gewachsen. Seine rapide Rücksichtslosigkeit kennt keine Grenzen. Es will alles enthalten, es hat nie genug.
Das Feuer kann überall entstehen: seine Plötzlichkeit. Es überrascht niemand, daß da und dort ein Brand ausgebrochen ist, auf ein Feuer ist man überall gefaßt. Die Plötzlichkeit daran ist aber immer eindrucksvoll, und man wird nach den Ursachen forschen. Daß sie oft nicht zu finden sind, trägt bei zum ehrfürchtigen Gefühl, das sich mit der Vorstellung vom Feuer verbindet. Es hat eine geheime Allgegenwärtigkeit, jederzeit und überall kann sie sichtbar werden.

Das Feuer ist vielfach. Nicht nur ist man sich immer dessen bewußt, daß es an vielen, an unzähligen Orten Feuer gibt, es ist auch das einzelne Feuer vielfach: man spricht von Flammen und von Zungen. In den Veden wird das Feuer als ›der eine Agni, der vielfach Entflammte‹ bezeichnet.

Das Feuer ist zerstörend; es kann bekämpft und gezähmt werden; es erlischt. Es hat einen elementaren Gegner, das Wasser, das sich ihm in Gestalt von Flüssen und Wolkenbrüchen entgegenstellt. Dieser Gegner war immer da, mit all seinen mannigfachen Eigenschaften ist er dem Feuer ebenbürtig. Ihre Feindschaft ist sprichwörtlich, ›Feuer und Wasser‹ ist der Ausdruck für Feindschaft der extremsten und unversöhnlichsten Art. In den alten Vorstellungen am Ende der Welt ist entweder das eine oder das andere siegreich. Die Sintflut läßt alles Leben in Wasser enden. Der Weltbrand zerstört die Welt durch Feuer. Manchmal erscheinen sie beide, aneinander gemäßigt, in ein und derselben Mythologie. Doch der Mensch in dieser zeitlichen Existenz hat das Feuer zu beherrschen gelernt. Nicht nur vermag er immer wieder Wasser dagegen ins Treffen zu führen, es ist ihm auch gelungen, das Feuer zerspalten aufzubewahren. In Herden und Öfen hält er es gefangen. Er nährt es, wie man ein Tier nährt; er kann es verhungern lassen; er kann es ersticken. Damit ist die letzte wichtige Eigenschaft des Feuers schon angedeutet: es wird so behandelt, als ob es lebte. Es hat ein unruhiges Leben, und es erlischt. Wenn es hier ganz erstickt wird – an anderen Orten lebt es weiter.

Faßt man diese einzelnen Züge des Feuers zusammen, so ergibt sich ein überraschendes Bild: Es ist überall gleich; es greift rapid um sich; es ist ansteckend und unersättlich; es kann überall entstehen, sehr plötzlich; es ist vielfach; es ist zerstörend; es hat einen Feind; es erlischt: es wirkt, als ob es lebte und wird so behandelt. Alle diese Eigenschaften sind die der *Masse*, eine genauere Zusammenfassung ihrer Attribute ließe sich schwer geben. Man gehe sie der Reihe nach durch: Die Masse ist sich überall gleich; in den verschiedensten Zeitaltern und Kulturen, unter Menschen aller Herkunft, Sprache und Erziehung ist sie im wesentlichen dieselbe. Wo sie einmal entstanden ist, greift sie mit der größten Heftigkeit um sich. Ihrer Ansteckung können wenige widerstehen, sie will immer weiterwachsen, von innen sind ihr keine Grenzen gesetzt. Sie kann überall entstehen, wo Menschen beisammen sind, ihre Spontaneität und Plötzlichkeit sind unheimlich. Sie ist vielfach und hängt doch zusammen, unzählige Menschen machen sie aus, und man weiß nie genau wie viele. Die Masse kann zerstörend sein. Sie wird gedämpft und gezähmt. Sie sucht sich einen Feind. Sie erlischt so plötzlich, wie sie entsteht, oft ebenso unerklärlich; und selbstverständlich hat sie ihr eigenes unruhig-heftiges Leben. Diese Ähnlichkeiten zwischen Feuer und Masse haben ı ihrer engen Verquickung geführt. Sie gehen ineinander über, sie können füreinander stehen. Unter den Massensymbolen, die in der Geschichte der Menschheit immer wirksam waren, ist das Feuer eines der wichtigsten und wandelbarsten. Es ist notwenig, auf einige dieser Beziehungen zwischen Feuer und Masse einzugehen.

Unter den gefährlichen Zügen der Masse, die immer wieder hervorgehoben werden, ist am auffallendsten die Neigung zu Brandstiftungen. Diese Neigung ist eine wichtige Wurzel im *Waldbrand.* Der Wald, selber ein uraltes Massensymbol, wird von den Menschen oft angezündet, um Platz für Siedlungen zu schaffen. Es läßt sich mit gutem Grund annehmen, daß die Menschen durch Waldbrände mit dem Feuer umzugehen lernten. Zwischen Wald und Feuer besteht eine einleuchtende, urgeschichtliche Verbindung. Die Äcker stehen später auf den Plätzen niedergebrannter Wälder, und wenn die Äcker vergrößert werden sollten, mußte immer wieder Wald gerodet werden.

Die Tiere *fliehen* aus dem brennenden Wald. Massenangst ist die natürliche, man möchte sagen ewige Reaktion der Tiere auf große Feuer, und es war einmal auch die Reaktion des Menschen. Dieser aber hat sich des Feuers bemächtigt, er hält den Brand in seiner Hand, und er muß ihn fürchten. Über die alte Angst hat sich seine neue Macht gelagert, und beide sind ein erstaunliches Bündnis eingegangen.

Die Masse, die vor dem Feuer früher davonjagte, fühlt sich jetzt auf das stärkste von ihm angezogen. Man kennt die magische Wirkung von Bränden auf Menschen aller Art. Sie begnügen sich nicht mit Herden und Öfen, die jede Wohngruppe privat für sich hält; sie wollen ein weithin sichtbares Feuer, das sie umringen, bei dem sie alle zusammen sein können. Eine merkwürdige Verkehrung der alten Massenangst gebietet ihnen, an den Schauplatz des Brandes zu eilen, wenn er nur groß

genug ist, und dort spüren sie etwas von der leuchtenden Wärme, die sie früher einte. In friedlichen Zeiten haben sie dieses Erlebnis oft lange zu entbehren. Es gehört zu den stärksten Instinkten der Masse, sobald sie sich gebildet hat, sich das Feuer selbst zu schaffen und seine Anziehung für ihr eigenes Wachstum in Anspruch zu nehmen.
Einen kleinen Überrest dieser wichtigen, alten Zusammenhänge trägt heute jeder Mensch in der Tasche herum: die Zündholzschachtel. Sie stellt, schön gleichmäßig, einen Wald von einzelnen Stämmen vor, jeder mit einem brennbaren Haupt versehen. Man könnte mehrere oder alle zusammen anzünden und so einen Waldbrand künstlich erzeugen. Man mag sich dazu versucht fühlen, aber man tut es gewöhnlich nicht, weil das winzige Format eines solchen Vorganges ihm alles von seinem alten Glanze nehmen würde.
Die Anziehung des Feuers kann aber noch viel weiter gehen. Nicht nur rennen die Menschen hin und umringen es, es gibt alte Bräuche, in denen sie sich dem Feuer geradezu gleichsetzen. Eines der schönsten Beispiele dafür ist der berühmte Feuertanz der *Navajo*-Indianer.
›Die Navajos von Neu-Mexiko bereiten ein riesiges Feuer vor, um das sie die ganze Nacht herumtanzen. Zwischen Untergang und Aufgang der Sonne werden elf bestimmte Akte dargestellt. Sobald die Scheibe der Sonne verschwunden ist, tanzen die Veranstalter wild in die Lichtung. Sie sind fast nackt und mit Farbe beschmiert, ihr langes Haar lassen sie frei um sich herumwirbeln. Sie tragen Tanzstäbe mit Federbüscheln am Ende, in wilden Sprüngen nähern sie sich den hohen Flammen. Diese Indianer tanzen mit ungeschickter Zurückhaltung, halb kauernd, halb kriechend. In Wirklichkeit ist das Feuer so heiß, daß die Darsteller sich am Boden winden müssen, um nahe genug ans Feuer heranzukommen. Sie wollen die Federn am Ende ihrer Tanzstäbe in Brand versetzen. Eine Scheibe, die die Sonne vorstellt, wird in die Höhe gehalten, um diese wird das wilde Tanzen fortgesetzt. Jedesmal, wenn die Scheibe gesenkt und wieder erhöht wird, beginnt ein neuer Tanz. Gegen Sonnenaufgang nähern sich die heiligen Zeremonien ihrem Ende. Weißbeschmierte Männer gehen vor und entzünden leichte Rindenstücke an der sterbenden Glut, dann springen sie wieder in einer wilden Jagd ums Feuer herum und werfen sich Funken, Rauch und Flammen ganz über den Leib. Sie

springen tatsächlich mitten in der Glut herum und verlassen sich auf den weißen Ton, der sie vor ernsteren Verbrennungen schützen soll.‹

Sie tanzen das Feuer selbst, sie werden zu Feuer. Ihre Bewegungen sind die von Flammen. Was sie in den Händen halten und entzünden, soll so aussehen, als brennten sie selbst. Zum Schluß sprühen sie aus der glimmenden Asche die letzten Funken, bis die Sonne aufgeht, die das Feuer von ihnen übernimmt, die Sonne, von der sie es bei ihrem Untergang übernommen haben.

Hier also ist das Feuer noch lebendige Masse. So wie andere Indianer im Tanze zu Büffeln werden, spielen diese im Tanze das Feuer. Für Spätere wird das lebendige Feuer, in das die Navajos sich verwandeln, zu einem bloßen Massensymbol.

Es ist möglich, für jedes Massensymbol, das man erkennt, die konkrete Masse zu finden, aus der es sich nährt. Auf Vermutung allein ist man hier nicht angewiesen. Die Neigung der Menschen, zu Feuer zu werden, dieses alte Symbol zu reaktivieren, ist auch in späteren, komplexeren Kulturen stark. Belagerte Städte, die keine Hoffnung auf Entsatz mehr haben, zünden sich oft selber an. Könige mit ihrem Hofstaat, aussichtslos bedrängt, verbrennen sich. Beispiele dafür finden sich in den alten Kulturen des Mittelmeers so gut wie bei Indern und Chinesen. Das Mittelalter, das an ein Höllenfeuer glaubt, begnügt sich mit einzelnen Ketzern, die statt des ganzen versammelten Publikums brennen: Es schickt sozusagen seine Repräsentanten in die Hölle ab und sieht zu, daß sie auch wirklich brennen.

Eine Analyse der Bedeutung, die das Feuer in verschiedenen Religionen angenommen hat, wäre von größtem Interesse. Sie hätte aber nur Wert, wenn sie ausführlich wäre und muß darum für später aufgehoben werden.

Wohl aber scheint es richtig, schon hier auf die Bedeutung von *impulsiven Brandstiftungen* für den einzelnen einzugehen, der sie begeht; den einzelnen, der wirklich isoliert ist und nicht in den Kreis einer religiösen oder politischen Überzeugung gehört.

Kräpelin schildert den Fall einer einsamen, älteren Frau, die in ihrem Leben etwa 20 Brandstiftungen verübt hat, die ersten als kleines Kind. Sie wird sechsmal wegen Brandstiftung angeklagt und verbringt über 24 Jahre ihres Lebens im Zuchthaus. »Wenn nur dies oder jenes abbrennen würde«, denkt sie sich, es ist eine fixe Idee. Besonders wenn sie Streichhölzer in der Tasche hat, treibt es sie dazu, wie eine unsichtbare Gewalt. Es liegt ihr daran, dem Feuer zuzuschauen, aber sie *gesteht* auch gern, und zwar sehr ausführlich. Sie muß schon früh das Feuer als ein Mittel zur Anlockung von Menschen erlebt haben. Wahrscheinlich war der Auflauf um einen Brand ihr erster Eindruck von Masse. Das Feuer kann dann leicht für die Masse selber stehen. Zu Bezichtigung und Selbstbezichtigung treibt sie das Gefühl, alles schaue nach ihr. Das will sie, sie wird dadurch selbst zu dem Feuer, das man anschaut. Ihre Beziehung zur Brandstiftung hat also einen doppelten Charakter. Einmal will sie ein Teil der Masse sein, die das Feuer anstarrt. Es ist in aller Augen zugleich, es vereinigt diese Augen unter *einem* mächtigen Zwang. Sie hat, wegen ihrer elenden Vorgeschichte, die sie von frühauf isoliert hat, überhaupt keine Gelegenheit, in eine Masse zu geraten, schon gar nicht während der endlosen Gefängniszeiten. Dann, wenn dieser erste Vorgang des Brandes abgelaufen ist und die Masse ihr wieder zu entschwinden droht, erhält sie sie am Leben, indem sie sich plötzlich selbst in das Feuer verwandelt. Das geschieht auf sehr einfache Weise: sie gesteht die Brandstiftung. Je ausführlicher ihre Erzählung ist, je mehr sie darüber zu sagen hat, um so länger wird sie angestarrt, um so länger ist sie selbst das Feuer.

Fälle dieser Art sind nicht ganz so selten, wie man meint. Auch wenn sie nicht immer so extrem sind – sie erbringen, vom isolierten Individuum aus gesehen, den unwiderlegbaren Beweis für den Zusammenhang zwischen Masse und Feuer.

Meer

Das Meer ist vielfach, es ist in Bewegung, es hat seinen dichten Zusammenhang. Sein Vielfaches sind seine Wellen, sie machen es aus. Sie sind unzählbar; wer sich auf dem Meere befindet, ist überall von ihnen umgeben. Die Gleichartigkeit ihrer Bewegung schließt Größenunterschiede unter ihnen nicht aus. Sie sind nie ganz in Ruhe. Der Wind, der von außen kommt, bestimmt ihre Richtung; sie schlagen sich da- oder dorthin, je nach seinem Befehl. Der dichte Zusammenhang der Wellen drückt etwas aus, das auch die Menschen in einer Masse sehr wohl fühlen: eine Nachgiebigkeit gegen die anderen, als wäre man *sie,* als wäre man nicht mehr abgegrenzt für sich, eine

Abhängigkeit, aus der es kein Entrinnen gibt, und ein Kraftgefühl, einen Schwung, den sie einem eben dadurch alle gemeinsam geben. Die eigentümliche Art des Zusammenhangs bei den Menschen ist unbekannt. Auch das Meer erklärt ihn nicht, aber es drückt ihn aus.

Außer den Wellen gibt es aber noch ein Vielfaches, das zum Meere gehört: die *Tropfen.* Sie allerdings sind isoliert, sie sind nur Tropfen, wenn sie untereinander nicht zusammenhängen, ihre Kleinheit und Vereinzeltheit hat etwas Ohnmächtiges. Sie sind beinahe nichts und wecken ein Gefühl von Mitleid im Betrachter. Man tauche die Hand ins Wasser, hebe sie hoch und betrachte die Tropfen, die einzeln und schwach an ihr herunterrinnen. Das Mitleid, das man für sie fühlt, ist so, als wären sie hoffnungslos abgesonderte Menschen. Die Tropfen *zählen* erst wieder, wenn man sie nicht mehr zählen kann, wenn sie im großen und ganzen wieder aufgegangen sind.

Das Meer hat eine *Stimme,* die sehr veränderlich ist und die man immer hört. Es ist eine Stimme, die nach tausend Stimmen tönt. Man traut ihr vieles zu, Geduld, Schmerz und Zorn. Aber am eindrucksvollsten an dieser Stimme ist ihre Zähigkeit. Das Meer schläft nie. Man hört es immer, bei Tag, bei Nacht, durch Jahre, Jahrzehnte; man weiß, daß es vor Jahrhunderten schon gehört wurde. In seiner Wucht wie in seinem Aufbegehren erinnert es an ein einziges Geschöpf, das diese Eigenschaften im selben Umfang mit ihm teilt, die Masse. Aber es hat auch die Konstanz, die dieser abgeht. Es versickert und verschwindet nicht von Zeit zu Zeit, es ist immer da. Den größten und immer noch vergeblichen Wunsch der Masse, den Wunsch *bestehenzubleiben,* stellt es als ein bereits Erfülltes dar.

Das Meer ist allumfassend und unerfüllbar. Alle Flüsse, Ströme, Wolken, jede Art von Gewässer der Erde könnten sich ins Meer ergießen, es würde darum nicht wirklich zunehmen; es hätte sich nicht verändert, immer hätte man das Gefühl, es ist dasselbe Meer. Es ist also so groß, daß es der Masse, die immer größer werden will, als Vorbild dienen kann. So groß wie das Meer möchte die Masse werden, und um das zu erreichen, zieht sie mehr und mehr Menschen an. Im Worte Ozean hat das Meer etwas wie seine feierlichste Würde erlangt. Der Ozean ist universal, er ist es, der überall hinlangt, der jedes Land bespült, er ist es, auf dem die Erde nach alter Vorstellung schwimmt. Wäre das Meer nicht unerfüllbar, die Masse hätte kein Bild für ihre eigene Unersättlichkeit. Sie könnte sich ihres tiefsten und dunkelsten Triebes, mehr und mehr Menschen anzuziehen, nie so sehr bewußt werden. Der Ozean aber, der ihr natürlich vor Augen steht, gibt ihr ein mythisches Recht zu ihrem unbezwingbaren Drang auf Universalität.

Das Meer ist zwar wandelbar in seinen Affekten, es kann beschwichtigen und drohen, es kann in Stürme ausbrechen, aber es ist immer da. Man weiß, wo es ist, seine Lage hat etwas Offenes, Unverdecktes. Es entsteht nicht auf einmal, wo zuvor nichts war. Das Geheimnisvolle und Plötzliche des Feuers geht ihm ab; wie aus dem Nichts springt einen dieses an, ein reißendes Tier, und ist so auch überall zu erwarten. Das Meer ist nur dort zu erwarten, wo man es sicher weiß.

Man kann aber darum nicht sagen, daß es ohne Geheimnis ist. Sein Geheimnis liegt nicht in seiner Plötzlichkeit, es liegt in seinem Gehalt. Das massenhafte Leben, von dem es erfüllt ist, gehört zum Meere so gut wie seine offene Konstanz. So wird das Großartige dieses Gebildes noch durch den Gedanken an seinen Gehalt erhöht: alle Gewächse, alle Tiere, die es in ungeheuren Mengen birgt.

Das Meer hat keine inneren Grenzen und ist in keine Völker und Gebiete abgeteilt. Es hat *eine* Sprache, und sie ist überall dieselbe. Es gibt sozusagen keinen Menschen, der sich von ihm ausschließen ließe. Es ist zu umfassend, als daß es einer der uns bekannten Massen genau entspräche. Aber es ist das Vorbild einer in sich gestillten Humanität, in die alles Leben mündet und die alles enthält.

Regen

Überall, und besonders dort, wo er selten ist, wird der *Regen,* bevor er fällt, als Einheit empfunden. Als Wolke zieht er heran und bedeckt erst den Himmel, es wird dunkel, bevor es regnet, alles hüllt sich in Grau. Von jenem Augenblick, da der Regen sicher erscheint, hat man vielleicht ein einheitlicheres Bewußtsein als vom Vorgang selbst. Denn man wünscht ihn oft sehr herbei, es kann zur Lebensfrage werden, daß Regen fällt. Er läßt sich nicht immer leicht erbitten, und mit Zaubern hilft man nach; es gibt zahlreiche und recht verschiedenartige Methoden, ihn anzulocken.

Der Regen fällt in vielen Tropfen. Man sieht sie und man sieht ganz besonders ihre Richtung. In allen Sprachen spricht man davon, daß er fällt. Man sieht den Regen in vielen parallelen Strichen, durch die Zahl der fallenden Tropfen wird die Einheit ihrer Richtung betont. Es gibt keine Richtung, die dem Menschen mehr Eindruck macht als die des Falles; alle anderen haben, damit verglichen, etwas Abgeleitetes, Sekundäres. Der Fall ist, was man von frühauf am meisten fürchtet und wogegen man im Leben zuerst gewappnet wird. Man lernt, sich davor zu hüten, ein Versagen hier ist von einem gewissen Alter ab lächerlich oder gefährlich. Der Regen ist, im Gegensatz zum Menschen, das, was fallen *soll.* Nichts fällt so häufig und vielfach wie der Regen.

Es ist möglich, daß die Zahl der Tropfen dem Fall ein weniges von seiner Schwere und Härte nehmen. Man hört sie aufschlagen, es ist ein angenehmes Geräusch. Man fühlt sie auf der Haut, es ist ein angenehmes Gefühl. Vielleicht ist es nicht unwichtig, daß zumindest drei Sinne am Erleben des Regens beteiligt sind: Gesicht, Gehör und Gefühl. Alle diese Sinne nehmen ihn als Vielfalt auf. Es ist leicht, sich vor ihm zu schützen. Er ist selten wirklich bedrohlich und faßt den Menschen meist auf eine wohltuend dichte Weise ein.

Man empfindet den Aufschlag der Tropfen als gleichartig. Das Parallele der Striche, die Ähnlichkeit des Geräusches, dasselbe Gefühl der Nässe, das jeder Tropfen auf der Haut hervorruft – alles ist dazu angetan, die Gleichheit der Tropfen zu betonen.

Der Regen kann heftiger oder leichter werden, seine Dichte wechselt. Die Zahl seiner Tropfen ist großen Schwankungen unterworfen. Es ist keineswegs so, daß man mit seiner kontinuierlichen Zunahme rechnet; man weiß im Gegenteil, daß er ein Ende hat, und dieses Ende bedeutet, daß seine Tropfen spurlos in der Erde versickern.

Soweit der Regen zum Massensymbol geworden ist, bezeichnet er nicht die Phase rasender und unbeirrbarer Zunahme, für die das *Feuer* steht. Er hat nichts von der Konstanz und nur manchmal etwas von der Unerschöpflichkeit des *Meeres.* Der Regen ist die Masse im Augenblick ihrer Entladung, und er bezeichnet auch ihren Zerfall. Die Wolken, denen er entstammt, geben sich im Regen auf; die Tropfen fallen, weil sie nicht mehr beisammenbleiben können, und es ist noch unklar, ob und wie sie später wieder zueinanderfinden werden.

Der Fluß

Das Auffallendste am Fluß ist seine Richtung. Er bewegt sich zwischen ruhenden Ufern, an ihnen ist sein Vorüberziehen unaufhörlich sichtbar. Die Ruhelosigkeit seiner Wassermassen, die sich ununterbrochen folgen, solange der Fluß überhaupt Fluß ist, das Entschiedene in der Gesamtrichtung, selbst wenn sie sich im einzelnen ändert, die Entschlossenheit aufs Meer hin, das Aufnehmen von anderen, kleineren Flüssen – alles das hat unleugbaren Massencharakter. Der Fluß ist denn auch ein Symbol für sie geworden, aber nicht mehr so sehr für die Masse überhaupt, als für einzelne ihrer Erscheinungsformen. Die Begrenzung der Breite, in der er nicht unaufhörlich und unerwartet zunehmen kann, macht, daß der Fluß als Massensymbol immer etwas Vorläufiges behält. Er steht für Prozessionen; die Menschen, die von den Straßenseiten aus zuschauen, sind wie Bäume an Ufern, das Feste nimmt das Fließende ein. Demonstrationen in großen Städten haben einen ähnlichen Flußcharakter. Aus den verschiedenen Bezirken kommen Zuflüsse, bis der eigentliche Hauptstrom sich gebildet hat. Die Flüsse sind besonders ein Symbol für die Zeit, in der sich die Masse bildet, die Zeit, in der sie noch nicht erreicht hat, was sie erreichen wird. Es fehlt dem Flusse das Umsichgreifen des Feuers und die Universalität des Meeres. Aber dafür ist die Richtung auf die Spitze getrieben, und da immer mehr nachkommt, ist sie sozusagen von Anfang an da, eine Richtung, die unerschöpflich scheint und die man in ihrer Herkunft vielleicht noch ernster nimmt als in ihrem Ziel.

Der Fluß ist die Masse in ihrer *Eitelkeit*, die Masse, die sich darstellt. Das Element des Gesehenwerdens ist nicht weniger bedeutend als die Richtung. Ohne Ufer kein Fluß, das Spalier der Gewächse ist wie das der Menschen. Er hat – man möchte sagen – eine Haut, die gesehen sein will. Alle flußartigen Gebilde – wie Prozessionen und Demonstrationen – zeigen möglichst viel von ihrer Oberfläche: sie dehnen sich, solange sie nur können, sie bieten sich möglichst vielen Zuschauern dar. Sie wollen bewundert oder gefürchtet sein. Ihr unmittelbares Ziel ist nicht wirklich wichtig, wichtig ist die Größe der Entfernung, die sie von ihm trennt, die Länge der Straßen, über die sie sich erstrecken. Was aber die Dichte unter den Teilnehmern anlangt, so hat sie keinen allzu verbindlichen Charakter. Sie

ist größer unter den Zuschauern, und eine besondere Art von Dichte entsteht zwischen den Teilnehmern und Zuschauern. Sie hat etwas von einer Liebesannäherung zwischen zwei sehr langen Geschöpfen, von denen das eine das andere eingefaßt hält und langsam und zärtlich durch sich hindurchgleiten läßt. Das Wachstum erfolgt von der Quelle her, aber durch räumlich genau vorbestimmte Zuflüsse.
Die Gleichheit der Tropfen ist im Flusse selbstverständlich, aber er trägt allerhand sehr Unterschiedliches mit, und was er trägt, ist für sein Aussehen bestimmender und wichtiger als etwa die Lasten des Meeres, die auf seiner riesigen Oberfläche verschwinden.
Man wird, wenn man alles zusammenfaßt, den Fluß nur mit Einschränkung als Massensymbol bezeichnen können. Er ist es auf eine ganz andere Weise als Feuer, Meer, Wald oder Korn. Er ist Symbol eines noch beherrschten Zustandes, *vor* dem Ausbruch und *vor* der Entladung, ihre Drohung mehr als ihre Wirklichkeit: er ist das Symbol der *langsamen* Masse.

Wald

Der Wald ist *über* dem Menschen. Er mag verschlossen sein und mit allerhand Gestrüpp verwachsen; man mag Mühe haben, in ihn hineinzugelangen und noch mehr, in ihm fortzukommen. Aber seine eigentliche Dichte, das, was ihn wirklich ausmacht, sein Laub, ist *oben*. Es ist das Laub der einzelnen Stämme, das ineinandergreift und ein zusammenhängendes Dach bildet, es ist das Laub, das so viel vom Lichte abhält und den großen, gemeinsamen Waldschatten wirft.
Der Mensch, der aufrecht ist wie ein Baum, reiht sich den anderen Bäumen ein. Aber sie sind viel größer als er, und er muß zu ihnen aufschauen. Es gibt kein anderes natürliches Phänomen seiner Umgebung, das so beständig über ihm ist und zugleich so nahe und so vielfach. Denn Wolken ziehen weiter, Regen versickert, und die Sterne sind weit. Von all diesen Phänomenen, die in ihrer Vielfalt von oben her wirken, eignet keinem die immerwährende Nähe des Waldes. Die Höhe der Bäume ist erreichbar; man erklettert sie, man holt Früchte herunter; man hat oben gelebt.
Die Richtung, in die er die Augen des Menschen zieht, ist die seiner eigenen Veränderung: Der Wald wächst ständig nach

oben weiter. Die Gleichheit der Stämme ist eine ungefähre, auch sie ist eigentlich eine Gleichheit der Richtung. Wer einmal im Walde ist, fühlt sich geborgen; er ist nicht an seiner Spitze, wo er weiterwächst, auch nicht am Orte seiner größten Dichte. Eben diese Dichte ist sein Schutz, und der Schutz ist oben. So ist der Wald zum Vorbild der *Andacht* geworden. Er zwingt den Menschen aufzuschauen, dankbar für seinen überlegenen Schutz. Das Hinaufschauen an vielen Stämmen wird zu einem Aufschauen überhaupt. Der Wald baut dem Kirchengefühl vor, dem Stehen vor Gott unter Säulen und Pfeilern. Sein gleichmäßigster und darum vollkommenster Ausdruck ist die Wölbung des Doms, alle Stämme in eine höchste und untrennbare Einheit verflochten.

Ein anderer und nicht weniger wichtiger Aspekt des Waldes ist seine vielfache Unverrückbarkeit. Jeder einzelne Stamm ist festgewurzelt und gibt keiner Drohung von außen nach. Sein Widerstand ist absolut, er weicht nicht von der Stelle. Er kann gefällt, aber nicht verrückt werden. So ist er zum Symbol des *Heeres* geworden: ein Heer in Aufstellung, ein Heer, das unter keinen Umständen flieht; das sich bis zum letzten Mann in Stücke hauen läßt, bevor es einen Fußbreit Boden aufgibt.

Korn

Das Korn ist auf mehr als eine Weise ein reduzierter Wald. Es wächst, wo früher Wald stand, es wird nie so hoch wie dieser. Es ist ganz in der Macht des Menschen und sein Werk. Er sät, er schneidet es; in alten Riten tut er das seine dazu, daß es wächst. Es ist biegsam wie die Gräser, dem Einfluß aller Winde ausgesetzt. Alle Halme zusammen geben der Regung des Windes nach, das ganze Feld biegt sich auf einmal. In Stürmen wird es ganz niedergeschlagen und bleibt dann lange so liegen. Aber es hat die geheimnisvolle Fähigkeit, sich wieder aufzurichten, und wenn es nicht gar zu arg hergenommen wurde, steht es plötzlich wieder da, das ganze Feld. Die vollen Ähren sind wie schwere Häupter; sie nicken einem zu oder sie wenden sich ab, je nachdem wie der Wind weht.

Das Korn ist gewöhnlich weniger hoch als der Mensch. Aber er bleibt immer der Herr des Korns, auch wenn es ihm über den Kopf gewachsen ist. Es wird zusammen geschnitten, wie es zusammen gewachsen ist, wie es zusammen ausgesät wurde.

Schon die Gräser, die der Mensch nicht für sich verwendet, bleiben immer beisammen. Aber um wieviel gemeinsamer ist das Schicksal des Korns, das gesät, geschnitten und eingeholt, gedroschen und aufbewahrt wird. Solange es wächst, bleibt es festgewurzelt; es kann nie von den anderen Halmen weg. Was immer geschieht, geschieht *allen* Halmen. So steht es dicht da, an Größe nicht unterschiedlicher als Menschen; in seiner Gesamtheit wirkt es immer etwa gleich groß. Sein Rhythmus, wenn es vom Winde erregt wird, ist wie der eines einfachen Tanzes.
Die Gleichheit des Menschen vor dem Tod wird gern im Bilde des Korns gesehen. Aber es fällt *zugleich* und erinnert darum an einen ganz bestimmten Tod: den gemeinsamen in der Schlacht, da ganze Reihen gelichtet werden: das Feld als Schlachtfeld.
Die Biegsamkeit wird zu seiner Unterwürfigkeit; es hat etwas von einer Ansammlung getreuer Untertanen, die einen Gedanken an Widerstand nie fassen könnten. In Gehorsam leicht erschauernd, empfänglich für jeden Befehl, so stehen sie da. Wenn der Feind über sie kommt, werden sie erbarmungslos niedergetrampelt.
Die Herkunft des Korns aus Haufen, dem Saatgut, ist so wichtig und bezeichnend wie die Haufen von Körnern, in die es schließlich mündet. Ob es sieben- oder hundertfältig trägt, die Haufen, in denen es gespeichert wird, sind um ein Vielfaches größer als die, von denen es seinen Ausgang nahm. Indem es wuchs und beisammenstand, hat es sich vermehrt, und diese Vermehrung ist sein Segen.

Wind

Seine Stärke wechselt und mit ihr seine Stimme. Er kann winseln oder heulen, leise, laut, es gibt wenige Töne, deren er nicht fähig ist. So wirkt er noch als etwas Lebendes, lange nachdem andere natürliche Phänomene ihre Belebtheit für den Menschen verloren haben. Außer seiner Stimme ist das auffallendste an ihm seine Richtung. Um ihn zu benennen, ist es wichtig zu wissen, woher er kommt. Da man ganz von Luft umgeben ist, wirken die Stöße, die man von ihm empfängt, sehr körperlich: Man fühlt sich ganz im Wind, er hat etwas Zusammenfassendes, im Sturm wirbelt er alles, was er erfaßt, zusammen vor sich her.

Er ist unsichtbar, aber die Bewegung, die er Wolken und Wellen, Blättern und Gräsern verleiht, bringt ihn zur Erscheinung, und diese ist vielfach. In den Hymnen des *Veda* treten die Sturmgötter, die *Maruts*, immer im Plural auf. Es gibt ihrer dreimal sieben oder dreimal sechzig. Sie sind Brüder von gleichem Alter, sie hausen am selben Ort und sind am selben Ort geboren. Ihr Lärm ist der Donner und das Heulen des Windes. Sie erschüttern die Berge, stürzen Bäume um und verschlingen wie wilde Elefanten die Wälder. Oft heißen sie auch die ›Sänger‹: das Singen des Windes. Sie sind mächtig, wütend und schrecklich wie Löwen, aber auch munter und zum Spielen aufgelegt wie Kinder oder Kälber.
Die uralte Gleichsetzung von Atem und Wind beweist, wie konzentriert man ihn empfindet. Er hat die Dichte des Atems. Aber eben in seiner Unsichtbarkeit eignet er sich dazu, für unsichtbare Massen zu stehen. So wird er den *Geistern* geliehen, als Sturm kommen sie dahergebraust, das wilde Heer, oder es sind Geister auf der Flucht wie in jenem Gesicht des Eskimo-Schamanen.
Fahnen sind sichtbar gemachter Wind. Sie sind wie abgeschnittene Stücke von Wolken, näher und bunter, festgehalten und von gleichbleibender Form. Wirklich fallen sie auf in ihrer Bewegung. Die Völker, als vermöchten sie den Wind aufzuteilen, bedienen sich seiner, um die Luft über sich als die ihre zu bezeichnen.

Sand

Von den Eigenschaften des *Sandes*, die für diesen Zusammenhang wichtig sind, wären zwei besonders hervorzuheben. Da ist einmal die Kleinheit, die Gleichartigkeit seiner Teile. Es ist das eine einzige Eigenschaft, denn man empfindet die Körner des Sandes nur darum als gleichartig, weil sie so klein sind. Das zweite ist das Unendliche des Sandes. Er ist unabsehbar, es ist immer mehr da, als man mit den Augen aufnehmen kann. Wo er in geringen Haufen auftritt, beachtet man ihn nicht. Wirklich auffallend ist er, wo er unzählbar ist, als Meeresstrand und als Wüste.
Die unaufhörliche Bewegung des Sandes hat zur Folge, daß er zwischen den flüssigen und den festen Massensymbolen ungefähr die Mitte hält. Er bildet Wellen wie das Meer, er kann

zu Wolken aufgewirbelt werden; *Staub* ist ein noch feinerer Sand. Ein bedeutender Zug ist die Drohung des Sandes, die Art, wie er sich dem einzelnen Menschen als etwas Aggressives und Feindliches entgegenstellt. Das Gleichförmige, Riesenhafte und Leblose der Wüste konfrontiert den Menschen mit einer kaum überwindlichen Macht: sie besteht aus unzähligen, gleichartigen Teilchen. Sie erstickt ihn wie das Meer, aber auf eine Weise, die heimtückischer ist, es dauert länger.

Die Beziehung des Menschen zum Wüstensand bereitet manche seiner späteren Haltungen vor, den Kampf, den er mit wachsender Macht gegen große Schwärme von ganz kleinen Feinden zu bestehen hat. Das Verdorrende des Sandes ist auf die Heuschrecken übergegangen. Der Mensch, der Pflanzen baut, fürchtet sie wie den Sand, was sie übriglassen, ist Wüste.

Es ist zu verwundern, daß der Sand je zu einem Symbol für Nachkommenschaft werden konnte. Aber die Tatsache, die von der Bibel her so gut bekannt ist, beweist, wie heftig der Wunsch nach ungeheuerlicher Vermehrung ist. Der Nachdruck liegt hier keineswegs auf der Qualität allein. Gewiß wünscht man sich für sich selbst eine ganze Schar von starken, aufrechten Söhnen. Aber für die weitere Zukunft, als Summe des Lebens von Generationen, geht es um mehr als um Gruppen oder Scharen, da wünscht man sich eine Masse von Nachkommenschaft, und die größte, unabsehbarste, unzählbarste Masse, die man kennt, ist die des Sandes. Wie wenig es dabei auf die individuelle Bewertung der Nachfahren ankommt, sieht man aus einem ähnlichen Symbol der Chinesen. Da werden die Nachfahren mit einem Heuschreckenschwarm gleichgesetzt, und die Qualitäten seiner Zahl, seines Zusammenhalts, seiner Unabreißbarkeit werden für die der Nachkommenschaft verbindlich.

Ein anderes Symbol, das die Bibel für Nachkommenschaft verwendet, sind die Sterne. Auch hier kommt es auf ihre Unzählbarkeit an; es ist nicht von der Qualität einzelner, hervorragender Sterne die Rede. Aber daß sie bleiben, daß sie nie vergehen, daß sie immer da sind, ist wichtig.

Haufen

Alle Haufen, auf die der Mensch etwas gibt, sind zusammengetragen worden. Die Einheit des Haufens, der aus Früchten oder

Körnern besteht, ist das Ergebnis einer Tätigkeit. Viele Hände waren mit Ernte oder Lese beschäftigt; diese sind an eine ganz bestimmte Zeit des Jahres gebunden und von so einschneidender Bedeutung, daß eine älteste Einteilung des Jahres sich von ihnen herleitet. In Festen feiern die Menschen ihre Freude über die Haufen, die sie zustande gebracht haben. Sie stellen sie stolz zur Schau. Oft werden die Feste um diese Haufen herum angelegt.

Das Zusammengebrachte ist gleichartiger Natur, eine bestimmte Art Frucht, eine bestimmte Art Korn. Es wird so dicht beisammen aufgestapelt wie möglich. Je mehr und je dichter man es hat, um so besser. Man hat viel bei der Hand und muß es nicht mehr von weither holen. Die Größe des Haufens ist wichtig, man prahlt damit; nur wenn er groß genug ist, reicht er für alle oder für lange aus. Sobald man sich an das Einholen von Haufen gewöhnt hat, können sie nicht zu groß sein. Am liebsten gedenkt man der Jahre, die den reichsten Segen gebracht haben. In Annalen, sobald man solche kennt, werden sie als die glücklichsten Jahre verzeichnet. Die Ernten wetteifern miteinander, von Jahr zu Jahr oder von Ort zu Ort. Ob sie einer Gemeinschaft oder ob sie einzelnen angehören: diese Haufen sind vorbildlich und ihre Sicherheit verbürgt.

Es ist wahr, daß sie dann wieder verbraucht werden, mancherorts ganz plötzlich bei besonderen Gelegenheiten, manchmal nur langsam je nach Bedarf. Ihre Konstanz ist eine beschränkte, ihre Abnahme ist in der Vorstellung, die man sich von ihnen macht, von Anfang mitenthalten. Ihre Wiederansammlung ist dann dem Rhythmus der Jahres- oder Regenzeiten unterworfen. Alles Ernten ist ein rhythmisches Häufen, und das Abhalten der Feste ist von diesem Rhythmus her bestimmt.

Steinhaufen

Aber es gibt auch ganz andere Haufen, die nicht genießbar sind. Steinhaufen werden errichtet, weil es so schwer ist, sie wieder auseinanderzunehmen. Man errichtet sie für lange, für eine Art von Ewigkeit. Sie sollen nie abnehmen, sie sollen bleiben, was sie sind. Sie wandern in keinen Magen, und nicht immer wohnt man darin. In ihrer ältesten Form stand jeder einzelne Stein für je einen Menschen, der ihn zum Haufen beigetragen hatte. Später nimmt Größe und Gewicht der Bestandteile zu, und sie sind nur noch von vielen zusammen zu bewältigen. Was immer solche Haufen vorstellen, sie enthalten die konzentrierte Mühe unzähliger, schwerer Wege. Oft ist es rätselhaft, wie sie zustande gebracht wurden. Je weniger man ihre Anwesenheit begreift, je ferner die Herkunft des Steins und je länger die Wege, desto größer war die Zahl der Menschen, die man sich als ihre Errichter vorstellen muß, desto stärker ist der Eindruck, den sie auf alle späteren Menschen machen. Sie stellen die rhythmische Anstrengung von vielen vor, von der nichts anderes übrig bleibt als dieses unzerstörbare Mal.

Der Schatz

Auch der Schatz, wie alle Haufen, ist zusammengetragen worden. Aber er besteht im Gegensatz zu Früchten und Körnern aus Einheiten, die ungenießbar und nicht vergänglich sind. Wichtig ist der besondere Wert dieser Einheiten, und nur ein Vertrauen in die Dauer dieses Wertes verlockt zur Bildung des Schatzes. Es ist ein Haufen, der ungestört bleiben und wachsen soll. Gehört er einem Mächtigen, so reizt er andere Mächtige zum Raub. Das Ansehen, das er seinem Besitzer schafft, bringt diesen in Gefahr. Kämpfe und Kriege sind um Schätze entstanden, und mancher hätte mit einem kleineren Schatz länger gelebt. So wird er oft notgedrungen *geheim*gehalten. Das Eigentümliche des Schatzes besteht also in der Spannung zwischen dem Glanze, den er verbreiten soll, und dem Geheimnis, das ihn schützt.
Die Wollust der *springenden Zahl* hat sich in ihrer faßbarsten Form am Schatze herausgebildet. Alle anderen Zählungen, die es auf immer höhere Ergebnisse abgesehen haben, die von Vieh oder Menschen zum Beispiel, können es nicht zu der gleichen Konzentration des Gezählten bringen. Das Bild des Besitzers, der seinen Schatz insgeheim zählt, ist dem Geiste des Menschen nicht weniger tief eingeschrieben als die Hoffnung auf den Schatz, den man plötzlich entdeckt: er ist so gut verborgen, daß er niemand mehr gehört, in seinem Versteck ist er vergessen worden. Wohldisziplinierte Armeen sind von dieser plötzlichen Gier nach Schätzen überfallen und zersetzt worden, viele Siege durch sie in ihr Gegenteil verkehrt. Die Verwandlung eines Heeres in einen Haufen von Schatzgräbern, noch vor je-

der Schlacht, wird von Plutarch im Leben des Pompejus geschildert.
›Kaum hatte Pompejus mit seiner Flotte bei Karthago angelegt, als 7000 Mann von den Feinden zu ihm übergingen; er selbst brachte sechs vollständige Legionen mit nach Afrika. Hier begegnete ihm ein possierlicher Vorfall. Einige Soldaten fanden von ungefähr einen Schatz und erhielten eine beträchtliche Summe Geldes. Als die Sache bekannt wurde, kamen alle anderen Soldaten auf den Gedanken, daß diese Gegend mit Reichtümern angefüllt sein müßte, welche die Karthager damals in ihrem Unglück vergraben hätten. Pompejus konnte nun viele Tage lang mit seinen Soldaten, die nur mit Schatzgraben beschäftigt waren, nichts anfangen. Er ging lachend herum und sah zu, wie so viele Tausende gruben und den Boden umwühlten. Schließlich wurden sie der Sache müde und hießen den Pompejus sie hinführen, wohin er wollte, sie seien nun für ihre Torheit genug bestraft.‹
Neben diesen durch ihre Verborgenheit unwiderstehlichen Haufen gibt es andere, die ganz öffentlich zusammengetragen werden, als eine Art von freiwilliger Steuer, in der Erwartung, daß sie dann einem einzigen Menschen oder wenigen zufallen werden. Alle Formen von Lotterien gehören hierher, es sind rasche Bildungen von Schätzen: Man weiß, daß sie gleich nach dem Ausspruche des Loses dem Glücklichen ausgehändigt werden. Je geringer die Zahl derer, denen sie schließlich anheimfallen, je größer der Schatz also, um so stärker seine Anziehung.
Die Gier, die Menschen zu solchen Gelegenheiten verbindet, setzt ein absolutes Vertrauen in die *Einheit* des Schatzes voraus. Von der Stärke dieses Vertrauens kann man sich schwer eine übertriebene Vorstellung machen. Der Mensch setzt sich selbst der Einheit seines Geldes gleich. Ein Zweifel an ihr beleidigt ihn, ihre Erschütterung bringt sein Selbstvertrauen ins Wanken. In der Herabsetzung seiner Geldeinheit tritt man dem Menschen selber nahe, man erniedrigt ihn. Wenn die Geschwindigkeit dieses Vorganges sich steigert, wenn es zu einer *Inflation* kommt, finden sich die entwerteten Menschen zu Gebilden zusammen, die man ganz und gar mit Fluchtmassen gleichsetzen muß. Je mehr die Menschen verlieren, um so mehr werden sie in ihrem Schicksal eins. Was bei einzelnen Bevorzugten, die etwas für sich persönlich zu retten imstande sind, als Panik

erscheint, wird für die anderen alle, die um ihren Geldbesitz gebracht, die darin also gleiche sind, zur Massenflucht. Die Folgen des Phänomens, das besonders in unserem Jahrhundert von unabsehbarer, historischer Tragweite war, sind in einem besonderen Kapitel behandelt worden.

Die Meute

Meute und Meuten

Massenkristalle und Masse, im modernen Sinne des Wortes, leiten sich beide aus einer älteren Einheit her, in der sie noch zusammenfallen; diese ältere Einheit ist die *Meute.* Bei Horden von geringer Zahl, die in kleinen Rudeln von zehn oder zwanzig Mann umherwandern, ist sie die Form gemeinsamer Erregung, der man überall begegnet.

Für die Meute ist charakteristisch, daß sie nicht wachsen kann. Weit und breit, in der Leere ringsum, sind keine Menschen, die zu ihr stoßen könnten. Die Meute besteht aus einer Gruppe erregter Menschen, die sich nichts heftiger wünschen, als *mehr zu sein.* Was immer sie gemeinsam unternehmen, ob sie auf Jagd oder Krieg ausgehen, es wäre für sie besser, sie wären mehr. Für die Gruppe, die aus so wenig Angehörigen besteht, wäre jeder einzelne, der dazustößt, ein deutlicher und gewichtiger, ein unentbehrlicher Zuwachs. Die Kraft, die er mitbrächte, würde ein Zehntel oder Zwanzigstel der Gesamtkraft ausmachen. Die Stelle, die er einnähme, wäre von allen genau beachtet. Er würde im Gesamthaushalt der Gruppe wirklich zählen, so wie kaum einer von uns heute zählen kann.

In der Meute, die sich aus der Gruppe von Zeit zu Zeit bildet und ihr Einheitsgefühl am stärksten zum Ausdruck bringt, kann sich der einzelne nie so vollkommen verlieren wie ein moderner Mensch heute in jeder beliebigen Masse. Immer wieder, in den wechselnden Konstellationen der Meute, in ihren Tänzen und auf ihren Zügen, wird er an ihrem *Rande* stehen. Er wird darin sein und gleich wieder am Rande, am Rande und gleich wieder darin. Wenn die Meute einen Ring um ihr Feuer bildet, mag jeder zur Rechten und Linken Nachbarn haben, aber der Rükken ist frei; der Rücken ist nackt der Wildnis ausgeliefert. Die Dichte innerhalb der Meute hat immer etwas Vorgetäuschtes: sie drücken sich vielleicht eng zusammen und spielen in überlieferten, rhythmischen Bewegungen das Vielsein. Aber sie sind es nicht, sie sind wenige; was ihnen an wirklicher Dichte abgeht, ersetzen sie durch Intensität.

Von den vier wesentlichen Eigenschaften der Masse, wie man sie kennengelernt hat, sind zwei in der Meute fiktiv, das heißt, sie werden herbeigewünscht und mit allergrößtem Nachdruck *gespielt*; die zwei anderen sind dafür um so stärker in Wirklichkeit vorhanden. *Wachstum* und *Dichte* werden gespielt; *Gleichheit* und *Gerichtetheit* sind vorhanden. Das erste, was an der Meute auffällt, ist das Unbeirrbare ihrer Richtung. Die Gleichheit aber drückt sich darin aus, daß alle vom selben Ziel besessen sind: etwa dem Anblick eines Tieres, das sie erlegen wollen.

Auf mehr als eine Weise ist die Meute begrenzt. Nicht nur gehören ihr verhältnismäßig wenige an, zehn vielleicht oder zwanzig, selten viel mehr, aber diese wenigen kennen einander genau. Sie haben immer zusammen gelebt, sie begegnen einander täglich, in vielen gemeinsamen Unternehmungen haben sie einander auf das genaueste einschätzen gelernt. Die Meute kann kaum unerwarteten Zuwachs haben; zu wenig Menschen leben unter solchen Verhältnissen, und sie sind sehr zerstreut. Aber da sie aus lauter *Bekannten* besteht, ist sie in einem Punkte der Masse, die ins Unendliche wachsen kann, überlegen: die Meute, auch wenn sie durch widrige Umstände auseinandergesprengt wird, findet sich immer wieder zusammen. Sie kann auf Bestand rechnen; ihre Dauer ist verbürgt, solange ihre Angehörigen am Leben sind. Die Meute mag bestimmte Riten und Zeremonien entwickeln; die sie ausführen sollen, werden sich einfinden, es ist Verlaß auf sie. Sie wissen, wohin sie gehören, sie lassen sich nicht woandershin verlocken. Solche Verlockungen sind gering, so gering, daß eine Gewohnheit, ihnen nachzugeben, gar nicht aufkommen kann.

So weit aber Meuten doch größer werden, geschieht es *quantenhaft* und im gegenseitigen Einverständnis der Beteiligten. Eine Meute, die sich aus einer zweiten Gruppe gebildet hat, mag auf die erste stoßen, und wenn es nicht zum Kampfe zwischen ihnen kommt, mag es sein, daß sie sich zu vorübergehenden Unternehmungen zusammenschließen. Aber das separate Bewußtsein der beiden Quanten wird immer erhalten bleiben; vielleicht, in der Hitze der gemeinsamen Aktion, mag es auf eine Weile verschwinden, aber nicht für lange. In der Verteilung der Ehren oder in anderen Zeremonien tritt es auf alle Fälle wieder hervor. Stärker als das Gefühl dafür, was er als einzelner ist, wenn er nicht bei seiner Meute mittut, bleibt immer das Gefühl von dieser selbst. Das Quanten-Gefühl der Meute ist auf einem bestimmten Niveau menschlichen Zu-

sammenlebens entscheidend und durch nichts zu erschüttern.
Es wird hier allem, was sonst als Stamm, Sippe, Klan bezeichnet wird, mit Absicht eine andere Einheit, die der *Meute*, entgegengesetzt. Jene bekannten soziologischen Begriffe haben alle, wichtig wie sie sind, etwas Statisches. Die Meute dagegen ist eine Einheit der *Aktion*, und sie tritt *konkret* in Erscheinung. Von ihr muß ausgehen, wer die Ursprünge des Verhaltens von Massen erforschen will. Sie ist ihre älteste und begrenzteste Form unter Menschen, sie war schon da, bevor es menschliche Massen in unserem modernen Sinne gab. Sie tritt auf mancherlei Art in Erscheinung. Sie ist immer deutlich faßbar. Ihre Aktivität durch Jahrzehntausende hindurch ist so intensiv, daß sie überall Spuren hinterlassen hat, und auch in unserer ganz anders gearteten Zeit sind noch mancherlei Gebilde am Leben, die sich unmittelbar von ihr ableiten.
In *vier* verschiedenen Formen oder Funktionen tritt die Meute von jeher auf. Sie haben alle etwas Fließendes und gehen leicht ineinander über, aber es ist wichtig, vor allem einmal zu bestimmen, worin sie sich *unterscheiden*. Die natürlichste und echteste Meute ist die, von der unser Wort sich ableitet, die der *Jagd*. Sie bildet sich überall, wo es gegen ein gefährliches oder starkes Tier geht, das der einzelne allein schwer erbeuten kann; und sie bildet sich auch, wo eine massenhafte Beute winkt, von der man sich möglichst wenig entgehen lassen möchte. Die Größe des erlegten Tieres, ob nun Walfisch oder Elefant, selbst wenn es von einzelnen getroffen worden ist, hat zur Folge, daß es immer nur von vielen zusammen erbeutet und aufgeteilt werden kann. Die Jagdmeute geht so in einen Zustand der *Verteilung* über; manchmal tritt das letztere allein in Erscheinung, aber beides gehört eng zusammen und muß zusammen untersucht werden. Beider Gegenstand ist die *Beute*, und sie allein, ihr Verhalten, ihre Eigenart – lebend und tot – bestimmt genau das Verhalten der Meute, die sich um ihretwillen bildet.
Die zweite Form, die mit der Jagdmeute manches gemein hat und durch viele Übergänge mit ihr verbunden ist, ist die *Kriegs-Meute*. Sie setzt eine zweite Meute aus Menschen voraus, gegen die sie sich richtet, die sie als solche empfindet, auch wenn sie im Augenblick gar nicht besteht. In ihrer frühesten Form ist sie oft auf ein einziges Opfer aus, an dem sie

Rache zu nehmen hat. In der *Bestimmtheit* dessen, was getötet werden soll, kommt sie der Jagdmeute besonders nahe.

Die dritte Form ist die *Klage-Meute*. Sie bildet sich, wenn ein Mitglied der Gruppe durch den Tod entrissen wird. Die Gruppe, die klein ist und jeden Verlust als unersetzlich empfindet, schließt sich für diese Gelegenheit zur Meute zusammen. Es mag ihr darum zu tun sein, den Sterbenden zurückzuhalten; ihm noch so viel von seiner Lebenskraft zu entreißen, als sie sich einverleiben kann, bevor er ihr ganz entschwindet; sie mag seine Seele beschwichtigen wollen, damit sie den Lebenden nicht zum Feinde wird. Auf jeden Fall erscheint ihr eine Aktion als notwendig, und es gibt nirgends Menschen, die ganz auf sie verzichten.

Als viertes fasse ich eine Vielfalt von Phänomenen zusammen, denen aber in all ihrer Verschiedenheit eines gemeinsam ist: die Absicht auf Vermehrung. *Vermehrungs-Meuten* bilden sich, weil die Gruppe selber oder die Geschöpfe, mit denen sie zusammenhängt, Tiere oder Pflanzen, *mehr* werden sollen. Sie stellen sich oft in Form von Tänzen dar, denen ein bestimmter mythischer Sinn beigelegt wird. Auch sie sind überall bekannt, wo Menschen zusammenleben. Immer drückt sich in ihnen aus, daß die Gruppe mit ihrer Größe nicht zufrieden ist. Eine der wesentlichen Eigenschaften der modernen Masse, der Drang größer zu werden, erscheint also schon sehr früh, in Meuten, die an sich noch gar nicht wachsen können. Bestimmte Riten und Zeremonien sollen es erzwingen; was immer wir von ihrer Wirksamkeit halten mögen, es bleibt zu bedenken, daß sie es im Verlaufe der Zeit tatsächlich zur Bildung großer Massen gebracht haben.

Die Untersuchung dieser vier verschiedenen Formen von Meuten im einzelnen führt zu überraschenden Resultaten. Sie haben die Neigung, ineinander überzugehen, und nichts ist folgenreicher als der Umschlag einer Art von Meute in die andere. Die Labilität der um vieles größeren Masse findet sich schon in diesen kleinen und scheinbar festeren Gebilden. Ihre Umschläge sind oft der Anlaß zu eigenartigen, religiösen Phänomenen. Es wird gezeigt werden, wie Jagdmeuten zu Klagemeuten umschlagen können und wie sich um diesen Vorgang eigene Mythen und Kulte gebildet haben. Die Klagenden wollen dann nie mehr die Jäger gewesen sein, und das Opfer, das sie beklagen, ist dazu da, sie von der Blutschande der Jagd zu entsühnen.

Die Auswahl des Ausdrucks ›Meute‹ für diese ältere und begrenztere Form von Masse soll daran erinnern, daß auch sie ihre Entstehung bei den Menschen einem tierischen Vorbild verdankt: dem Rudel gemeinsam jagender Tiere. Die Wölfe, die der Mensch gut kannte und sich im Laufe der Jahrtausende zu Hunden erzog, haben ihn schon früh beeindruckt. Ihr Vorkommen als mythisches Tier bei so vielen Völkern, die Vorstellungen vom Werwolf, die Geschichten von Menschen, die, als Wölfe verkleidet, andere überfallen und zerfleischen, jene Ursprungslegenden von Kindern, die von Wölfen aufgezogen wurden, all dies und manches andere beweist, wie nahe der Wolf dem Menschen stand.
Die Jagdmeute, unter der man heute eine Koppel von Hunden versteht, die zur gemeinsamen Jagd abgerichtet ist, ist das lebende Überbleibsel jener alten Verbindung. Die Menschen haben von den Wölfen gelernt, in machen Tänzen wurde das Wolf-Sein sozusagen eingeübt. Natürlich haben auch andere Tiere ihr Teil zur Ausbildung ähnlicher Fähigkeiten bei den Jagdvölkern beigetragen. Ich verwende den Ausdruck ›Meute‹ für Menschen statt für Tiere, weil er das Gemeinsame der eiligen Bewegung und das konkrete Ziel vor Augen, um das es dabei geht, am besten bezeichnet. Die Meute will eine Beute; sie will ihr Blut und ihren Tod. Sie muß rasch und unablenkbar, mit List und Ausdauer hinter ihr her sein, um sie zu erlangen. Sie muntert sich durch gemeinsames Kläffen auf. Die Bedeutung dieses Lärms, in dem die Stimmen der einzelnen Tiere zusammenfallen, ist nicht zu unterschätzen. Er kann nachlassen und wieder anschwellen; aber er ist unbeirrbar, er enthält den Angriff. Das endlich Erlangte und Erlegte wird von *allen* gefressen. Es besteht im allgemeinen die ›Sitte‹, jedem der Teilnehmer etwas vom Erlegten zu überlassen; selbst zur Verteilungsmeute lassen sich Ansätze schon bei den Tieren finden. Ich wende den Ausdruck auch für die übrigen drei erwähnten Grundformen an, obwohl man bei diesen schwerlich von tierischen Vorbildern sprechen kann; für das Konkrete, Gerichtete, Intensive dieser Vorgänge wüßte ich kein besseres Wort.
Auch seine *Geschichte* rechtfertigt den Gebrauch in diesem Sinne. Es leitet sich vom mittellateinischen ›movita‹ ab, das ›Bewegung‹ bedeutet. Das altfranzösische ›meute‹, das daraus entstand, hat einen doppelten Sinn: es kann ›Aufstand, Erhebung‹ heißen oder aber ›Jagdzug‹. Das Menschliche ist hier

noch stark im Vordergrund. Das alte Wort bezeichnet genau, was hier damit gefaßt werden soll; eben diese doppelte Bedeutung ist es, um die es uns geht. Der eingeschränkte Gebrauch im Sinn von ›Koppel Jagdhunde‹ ist viel später und im Deutschen erst seit der Mitte des 18. Jahrhunderts bekannt, während Worte wie ›Meutmacher‹, Aufrührer, und ›Meuterei‹, aus dem alten französischen Wort abgeleitet, schon um 1500 auftauchen.

Die Jagdmeute

Die Jagdmeute bewegt sich mit allen Mitteln auf etwas Lebendes zu, das sie erlegen will, um es sich dann einzuverleiben. Zu ihrem näheren Ziele wird also immer die Erlegung. *Ereilen* und *Umstellen* sind ihre wichtigsten Mittel. Sie hat es auf ein einzelnes, großes Tier abgesehen oder auf viele, die in Massenflucht vor ihr begriffen sind.
Die Beute ist immer in Bewegung, man jagt ihr nach. Auf die rasche Bewegung der Meute kommt es an, sie soll besser laufen als das Wild, um es zu ermüden. Wenn es um viele Tiere geht und es gelingt, sie zu umstellen, schlägt die Massenflucht der Beute in eine Panik um: Jedes der gejagten Tiere sucht dann auf eigene Faust aus dem Kreise seiner Feinde zu entkommen.
Die Jagd erstreckt sich über einen großen und wechselnden Raum. Im Falle der Jagd auf ein einzelnes Tier *besteht* die Meute, solange das Wild sich seiner Haut wehrt. Die Erregung steigert sich während der Jagd, sie äußert sich in Rufen von einem Jäger zum anderen, die den Blutdurst steigern.
Die Konzentration auf den einen Gegenstand, der immer in Bewegung ist, der den Blicken entschwindet, aber wieder auftaucht, den man oft verliert und wieder suchen muß, den man nie aus seiner tödlichen Absicht entläßt, den man unaufhörlich im Zustand tödlicher Angst erhält – diese Konzentration ist eine von *allen zusammen*. Jeder hat denselben Gegenstand im Auge, und jeder bewegt sich auf denselben Gegenstand zu. Der Abstand zwischen der Meute und ihrem Gegenstand, der sich allmählich verringert, verringert sich für jeden. Die Jagd hat einen gemeinsamen tödlichen Herzschlag. Er hält lange an, über wechselnden Boden, er wird heftiger, je näher man dem Tiere kommt. Wenn man es erreicht hat, wenn es zum

Treffen kommt, hat jeder zum Töten Gelegenheit, und jeder versucht es. Auf *ein* Geschöpf können sich die Speere oder Pfeile aller konzentrieren. Sie sind die Fortsetzung der begehrlichen Blicke während der Jagd.

Denn jeder Zustand dieser Art hat sein natürliches Ende. So klar und scharf das Ziel ist, auf das man es abgesehen hatte, so scharf und plötzlich ist auch die Veränderung der Meute, wenn es erreicht ist. Die Raserei läßt nach im Augenblick der Erlegung. Alle stehen um das gefallene Opfer herum, plötzlich still. Aus den Anwesenden bildet sich der Ring all derer, denen von der Beute etwas zukommt. Sie könnten wie Wölfe ihre Zähne in das Wild einschlagen. Doch die Einverleibung, die Wolfsmeuten schon am lebenden Leib beginnen, wird von den Menschen auf einen späteren Augenblick verlegt. Die *Verteilung* aber geschieht ohne Zwist und nach bestimmten Regeln.

Ob das Erlegte groß oder vielfach ist – wenn eine ganze Meute gejagt hat, ist die Verteilung der Beute unter ihren Mitgliedern unumgänglich. Der Prozeß, der nun beginnt, ist dem der *Bildung* der Meute genau entgegengesetzt. Jetzt will jeder etwas für sich, und er möchte gern soviel wie möglich. Wenn die Verteilung nicht genau geregelt wäre, und wenn es nicht etwas wie ein althergebrachtes Gesetz für sie gäbe und erfahrene Menschen, die über ihre Ausführung wachen, so müßte sie in Mord und Totschlag enden. Das Gesetz der *Verteilung* ist das *älteste* Gesetz.

Es gibt zwei grundsätzlich verschiedene Fassungen davon: nach der einen beschränkt sich die Verteilung auf den Kreis der Jäger allein; nach der anderen werden auch die Frauen und jene Männer, die mit der Jagdmeute nichts zu schaffen hatten, hinzugezogen. Der Vorsteher der Verteilung, der für ihre ordentliche Durchführung zu sorgen hat, bezieht ursprünglich aus seinem Amte keinerlei Vorteile. Es kann sogar vorkommen, wie bei den Walfisch-Jagden mancher Eskimos, daß er um seiner Ehre willen selber auf alles verzichtet. Das Gefühl für die Gemeinsamkeit der Beute kann sehr weit gehen: Bei den Korjäken in Sibirien lädt der ideale Jäger alle dazu ein, sich von seiner Beute zu bedienen, und begnügt sich mit dem, was man ihm übrigläßt.

Das Gesetz der Verteilung ist recht komplex und variabel. Der Ehrenanteil an der Beute kommt nicht immer dem zu, der den tödlichen Schlag geführt hat. Manchmal hat der ein Anrecht darauf, der das Wild zuerst erblickt hat. Aber auch wer von Ferne bloß Zeuge der Erlegung war, kann Anspruch auf einen Teil der Beute haben. In diesem Fall gelten die Zuschauer als Komplicen der Tat, sie haben Mitverantwortung für sie und genießen von ihren Früchten. Ich erwähne diese extreme und nicht so häufige Bestimmung, um zu zeigen, wie stark das Einheitsgefühl ist, das von der Jagdmeute ausstrahlt. Wie immer die Verteilung sich regelt, als die beiden entscheidenen Akte gelten die *Gewahrung* und die *Tötung* der Beute.

Die Kriegsmeute

Der wesentliche Unterschied zwischen Kriegs- und Jagdmeute liegt in der *zwiefachen* Anlage der Kriegsmeute. Solange eine erregte Truppe auf einen einzelnen Mann Jagd macht, den sie bestrafen will, handelt es sich um ein jagdmeuteartiges Gebilde. Falls dieser Mann zu einer anderen Gruppe gehört, die ihn nicht preisgeben mag, steht bald Meute gegen Meute. Die Feinde sind nicht sehr voneinander verschieden. Es sind Menschen, Männer, Krieger. In der ursprünglichen Form der Kriegführung sind sich die beiden so nah, daß man Mühe hat, sie voneinander zu unterscheiden. Sie haben dieselbe Art, aufeinander loszugehen, ihre Bewaffnung ist ungefähr dieselbe. Auf beiden Seiten stoßen sie wilde, drohende Rufe aus. Sie haben beide dieselbe *Absicht* gegeneinander. Die Jagdmeute – im Gegensatz dazu – ist *einseitig*: Die Tiere, gegen die es geht, versuchen nicht, Menschen zu umzingeln oder zu erjagen. Sie sind auf der Flucht, und wenn sie sich manchmal doch zur Wehr setzen, so geschieht das in dem Augenblick, da man sie töten will. Meist sind sie gar nicht imstande, sich dann noch gegen den Menschen zu wehren.

Das Entscheidende und eigentlich Charakteristische an der Kriegsmeute ist, daß zwei Meuten da sind, die genau dasselbe gegeneinander vorhaben. Die Zweiteilung ist eine unbedingte, der Schnitt zwischen ihnen absolut, solange es sich um den Zustand des Krieges handelt. Um aber zu erfahren, was es eigentlich ist, das sie gegeneinander vorhaben, genügt es, den folgenden Bericht zu lesen. Es ist die Erzählung vom Kriegszug eines südamerikanischen Stammes, der *Taulipang*, gegen ihre Feinde, die *Pischauko*. Der Bericht stammt wörtlich von einem

Taulipang-Mann und enthält alles, was man über die Kriegsmeute wissen muß. Der Erzähler ist von der Unternehmung erfüllt und begeistert, er schildert sie von innen, von seiner Seite her, in einer Art von Nacktheit, die ebenso wahrhaftig wie schaurig ist und schwerlich ihresgleichen findet.
›Anfangs war Freundschaft zwischen Taulipang und Pischauko. Dann kamen sie in Streit wegen der Weiber. Zuerst ermordeten die Pischauko einzelne Taulipang, die sie im Walde überfielen. Dann töteten sie einen jungen Taulipang und eine Frau, dann drei Taulipang im Walde. So wollten die Pischauko nach und nach mit dem ganzen Stamme der Taulipang aufräumen.
Da rief Manikuza, der Kriegshäuptling der Taulipang, alle seine Leute zusammen. Die Taulipang hatten drei Führer: Manikuza, den Oberhäuptling, und zwei Unterhäuptlinge, von denen der eine ein kleiner, dicker, aber sehr tapferer Mann war, der andere war sein Bruder. Dann war noch der alte Häuptling, der Vater von Manikuza, dabei. Unter seinen Leuten war auch ein kleiner, sehr tapferer Mann vom Nachbarstamme der Arekuna. Manikuza ließ gegorene Masse von Kaschiri bereiten, fünf große Kürbisflaschen voll. Dann ließ er sechs Kähne herrichten. Die Pischauko wohnten im Gebirge. Die Taulipang nahmen zwei Frauen mit, die Feuer in die Häuser legen sollten. Sie fuhren hin, ich weiß nicht auf welchem Fluß. Sie aßen nichts, keinen Pfeffer, keine größeren Fische, keine Jagdtiere, nur kleine Fische, bis der Krieg beendet wäre. Sie nahmen auch Farbe und weißen Ton zum Bemalen mit.
Sie kamen nahe an den Wohnsitz der Pischauko. Manikuza schickte fünf Männer nach dem Hause der Pischauko, um auszukundschaften, ob alle dort seien. *Alle waren dort.* Es war eine großes Haus mit sehr vielen Leuten, umgeben von einem runden Palisadenzaun. Die Kundschafter kamen zurück und meldeten dies dem Häuptling. Da bebliesen der Alte und die drei Häuptlinge die gegorene Masse von Kaschiri. Sie bebliesen auch die Farbe und den weißen Ton und die Kriegskeulen. Die Alten hatten nur Bogen und Pfeile mit Eisenspitzen, keine Feuerwaffen. Die anderen hatten Flinten und Schrot. Jeder hatte einen Sack Schrot und sechs Büchsen Pulver bei sich. Auch alle diese Sachen wurden beblasen. (Einblasen von Zauberkraft.) Dann bemalten sie sich mit roten und weißen Streifen: von der Stirne an beginnend, einen roten Streifen oben und einen weißen Streifen unten, über das ganze Gesicht. Auf

die Brust malten sie je drei Streifen, abwechselnd oben rot und unten weiß, ebenso auf die beiden Oberarme, damit sich die Krieger untereinander erkennen konnten. Auch die Frauen bemalten sich so. Dann befahl Manikuza, Wasser in die Kaschiri-Masse zu schütten.
Die Kundschafter sagten, es seien sehr viele Leute in den Häusern. Es war ein sehr großes Haus und drei kleinere weiter abseits. Die Pischauko waren viel mehr Leute als die Taulipang, die nur fünfzehn Mann waren, außer dem einen Arekuna. Dann tranken sie Kaschiri, jeder eine Kalebasse voll, viel Kaschiri, um sich tapfer zu machen. Darauf sagte Manikuza: »Dieser hier schießt zuerst! Während er seine Flinte wieder lädt, schießt der andere. Einer nach dem anderen!« Er verteilte seine Leute in drei Abteilungen zu je fünf Mann im weiten Umkreis um das Haus. Er sagte: »Gebt keinen unnützen Schuß ab! Wenn ein Mann fällt, laßt ihn liegen und schießt auf den, der noch steht!«
Dann gingen sie in drei Abteilungen getrennt vor; die Frauen hinter ihnen mit den Kürbisflaschen voll Getränk. Sie kamen an die Grenze der Savanne. Da sagte Manikuza: »Was sollen wir nun machen? Es sind sehr viele Leute. Vielleicht kehren wir am besten um und holen mehr Leute!« Da sagte der Arekuna: »Nein! Vorwärts! Wenn ich eindringe mitten unter viele Leute, finde ich niemand zu töten!« (Soll heißen: Diese vielen Leute reichen noch nicht aus für meine Keule, da ich sehr rasch töte.) Manikuza antwortete: »Vorwärts! Vorwärts! Vorwärts!« Er forderte alle auf. Sie kamen nahe an das Haus. Es war Nacht. In dem Haus war ein Zauberarzt, der gerade einen Kranken beblies. Dieser sagte: »Es kommen Leute!« und warnte so die Bewohner des Hauses. Da sagte der Herr des Hauses, der Häuptling der Pischauko: »Laßt sie kommen! Ich weiß, wer es ist! Es ist Manikuza! Aber er wird von hier nicht zurückkehren!« Der Zauberarzt warnte weiter und sagte: »Die Leute sind schon da!« Da sagte der Häuptling: »Es ist Manikuza! Er wird nicht zurückkehren! Er wird sein Leben hier beschließen!«
Da schnitt Manikuza die Liane durch, mit der die Palisaden zusammengebunden waren. Da drangen die beiden Frauen ein und legten Feuer an das Haus, die eine am Eingang, die andere am Ausgang. Es waren sehr viele Leute in dem Haus. Dann zogen sich beide Frauen wieder außerhalb des Palisadenzaunes

zurück. Das Feuer ergriff das Haus. Ein Alter kletterte hinauf, um das Feuer zu löschen. Da kamen viele Leute aus dem Haus, sie schossen viel mit ihren Flinten, aber ohne Ziel, da sie niemand sahen; nur um die Feinde zu erschrecken. Der alte Häuptling der Taulipang wollte einen Pischauko mit dem Pfeil schießen, aber er verfehlte ihn. Der Pischauko war in seinem Erdloch. Als der Alte den zweiten Pfeil auflegte, schoß ihn der Pischauko mit der Flinte nieder. Manikuza sah, daß sein Vater tot war. Da schossen die Krieger viel. Sie hatten das ganze Haus umstellt, und die Pischauko hatten keinen Ausweg, wohin sie fliehen sollten.
Da drang ein Taulipang-Krieger namens Ewama ein. Hinter ihm kam der eine Unterhäuptling; hinter ihm sein Bruder; hinter ihm Manikuza, der Kriegshäuptling; hinter ihm der Arekuna. Die übrigen blieben draußen, um die Pischako zu töten, die entweichen wollten. Die anderen fünf drangen mitten unter die Feinde ein und schlugen sie mit ihren Keulen nieder. Die Pischauko schossen auf sie, trafen aber niemand. Da tötete Manikuza den Häuptling der Pischauko. Der Unterhäuptling tötete den Unterhäuptling der Pischauko. Sein Bruder und der Arekuna töteten sehr rasch und viele. Es flohen nur zwei Jungfrauen, die noch am oberen Flußlauf leben, verheiratet mit Taulipang. Die anderen wurden alle getötet. Dann steckten sie das Haus in Brand. Die Kinder weinten. Darauf warfen sie alle Kinder in das Feuer. Mitten unter den Toten war ein Pischauko leben geblieben. Er hatte sich ganz mit Blut beschmiert und sich zwischen die Toten gelegt, um die Feinde glauben zu machen, er sei tot. Da ergriffen die Taulipang einen nach dem anderen der gefallenen Pischauko und hieben sie mit dem Waldmesser mittendurch in zwei Stücke. Sie fanden den Mann lebend und ergriffen und töteten ihn. Dann nahmen sie den gefallenen Häuptling der Pischauko, banden ihn mit erhobenen, ausgestreckten Armen an einen Baum und schossen so lange mit dem Rest ihrer Munition auf ihn, bis er in Stücke zerfiel. Darauf ergriffen sie eine tote Frau. Manikuza zog ihr mit den Fingern das Geschlechtsteil auseinander und sagte zu Ewama: »Sieh hier, das ist gut zum Eindringen für dich!« –
Die übrigen Pischauko, die noch in den drei anderen kleineren Häusern waren, flohen auseinander und verteilten sich auf die Gebirge der Gegend. Dort leben sie noch heute, Todfeinde

der anderen Stämme und *heimliche Mörder*, die es besonders auf die Taulipang abgesehen haben.
Ihren alten Häuptling, der gefallen war, begruben die Taulipang am Platz. Nur noch zwei von ihnen waren am Bauch mit Schrot leicht verwundet. Dann kehrten sie nach Hause zurück und riefen: »Hei-hei-hei-hei-hei!« Zu Hause fanden sie die Bänkchen schon für sich zurechtgemacht.‹
Der Streit beginnt um Frauen. Einzelne Leute werden getötet. Es wird nur vermerkt, wen die *anderen* umgebracht haben. Von diesem Augenblick an herrscht der unerschütterliche Glaube, daß die Feinde mit dem ganzen Stamme der Taulipang aufräumen wollen. Der Häuptling kennt seine Leute, die er nun zusammenruft, genau, es sind nicht viele, 16 mit dem Manne vom Nachbarstamm, und alle wissen, was sie voneinander im Kampfe zu halten haben. Es wird streng gefastet, man darf sich nur von kümmerlich kleinen Fischen nähren. Aus der gegorenen Masse ist ein starkes Getränk bereitet worden. Vor dem Kampfe trinkt man davon, um sich ›tapfer zu machen‹. Mit den Farben malt man sich eine Art von Uniform an, ›damit sich die Krieger untereinander erkennen können‹. Alles, was als Zubehör des Krieges gilt, und ganz besonders die Waffen werden ›beblasen‹. So hat man ihnen Zauberkraft eingeflößt, und sie sind gesegnet.
Sobald sie in der Nähe der feindlichen Siedlung angelangt sind, werden Kundschafter ausgeschickt, um zu sehen, ob alle dort seien. Alle sind dort. Man will, daß sie alle versammelt sind, denn alle sollen zugleich vernichtet werden. Es ist ein großes Haus mit sehr vielen Leuten, eine gefährliche Übermacht. Die sechzehn haben allen Grund, sich Mut anzutrinken. Der Häuptling gibt nun seine Anweisungen, genau wie ein Offizier. Aber in der Nähe des feindlichen Hauses angelangt, fühlt er seine *Verantwortung*. ›Es sind sehr viele Leute‹, sagt er, und er zögert. Sollte man umkehren und Verstärkungen holen? Doch findet sich unter seiner Truppe ein Mann, der gar nicht genug Feinde zum Töten haben kann. Seine Entschlossenheit teilt sich dem Häuptling mit, und dieser gibt den Befehl: Vorwärts!
Es ist Nacht, aber die Leute im Haus sind wach. Ein Zauberarzt hält eine Sitzung ab, ein Kranker wird behandelt, und alle sind um die beiden versammelt. Der Zauberer, mißtrauischer als die andern, hat alle Sinne beisammen und spürt die Gefahr.

»Es kommen Leute!« sagt er, und bald danach: »Die Leute sind schon da!« Der Häuptling im Haus aber weiß genau, um wen es sich handelt. Er hat einen Feind, und er ist seiner Feindschaft sicher. Er ist aber auch sicher, daß sein Feind nur kommt, um sein Leben hier zu lassen. »Er wird von hier nicht zurückkehren. Er wird sein Leben hier beschließen!« Die Blindheit dessen, der untergehen wird, ist so bemerkenswert wie die Zögerung dessen, der angreifen soll. Der Bedrohte tut nichts: schon bricht das Unglück über ihn herein.

Bald brennt das Haus, an das die Frauen Feuer gelegt, und die Insassen drängen hinaus. Sie können nicht sehen, wer aus dem Dunkel auf sie schießt, doch sie selbst sind hellerleuchtete Ziele. Die Feinde dringen ein und schlagen mit ihren Keulen auf sie los. Die Geschichte ihres Untergangs ist in wenigen Sätzen vollendet. Es kommt hier nicht auf Kampf, sondern auf absolute Vernichtung an. Die weinenden Kinder werden ins Feuer geworfen. Die Toten werden einer nach dem anderen in Stücke gehauen. Ein Überlebender, der sich mit Blut beschmiert und unter sie legt, in der Hoffnung zu entkommen, teilt ihr Schicksal. Den toten Häuptling spannen sie an einen Baum und schießen auf ihn, bis er in Stücke fällt. Die Schändung einer toten Frau ist der schauerliche Höhepunkt. Alles geht im Feuer ganz zugrunde.

Die wenigen, die sich aus benachbarten, kleineren Häusern ins Gebirge gerettet haben, leben da als ›heimliche Mörder‹ weiter.

Es ist dieser Darstellung der Kriegsmeute kaum etwas hinzuzufügen. Unter unzähligen Berichten ähnlicher Art ist dieser in seiner Nacktheit der wahrhaftigste. Er enthält nichts, das nicht hineingehört, nichts ist vom Erzähler verbessert oder beschönigt worden.

Die 16 Männer, die ausgezogen sind, haben keinerlei Beute heimgebracht; sie haben sich an ihrem Sieg in keiner Weise bereichert. Sie haben kein Weib und kein einziges Kind am Leben gelassen. Ihr Ziel war die Vernichtung der feindlichen Meute, so daß nichts, buchstäblich nichts von ihnen übrigbleibt. Mit Wollust wird geschildert, was man selbst getan hat. Die anderen aber waren und sind die Mörder.

Die Klagemeute

Die eindrucksvollste Schilderung einer Klagemeute, die mir bekannt ist, stammt von den *Warramunga* in Zentral-Australien.

›Noch bevor der leidende Mann seinen letzten Atemzug getan hatte, begann man mit den Klagen und den absichtlichen Verwundungen. Sobald es bekannt wurde, daß das Ende nahe sei, rannten alle Männer in größter Geschwindigkeit an den Ort. Einige der Weiber, die sich von allen Richtungen her versammelt hatten, lagen niedergeworfen über dem Leib des sterbenden Mannes, während andere in der Nähe herumstanden oder knieten und sich die scharfen Spitzen ihrer Grabstöcke in den Schädel stießen: Das Blut strömte über ihre Gesichter nieder, während sie zugleich ein ununterbrochenes Klagegeheul vernehmen ließen. Viele der Männer, die an die Stelle stürzten, warfen sich in wüstem Durcheinander auf den Liegenden; die Weiber erhoben sich und machten ihnen Platz, bis schließlich nichts zu sehen war als eine ringende Masse von nackten Leibern. Auf einmal kam mit gellendem Geschrei ein Mann herangestürzt, der ein Steinmesser schwang. Als er die Stelle erreichte, schnitt er sich plötzlich mit dem Messer in beide Schenkel, mitten durch die Muskeln hindurch, so daß er nicht mehr stehen konnte und auf die Masse von ringenden Leibern fiel. Seine Mutter, seine Frauen und Schwestern zogen ihn aus dem Gewimmel heraus und legten den Mund an seine klaffenden Wunden, während er erschöpft und hilflos am Boden lag. Allmählich entwirrte sich die Masse dunkler Leiber und gab den Blick auf den unglückseligen Kranken frei, der der Gegenstand oder eher das Opfer dieser wohlgemeinten Schaustellung von Zuneigung und Kummer war. War er schon früher krank gewesen, so ging es ihm nun viel schlechter, als seine Freunde ihn verließen; es war klar, daß er nicht mehr lange zu leben hatte. Das Weinen und Klagen dauerte an. Die Sonne ging unter, im Lager wurde es dunkel. Noch am selben Abend starb der Mann. Da schwoll das Klagegeheul noch lauter an als zuvor. Männer und Weiber, wie rasend vor Kummer, stürzten hin und her und fügten sich mit Messern und spitzen Stöcken Verletzungen zu, während die Weiber mit Keulen auf ihre Schädel losschlugen, niemand wehrte Schnitte oder Schläge ab.

Eine Stunde später machte sich in der Dunkelheit eine Begräb-

nisprozession unter Fackellicht auf den Weg. Sie trugen die Leiche in ein Gehölz, das etwa eine Meile entfernt war, und legten sie da auf eine Plattform aus Ästen in einen niedrigen Gummibaum. Als es am nächsten Morgen hell wurde, war im Lager, wo der Mann gestorben war, keine Spur von einer menschlichen Ansiedlung mehr zu bemerken. Alle Leute hatten ihre kümmerlichen Hütten in einige Entfernung verlegt und die Stätte des Todesfalles in völliger Einsamkeit zurückgelassen. Denn niemand wünschte dem Gespenst des Verstorbenen zu begegnen, das sicher in der Nähe umherschwebte, und schon gar nicht dem Geist des lebenden Mannes, der diesen Tod durch üblen Zauber verursacht hatte und gewiß in Gestalt eines Tieres an die Stätte seines Verbrechens kommen würde, um seinen Triumph zu genießen.
Im neuen Lager waren überall Männer der Länge nach am Boden ausgestreckt, mit klaffenden Wunden an den Schenkeln, die sie sich mit eigener Hand zugefügt hatten. Sie hatten ihre Schuldigkeit dem Toten gegenüber getan und würden bis ans Ende ihrer Tage die tiefen Narben an den Schenkeln als Ehrenmale tragen. An einem von ihnen zählte man die Spuren von nicht weniger als 23 Wunden, die er sich im Laufe der Zeit zugefügt hatte. – Inzwischen hatten die Weiber die Klage, die ihre Pflicht war, wieder aufgenommen. Vierzig oder fünfzig von ihnen, in Gruppen zu fünft oder sechst verteilt, die Arme umeinander geschlungen, weinten und heulten in einer Art von Raserei, während manche unter ihnen, die als nähere Verwandte galten, sich mit spitzen Stöcken in den Schädel stießen und die Witwen noch ein übriges taten, indem sie sich die Schädelwunden mit glühend roten Feuerstöcken versengten.‹
Aus dieser Schilderung, der sich viele ähnliche anreihen ließen, wird eines sogleich klar: es geht um die *Erregung* selbst. Manche Absichten spielen in das Geschehnis hinein, und man wird sich mit ihnen auseinanderzusetzen haben. Aber das Wesentliche ist die Erregung als solche, ein Zustand, in dem alle zusammen etwas zu beklagen haben. Die Wildheit der Klage, ihre Dauer, ihre Wiederaufnahme am nächsten Tag im neuen Lager, der erstaunliche Rhythmus, in dem sie sich steigert und selbst nach völliger Erschöpfung von neuem beginnt, wären Beweis genug dafür, daß es hier vor allem um die Erregung der gemeinsamen Klage geht. Man wird schon nach der Bekanntschaft mit diesem einzigen Falle, der für die australischen Eingebore-

nen bezeichnend ist, begreifen, warum diese Erregung als die einer *Meute* bezeichnet wird und warum es unumgänglich erscheint, die besondere Bezeichnung der *Klagemeute* für sie einzuführen.

Alles beginnt mit der Nachricht, daß der Tod *nahe* sei. Die Männer stürzen in größter Eile hin und finden die Frauen schon vor. Die nächsten Angehörigen unter diesen liegen in einem Haufen über dem Kranken beisammen. Es ist wichtig, daß die Klage nicht erst nach dem Eintreten des Todes beginnt, sondern gleich nachdem man den Kranken aufgegeben hat. Sobald man glaubt, daß er sterben wird, kann man mit der Klage nicht mehr an sich halten. Die Meute bricht los, sie hat auf ihre Gelegenheit gelauert, und sie läßt sich ihr Opfer nicht mehr entgehen. Die ungeheure Kraft, mit der sie sich auf ihren Gegenstand stürzt, besiegelt sein Schicksal. Es ist kaum anzunehmen, daß ein Schwerkranker, der dieser Behandlung unterworfen wird, sich je wieder von ihr erholen könnte. Unter dem rasenden Geheul der Menschen wird er beinahe erstickt; man könnte annehmen, daß er manchmal wirklich erstickt; auf jeden Fall wird sein Tod beschleunigt. Die Forderung, die uns geläufig ist, daß man einen Menschen in Ruhe sterben lassen soll, wäre diesen Leuten, die auf ihre Erregung aus sind, ganz unverständlich.

Was bedeutet dieser Haufen, der sich über ihm bildet, dieses Gewirr von Leibern, die offenbar darum kämpfen, ihm möglichst nahe zu kommen? Es wird gesagt, daß die Weiber, die erst daliegen, sich erheben, um den Männern Platz zu machen, als hätten auch diese oder jedenfalls manche unter ihnen ein Anrecht auf seine nächste Nähe. Wie immer die Deutungen sein mögen, die die Eingeborenen für die Bildung dieses Knäuels geben – was wirklich geschieht, ist, daß der Haufe von Leibern ihn noch einmal ganz in sich aufnimmt.

Die physische Nähe der zur Meute Gehörigen, ihre *Dichte* könnte nicht weitergetrieben werden. Sie sind mit ihm zusammen ein Haufen. Er gehört ihnen, sie halten ihn unter sich zurück. Da er selber nicht aufstehen, sich nicht unter sie stellen kann, *liegen sie mit ihm zusammen.* Wer immer ein Recht an ihm zu haben glaubt, kämpft darum, mit in den Haufen zu geraten, dessen Mittelpunkt er ist. Es ist, als wollten sie mit ihm sterben: Die Wunden, die sie sich zufügen, das Sichhinwerfen über den Haufen oder überall sonst, das Zusammenbrechen der Selbstverletzten – alles soll zeigen, wie ernst es ihnen damit

ist. Vielleicht wäre es auch richtig zu sagen, daß sie ihm *gleich* sein wollen. Aber sie sind nicht wirklich darauf aus, sich umzubringen. Was bestehen bleiben soll, ist der *Haufe*, zu dem er gehört, und durch ihr Gebaren kommen sie dem entgegen. In dieser Angleichung an den Sterbenden besteht das Wesen der Klagemeute, solange der Tod noch nicht eingetreten ist.
Aber es gehört zu ihr ebensosehr das *Abstoßen* des Toten, sobald er einmal tot ist. Der Umschlag vom rasenden Zurück- und Festhalten des Sterbenden zum angstvollen Fortstoßen und Isolieren des Toten macht die eigentliche Spannung der Klagemeute aus. Noch in der Nacht wird er eilig weggeschafft. Alle Spuren seines Daseins werden zerstört, seine Geräte, seine Hütte, was immer zu ihm gehört hat; selbst das Lager, in dem er mit den anderen zusammengelebt hat, wird ausgerottet und verbrannt. Plötzlich hat man sich auf das schärfste gegen ihn gewandt. Er ist gefährlich geworden, da er von ihnen weggegangen ist. Er könnte auf die Lebenden neidisch sein und sich an ihnen dafür rächen, daß er tot ist. Alle Zeichen der Zuneigung und auch ihre leibliche Dichte haben es nicht vermocht, ihn zurückzuhalten. Der Groll des Toten macht ihn zu einem Feind, unter hundert Listen und Tücken kann er sich unter sie schleichen, und sie brauchen ebensoviel Mittel, sich seiner zu erwehren.
Im neuen Lager wird die Klage fortgesetzt. Die Erregung, die der Gruppe das heftige Gefühl ihrer Einheit verlieh, wird nicht gleich aufgegeben. Man braucht dieses Gefühl jetzt mehr als je, denn man ist in Gefahr. Man stellt den Schmerz zur Schau, indem man sich weiterverletzt. Es ist wie ein Krieg; aber was der Feind einem tun könnte, das tut man selbst. Der Mann, der 23 Narben von solchen Wunden an seinem Körper trägt, betrachtet sie als Ehrenzeichen, als hätte er sie aus Kriegszügen zurückgebracht.
Man muß sich fragen, ob dies der einzige Sinn der gefährlichen Wunden ist, die sich die Menschen bei solchen Gelegenheiten zufügen. Es scheint, daß die Frauen darin noch weitergehen als die Männer, und auf jeden Fall zeigen sie mehr Ausdauer in der Klage. Es ist viel *Zorn* in dieser Selbstverstümmelung, ein Zorn auf die Ohnmacht vor dem Tod; und es ist, als würde man sich für den Tod strafen. Man könnte auch denken, daß der einzelne die Verletzung der ganzen Gruppe durch den Verlust an seinem eigenen Leib manifestieren will. Aber die Zer-

störung geht auch gegen die eigene *Behausung*, kümmerlich, wie sie ist, und in dieser Hinsicht erinnert sie an die Zerstörungssucht der Masse, wie wir sie kennen, die an anderer Stelle bereits erklärt worden ist. Durch die Zerstörung an allem Vereinzelten, in der die Meute sich vollendet, *hält* sie sich auch länger; und die Trennung von der Zeit, in der sie das drohende Unglück erkannt und erlitten hat, ist schärfer. Alles beginnt von neuem, und es beginnt eben im kraftvollen Zustand der gemeinsamen Erregung.

Es ist von Bedeutung, zum Schluß die beiden Bewegungstendenzen festzuhalten, die für den Ablauf der Klagemeute wesentlich sind. Die erste ist die heftige Bewegung zum Sterbenden hin und die Bildung eines zweideutigen Haufens um ihn, der zwischen Leben und Tod in der Mitte steht. Die zweite Bewegung ist die angstvolle Flucht vom Toten weg, von ihm und allem, das von ihm berührt sein könnte.

Die Vermehrungsmeute

Man mag das Leben welches Naturvolkes immer betrachten, überall stößt man sofort auf die konzentrierten Ereignisse seines Daseins: Jagd-, Kriegs- oder Klagemeute. Der Ablauf dieser drei Arten von Meuten ist klar, sie haben alle etwas Elementares. Wo das eine oder das andere dieser Gebilde in den Hintergrund gedrängt worden ist, finden sich doch gewöhnlich Überreste von ihm, die sein Vorhandensein und seine Bedeutung in der Vergangenheit beweisen.

Ein komplexeres Gebilde hat man in der *Vermehrungsmeute* vor sich. Sie ist von ungeheurer Bedeutung, weil sie die eigentliche Triebkraft zum Umsichgreifen des Menschen war. Sie hat ihm die Erde erobert, und sie hat zu immer reicheren Zivilisationen geführt. Ihre Wirksamkeit ist in ihrer vollen Tragweite nie erfaßt worden, denn der Begriff der Fortpflanzung hat die eigentlichen Vorgänge der Vermehrung verstellt und verdunkelt. Sie ist von allem Anfang an nur im Zusammenwirken mit Vorgängen der *Verwandlung* zu begreifen.

Die frühen Menschen, die sich in geringer Zahl in großen und oft leeren Räumen bewegen, stehen einer Überzahl von Tieren gegenüber. Diese mögen nicht alle feindlich sein; die meisten sind dem Menschen gar nicht gefährlich. Aber viele von ihnen

treten in ungeheuren Zahlen auf: Ob es sich um Herden von Springböcken oder Büffeln handelt, um Fische, um Heuschrekken, Bienen oder Ameisen – an ihrer Zahl gemessen ist die des Menschen eine verschwindend geringe.
Denn die Nachkommenschaft des Menschen ist spärlich. Sie meldet sich vereinzelt, und es dauert lange, bis sie da ist. Der Wunsch nach *mehr*, nach einer größeren Zahl von Leuten, zu denen man gehört, muß immer tief und dringlich gewesen sein. Er steigerte sich unaufhörlich; jede Gelegenheit, bei der eine Meute sich bildete, mußte den Trieb auf eine größere Anzahl von Menschen hin stärken. Eine größere Jagdmeute war imstande, mehr Wild zu umzingeln. Man konnte sich nicht immer aufs Wild verlassen; plötzlich war viel davon da, je mehr Jäger man hatte, um so größer war die Beute. Im Kriege wollte man stärker als die feindliche Horde sein: der Gefahr einer geringen Zahl war man sich immer bewußt. Jeder Tod aber, den man zu beklagen hatte, besonders wenn es um einen erfahrenen und tätigen Mann ging, war ein ganz einschneidender Verlust. Die Schwäche des Menschen war seine geringe Zahl.
Zwar lebten auch die Tiere, die ihm gefährlich waren, oft einzeln oder in kleinen Gruppen wie er. Er war wie diese ein Raubtier, aber eines, das nie allein sein wollte. Er mochte in Rudeln leben, die so groß waren wie die der Wölfe, aber sie waren es zufrieden und er nicht. Denn in der ungeheuer großen Zeitspanne, während der er in kleinen Gruppen lebte, hat er sich durch *Verwandlung* aller Tiere, die er kannte, gewissermaßen einverleibt. An dieser Ausbildung der Verwandlung ist er erst recht zum Menschen geworden, sie war seine eigentümliche Begabung und Lust. Bei seinen frühen Verwandlungen in andere Tiere spielte und tanzte er manche Arten, die in großer Zahl erscheinen. Je vollkommener seine Darstellung solcher Geschöpfe war, um so intensiver empfand er die Größe ihrer Zahl. Er empfand, was es war, *viele* zu sein und wurde sich dann immer wieder seiner Vereinzeltheit als Mensch in kleinen Gruppen bewußt.
Es kann keinem Zweifel unterliegen, daß der Mensch, sobald er es einmal war, *mehr* sein wollte. Alle seine Glaubensformen, seine Mythen, Riten und Zeremonien sind von diesem Wunsche erfüllt. Der Beispiele dafür sind viele, manchen von ihnen wird man im Laufe dieser Untersuchung begegnen. Da alles an ihm, was auf Vermehrung abzielt, mit so elementarer

Gewalt ausgestattet ist, mag es wundernehmen, daß zu Beginn dieses Kapitels das Komplexe der Vermehrungsmeute betont worden ist. Ein wenig Überlegung wird zeigen, warum sie in so vielen verschiedenen Formen auftritt. Man hat sie überall zu suchen, sie tritt da auf, wo man sie natürlich erwartet. Aber sie hat auch ihre geheimen Schlupfwinkel und ist plötzlich dort, wo man sie am wenigsten vermutet.

Denn an seine Vermehrung hat der Mensch ursprünglich nicht losgelöst von jener der anderen Geschöpfe gedacht. Seinen Wunsch nach ihr überträgt er auf alles, was ihn umgibt. So wie es ihn zur Vergrößerung seiner eigenen Horde treibt, durch eine reichliche Versorgung mit Kindern, so will er auch mehr Wild und Früchte, mehr Herden und Korn und was immer es ist, wovon er sich nährt. Damit er gedeihe und mehr werde, muß von allem da sein, dessen er zu seinem Leben bedarf.

Wo der Regen rar ist, konzentriert er sich auf die Herbeiführung von Regen. Am meisten brauchen alle Geschöpfe, wie er selber, Wasser. So fallen in vielen Gegenden der Erde Regen- und Vermehrungsriten in eins zusammen. Ob die Menschen selber den Regen tanzen, wie bei den Pueblo-Indianern, ob sie als Dürstende ihren Zauberer umstehen, wenn er für sie den Regen herbeilockt – ihre Verfassung in allen solchen Fällen ist die einer Vermehrungsmeute.

Um den engen Zusammenhang zu erkennen, der zwischen Vermehrung und Verwandlung besteht, ist es notwendig, hier auf die Riten der Australier einzugehen. Sie sind schon vor über einem halben Jahrhundert von mehreren Forschern auf das genaueste erkundet worden.

Die *Ahnen*, von denen die Ursprungslegenden der Australier handeln, sind kostbare Wesen, es sind Doppelgeschöpfe, teils Tier, teils Mensch, genauer gesagt sind sie beides. Sie haben die Zeremonien eingeführt, und man hält diese ab, weil sie es befohlen haben. Es ist auffallend, daß jeder von ihnen den Menschen mit einer ganz bestimmten Tier- oder Pflanzenart verbindet. So ist der Känguruh-Ahne zugleich Känguruh und Mensch, der Emu-Ahne Mensch und Emu. Es sind nie zwei verschiedene Tiere, die in *einem* Ahnen vorgestellt werden. Immer ist der Mensch dabei, die eine Hälfte sozusagen, die andere Hälfte aber ist ein bestimmtes Tier. Doch kann man gar nicht genug darauf bestehen, daß beides zugleich da ist, in *einer* Gestalt, die

Eigenschaften von beiden sind für unser Gefühl auf die naivste und frappierendste Weise gemischt.
Es ist klar, daß diese Ahnen nichts anderes darstellen als die Ergebnisse von Verwandlungen. Der Mensch, dem es immer wieder gelang, sich wie ein Känguruh zu fühlen und so auszusehen, wurde zum Känguruh-Totem. Diese bestimmte Verwandlung, die oft geübt und gebraucht worden war, bekam den Charakter einer Errungenschaft und wurde in Mythen, die man dramatisch darstellen konnte, von Geschlecht zu Geschlecht weitergegeben.
Der Ahne der Känguruhs, von denen man umgeben war, wurde zugleich zum Ahnen jener Gruppe von Menschen, die sich Känguruh nannten. Die Verwandlung, die am Ursprung dieser doppelten Nachkommenschaft stand, wurde bei gemeinsamen Anlässen vorgeführt. Ein oder zwei Leute stellten ein Känguruh dar, die anderen nahmen als Zuschauer an der überlieferten Verwandlung teil. Bei einer späteren Veranstaltung mochten sie selber das Känguruh tanzen, das ihr Ahne war. Die Lust an dieser Verwandlung, das besondere Gewicht, das sie im Laufe der Zeit bekam, ihre Kostbarkeit für neue Generationen von Menschen, drückte sich in der Heiligkeit der Riten aus, während derer sie geübt wurde. Die gelungene und etablierte Verwandlung wurde eine Art von *Gabe*: sie wurde genau so gepflegt wie der Schatz von Worten, der eine bestimmte Sprache ausmacht, oder jener andere Schatz von Gegenständen, die *wir* als materiell bezeichnen und empfinden: Waffen, Schmuck und gewisse heilige Geräte.
Diese Verwandlung, die als wohlbehütete Tradition, als Totem eine Verwandtschaft bestimmter Menschen mit den Känguruhs bezeichnete, bedeutete auch eine Verbindung mit ihrer *Zahl*. Sie war immer größer als die der Menschen; ihre Zunahme war erwünscht, sie war verbunden mit der des Menschen. Wenn sie sich vermehrten, vermehrte sich auch er. Die Vermehrung des Totemtieres war identisch mit seiner.
Die Stärke dieses Zusammenhangs zwischen Verwandlung und Vermehrung kann also gar nicht überschätzt werden: sie gehen Hand in Hand. Sobald eine Verwandlung festgelegt und in ihrer exakten Gestalt als Tradition gepflegt wird, sichert sie die Vermehrung der *beiden* Geschöpfe, die in ihr untrennbar und eins geworden sind. Das eine dieser Geschöpfe ist immer der Mensch. In jedem Totem sichert er sich die Vermehrung eines

anderen Tieres. Der Stamm, der aus vielen Totems besteht, hat sich die Vermehrung von ihnen allen angeeignet.

Die große Mehrzahl der australischen Totems sind Tiere, aber es gibt unter ihnen auch Pflanzen, und da es meist um Pflanzen geht, die der Mensch genießt, hat man sich über die Riten, die ihrer Vermehrung galten, nie besonders gewundert. Es schien natürlich, daß der Mensch auf Pflaumen und Nüsse aus war und sich recht viele von ihnen wünschte. Auch manche von den Insekten, die wir als Ungeziefer empfinden, die aber für den Australier Leckerbissen sind, bestimmte Larven, Termiten und Grashüpfer, kommen als Totems vor. Was soll man aber dazu sagen, wenn man auf Menschen stößt, die als ihr Totem Skorpione, Läuse, Fliegen oder Moskitos bezeichnen? Hier kann von Nützlichkeit im ordinären Sinne des Wortes keine Rede sein, diese Geschöpfe sind Plagen für den Australier wie für uns. Es kann nur die ungeheure Zahl der Wesen sein, die ihn anzieht, und wenn er eine Verwandtschaft mit ihnen etabliert, so ist es ihm darum zu tun, sich dieser Zahl zu versichern. Der Mann, der von einem Moskito-Totem abstammt, will, daß seine Leute so zahlreich werden wie Moskitos.

Ich will diesen vorläufigen und sehr summarischen Hinweis auf die australischen Doppelfiguren nicht abschließen, ohne eine andere Art von Totems zu erwähnen, die sich bei ihnen finden. Man wird über die folgende Liste staunen; sie ist dem Leser bereits bekannt. Es gibt unter ihren Totems Wolken, Regen und Wind, Gras, brennendes Gras, Feuer, das Meer, den Sand und die Sterne. Es ist die Liste der natürlichen *Massensymbole*, die ausführlich gedeutet worden sind. Für ihr Alter und ihre Bedeutung ließe sich kein besserer Beweis erbringen als ihr Vorhandensein unter den Totems der Australier.

Es wäre aber irrig, anzunehmen, daß die Vermehrungsmeuten überall an Totems gebunden sind und daß sie sich immer so viel Zeit lassen wie bei den Australiern. Es gibt Verrichtungen einfacherer und dichterer Art, bei denen es um eine sofortige und unmittelbare Anziehung der gewünschten Tiere geht. Sie setzen das Vorhandensein großer Herden voraus. Der Bericht über den berühmten Büffeltanz der *Mandan*, eines Indianerstammes in Nordamerika, stammt aus der ersten Hälfte des vorigen Jahrhunderts.

›Die Büffel finden sich gelegentlich zu ungeheuren Massen zusammen und streichen in allen Richtungen durch das Land, von Ost nach West oder von Nord nach Süd, weit fort, wohin ihre Laune sie treibt. Die Mandan haben dann plötzlich gar nichts zu essen. Sie sind ein kleiner Stamm und angesichts stärkerer Feinde, die ihnen nach dem Leben trachten, wagen sie es nicht, sich weit von zu Hause zu entfernen. So können sie nah an eine Hungersnot geraten. In einer Krise dieser Art holt jedermann seine Maske aus dem Zelt hervor, die er für eine solche Gelegenheit in Bereitschaft zu halten hat: es ist das Fell eines Büffelkopfes mit den Hörnern darauf. Der Büffeltanz beginnt, damit ›Büffel kommen‹. Er soll die Herde verlocken, ihre Richtung zu ändern und sich dem Dorfe der Mandan zuzuwenden.

Der Tanz findet auf dem öffentlichen Platz in der Mitte des Dorfes statt. Etwa 10 bis 15 Mandan nehmen daran teil, jeder von ihnen hat einen Büffelschädel mit Hörnern über den Kopf gestülpt und hält in seiner Hand den Bogen oder den Speer, mit dem er am liebsten Büffel tötet.

Der Tanz hat immer die gewünschte Wirkung, er hört nie auf, sondern geht Tag und Nacht weiter, bis ›Büffel kommen‹. Trommeln werden geschlagen, Rasseln geschüttelt, Lieder gesungen, Rufe unaufhörlich ausgestoßen. Die Zuschauer stehen mit Masken auf dem Kopf und Waffen in der Hand daneben, bereit, für jeden einzuspringen, der müde wird und den Kreis verläßt.

Während dieser Zeit allgemeiner Aufregung stehen Späher auf den Hügeln in der Umgegend des Dorfes, und wenn sie die Annäherung von Büffeln bemerken, geben sie das verabredete Signal, das sofort im Dorfe gesehen und vom ganzen Stamm verstanden wird. Solche Tänze haben ununterbrochen zwei oder drei Wochen angedauert, bis zum frohen Augenblick, da die Büffel erscheinen. Sie mißlingen nie und ihnen wird zugeschrieben, daß die Büffel kommen.

An der Maske hängt gewöhnlich noch ein Streifen Fell, die ganze Länge des Tieres, mit dem Schwanz daran; er liegt über dem Rücken des Tänzers und schleift am Boden. Wer müde wird, zeigt es an, indem er sich ganz vornüber beugt und seinen Körper dem Boden nähert: dann richtet ein anderer den Bogen auf ihn, trifft ihn mit einem stumpfen Pfeil, und er fällt wie ein Büffel nieder. Die Umstehenden packen ihn, zerren ihn an den Fersen aus dem Kreis und zücken ihre Messer über ihn. Nachdem sie die Bewegungen des Häutens und Aufschneidens gemacht haben, lassen sie ihn gehen und seine Stelle wird sofort von einem anderen eingenommen, der mit der Maske auf dem Kopf in den Ring tanzt. So kann der Tanz leicht Tag und Nacht in Gang gehalten werden, bis die gewünschte Wirkung erzielt ist und ›Büffel kommen‹.

Die Tänzer stellen Büffel und Jäger zugleich vor. In ihrer Verkleidung sind sie Büffel, aber Bogen, Pfeile und Speer kennzeichnen sie als Jäger. Solange einer tanzt, ist er als Büffel anzusehen und gibt sich als solcher. Wenn er ermüdet, ist er ein müder Büffel. Er darf die Herde nicht verlassen, ohne erlegt zu werden. Von einem Pfeil getroffen und nicht aus Müdigkeit, sinkt er um. Bis in den Todeskampf bleibt er Büffel. Er wird von den Jägern weggetragen und zerlegt. Erst war er ›Herde‹, nun endet er als Beute.

Der Gedanke, daß eine Meute durch heftigen und andauernden Tanz die Herde der wirklichen Büffel anziehen könnte, setzt manches voraus. Den Mandan ist aus Erfahrung bekannt, daß eine Masse wächst und alles in ihren Kreis zieht, was sich von gleicher Art in der Nähe befindet. Wo immer viele Büffel beisammen sind, kommen noch mehr dazu. Sie wissen aber auch, daß die Erregung des Tanzes die Intensität einer Meute steigert. Ihre Stärke hängt von der Heftigkeit ihrer rhythmischen Bewegung ab. Was ihr an Zahl abgeht, kann die Meute durch Heftigkeit gewinnen.

Die Büffel, deren Aussehen und Bewegung man so genau kennt, sind doch auch wie Menschen, denn sie tanzen gern und lassen sich von ihren verkappten Feinden zu einer Festlichkeit locken. Der Tanz ist andauernd, denn er soll in die Ferne wirken. Die Büffel, die ihn irgendwo weit weg spüren, als Anziehung der Meute, geben dieser nach, solange sie als Tanz akut ist. Ließe der Tanz nach, so wäre es keine rechte Meute mehr, und die Büffel, die vielleicht noch immer weit weg wären, könnten sich woandershin wenden. Es gibt Herden da und dort, und jede von ihnen könnte die Büffel ablenken. Die Tänzer müssen zur stärksten Anziehung werden. Als *Vermehrungsmeute*, die keinen Augenblick in ihrer Erregung nachläßt, sind sie stärker als jede lockere Herde und ziehen diese unwiderstehlich an.

Die Kommunion

Eine Vermehrungshandlung besonderer Art ist das *gemeinsame Mahl.* In einem eigenen Ritus wird jedem der Teilnehmer ein Stück des erlegten Tieres ausgehändigt. Man ißt zusammen, was man zusammen erlangt hat. Teile desselben Tieres werden der ganzen Meute einverleibt. Etwas von *einem* Leibe geht in sie alle ein. Sie ergreifen, beißen, kauen, verschlingen dasselbe. Alle, die davon genossen haben, sind nun durch dieses eine Tier verbunden: es ist in ihnen allen zusammen enthalten.

Dieser Ritus der gemeinsamen Einverleibung ist die *Kommunion.* Es wird ihr ein eigener Sinn gegeben: sie soll so vor sich gehen, daß das Tier, von dem man genossen hat, sich geehrt fühlt. Es soll wiederkommen und viele von seinen Brüdern bringen. Man zerbricht seine Knochen nicht, man hebt sie sorgfältig auf. Wenn man alles recht macht, so wie es sich gehört, bekleiden sie sich wieder mit Fleisch, das Tier steht auf und läßt sich nochmals jagen. Wenn man es falsch macht und das Tier sich beleidigt fühlt, entzieht es sich. Es flüchtet mit all seinen Brüdern, man bekommt keinen von ihnen mehr zu Gesicht, die Menschen hungern.

Bei gewissen Festen stellt man sich vor, daß das Tier, von dem man genießt, selber anwesend ist. So wird bei manchen sibirischen Völkern der *Bär* als Gast bei seinem eigenen Mahl behandelt. Man ehrt diesen Gast, indem man ihm die besten Stücke seines eigenen Leibes vorsetzt. Man findet überzeugende und feierliche Worte für ihn und bittet ihm um Fürsprache bei seinen Brüdern. Wenn man sich darauf versteht, seine Freundschaft zu gewinnen, läßt er sich sogar ganz gerne jagen. Solche Kommunionen können zu einer Erweiterung der Jagdmeute führen. Frauen und alle anderen Männer, die bei der Jagd nicht dabei waren, nehmen dann an ihnen teil. Sie können sich aber auch auf eine kleine Gruppe beschränken, die der Gruppe der Jäger selbst entspricht. Der innere Vorgang, soweit er sich auf den Charakter der Meute bezieht, ist immer derselbe: die *Jagdmeute* geht in eine der *Vermehrung* über. Die eine besondere Jagd ist gelungen, man genießt von ihrer Beute, aber man ist im feierlichen Augenblick der Kommunion von der Vorstellung aller späteren Jagden erfüllt. Das Bild der unsichtbaren Masse dieser Tiere, die man wünscht, schwebt allen, die am Mahle teilnehmen, vor, und man ist sorgfältig darauf bedacht, sie wahrzumachen.

Diese frühe Kommunion der Jäger hat sich auch dort erhalten, wo es um Vermehrungswünsche ganz anderer Art geht. Es mögen Bauern sein, die auf die Vermehrung ihres Korns, auf ihr tägliches Brot bedacht sind: sie werden doch gemeinsam und feierlich vom Leib eines Tieres genießen, wie in alten Zeiten, da sie ausschließlich Jäger waren.

In den höheren Religionen spielt bei der Kommunion etwas Neues mit, der Gedanke an eine Vermehrung der *Gläubigen*. Wenn die Kommunion intakt bleibt, wenn sie richtig vor sich geht, wird der Glaube immer weiter um sich greifen, und mehr und mehr Bekenner werden zu ihm stoßen. Doch ist, wie man weiß, von viel größerer Bedeutung die Verheißung der Wiederbelebung und Auferstehung. Das Tier, von dem die Jäger zeremoniös genossen, würde wieder leben, es würde auferstehen und sich wieder jagen lassen. Diese Herbeiführung einer Auferstehung wird in den höheren Kommunionen zum wesentlichen Ziel; aber statt des Tieres wird der Leib eines Gottes genossen, und seine Auferstehung beziehen die Gläubigen auf sich selbst.

Von diesem Aspekt der Kommunion wird bei der Behandlung der Klage-Religionen noch die Rede sein. Was uns hier interessiert, ist der Übergang der Jagdmeute in eine der Vermehrung: eine bestimmte Art der Speisung sichert die Vermehrung der Speise. Diese wird ursprünglich als etwas Lebendes vorgestellt. – Es zeigt sich hier die Tendenz, die kostbare seelische Substanz der Meute zu bewahren, indem man sie in etwas Neues umsetzt. Was immer diese Substanz ist – und es ist vielleicht fraglich, ob der Ausdruck ›Substanz‹ hier überhaupt angebracht ist –, es wird alles unternommen, damit sie sich nicht zersetzt und zerstreut.

Der Zusammenhang zwischen der gemeinsamen Speisung und der Vermehrung der Nahrung kann *unmittelbar* sein, auch ohne das Element der Wiederbelebung und Auferstehung. Man entsinnt sich der Speisungswunder im Neuen Testament, wo mit fünf Broten und zwei Fischen viele tausend Hungrige gesättigt werden.

Die innere und die stille Meute

Die vier Grundformen der Meuten lassen sich auf mehrere Arten gruppieren. Man kann einmal unterscheiden zwischen *inneren* und *äußeren* Meuten.

Die *äußere* Meute, die auffallender und darum leichter zu charakterisieren ist, bewegt sich auf ein Ziel hin, das außerhalb liegt. Sie erstreckt sich über einen langen Weg. Ihre Bewegung ist, mit denen des normalen Lebens verglichen, eine gesteigerte. Sowohl Jagd- wie Kriegsmeute sind äußere Meuten. Das Wild, das gejagt wird, muß gefunden und ereilt werden. Der Feind, den man bekämpfen will, muß aufgesucht werden. Wie groß immer die Erregung ist, die durch einen Jagd- oder Kriegstanz an Ort und Stelle erlangt wird, die eigentliche Aktivität der äußeren Meute geht ins Weite.

Die *innere* Meute hat etwas Konzentrisches. Sie bildet sich so um einen Toten, der begraben werden soll. Ihre Tendenz ist, etwas zurückzuhalten, nicht es zu erreichen. Die Klage um den Toten betont auf jede Weise, wie sehr er eigentlich hierher gehört, zu denen, die um seine Leiche versammelt sind. Seinen Weg in die Ferne nimmt er allein. Es ist ein gefährlicher, ein schrecklicher Weg, bis er dort anlangt, wo die anderen Toten ihn erwarten und aufnehmen. Da der Tote sich nicht zurückhalten läßt, wird er sozusagen *ausverleibt*. Die um ihn klagen, stellen eben als Meute etwas wie einen einigen Leib dar, aus dem er nicht ohne Mühe entlassen und entfernt wird.

Auch die Vermehrungsmeute ist eine innere Meute. Eine Schar von tanzenden Menschen formiert sich zum Kern, an den sich, was noch unsichtbar ist, von außen anschließen soll. Es sollen mehr Menschen zu den vorhandenen stoßen, mehr Tiere zu denen, die man jagt oder züchtet, mehr Früchte zu denen, die man erntet. Das herrschende Gefühl ist ein Glaube an das Bereits-Vorhandensein alles dessen, was zu den sichtbaren Einheiten, die man so sehr schätzt, stoßen soll. Irgendwo ist es da, und man muß es nur heranlocken. Man neigt dazu, die Zeremonien dort abzuhalten, wo man eine große Zahl dieser Wesen unsichtbar vermutet.

Einen bedeutungsvollen Übergang von einer äußeren in eine innere Meute hat man in der *Kommunion* vor sich. Durch Einverleibung eines bestimmten Tieres, das auf der Jagd erlegt wurde, durch das feierliche Bewußtsein davon, daß etwas von ihm in allen Teilnehmern vorhanden ist, sobald sie von ihm genossen haben, *verinnerlicht* sich die Meute. In diesem Zustand kann sie dann seine Wiederbelebung und vor allem seine Vermehrung erwarten.

Eine andere Art der Einteilung ist die Unterscheidung zwischen *stillen* und *lauten* Meuten. Es genügt zu erwähnen, wie laut die Klage ist. Sie hätte keinen Sinn, wenn sie sich nicht auf das heftigste bemerkbar machte. Sobald der Lärm ganz zu Ende ist, sobald er nicht mehr aufgenommen oder auf andere Weise übertrumpft wird, geht die Klagemeute auseinander, und jeder ist wieder für sich. Jagd und Krieg sind ihrer Natur nach laut. Wenn zu Zwecken der Überlistung Stille für eine Weile oft erforderlich sein mag, so ist dann der Höhepunkt der Affäre dafür nur um so lauter. Das Gekläff der Hunde, die Zurufe der Jäger, durch die sie Erregung und Blutdurst aneinander steigern, gehören überall zu den entscheidenden Momenten der Jagd. Im Kriege aber waren seit jeher unentbehrlich die Wildheit der Herausforderung und die Bedrohung des Feindes. Schlachtgeschrei und Schlachtgetümmel gehen durch die Geschichte, und ohne das Getöse der Explosionen kommt der Krieg auch heute nicht aus.

Die *stille* Meute ist eine der Erwartung. Sie hat Geduld, eine Geduld, die an so Versammelten besonders auffallend ist. Sie tritt überall dort in Erscheinung, wo das Ziel der Meute nicht durch rasches und erregtes Eingreifen zu erlangen ist. Vielleicht ist das Wort ›still‹ hier ein wenig irreführend, und die Bezeichnung *Erwartungs*-Meute wäre klarer. Denn alle möglichen Aktivitäten, wie Gesänge, Beschwörungen, Opfer, können diese Art von Meute kennzeichnen. Es gehört zu ihnen, daß sie auf etwas Fernes zielen, das nicht sobald da sein kann.

Es ist diese Art der Erwartung und Stille, die in die Jenseits-Religionen eingegangen ist. So gibt es Menschen, die ein Leben damit zubringen, auf ein besseres Dasein im Jenseits zu hoffen. Aber das einleuchtendste Beispiel der stillen Meute bleibt die Kommunion. Der Vorgang der Einverleibung, wenn sie vollkommen sein soll, erfordert eine konzentrierte Stille und Geduld. Die Ehrfurcht vor dem Heilig-Bedeutungsvollen, das man in sich hat, gebietet für eine Weile ein ruhiges und würdiges Verhalten.

Die Bestimmtheit von Meuten

Ihre historische Konstanz

Man *kennt* den Toten, den man beklagt. Nur die, die ihm nahestanden oder die genau wissen, wer er ist, haben ein Anrecht darauf, zur Klagemeute zu stoßen. Der Schmerz steigert sich im Maße der Vertrautheit mit ihm. Die ihn am besten kannten, klagen am heftigsten. Den Gipfel der Klage nimmt die Mutter ein, deren Leib er entstammt. Um Fremde wird nicht getrauert. Es ist ursprünglich nicht so, daß die Klagemeute sich um irgendwen bilden kann.

Diese *Bestimmtheit* in bezug auf ihren Gegenstand zeichnet aber alle Meuten aus. Es ist nicht nur so, daß sich die zu einer Meute Gehörigen alle gut kennen, sie kennen auch ihr Ziel. Wenn sie auf der Jagd sind, wissen sie, worauf sie aus sind. Wenn sie Krieg führen, kennen sie sehr wohl ihren Feind. In der Klage gilt ihr Schmerz einem wohlbewußten Toten. Bei Vermehrungsriten wissen sie genau, *was* sich vermehren soll.

Die Meute ist von einer unabänderlichen und schrecklichen Bestimmtheit. Diese Bestimmtheit enthält aber auch ein Element der Vertrautheit. Eine eigentümliche Zärtlichkeit für ihre Beute ist primitiven Jägern nicht abzusprechen. Bei der Klage und bei der Vermehrung ist diese zärtliche Vertrautheit natürlich. Aber selbst auf den Feind fällt manchmal etwas von diesem vertraulichen Interesse, sobald man ihn nicht mehr zu sehr fürchtet.

Die Ziele, die sich die Meute steckt, sind immer wieder dieselben. Eine Wiederholbarkeit, die ins Unendliche geht, wie sie allen Lebensvorgängen des Menschen eignet, kennzeichnet auch seine Meuten. Bestimmtheit und Wiederholung haben hier zu Gebilden von unheimlicher Konstanz geführt. Es ist diese Konstanz, die Tatsache, daß man sie immer bereit und verfügbar hat, die ihre Verwendbarkeit in komplexeren Zivilisationen ermöglicht. Als *Massenkristalle*, wo immer es darum geht, rasch Massen hervorzurufen, werden sie wieder und wieder eingesetzt.

Aber auch vieles Archaische im Leben unserer modernen Kulturen drückt sich in Gestalt von Meuten aus. Die Sehnsucht nach einem einfachen oder natürlichen Dasein, nach einer Ablösung aus den wachsenden Zwängen und Bindungen unserer Zeit hat eben diesen Gehalt: es ist der Wunsch nach einem Leben in *isolierten Meuten.* Fuchsjagden in England, Ozeanfahrten auf kleinen Booten mit geringer Besatzung, Betgemeinschaften in einem Kloster, Expeditionen in unbekannte Länder, ja selbst der Traum, mit wenigen anderen in einer paradiesischen Natur zu leben, wo sich alles sozusagen von selbst vermehrt, ohne jede Bemühung von seiten des Menschen – allen diesen archaischen Situationen gemeinsam ist die Vorstellung einer geringen Zahl von Leuten, die einander wohlvertraut sind und die an einem klaren und unverwirrbaren Unternehmen von großer Bestimmtheit oder Abgegrenztheit teilhaben.

Eine unverschämte Form der Meute hat man noch heute in jedem Akt von *Lynch-Justiz* vor sich. Das Wort ist so unverschämt wie die Sache, denn es geht um eine *Aufhebung* der Justiz. Der Beschuldigte wird ihrer nicht für wert gehalten. Er soll ohne alle Formen, die für Menschen üblich sind, umkommen wie ein Tier. Seine Verschiedenheit in Aussehen und Gebaren, die Kluft, die nach dem Gefühl der Mörder zwischen ihnen und ihrem Opfer besteht, erleichtert ihnen seine Behandlung als Tier. Je länger er sich ihnen durch Flucht entzieht, um so begieriger werden sie zur Meute. Ein Mann in seiner vollen Kraft, ein guter Läufer bietet ihnen die Gelegenheit zu einer Jagd, die sie mit Lust ergreifen. Ihrer Natur nach kann sie nicht sehr häufig sein; das Rare dieser Jagd mag ihren Reiz erhöhen. Die Roheiten, die sie sich bei dem Geschäft erlauben, mögen damit zu erklären sein, daß sie ihn nicht fressen können. Wahrscheinlich kommen sie sich als Menschen vor, weil sie ihre Zähne nicht in ihn schlagen.

Die Beschuldigung sexueller Natur, von der diese Art der Meute oft ihren Ausgang nimmt, macht aus dem Opfer ein gefährliches Wesen. Man stellt sich seine wirkliche oder vermeintliche Untat vor. Die Verbindung des schwarzen Mannes mit einer weißen Frau, die Vorstellung ihrer leiblichen Nähe unterstreicht in den Augen der Rächer ihre Verschiedenheit. Die Frau wird immer weißer, wie der Mann immer schwärzer wird. Sie ist unschuldig, denn als Mann ist er stärker. Sollte sie eingewilligt haben, so ist sie betrogen worden durch seine überlegene Kraft. Es ist der Gedanke an diese Überlegenheit, der ihnen am unerträglichsten ist und der sie zwingt, sich gegen ihn zusammenzuschließen. Als reißendes Tier – er hat eine Frau gegriffen – wird er gemeinsam gehetzt und getötet. Der Mord an ihm scheint ihnen erlaubt und geboten und erfüllt sie mit unverhohlener Genugtuung.

Meuten in den Ahnenlegenden der Aranda

Wie malt sich die Meute im Kopfe der australischen Eingeborenen ab? Zwei Ahnenlegenden der *Aranda* geben davon ein klares Bild. Die erste handelt von Ungutnika, einem berühmten Känguruh aus der mythischen Urzeit. Folgendes wird über seine Erlebnisse mit den *wilden Hunden* berichtet.

›Er war noch nicht ganz erwachsen, ein kleines Tier, und machte sich auf die Wanderung. Nachdem er etwa drei Meilen gereist war, kam er auf eine offene Ebene, wo er eine Meute von wilden Hunden sah. Sie lagen dicht bei ihrer Mutter, die sehr groß war. Er hüpfte umher und besah sich die wilden Hunde, da bemerkten sie ihn und begannen hinter ihm herzujagen. Er hüpfte, so rasch er konnte, davon, aber sie packten ihn auf einer anderen Ebene. Sie rissen ihm seinen Leib auf, aßen erst seine Leber, zogen ihm das Fell ab, warfen es beiseite und rissen alles Fleisch von den Knochen herunter. Sobald sie damit fertig waren, legten sie sich wieder nieder.

Ungutnika war aber nicht ganz zerstört, denn seine Haut und seine Knochen waren noch übrig. Vor den Augen der Hunde kam die Haut und legte sich über die Knochen. Er stand wieder auf und rannte davon. Die Hunde folgten ihm und fingen ihn diesmal bei Ulima, einem Hügel. Ulima bedeutet Leber und heißt so, weil die Hunde diesmal die Leber nicht aßen, sondern wegwarfen; sie wurde zu einem dunklen Hügel, der die Stelle bezeichnet. Was zuvor geschehen war, geschah jetzt wieder, und Ungutnika, der nochmals ganz geworden war, rannte diesmal bis nach Pulpunja. Das Wort bezeichnet ein eigentümliches Geräusch, das kleine Fledermäuse von sich geben. Ungutnika drehte sich an dieser Stelle um und machte dieses Geräusch, um die Hunde zu verhöhnen. Er wurde gleich wieder gepackt und aufgeschnitten, aber zum großen Staunen seiner Verfolger wurde er nochmals ganz. Er rannte bis nach Undiara, die Hunde hinter ihm her. Als er eine Stelle gleich beim Wasserloch erreicht hatte, fingen sie ihn ein und aßen ihn auf. Sie schnitten seinen Schwanz ab und begruben ihn da, wo er sich in Form eines Steines noch heute findet. Er heißt das Känguruhschwanz-Churinga; bei den Vermehrungszeremonien wird er hervorgegraben, herumgezeigt und sorgfältig gerieben.‹

Viermal wird das Känguruh von der Meute der wilden Hunde gejagt. Es wird getötet, zerrissen und aufgegessen. Bei den drei ersten Malen werden Haut und Knochen unberührt gelassen. Solange diese intakt sind, kann es wieder aufstehen und sein Leib wächst ihm nach; die Hunde jagen es wieder. Ein und dasselbe Tier wird also *viermal* gegessen. Das Fleisch, das man gegessen hat, ist plötzlich wieder da. Aus einem Känguruh sind vier geworden, und doch ist es immer dasselbe Tier.

Es ist auch die Jagd dieselbe, nur ihre Lokalitäten ändern sich und die Stellen der wunderbaren Ereignisse sind in der Landschaft für immer bezeichnet. Das Getötete gibt nicht nach, es lebt wieder und verhöhnt die Meute, die aus dem Staunen nicht herauskommt. Aber auch sie gibt nicht nach: sie muß ihre Beute töten, selbst wenn sie schon einverleibt ist. Die Bestimmtheit der Meute und die Wiederholbarkeit ihres Tuns könnten nicht klarer und einfacher gefaßt sein.

Die Vermehrung wird hier durch eine Art von Wiederauferstehung erlangt. Das Tier ist unerwachsen und hat keine Jungen hervorgebracht. Aber es hat dafür sich selbst vervielfacht. Vermehrung und Fortpflanzung sind, wie man sieht, keineswegs identisch. Aus Haut und Knochen steht man wieder auf, vor den Augen der Verfolger, und reizt sie zur Jagd.

Der Schwanz, der vergraben bleibt, bleibt als Stein bestehen, er ist das Mal und der Zeuge dieses Wunders. Die Kraft jener vierfachen Auferstehung ist nun in ihm, und wenn man ihn richtig behandelt, wie es bei den Zeremonien geschieht, verhilft er immer wieder zu Vermehrung.

Die zweite Legende beginnt mit der Jagd eines einzelnen Mannes auf ein großes, sehr starkes Känguruh. Er hat es gesehen, er will es töten und essen. Er folgt ihm auf weite Entfernungen, es ist eine langwierige Jagd, und an vielen Orten kampieren sie, in einer bestimmten Distanz voneinander. Überall, wo das Tier hier verweilt, hinterläßt es Spuren in der Landschaft. An einem Ort hört es ein Geräusch und hebt sich auf die Hinterbeine. Ein acht Meter hoher Stein stellt es dort noch heute in dieser Position vor. Später scharrt es ein Loch in die Erde,

um nach Wasser zu suchen; auch dieses Wasserloch ist noch vorhanden.
Aber schließlich ist das Tier furchtbar erschöpft und legt sich nieder. Der Jäger stößt auf eine Anzahl von Männern, die zwar demselben Totem angehören wie er, aber einer anderen Untergruppe. Sie fragen den Jäger: »Hast du große Speere?« Er erwidert: »Nein, nur kleine. Habt ihr große Speere?« Sie sagen: »Nein, nur kleine.« Da sagt der Jäger: »Legt eure Speere auf den Boden.« Und sie erwidern: »Gut, leg deine auch auf den Boden.« Die Speere werden auf den Boden geworfen, und alle Männer gehen vereint auf das Tier los. Der ursprüngliche Jäger behält nur einen Schild und sein Churinga – seinen heiligen Stein – in der Hand.
›Das Känguruh war sehr stark und stieß die Männer von sich fort. Da sprangen sie alle auf das Tier, und der *Jäger*, der unter den Haufen geriet, *wurde zu Tode getrampelt*. Auch das Känguruh schien tot zu sein. Sie begruben den Jäger mit seinem Schild und Churinga und nahmen den Leib des Tieres mit nach Undiara. Es war nicht wirklich tot gewesen, doch starb es bald darauf und wurde in die Höhle gelegt. Es wurde nicht gegessen. Da, wo der Leib des Tieres war, entstand ein Felsabsatz in der Höhle, nach seinem Tode ging sein Geist in diesen ein. Bald darauf starben auch die Männer, und ihre Geister gingen in den Tümpel gleich daneben. Die Überlieferung sagt, daß große Mengen von Känguruhs in späteren Zeiten zur Höhle kamen und da in die Erde eingingen, auch ihre Geister gingen in den Stein.‹
Die Einzeljagd geht hier über in die Jagd einer ganzen Meute. Man geht ohne Waffen auf das Tier los. Man will es unter einem Haufen von Menschen begraben. Das Gewicht der vereinten Jäger soll es ersticken. Es ist sehr stark und stößt um sich, und die Männer haben es nicht leicht. In der Hitze des Kampfes gerät der ursprüngliche Jäger selbst unter den Haufen, und statt des Känguruhs wird er zu Tode getrampelt. Sie begraben ihn mit seinem Schild und seinem heiligen Churinga.
Die Geschichte von einer Jagdmeute, die auf ein besonderes Tier aus ist und durch Irrtum statt des Tieres den vornehmsten Jäger tötet, findet sich über die ganze Erde verbreitet. Sie endet mit der Klage um den Toten: die *Jagdmeute* geht über in eine *Klagemeute*. Dieser Umschlag bildet den Kern vieler wichtiger und weitverbreiteter Religionen. Auch hier, in dieser Legende

der Aranda, wird von der Beisetzung des Opfers gesprochen. Schild und Churinga werden mit ihm begraben, und die Erwähnung des Churinga, der als heilig gilt, gibt dem Vorgang seine feierliche Note.
Das Tier selbst, das erst später stirbt, wird an einem anderen Orte beigesetzt. Seine Höhle wird zu einem Zentrum für die Känguruhs. Sehr viele von ihnen kommen im Verlaufe späterer Perioden an denselben Fels und gehen in ihn ein. Undiara, so heißt der Ort, wird zu einer heiligen Stelle, an der die Angehörigen des Känguruh-Totems ihre Zeremonien feiern. Sie dienen der Vermehrung dieses Tieres, und solange sie richtig vor sich gehen, wird es genug Känguruhs in der Nachbarschaft geben.
Es ist merkwürdig, wie in dieser Legende zwei ganz verschiedene religiöse Kernvorgänge aneinandergereiht worden sind. Der erste enthält, wie gesagt, das Umschlagen der Jagd- in die Klagemeute; der zweite, der in der Höhle spielt, stellt das Umschlagen der Jagd- in die Vermehrungsmeute dar. Für die Australier hat der zweite Vorgang eine viel größere Bedeutung: er steht recht eigentlich im Zentrum ihres Kults.
Daß sie beide nebeneinander vorkommen, spricht für eine Hauptthese dieses Versuchs. Jede der vier Grundarten der Meute ist von Anfang an und überall vorhanden, wo es Menschen gibt. So sind auch immer alle Umschläge von einer Meute in die andere möglich. Je nach dem Akzent, der auf den einen oder den anderen Umschlag gelegt ist, bilden sich verschiedene religiöse Grundformen heraus. Als die beiden wichtigsten Gruppen unterscheide ich die Klage- von den Vermehrungsreligionen. Aber es gibt auch, wie sich zeigen wird, Jagd- und Kriegsreligionen.
Eine Spur von kriegerischen Vorgängen ist selbst in der angeführten Legende vorhanden. Das Gespräch über die Speere, das der erste Jäger mit der Schar von Männern führt, auf die er stößt, bezieht sich auf kriegerische Möglichkeiten. Wenn sie alle Speere, die sie haben, zugleich auf den Boden werfen, verzichten sie auf einen Kampf. Erst dann gehen sie vereint auf das Känguruh los.
Hier stoßen wir auf den zweiten Punkt, der mir an dieser Legende bemerkenswert erscheint: den *Haufen* der Männer, der sich auf das Känguruh wirft; eine zusammenhängende Masse von menschlichen Leibern soll es ersticken. Von solchen Hau-

fen menschlicher Leiber ist bei den Australiern oft die Rede. Man begegnet ihnen immer wieder bei ihren Zeremonien. In einem bestimmten Augenblick, bei den Beschneidungszeremonien der jungen Männer, legt sich der Kandidat auf den Boden, und eine Anzahl von Männern legt sich über ihn, so daß er ihr volles Gewicht zu tragen hat. In manchen Stämmen stürzt sich ein Haufe von Menschen auf einen Sterbenden und drückt sich von jeder Seite eng an ihn. Die Situation, die man bereits kennt, ist besondere interessant: sie stellt einen Übergang zum Haufen der Sterbenden und Toten dar, von dem in diesem Buche oft die Rede ist. Einige Fälle von dichten australischen Haufen sollen im nächsten Kapitel behandelt werden. Es mag genügen, hier zu bemerken, daß der dichte Haufe von *Lebenden*, absichtlich und gewaltsam herbeigeführt, nicht weniger wichtig ist als der Haufe von Toten. Wenn *uns* der letztere vertrauter vorkommt, so hängt das damit zusammen, daß er im Laufe der Geschichte ungeheuerliche Ausmaße angenommen hat. Es muß einem oft so erscheinen, als ob die Menschen in größerer Anzahl sich nur noch als Tote ganz nahe kämen. Aber der Haufe der Lebenden ist genau so gut bekannt: nichts anderes ist im Kern die *Masse*.

Formationen von Menschen bei den Aranda

Die beiden Ahnenlegenden, die man kennengelernt hat, sind dem Buche von *Spencer* und *Gillen* über den Stamm der Aranda (die bei ihnen ›Arunta‹ heißen) entnommen. Der größte Teil dieses berühmten Werkes ist der Beschreibung ihrer Feste und Zeremonien gewidmet. Von ihrer Mannigfaltigkeit macht man sich schwer einen übertriebenen Begriff. Besonders auffallend ist der Reichtum an physischen Formationen, die sich im Laufe der Zeremonien aus den Teilnehmern bilden. Teils sind es solche Gebilde, die uns wohlvertraut sind, weil sie ihre Bedeutung bis auf unsere Tage erhalten haben, teils solche, die uns durch ihre extreme Fremdartigkeit frappieren. Die wichtigeren unter ihnen sollen nun in knapper Aufzählung folgen.

Bei allen geheimen Verrichtungen, die unter Schweigen vor sich gehen, ist der *Gänsemarsch* häufig. Im Gänsemarsch ziehen die Männer aus, um ihre heiligen Churingas zu holen, die in Höhlen oder an anderen Orten versteckt gehalten werden. Sie wandern vielleicht eine Stunde, bis sie ihr Ziel erreichen; die jungen Männer, die auf diese Expeditionen mitgenommen werden, dürfen keine Fragen stellen. Wenn der alte Mann, unter dessen Führung sie stehen, ihnen etwas erklären will, gewisse Formationen in der Landschaft, die in Verbindung mit den Legenden der Ahnen stehen, so bedient er sich der Zeichensprache.

Bei den eigentlichen Zeremonien tritt gewöhnlich eine sehr geringe Zahl von Darstellern auf, die als die Ahnen eines Totems hergerichtet sind und diese spielen. Meist sind es zwei oder drei, oft nur ein einziger. Die jungen Männer bilden einen Kreis, tanzen um sie herum, wobei sie bestimmte Rufe ausstoßen. Dieser *Umlauf* im Kreise ist eine sehr häufige Formation und wird immer wieder erwähnt.

Bei einer anderen Gelegenheit, während der Engwura-Zeremonien, die das wichtigste und feierlichste Ereignis im Leben des Stammes sind, legen sich die jungen Männer an einem länglichen Erdhügel der Reihe nach flach auf den Boden und bleiben so viele Stunden lang stumm liegen. Dieses *Niederlegen in einer Reihe* wiederholt sich oft, und einmal dauert es acht Stunden lang, von 9 Uhr abends bis 5 Uhr in der Frühe.

Sehr eindrucksvoll ist eine andere, viel dichtere Formation. Die Männer rücken ganz dicht zu einem Haufen zusammen, die Alten stehen in der Mitte, die Jungen außen. Dieses *scheibenartige* Gebilde, in dem alle Teilnehmer eng aneinandergepreßt sind, dreht sich zwei volle Stunden im Tanze herum, wobei unaufhörlich gesungen wird. Dann setzen sich alle in derselben Anordnung nieder, wobei der Haufe ebenso kompakt bleibt, wie er im Stehen war, und die Männer singen weiter, vielleicht noch einmal zwei Stunden.

Manchmal stehen die Männer in *zwei Reihen* einander gegenüber und singen. – Für die entscheidende Zeremonie, mit der der rituelle Teil des Engwura seinen Abschluß findet, formieren sich die jungen Männer zum *Karree* und ziehen in Begleitung der alten auf die andere Seite des Flußbettes hinüber, wo die Frauen und Kinder sie erwarten.

Diese Zeremonie ist an Einzelheiten sehr reich; für unsere Aufzählung, der es ja nur um Formationen geht, ist ein *Haufen am Boden* zu erwähnen, der sich aus allen Männern zusammen bildet. Die drei Alten, die gemeinsam ein überaus heiliges Gebilde tragen, den Beutel vorstellend, in dem die Kinder der Urzeit enthalten waren, fallen zuerst nieder und bedecken mit ihren Leibern dieses Gebilde, das die Frauen und Kinder nicht eigentlich sehen dürfen. Dann stürzen sich alle anderen Männer, also hauptsächlich die jungen, zu deren Einweihung diese Zeremonien abgehalten werden, auf die drei alten Männer, und alle liegen gemeinsam in einem regellosen Haufen am Boden. Es ist überhaupt nichts mehr zu erkennen, nur die Köpfe der drei Alten ragen aus dem Haufen hervor. Sie bleiben einige Minuten so liegen, und dann sucht sich alles zu erheben und zu entwirren. Die Bildung solcher Haufen am Boden kommt auch sonst vor, dies ist der größte und wichtigste Anlaß, den die Beobachter erwähnen.

Bei den *Feuerproben* legen sich die jungen Männer über die heißen Blätterzweige, aber natürlich nicht übereinander. Die Feuerproben spielen sich auf sehr verschiedene Arten ab, eine der häufigsten geht so vor sich: Die Jungen begeben sich auf den Grund jenseits des Flußbettes, wo die Frauen sie in zwei Gruppen erwarten. Die Frauen dringen auf sie ein und überschütten sie mit einem Hagel von brennenden Zweigen. Bei einer anderen Gelegenheit steht die lange Reihe der jungen Männer der der Frauen und Kinder gegenüber. Die Frauen tanzen, die Männer schleudern mit aller Kraft brennende Äste über ihre Köpfe hinweg.

Bei einer Beschneidungszeremonie bilden sechs Männer, die sich auf den Boden legen, zusammen einen Tisch. Der Novize legt sich auf sie und wird so operiert. Das ›Draufliegen auf dem Novizen‹, das zur selben Zeremonie gehört, ist schon im vorigen Kapitel verzeichnet worden.

Sucht man etwas wie einen Sinn in diesen Bildungen, so läßt sich vielleicht folgendes sagen:

Der *Gänsemarsch* drückt die *Wanderung* aus. Ihre Bedeutung in der Tradition des Stammes ist gar nicht zu überschätzen. Oft sollen die Ahnen unter der Erde gewandert sein. Es ist, als habe einer der jungen Männer nach dem anderen in die Fußtapfen der Ahnen zu treten. Die Art ihrer Bewegung und ihr Schweigen enthält den Respekt vor den heiligen Wegen und Zielen.

Der *Umlauf* oder das Umtanzen im Kreise erscheint als die eigentliche Befestigung der Darstellungen, die sich in seiner Mitte abspielen. Man schützt sie vor allem Fremden außerhalb des Kreises. Man zollt ihnen seinen Beifall, huldigt ihnen und ergreift von ihnen Besitz.

Das *Niederlegen* in einer Reihe könnte ein Spielen des Todes sein. Die Novizen bleiben in dieser Verfassung ganz und gar stumm, und viele Stunden lang regt sich nichts. Dann springen sie plötzlich auf und sind wieder am Leben.

Die *zwei Reihen*, die einander gegenüber aufgestellt sind und aufeinander zu agieren, drücken die Spaltung in zwei feindliche Meuten aus, wobei das andere Geschlecht für die feindliche Meute einspringen kann. Das *Karree* scheint hier schon eine Bildung zum Schutze nach allen Seiten zu sein; es setzt voraus, daß man sich in einer feindlichen Umgebung bewegt. Aus der späteren Geschichte ist es gut genug bekannt.

Es bleiben nun die eigentlich dichtesten Gebilde: die tanzende *Scheibe*, die von Menschen ganz ausgefüllt ist, und der *wirre Haufen* am Boden. Die Scheibe, eben in ihrer Bewegung, ist der extreme Fall einer rhythmischen Masse: eine, die so dicht und geschlossen ist wie nur möglich, in der für nichts anderes Platz bleibt als die Menschen, die zu ihr gehören.

Der Haufe am Boden schützt ein kostbares Geheimnis. Er zeigt an, daß man mit aller Macht etwas bedecken und zurückhalten will. In einen solchen Haufen nimmt man auch einen Sterbenden auf und erweist ihm so, unmittelbar vor seinem Tod, eine letzte Ehre. So kostbar ist er seinen Leuten, und mit ihm in der Mitte gemahnt dieser Haufen an den der Toten.

Umschlag der Meuten

Alle Formen der Meute, wie sie geschildert worden sind, haben die Neigung, ineinander überzugehen. So konstant die Meute in ihrer Wiederholung ist, so sehr sie sich ähnelt, wenn sie wiedererscheint, in ihrem separaten, einmaligen Ablauf hat sie immer etwas Fließendes.

Schon die Erlangung des Ziels, auf das sie aus ist, hat eine unvermeidliche Änderung in ihrer Verfassung zur Folge. Die gemeinsame *Jagd*, die es zu etwas gebracht hat, führt zu einer Verteilung. *Siege*, mit Ausnahme der ›reinen‹ Fälle, in denen es ums Niedermetzeln der Feinde allein geht, arten in Plünderung aus. – Die *Klage* endet mit der Entfernung des Toten; sobald er dort ist, wo man ihn haben will, sobald man sich halbwegs sicher vor ihm fühlt, läßt die Erregung der Meute nach, und man geht auseinander. Doch die Beziehung zum Toten ist damit nicht wirklich erschöpft. Man nimmt an, daß er anderswo weiterlebt; man mag ihn, zur Gewinnung von Hilfe und Rat, unter die Lebenden zurückzitieren. In der Beschwörung ihres Toten konstituiert sich die Klagemeute sozusagen wieder, aber das Ziel ihres Gebarens ist nun dem ursprünglichen entgegengesetzt. In irgendeiner Form wird der Tote, der früher entfernt worden war, zu den Seinen zurückgeholt. – Der Büffeltanz der Mandan geht mit der Ankunft der Büffel zu Ende. Die *Vermehrungsmeute*, die erfolgreich war, geht in ein Fest der Verteilung über.

Jede Art von Meute hat, wie man sieht, ein Negativ, in das sie hinüberwechselt. Aber neben dem Wechsel ins Negativ, der natürlich erscheint, gibt es eine Bewegung ganz anderer Art: den Umschlag *verschiedener* Meuten ineinander.

Man entsinnt sich eines solchen Falles von einer Ahnenlegende der Aranda. Ein starkes Känguruh wird von vielen Männern zusammen zu Tode getrampelt. Dabei kommt der erste unter den Jägern als Opfer seiner Genossen selber um und wird von ihnen feierlich begraben: Die Jagdmeute schlägt um in eine Klagemeute. – Vom Sinne der Kommunion war bereits ausführlich die Rede: Die Jagdmeute wandelt sich in eine der Vermehrung. – Ein anderer Umschlag steht am Beginn von Kriegen: Ein Mann wird getötet, seine Stammesangehörigen beklagen ihn; dann formieren sie sich zu einer Truppe und ziehen aus, seinen Tod am Feinde zu rächen. Die Klagemeute geht in eine Kriegsmeute über.

Der Umschlag der Meuten ist ein auffallender Prozeß. Er findet sich überall und läßt sich in den verschiedensten Sphären menschlicher Aktivität erforschen. Ohne seine genaue Kenntnis sind soziale Ereignisse, welcher Art immer, überhaupt nicht zu begreifen.

Manche dieser Umschläge sind aus größeren Zusammenhängen herausgelöst und *festgelegt* worden. Sie haben ihren besonderen Sinn erlangt, sie sind zum Ritual geworden. In genau gleicher Weise führt man sie immer wieder vor. Sie sind der eigentliche Gehalt, der Kern jedes bedeutenden Glaubens. Aus der Dynamik der Meuten und der besonderen Art, wie sie ineinander spielen, erklärt sich der Aufstieg der Weltreligionen.

Eine erschöpfende Deutung der Religionen ist hier nicht möglich. Sie wird der Gegenstand eines besonderen Werkes sein. Im folgenden werden einige wenige soziale oder religiöse Gebilde auf die Meuten hin betrachtet, die in ihnen vorherrschend sind. Es wird sich zeigen, daß es Religionen der Jagd und des Krieges, der Vermehrung und der Klage gibt. Bei den *Lele* im belgischen Kongo steht die Jagd, ihrer geringen Ergiebigkeit zum Trotz, im Zentrum des sozialen Lebens. Die *Jivaros* in Ecuador leben ganz für den Krieg. Die *Pueblo*-Stämme im Süden der Vereinigten Staaten zeichnen sich durch die Verkümmerung von Jagd und Krieg und eine erstaunliche Unterdrükkung der Klage aus: sie leben ganz auf friedliche *Vermehrung* hin.

Für das Verständnis der *Klagereligionen*, die in historischer Zeit die Erde überzogen und zusammengefaßt haben, wird man sich dem Christentum und einer Abart des Islams zuwenden. Eine Schilderung des Muharram-Festes der Schiiten soll die zentrale Position der Klage in dieser Art von Gläubigkeit erhärten. Das letzte Kapitel gilt der Herabkunft des heiligen Osterfeuers in der Grabeskirche zu Jerusalem. Es ist das Fest der Auferstehung, in die die christliche Klage mündet, ihre Rechtfertigung und ihr Sinn.

Wald und Jagd bei den Lele von Kasai

In einer tiefgründigen neueren Studie ist es der englischen Anthropologin *Mary Douglas* gelungen, die Einheit in Leben und Religion eines afrikanischen Volkes wirklich zu finden. Man weiß nicht, was man an ihrer Arbeit mehr bewundern soll: die Klarheit ihrer Beobachtung oder die Offenheit und Unvoreingenommenheit ihres Denkens. Man dankt ihr am besten, indem man ihr wörtlich folgt.

Die *Lele*, ein Volk von etwa 20000 Menschen, leben im belgischen Kongo, in der Nähe des Flusses Kasai. Ihre Dörfer sind im Grasland angelegt, in kompakten Quadraten von 20 bis 100 Hütten, nie weit vom Wald. Ihre Hauptnahrung ist der Mais, den sie im Walde bauen; jedes Jahr wird eine neue Lichtung für ihn geschlagen, und man erwartet nicht mehr als eine Ernte davon. In derselben Lichtung wachsen dann Raffia-Palmen, und von diesen wird so ungefähr alles verwendet. Aus den jungen Blättern gewinnt man ein Material, das die Männer zu Raffia-Tuch verweben. Alle Lele-Männer verstehen sich aufs Weben, im Gegensatz zu ihren Nachbarn. Stücke quadratischen Raffia-Gewebes dienen als eine Art von Geld. Aus dieser Palme wird auch ein sehr geschätzter, ungegorener Wein gewonnen. Bananen und Palmen, obschon sie am besten im Walde gedeihen, pflanzt man auch ums Dorf herum an, Erdnüsse nur hier. Alle übrigen guten Dinge kommen aus dem Wald: Wasser, Brennholz, Salz, Mais, Maniok, Öl, Fisch und Fleisch. Beide Geschlechter, Männer wie Frauen, haben mancherlei Arbeit im Wald zu verrichten. Doch jeden dritten Tag sind die Frauen vom Walde ausgeschlossen. Ihre Vorräte an Nahrungsmitteln, Brennholz und Wasser müssen sie sich am Tag zuvor anlegen. Der Wald gilt bei den Lele als eine Sphäre des Mannes.

›Unermeßlich ist das Prestige des Waldes. Die Lele sprechen von ihm mit beinahe dichterischer Begeisterung . . . Oft betonen sie den Gegensatz zwischen Wald und Dorf. In der Hitze des Tages, wenn es im staubigen Dorfe unangenehm heiß ist, retten sie sich gern in das kühle Dunkel des Waldes. Arbeit hier fesselt sie und macht ihnen Freude, Arbeit anderswo ist eine Plackerei. »Die Zeit«, so sagen sie, »vergeht langsam im Dorf, rasch im Wald.« Die Männer prahlen damit, daß sie den ganzen Tag im Wald arbeiten können, ohne Hunger zu verspüren, im Dorf müssen sie immer an Essen denken.‹

Der Wald ist aber auch ein Ort der Gefahr. Wer in Trauer ist oder einen bösen Traum gehabt hat, darf ihn nicht betreten. Ein solcher Traum wird als Warnung gedeutet. Wer sich am nächsten Tag vor dem Wald nicht hütet, dem wird dort ein Unglück geschehen. Ein Baum fällt ihm auf den Kopf, er schneidet sich mit einem Messer, er stürzt von einer Palme ab. Einem Manne, der die Warnung mißachtet, droht Gefahr nur für seine eigene Person. Eine Frau, die in den Wald zu verbotener Zeit eindringt, gefährdet das ganze Dorf.

›Für das große Ansehen des Waldes scheint es drei bestimmte Gründe zu geben: er ist die Quelle aller guten und notwendigen Dinge, von Nahrung, Trank, Behausung, Kleidung; er ist die Quelle der heiligen Medizinen, und drittens ist er der Ort der Jagd, die in ihren Augen als die weitaus bedeutendste Tätigkeit gilt.‹

Die Lele haben eine wahre Gier nach Fleisch. Es gilt als schwere Beleidigung, einem Gast ein Mahl aus pflanzlicher Nahrung anzubieten. In ihren Gesprächen über gesellige Gelegenheiten verweilen sie gern bei der Menge und der Art des gebotenen Fleisches. Trotzdem züchten sie keine Ziegen und Schweine wie ihre Nachbarn im Süden. Die Vorstellung ekelt sie, Tiere zu essen, die im Dorfe großgeworden sind. Gute Nahrung, sagen sie, soll aus dem Walde stammen, wo sie rein und gesund ist, wie Wildschwein und Antilope. Ratten und Hunde sind unrein, *hama*, sie gebrauchen dafür dasselbe Wort wie für Eiter und Exkremente. Als ebenso unrein gelten Ziegen und Schweine, eben weil sie im Dorf gezüchtet wurden.

Ihre Gier nach Fleisch verführt sie nie dazu, welches zu essen, das nicht im Walde oder auf der Jagd gewonnen wurde. Sie verstehen sich sehr wohl auf Hundezucht, und es könnte ihnen, wenn sie nur wollten, auch nicht schwerfallen, Ziegen zu halten.

›Die Trennung der Weiber von den Männern, des Waldes vom Dorf, die Abhängigkeit des Dorfes vom Wald und der Ausschluß der Weiber vom Wald sind die wichtigsten und immer wiederkehrenden Elemente ihres Rituals.‹

Das Grasland, das trocken und unfruchtbar ist, hat kein Prestige, es wird ganz den Frauen überlassen und gilt als eine neutrale Sphäre zwischen Wald und Dorf.

Die Lele glauben an einen Gott, der Menschen und Tiere, Flüsse und alle Dinge geschaffen hat. Sie glauben auch an *Geister*, von denen sie mit Vorsicht und Zurückhaltung sprechen, die sie fürchten. Die Geister waren nie Menschen und sind nie von Menschen gesehen worden. Wer einen Geist sähe, müßte erblinden und an Geschwüren sterben. Die Geister wohnen tief im Wald, besonders in den Quellen der Wasserläufe. Bei Tag schlafen sie, nachts gehen sie um. Sie sterben nicht und sind nie krank. Von ihnen hängt das Glück der Männer auf der Jagd und die Fruchtbarkeit der Frauen ab. Sie können ein Dorf mit Krankheit schlagen. Wasserschweine gelten als die Tiere, die am stärksten mit übersinnlicher Macht geladen sind; sie waten immer in den Quellbächen herum, die der Lieblingsaufenthalt der Geister sind. Das Schwein ist so etwas wie ein Hund des Geistes, es lebt mit ihm und gehorcht ihm wie ein Hund dem Jäger. Wenn ein Wasserschwein einem Geiste ungehorsam war, wird es von diesem bestraft; er läßt es auf der Jagd von einem Menschen töten, dem er damit zugleich eine Belohnung erteilt.
Die Geister verlangen allerhand von den Menschen, ganz besonders aber verlangen sie, daß Frieden im Dorfe herrscht. ›Das deutlichste Zeichen, daß alles im Dorfe gut steht, ist eine glückliche Jagd. Die geringe Menge von Fleisch, die jeder einzelne, Mann, Weib oder Kind, empfangen mag, wenn ein Wildschwein erlegt worden ist, kann unmöglich die Freude erklären, die man noch Wochen danach im Gespräche darüber äußert. Die Jagd ist eine Art von spirituellem Barometer, dessen Steigen und Fallen eifrig vom ganzen Dorfe beobachtet wird.‹
Es ist auffallend, wie Kindergebären und Jagen zusammen genannt werden, als wären sie die einander entsprechenden Funktionen von Weib und Mann. »Das Dorf ist ›verdorben‹«, mag man sagen, »die Jagd ist mißlungen, die Frauen sind unfruchtbar, alles stirbt.« Wenn man mit dem Stand der Dinge zufrieden ist, heißt es aber: »Unser Dorf ist jetzt gut und reich. Wir haben drei Wildschweine getötet, vier Frauen haben empfangen, wir sind alle gesund und stark.«
Die Tätigkeit, die das höchste Ansehen genießt, ist die *gemeinsame* Jagd. Auf diese und nicht auf die private Jagd des einzelnen kommt es an. ›Männer, die mit Bogen und Pfeilen bewaffnet sind, stellen sich in einem Ringe um einen Teil des Waldes auf. Treiber mit ihren Hunden stöbern das Wild auf. Knaben

und alte Männer, die kaum mehr imstande sind zu gehen, suchen sich der Jagd anzuschließen. Am höchsten geschätzt sind die Hundebesitzer, die sich mühsam durchs Gestrüpp hindurcharbeiten, während sie ihre Hunde durch Zurufe aufmuntern und dirigieren. Das aufgescheuchte Wild stürzt sich in die Pfeile der harrenden Jäger. Dies ist wohl die wirkungsvollste Methode der Jagd im dichten Wald. Sie ist auf Überraschung des Wildes angelegt; man schießt rasch und auf sehr kurze Distanz.
Erstaunlich bei einem Volk, das solchen Stolz auf sein Jagen zeigt, ist der allgemeine Mangel an individuellem Geschick. Ein Mann, der in den Wald geht, trägt auf alle Fälle Bogen und einige Pfeile mit sich, aber er verwendet sie nur für Vögel oder Eichhörnchen und denkt nicht daran, Großwild allein zu schießen. Die spezialisierten Techniken des Einzeljägers sind ihnen alle unbekannt. Sie verstehen sich weder auf die Pirsch noch auf die Nachahmung von Tierrufen; Köder wie Camouflage sind ihnen fremd. Selten dringt jemand allein in die Tiefe des Waldes ein. Ihr ganzes Interesse konzentriert sich auf die gemeinsame Jagd. Ein Mann mag im Wald auf eine Herde von Wildschweinen stoßen, die in einem Sumpf herumwaten; er mag so nah an sie herankriechen, daß er ihren Atem hört. Aber ohne einen Schuß zu riskieren, schleicht er sich auf den Zehen davon und holt die Dorfbewohner.
Im Grasland wird nur einmal im Jahr gejagt, in der Trockenzeit, wenn das Gras sich anzünden läßt. Mehrere Dörfer verbinden sich dann, um die brennende Landschaft zu umstellen. Knaben rechnen hier auf ihre erstmalige Beute. Das Gemetzel soll furchtbar sein. Es ist die einzige Gelegenheit, bei der die Jagdeinheit aus mehr als der männlichen Bevölkerung eines einzigen Dorfes besteht; bei der Waldjagd sind es immer nur die Männer eines Dorfes. Letzten Endes bildet das Dorf eine politische und rituelle Einheit, weil es eine Jagdeinheit ist. Es kann nicht überraschen, daß die Lele ihre Kultur in allererster Linie als eine Jagdkultur betrachten.‹
Von besonderer Bedeutung ist die *Verteilung* des Wildes. Sie ist strikt geregelt, und zwar auf eine Weise, die den religiösen Sinn der Jagd unterstreicht. Es gibt drei Kultgesellschaften bei den Lele: Jede von ihnen hat das Anrecht auf eine ganz bestimmte Speise, die allen Außenseitern verboten ist. Die erste Kultgesellschaft ist die der Erzeuger, sie besteht aus allen Männern, die ein Kind gezeugt haben. Die Brust von jedem Wild

kommt ihnen zu und ebenso das Fleisch aller jungen Tiere. Unter den Erzeugern gibt es welche, die ein männliches und ein weibliches Kind gezeugt haben; aus ihnen werden die Mitglieder der zweiten, exklusiveren Gesellschaft gewählt: die der Pangolin-Männer. Sie heißen so, weil ihnen allein das Recht auf das Fleisch des Pangolins, eines Gürteltieres, zusteht. Die dritte Gesellschaft ist die der Wahrsager. Sie bekommen den Kopf und die Gedärme des Wildschweines.

Kein größeres Tier kann getötet werden, ohne daß es – eben in seiner Aufteilung – zum Gegenstand eines religiösen Aktes wird. Das bedeutsamste aller Tiere ist das Wildschwein, seine Aufteilung ist wie folgt: Nachdem die Wahrsager den Kopf und die Gedärme bekommen haben, geht die Brust an die Erzeuger, die Schultern an die Männer, die es nach Hause getragen haben, der Hals an die Hundebesitzer, der Rücken, eine Keule und ein Vorderbein an den Mann, der es geschossen und der Magen an die Gruppe der Dorfschmiede, die die Pfeile hergestellt haben.

Die Gliederung der Lele-Gesellschaft bekräftigt sich sozusagen nach jeder Jagd. Die Erregung der Jagdmeute aber hat sich zum tragenden Gefühl der ganzen Gemeinde erweitert. Man kann so, ohne der Autorin Gewalt anzutun, von einer *Jagdreligion* im eigentlichsten Sinne des Wortes sprechen. Auf eine so überzeugende, jeden Zweifel ausschließende Weise ist eine Jagdreligion noch nie geschildert worden. Man gewinnt aber auch einen kostbaren Einblick in die Entwicklung des Waldes zum Massensymbol. Alles, was als wertvoll gilt, enthält dieser Wald, und das Wertvollste holt man sich aus ihm zusammen. Die Tiere, die der Gegenstand der Jagdmeute sind, hausen darin, aber auch die gefürchteten Geister, die den Menschen ihre Tiere gewähren.

Die Kriegsbeute der Jivaros

Das kriegerischste Volk in ganz Südamerika sind heute die *Jivaros* in Equador. Es ist ganz besonders aufschlußreich, ihre Sitten und Veranstaltungen auf Krieg und Beute hin zu betrachten.

Von einer Übervölkerung kann bei ihnen keine Rede sein. Sie ziehen nicht in den Krieg, um neues Land zu gewinnen. Ihr

Lebensraum ist eher zu groß als zu klein. Auf einem Gebiet von über 60000 Quadratkilometern leben vielleicht 20000 Menschen. Sie kennen auch keine größeren Siedlungen, nicht einmal Dörfer sind bei ihnen beliebt. Jede Großfamilie lebt in einem Hause für sich, unter dem ältesten Mann als dem Oberhaupt, und die nächste Familie findet sich vielleicht einige Kilometer weiter. Keine politische Organisation bindet sie aneinander. Im Frieden ist jeder einzelne Familienvater die höchste Instanz, und niemand hat ihm etwas zu befehlen. Wenn die Jivaros einander nicht in feindlicher Absicht aufsuchen würden, müßte in den riesigen Räumen ihrer Urwälder eine Gruppe der anderen kaum je begegnen.

Der Kitt, der sie zusammenhält, ist die *Blutrache* oder eigentlich der Tod. Es gibt keinen natürlichen Tod für sie; wenn ein Mensch stirbt, hat ihn ein Feind aus der Ferne verzaubert. Es ist die Pflicht der Angehörigen, herauszufinden, wer für den Tod verantwortlich ist und diesen am Zauberer zu rächen. Jeder Tod ist also ein *Mord*, und jeder Mord kann nur durch einen Gegenmord gerächt werden. Während aber die lebensgefährliche Zauberei des Feindes auf weite Entfernung hin wirksam ist, ist die physische oder die Blutrache, zu der man verpflichtet ist, nur möglich, indem man ihn *aufsucht.*

Die Jivaros suchen einander also auf, um sich aneinander zu rächen, und insofern läßt sich die Blutrache als ihr sozialer Kitt bezeichnen.

Die Familie, die in einem Haus beisammen lebt, bildet eine sehr dichte Einheit. Was ein Mann unternimmt, unternimmt er gemeinsam mit den andern Männern seines Haushaltes. Für größere Expeditionen, die gefährlicher sind, schließen sich die Männer mehrerer relativ nahe gelegener Häuser zusammen; und nur zu diesem Zwecke eines ernsthaften Rachefeldzuges erwählen sie sich ein Oberhaupt, einen erfahrenen, meist älteren Mann, dem sie sich für die Zeit der Unternehmung freiwillig unterstellen.

Die Kriegsmeute ist so die eigentliche dynamische Einheit der Jivaros. Neben der statischen Einheit der Familie ist sie allein von Bedeutung. Um die Kriegsmeute herum bilden sich alle ihre Feste. Man kommt auf eine Woche zusammen, bevor man auszieht, und man kommt in einer Reihe von großen Festen später zusammen, wenn man siegreich vom Zuge zurückgekehrt ist.

Die Kriegszüge dienen ausschließlich der *Zerstörung*. Alle Feinde werden umgebracht, bis auf ein paar junge Frauen und vielleicht einige Kinder, die man in die eigene Familie aufnimmt. Der Besitz des Feindes, der an sich nur geringfügiger Natur ist, seine Haustiere, seine Pflanzungen, sein Haus, wird zerstört. Der einzige Gegenstand, auf den man es wirklich abgesehen hat, ist der abgeschnittene Kopf des Feindes. Für diesen allerdings hat man eine wahre Leidenschaft, und es ist das oberste Ziel jedes Kriegers, mit wenigstens einem solchen Kopf nach Hause zurückzukehren.

Der Kopf wird auf eine besondere Art präpariert und schrumpft dabei zur Größe etwa einer Orange ein. Er heißt dann *Tsantsa*. Der Besitzer eines solchen Kopfes gewinnt durch ihn ein besonderes Ansehen. Nachdem einige Zeit, ein oder zwei Jahre vielleicht, verstrichen ist, wird ein großes Fest gefeiert, in dessen Mittelpunkt der richtig präparierte Kopf steht. Zu diesem Fest werden alle Freunde geladen, es wird viel gegessen, getrunken und getanzt; alles, was geschieht, ist zeremoniell festgesetzt. Es ist ein Fest von durchaus religiösem Charakter, und seine genaue Betrachtung zeigt, daß der Wunsch nach *Vermehrung* und die Mittel, diese zu erzielen, sein eigentliches Wesen ausmachen. Es ist unmöglich, hier auf die Einzelheiten einzugehen, die *Karsten* in seiner Schrift über ›Blutrache, Krieg und Siegesfeste bei den Jivaros‹ in einiger Breite dargestellt hat. Es mag genügen, auf einen ihrer wichtigsten Tänze hinzuweisen, bei dem der Reihe nach alle Tiere, auf die man Jagd macht, mit größter Heftigkeit beschworen werden, und nach diesen Tieren der sexuelle Akt des Menschen selbst, der der Vermehrung der eigenen Leute dient.

Dieser Tanz ist die eigentliche Einleitung zu dem großen Fest. Männer und Frauen ordnen sich in einem Kreise um den Mittelpfeiler des Hauses an, geben einander die Hand und bewegen sich nun langsam im Kreise herum, wobei als Worte der Beschwörung die Namen all der Tiere ausgestoßen werden, deren Fleisch man gerne genießt. Daran schließt man einige Gegenstände, die der Indianer für seinen Haushalt gebraucht und selber herstellt. Hinter jedem dieser Namen sagt man laut und heftig ›hej!‹.

Der Tanz beginnt mit schrillen Pfiffen. Die Beschwörung selbst lautet:

›Hej, hej, hej!
Der Brüllaffe, hej!
Der Rote, hej!
Der braune Affe, hej!
Der schwarze Affe, hej!
Der Kapuzineraffe, hej!
Der graue Affe, hej!
Das Wildschwein, hej!
Der grüne Papagei, hej!
Der Langschwänzige, hej!
Das Hausschwein, hej!
Das Fette, hej!
Weiberkleidung, hej!
Gürtel, hej!
Korb, hej!‹

Diese Beschwörung dauert etwa eine Stunde, die Tänzer bewegen sich indessen bald nach rechts, bald nach links. Jedesmal, wenn sie anhalten, um ihre Richtung zu ändern, stoßen sie laute Pfiffe aus und schreien ›tschi, tschi, tschi, tschi‹, als ob sie mit diesem Rufe die Kontinuität der Beschwörung erhalten möchten.
Eine andere Beschwörung gilt den Weibern und ihrer Fruchtbarkeit:

›Hej! hej! hej!
Weib, hej! Weib, hej!
Beischlaf, hej!
Möge das Tsantsa den Beischlaf gewähren!
Paaren, hej! Paaren, hej!
Weib, hej! Weib, hej!
Wahr solls sein, hej!
So tun wirs, hej!
Schön solls sein, hej!
Genug, hej!‹

Im Mittelpunkt dieser Beschwörungen und aller übrigen Akte des Festes steht das Tsantsa, der erbeutete und zum Schrumpfkopf präparierte Kopf des Feindes. Sein Geist hält sich immer in der Nähe des Kopfes auf, er ist höchst gefährlich. Auf jede Weise sucht man ihn zu bändigen; sobald es gelungen ist, ihn dienstbar zu machen, ist er von großem Nutzen. Er sorgt dafür,

daß die Schweine und die Hühner, die man besitzt, sich vermehren; durch ihn vermehren sich die Maniok-Knollen. Er bringt jeden Segen, den man sich in Form von Vermehrung wünschen kann. Es ist aber nicht leicht, ihn ganz zu versklaven. Anfänglich ist er voller Rachsucht; und es ist gar nicht auszudenken, was er einem alles antun könnte. Doch die Zahl der Riten und Observanzen, deren man sich bedient, um seiner Herr zu werden, ist ganz erstaunlich. Das Fest, das mehrere Tage dauert, endet damit, daß man den Kopf und den Geist, der zu ihm gehört, vollkommen in seiner Gewalt hat.
Betrachtet man das Tsantsa vom Standpunkt unserer vertrauteren Kriegssitten aus, so muß man sagen, daß er für das steht, was wir die Beute nennen. Um den Kopf zu gewinnen, geht man in den Krieg; er ist die *einzige* Beute. Aber so klein diese Beute schließlich aussieht, besonders wenn sie bis zur Größe einer Orange eingeschrumpft ist, so enthält sie doch alles, worauf es einem ankommt. Dieser Kopf verschafft einem alle Vermehrung, die man sich wünscht: die der Tiere und Pflanzen, von denen man lebt, die der Gegenstände, die man selber herstellt, und schließlich die der eigenen Leute. Es ist eine unheimlich konzentrierte Beute, und es genügt nicht, sie zu erlangen, man muß sich auch in langwierigen Verrichtungen darum bemühen, sie zu dem zu machen, was sie für einen sein soll. Diese Verrichtungen gipfeln in der gemeinsamen Erregung des Festes, ganz besonders in seinen ausgiebigen Beschwörungen und Tänzen. Das Tsantsa-Fest als Ganzes wird von einer Vermehrungsmeute getragen. Die Kriegsmeute, wenn sie Glück hatte, mündet schließlich in die Vermehrungsmeute des Festes, und der Umschlag von jener in diese ist als die eigentliche Dynamik der Jivaro-Religion zu bezeichnen.

Die Regentänze der Pueblo-Indianer

Es sind Vermehrungstänze, die zu Regen führen sollen. Sie stampfen sozusagen den Regen aus dem Boden hervor. Das Auftreten der Füße ist wie das Fallen von Tropfen. Wenn der Regen während der Vorführung zu fallen beginnt, tanzen sie in ihm weiter. Der Tanz, der Regen darstellt, geht zum Schluß in ihn über. Eine Gruppe von vielleicht 40 Menschen in rhythmischen Bewegungen verwandelt sich in Regen.

Der Regen ist das wichtigste Massensymbol der Pueblo-Völker. Er war immer von Bedeutung, auch für ihre Ahnen, die anderswo gewohnt haben mögen. Aber seit sie auf ihren trockenen Hochplateaus hausen, hat sich seine Bedeutung so sehr gesteigert, daß er die Natur ihres Glaubens von Grund auf bestimmt. Der Mais, von dem sie leben, und der Regen, ohne den dieser Mais nicht wächst, sind im Kern all ihrer Zeremonien. Die vielen zauberischen Mittel, deren man sich zur Herbeiführung von Regen bedient, werden zusammengefaßt und gesteigert in den Regentänzen.

Es wird betont, daß diese Tänze nichts Wildes an sich haben; das hängt mit der Natur des Regens selbst zusammen. Als Wolke, in der er sich nähert, ist er eine Einheit. Sie ist hoch und entfernt, weich und weiß, und wenn sie sich nähert, weckt sie in den Menschen zärtliche Gefühle. Sobald sie sich aber entlädt, zerfällt sie; in einzelnen isolierten Tropfen erreicht der Regen die Menschen und den Boden, in den er versinkt. Der Tanz, der den Regen herbeilocken soll, durch Verwandlung in ihn, stellt auch Flucht und Verfall einer Masse dar, mehr noch als ihre Bildung. Die Tänzer wünschen die Wolke herbei, aber sie soll nicht oben versammelt bleiben, sie soll sich ergießen. Die Wolke ist eine freundliche Masse, wie sehr, sieht man daran, daß sie mit den *Ahnen* gleichgesetzt wird. Die Toten kommen in den Regenwolken wieder und bringen den Segen. Wenn im Sommer des Nachmittags Regenwolken am Himmel erscheinen, sagt man zu den Kindern: »Seht, eure Großväter kommen.« Damit sind nicht die Toten dieser Familie gemeint, sondern ganz allgemein Vorfahren.

Die Priester aber, die sich in ritueller Absonderung befinden, sitzen acht Tage lang bewegungslos und in sich gekehrt vor ihren Altären und zitieren den Regen herbei:

›Wo auch immer ihr eure bleibende Stätte habt,
Von dort werdet ihr euch auf den Weg machen,
Eure vom Winde getriebenen Wölkchen,
Eure dünnen Wolkenstreifen
Mit lebendigen Wassern füllen.
Ihr werdet uns senden, auf daß er bei uns bleibe,
Euren schönen Regen, der die Erde liebkost,
Hier in Itiwana,
Dem Wohnsitz unserer Väter,

Unserer Mütter,
Derer, die vor uns das Leben hatten.
Mit eurer Unmenge Wassers
Werdet ihr allzumal kommen.‹

Was man sich wünscht, ist eine Unmenge Wasser, aber diese Unmenge, die sich in Wolken versammelt hat, zerfällt in Tropfen. Der Akzent der Regentänze liegt auf dem Zerfall. Es ist eine *milde* Masse, die man sich wünscht, kein gefährliches Tier, das man erlegen, kein gehässiger Feind, den man bekämpfen muß. Sie wird mit der Masse der Ahnen gleichgesetzt, die bei ihnen friedlich und wohlwollend sind.

Der Segen, den ihre Tropfen dem Boden bringen, führt dann zu jener anderen Masse, von der man lebt, dem Mais. Wie jede Ernte bedeutet er ein Zusammentragen in Haufen. Es ist genau der umgekehrte Vorgang: Die Regenwolke zerfällt in Tropfen, der Erntehaufen aber wird in jedem seiner Kolben, in seinen Körnern sozusagen, zusammengetragen.

Durch diese Nahrung werden die Menschen stark und die Frauen fruchtbar. Das Wort ›Kinder‹ kommt in den Gebeten häufig vor. Der Priester spricht von den Lebenden des Stammes wie von Kindern, aber er spricht auch von allen Knaben und Mädchen, allen denen, ›die ihren Lebensweg noch vor sich haben‹. Sie sind, was wir die Zukunft des Stammes nennen würden. Er sieht sie, in einem genaueren Bild, als alle die, die ihren Lebensweg noch vor sich haben.

Die wesentlichen Massen im Leben der Pueblos sind also Ahnen und Kinder, Regen und Mais, oder wenn man sie in etwas wie eine ursächliche Folge bringen will, Ahnen, Regen, Mais und Kinder.

Von den vier Arten der *Meute* fallen bei ihnen Jagd- und Kriegsmeute beinahe ganz weg. Es gibt noch Überreste von Treibjagden auf Kaninchen. Es gibt noch eine Gesellschaft der Krieger, aber ihre Funktion ist nur die einer Polizei, und zu Polizei in unserem Sinne ist da wenig Anlaß. Die Klagemeute ist bei ihnen auf ganz erstaunliche Weise eingeschränkt worden. Man macht möglichst wenig Wesens aus Todesfällen und sucht die Toten als Individuen so rasch wie möglich zu vergessen. Vier *Tage* nach dem Eintritt des Todes ermahnt der Oberpriester die Trauernden, nicht mehr an den Toten zu denken. ›Er ist schon vier *Jahre* tot!‹ Der Tod wird in die Vergangenheit gerückt, der Schmerz auf diese Weise beschwichtigt. Von Klagemeuten halten die Pueblos nichts: sie *isolieren* den Schmerz.

Es bleibt ihnen als aktive und reich ausgebildete Form von Meute die der Vermehrung. Der ganze Akzent des kommunalen Lebens ist auf sie verlegt. Man möchte sagen, daß sie für diese Vermehrung allein leben, und sie ist ausschließlich aufs Positive gewendet. Jener Janus-Kopf, den man von so vielen anderen Völkern her kennt: eigene Vermehrung auf der einen, Verminderung des Feindes auf der anderen Seite, ist bei ihnen unbekannt. An Kriegen sind sie so nicht interessiert. Regen und Mais haben sie milde gestimmt, ihr Leben hängt ganz an ihren eigenen Ahnen und Kindern.

Zur Dynamik des Krieges:

Der erste Tote · Der Triumph

Die innere oder Meuten-Dynamik des Krieges sieht sich in ihrem Ursprung so an: Aus der Klagemeute um einen Toten bildet sich eine Kriegsmeute, die ihn zu rächen hat. Aus der Kriegsmeute, die gesiegt hat, bildet sich die Vermehrungsmeute des Triumphs.

Der *erste* Tote ist es, der alle mit dem Gefühl der Bedrohtheit ansteckt. Die Bedeutung dieses ersten Toten für die Entfachung von Kriegen kann gar nicht überschätzt werden. Machthaber, die einen Krieg entfesseln wollen, wissen sehr wohl, daß sie einen ersten Toten entweder herbeischaffen oder erfinden müssen. Es geht nicht so sehr um sein Gewicht innerhalb seiner Gruppe. Es kann sich um jemand handeln, der von keinem besonderen Einfluß ist, manchmal ist es sogar ein Unbekannter. Es kommt auf seinen Tod an und auf sonst nichts; man muß glauben, daß der Feind die Verantwortung dafür trägt. Alle Gründe, die zu seiner Tötung geführt haben könnten, werden unterschlagen, bis auf den einen: er ist als Angehöriger der Gruppe, der man sich selber zurechnet, umgekommen.

Die rasch entstandene Klagemeute wirkt als Massenkristall, sie *öffnet* sich sozusagen: alles hängt sich an, das sich aus demselben Grunde bedroht fühlt. Ihre Gesinnung schlägt um in die einer Kriegsmeute.

Der Krieg, der zu seiner Entfachung sich eines einzigen oder weniger Toter bediente, führt zu einer gewaltigen Zahl von ihnen. Die Klage um diese, wenn man den Sieg erringt, hat im Gegensatz zum Beginn etwas sehr Gedämpftes. Der Sieg, der als entscheidende Verminderung, wenn nicht als Vernichtung des Feindes empfunden wird, nimmt der Klage um die eigenen Toten ihr Gewicht. Man hat sie als Vortrupp ins Land der Toten entsandt, und sie haben viel mehr Feinde dorthin nachgezogen. So haben sie einen von der Angst entlastet, ohne die man nicht in den Krieg gezogen wäre.
Der Feind ist geschlagen, die Bedrohung, die die eigenen Leute geeinigt hat, ist weggefallen, und jeder ist jetzt auf das Seine aus. Die Kriegsmeute ist daran, in der *Plünderung* zu zerfallen, ganz ähnlich wie es der Jagdmeute in der Verteilung geschieht. Wenn die Bedrohung nicht wirklich allgemein empfunden wurde, so war es Aussicht auf Plünderung allein, durch die man die Menschen in den Krieg zu treiben vermochte. In diesem Falle muß man sie ihnen immer lassen; ein Feldherr alten Schlages hätte es schwerlich gewagt, sie seinen Leuten zu verweigern. Doch die Gefahr eines völligen Zerfalls der Truppe durch eine Plünderung war so groß, daß man immer auf Mittel bedacht war, die kriegerische Gesinnung wiederherzustellen. Das erfolgreichste Mittel dazu waren *Siegesfeste*.
Die Konfrontation der feindlichen Verminderung mit der eigenen Vermehrung ist der eigentliche Sinn von Siegesfesten. Man versammelt das Volk, Männer, Frauen und Kinder. Die Sieger ziehen ein in denselben Formationen, in denen sie zum Kampfe ausgerückt sind. Da sie sich dem Volke zeigen, stecken sie es mit der Stimmung des Sieges an. Immer mehr Menschen strömen hinzu, bis schließlich alle anwesend sind, die ihre Wohnstätten nur irgend verlassen können.
Aber die Sieger zeigen nicht nur sich. Sie haben viel mitgebracht, sie kommen als Vermehrer. Ihre Beute wird vor dem Volke zur Schau gestellt. Es ist ein großer Überfluß da von allem, was man braucht und schätzt, und jeder wird etwas davon abbekommen: sei es, daß der siegreiche Feldherr oder König zu großen Verteilungen ans Volk schreitet, sei es, daß er Erleichterungen in den Abgaben oder sonstige Vorteile verspricht. Zur Beute gehören nicht nur Gold und Güter. Es werden Gefangene mitgeführt, und ihre große Zahl veranschaulicht die Verminderung des Feindes.

In Gesellschaften, die sich auf ihre Zivilisiertheit etwas zugute halten, bleibt es bei dieser Zurschaustellung der gefangenen Feinde. Andere, die uns barbarischer erscheinen, verlangen mehr: sie wollen, eben als *Versammelte* und nicht mehr im Gefühl unmittelbarer Bedrohung, *erleben*, wie der Feind vermindert wird. Es kommt so zu den öffentlichen Hinrichtungen von Gefangenen, wie sie von den Siegesfesten vieler kriegerischer Völker berichtet werden.
Geradezu phantastische Ausmaße haben diese Hinrichtungen in der Hauptstadt des Reiches *Dahomey* angenommen. Hier bestand die Einrichtung eines jährlichen Festes, das mehrere Tage dauerte: Der König gab seinem Volke ein blutiges Schauspiel, Hunderte von Gefangenen wurden vor aller Augen geköpft.
Auf einer Plattform thronte der König mitten unter seinen Würdenträgern. Unten war dicht versammelt das Volk. Auf einen Wink des Königs gingen die Henker ans Werk. Die Köpfe der Ermordeten wurden auf einen Haufen geworfen; mehrere solcher Haufen waren allgemein sichtbar. Es gab Prozessionen durch Straßen, an deren Seiten die nackten Leichen hingerichteter Feinde von Galgen herunterhingen. Um das Schamgefühl der zahllosen Frauen des Königs nicht zu verletzen, waren sie verstümmelt – kastriert worden. Am letzten Tage des Festes war der Hof wieder auf einer der Plattformen versammelt, und es kam zu einer großen Beschenkung des Volkes. Muscheln, die als Geld galten, wurden unters Volk geworfen, das sich um sie balgte. Dann schleuderte man gebundene Feinde hinunter; auch sie wurden geköpft. Um den Leib riß sich das Volk, und es heißt, daß diese Leiber von den Menschen im Taumel aufgegessen wurden. Jeder wollte ein Stück des getöteten Feindes abbekommen: Man kann hier von einer Kommunion des Triumphes sprechen. Tiere folgten auf Menschen, das Entscheidende blieb der Feind.
Es gibt Berichte von europäischen Augenzeugen dieser Feste aus dem 18. Jahrhundert. In dieser Zeit waren es die Vertreter weißer Nationen, die ihre Handelsstationen an der Küste hatten; der Gegenstand ihres Handels waren Sklaven, und sie kamen nach der Hauptstadt Abomey, um vom Könige einzukaufen. Einen Teil seiner Gefangenen verkaufte der König an die Europäer. Seine Kriegszüge wurden zu diesem Zwecke unternommen, und die Europäer ließen es sich damals gern gefallen.

Es war ihnen weniger angenehm, Zeugen der schrecklichen Massenhinrichtungen zu sein; aber ihre Anwesenheit gehörte zum guten Ton des Hofes. Sie suchten den König zu überreden, daß er die Opfer, die zur Hinrichtung bestimmt waren, ihnen als Sklaven verkaufen möge. Sie kamen sich so menschlich vor, und es war auch gut für ihr Geschäft. Aber sie mußten zu ihrem Staunen erleben, daß der König trotz seiner Habgier auf die Opfer nicht verzichten wollte. Zu Zeiten, da es an Sklaven mangelte und der Handel darniederlag, wurden sie über seinen Starrsinn ärgerlich. Sie begriffen nicht, daß es dem König um seine Macht noch mehr zu tun war als um seinen Besitz. Das Volk war an die Zurschaustellungen der Opfer gewöhnt. Aus der Vorführung der Massenverminderung seiner Feinde in dieser rohen und öffentlichen Form bezog es die Gewißheit seiner eigenen Vermehrung. Aus ihr aber entsprang unmittelbar die Macht des Königs. Die Wirkung des Schauspiels war doppelter Natur. Es war das unfehlbarste Mittel, das Volk von seiner Vermehrung unter seiner Herrschaft zu überzeugen und es so im Zustand einer religiös ergebenen Masse zu erhalten. Es hielt aber auch den Schrecken vor seinem Befehl wach. Die Hinrichtungen waren von ihm persönlich angeordnet. –
Die größte öffentliche Gelegenheit der *Römer* war der *Triumph.* Die ganze Stadt fand sich in ihm zusammen. Aber als das Reich auf der Höhe seiner Macht stand und es nicht mehr unaufhörlich um Eroberung ging, wurde aus dem Siegen selbst eine Institution, die periodisch mit den Daten des Kalenders wiederkehrte. In der *Arena* wurde vor den Augen des versammelten Volkes gekämpft, ohne politische Folgen und doch nicht ohne Sinn, nämlich um das Gefühl des Sieges immer wieder zu wecken und wachzuhalten. Die Römer, als die Zuschauer, kämpften selber nicht, aber sie entschieden in Masse, wer der Sieger war und jubelten ihm zu wie in alten Tagen. Auf dieses Gefühl des Sieges allein kam es an. Die Kriege selbst, die nicht mehr so notwendig schienen, verloren daneben an Bedeutung. Bei historischen Völkern dieser Art wird der Krieg zum eigentlichen Mittel der Vermehrung. Sei es, daß man sich Beute verschafft, von der man lebt, sei es, daß man Sklaven gewinnt, die für einen arbeiten – jede andere, geduldigere Form der Vermehrung wird abgelehnt und gilt als verächtlich. Eine Art von staatlicher Kriegsreligion bildet sich aus: ihre Absicht geht auf rascheste Vermehrung.

Der Islam als Kriegsreligion

Auf vier verschiedene Weisen versammeln sich die gläubigen Mohammedaner.
1. Sie versammeln sich mehrmals täglich zum Gebet, zu dem sie von einer Stimme hoch oben gerufen werden. – Hier geht es um kleine, rhythmische Gruppen, die man als *Gebetsmeuten* bezeichnen kann. Jede Bewegung ist genau vorgeschrieben und von *einer* Richtung, der auf Mekka, beherrscht. Einmal in der Woche, beim Freitagsgebet, wachsen diese Meuten zu Massen an.
2. Sie versammeln sich zum heiligen Krieg gegen die Ungläubigen.
3. Sie versammeln sich in Mekka, bei der großen Pilgerfahrt.
4. Sie versammeln sich beim Jüngsten Gericht.
Im Islam, wie in allen Religionen, sind unsichtbare Massen von der größten Bedeutung. Aber schärfer ausgeprägt als in den anderen Weltreligionen sind es hier unsichtbare *Doppelmassen*, die einander entgegenstehen.
Sobald die Posaune des Jüngsten Gerichts ertönt, stehen die Toten aus ihren Gräbern alle auf und begeben sich eiligst, wie auf ein militärisches Kommando, aufs Feld des Gerichts. Da treten sie nun vor Gott an, in zwei mächtigen Haufen, die voneinander abgetrennt werden, auf der einen Seite die Gläubigen, die Ungläubigen auf der anderen, und jeder einzelne wird von Gott gerichtet.
Alle Generationen der Menschen kommen so zusammen, und jedem erscheint es, als sei er erst am Tage zuvor ins Grab gelegt worden. Von den unermeßlichen Zeiträumen, die er im Grabe gelegen haben mag, hat keiner eine Vorstellung. Sein Tod war traum- und erinnerungslos. Aber der Laut der Posaune wird von jedem vernommen. »An jenem Tage werden die Menschen in Scharen hervorkommen.« Immer wieder ist im Koran von den Scharen jenes großen Augenblickes die Rede. Es ist die umfassendste Massenvorstellung, deren ein gläubiger Mohammedaner fähig ist. Eine größere Zahl von Menschenwesen als die aller, die je gelebt, auf einen Fleck zusammengedrängt, kann sich niemand denken. Es ist die einzige Masse, die nicht mehr wächst, und sie hat die größte Dichte, denn jeder einzelne von ihnen, an derselben Stelle, tritt vor das Angesicht seines Richters.

Aber bei aller Größe und Dichte bleibt sie von Anfang bis Ende immer in *zwei* geteilt. Jeder weiß genau, was ihn erwartet: bei den einen ist Hoffnung, Schrecken bei den anderen. »An jenem Tage wird es strahlende Gesichter geben, lachende, fröhliche; und an jenem Tage wird es staubbedeckte Gesichter geben, von Dunkelheit bedeckte, das sind die Ungläubigen, die Frevler.« Da es sich um ein absolut gerechtes Urteil handelt – jede Tat ist verzeichnet und schriftlich nachzuweisen –, kann niemand der Hälfte, der er von Rechts wegen zugehört, entkommen.

Die Zweiteilung der Masse im Islam ist eine unbedingte, sie besteht zwischen dem Haufen der Gläubigen und jenem der Ungläubigen. Ihr Schicksal, das für immer getrennt bleiben wird, ist es, einander zu *bekämpfen*. Der Glaubenskrieg gilt als heilige Pflicht, und so wird schon während dieses Lebens, in jeder Schlacht, die Doppelmasse des Jüngsten Gerichts – wenn auch weniger umfassend – *vorgebildet*.

Ein ganz anderes Bild steht dem Mohammedaner als nicht weniger heilige Pflicht vor Augen: die Pilgerfahrt nach Mekka. Hier handelt es sich um eine *langsame* Masse, die sich durch allmählichen Zufluß aus aller Herren Länder bildet. Sie kann sich, je nach der Entfernung von Mekka, in der der Gläubige wohnt, über Wochen, Monate oder selbst Jahre erstrecken. Die Pflicht, die Fahrt zumindest einmal im Laufe eines Lebens zu vollführen, färbt auf das ganze irdische Dasein eines Menschen ab. Wer nicht auf dieser Pilgerfahrt war, hat nicht wirklich gelebt. Ihre Erfahrung faßt sozusagen das ganze Gebiet, das der Glaube überzogen hat, zusammen und sammelt ihn an den einen Ort, von dem er seinen Ausgang nahm. Diese Masse der Pilger ist friedlich. Sie ist einzig und allein der Erreichung ihres Zieles zugewandt. Es ist nicht ihre Aufgabe, Ungläubige zu unterwerfen, sie muß nur an ihren bezeichneten Ort gelangen und dort gewesen sein.

Es gilt als ein ganz besonderes Wunder, daß eine Stadt von der Größe Mekkas diese unzähligen Scharen der Pilger fassen kann. Der spanische Pilger Ibn Jubayr, der sich gegen Ende des 12. Jahrhunderts in Mekka aufhielt und eine ausführliche Beschreibung davon hinterlassen hat, meint, daß auch die größte Stadt der Welt nicht Platz für so viele Menschen habe. Aber Mekka sei mit einer besonderen *Ausdehnbarkeit* für Massen begnadet; man müsse es mit einer Gebärmutter ver-

gleichen, die je nach der Gestalt des Embryos, das sie enthalte, kleiner oder größer werde.
Der wichtigste Augenblick der Pilgerfahrt ist der Tag auf der Ebene von Arafat. 700000 Menschen sollen hier beisammenstehen. Was an dieser Zahl fehlt, wir durch Engel aufgefüllt, die sich unsichtbar unter die Menschen stellen.
Doch wenn die Tage des Friedens vorüber sind, tritt der Glaubenskrieg wieder in sein Recht. »Mohammed«, sagt einer der besten Kenner des Islams, »ist der Prophet des Kampfes und des Krieges ... Was er zunächst in seinem arabischen Umkreise getan, das hinterläßt er als Testament für die Zukunft seiner Gemeinde: Bekämpfung der Ungläubigen, die Ausbreitung nicht so sehr des Glaubens als seiner Machtsphäre, die die Machtsphäre Allahs ist. Es ist den Kämpfern des Islams zunächst nicht so sehr um Bekehrung als um Unterwerfung der Ungläubigen zu tun.«
Der Koran, das von Gott inspirierte Buch des Propheten, läßt keinen Zweifel darüber. »Wenn die heiligen Monate vorüber sind, tötet die Ungläubigen, wo ihr sie findet; ergreift sie, bedrängt sie und setzt euch in jeden Hinterhalt gegen sie.«

Klagereligionen

Von den Religionen der Klage ist das Gesicht der Erde gezeichnet. Im Christentum haben sie eine Art von allgemeiner Gültigkeit erlangt. Die Meute, von der sie getragen sind, hat nur kurzen Bestand. Was hat den Glaubensformen, die der Klage entspringen, ihre Konsistenz gegeben? Was verschafft ihnen diese eigentümliche Beharrlichkeit über Jahrtausende?
Die Legende, um die sie sich bilden, ist die eines Menschen oder Gottes, der zu Unrecht umgekommen ist. Es ist immer die Geschichte einer Verfolgung, sei es einer Jagd oder einer Hetze. Auch ein ungerechter Prozeß kann damit verbunden sein. Wenn es eine Jagd ist, so ist der Unrichtige getroffen worden, der vornehmste Jäger statt des Tieres, auf das man aus war. Es kann auch, in einer Umkehrung, das gejagte Tier den Jäger angegangen und mit tödlichen Folgen verletzt haben, wie in der Überlieferung von *Adonis* und dem Eber. Eben dieser Tod hätte sich nie ereignen dürfen, und der Schmerz um ihn ist über alle Maßen groß.

Es kann sein, daß eine Göttin das Opfer liebt und beklagt, wie Aphrodite den Adonis. In ihrer babylonischen Namensform heißt die Göttin *Ischtar*, und *Tammuz* ist der schöne, früh verstorbene Jüngling. Bei den Phrygern ist es die Muttergöttin *Kybele*, die um ihren jungen Liebhaber *Attis* trauert. »Sie ist ordentlich rasend, spannt Löwen vor ihren Wagen, schwärmt mit ihren Korybanten, die sie ebenso rasend gemacht hat, wie sie selber ist, auf dem ganzen Berge Ida umher und heult um ihren Attis; von ihren Korybanten schneidet sich der eine Löcher in die Arme, ein anderer läuft mit fliegenden Haaren im Gebirge herum, ein dritter bläst in ein Horn, noch ein anderer schlägt auf eine Trommel oder macht ein Getöse mit zusammengeschlagenen Blechen; der ganze Ida ist in Aufruhr und fanatischer Wut.«

In Ägypten ist es *Isis*, die *Osiris*, ihren Gatten, verloren hat. Sie sucht ihn, ohne zu ermüden; kummervoll durchzieht sie das Land und läßt sich nicht nieder, ehe sie ihn gefunden hat. »Komm zu deinem Hause«, klagt sie, »komm zu deinem Hause, ... ich sehe dich nicht, und doch bangt mein Herz nach dir und meine Augen begehren dich. Komm zu der, die dich liebt, die dich liebt, du Seliger! Komm zu deiner Schwester, komm zu deinem Weibe, zu deinem Weibe, du, dessen Herz stille steht. Komm zu deiner Hausfrau. Ich bin deine Schwester von der gleichen Mutter, du sollst nicht fern von mir sein. Die Götter und die Menschen haben ihr Gesicht zu dir gewandt und beweinen dich zusammen ... Ich rufe nach dir und weine, daß man es bis zum Himmel hört, aber du hörst meine Stimme nicht, und ich bin doch deine Schwester, die du auf Erden liebtest; du liebtest keine außer mir, mein Bruder!«

Es kann aber auch sein – und das ist der spätere und nicht mehr mythische Fall –, daß eine Gruppe von Angehörigen und Jüngern um ihn trauert, wie um *Jesus* oder um *Hussain*, den Enkel des Propheten, den eigentlichen Märtyrer der Schiiten.

Die Jagd oder Verfolgung wird in allen Einzelheiten ausgemalt, es ist eine *genaue* Geschichte, sie wird ganz persönlich gehalten, immer fließt Blut, selbst in der humansten aller Passionen, der Christi selbst, geht es nicht ohne Blut und Wunden ab. Jede einzelne der Aktionen, aus denen die Passion sich zusammensetzt, wird als ungerecht empfunden, es besteht, je weiter man sich von mythischen Zeiten entfernt, um so mehr die Neigung, die Passion zu verlängern und mit unzähligen menschlichen

Zügen auszustatten. Die Jagd oder Hetze aber wird immer vom Opfer aus empfunden.

Um sein Ende bildet sich eine Klagemeute, aber ihre Klage hat eine besondere Note: der Tote ist den Menschen zuliebe gestorben, die um ihn klagen. Er war ihr Retter, sei es, daß er ihr großer Jäger war, sei es, daß er andere, höhere Verdienste um sie hatte. Seine Kostbarkeit wird auf jede Weise hervorgehoben; eben er ist es, der nicht tot sein dürfte. Sein Tod wird von den Klagenden nicht anerkannt. Sie wollen ihn wieder am Leben haben.

In der Schilderung der archaischen Klagemeute, etwa jenem australischen Falle, den ich angeführt habe, ist hervorgehoben worden, daß die Klage schon um den *Sterbenden* beginnt. Die Lebenden suchen ihn zurückzuhalten und bedecken ihn mit ihren Leibern. Sie nehmen ihn in ihren Haufen auf, von allen Seiten drücken sie sich eng an ihn und trachten, ihn nicht herzugeben. Oft wird er auch nach dem Eintreten des Todes noch zurückgerufen, und erst wenn man ganz sicher ist, daß er nicht mehr kommt, beginnt die zweite Phase des Fortstoßens in die Welt der Toten.

Bei der Klagemeute, von der hier die Rede ist, die sich als Legende um einen kostbaren Toten bildet, wird der Vorgang des Sterbens auf jede Weise verlängert. Seine Angehörigen oder Gläubigen, die hier dasselbe sind, weigern sich, ihn aufzugeben. Die erste Phase, die des *Zurückhalten*-Wollens, ist die entscheidende, und alles Gewicht liegt auf ihr.

Es ist die Zeit, in der alle von überall zusammenlaufen, und jeder, der klagen will, ist willkommen. In diesen religiösen Kulten *öffnet* sich die Klagemeute und erweitert sich zu einer Masse, die unaufhaltsam wächst. Es geschieht dies einmal am Feste des Toten selbst, da seine Passion dargestellt wird. Ganze Städte schließen sich diesen Festen an und oft auch riesige Scharen von Pilgern, die von weither kommen. Die Öffnung der Klagemeute geschieht aber auch über lange Zeiträume hin, die Zahl der Gläubigen *vermehrt* sich. Es beginnt mit den wenigen Getreuen, die am Kreuze stehen, als Kern der Klage. Am ersten Pfingstfeste mögen es ihrer 600 Christen sein, zu Zeiten des Kaisers Konstantin sind es zehn Millionen. Der Kern der Religion ist aber derselbe geblieben, ihr Zentrum ist die Klage.

Warum schließen sich so viele der Klage an? Was macht ihre

Anziehung aus? Wozu verhilft sie den Menschen? In allen, die sich ihr anschließen, geschieht dasselbe: die Jagd- oder Hetzmeute *entsühnt sich* als Klagemeute. Als Verfolger haben die Menschen gelebt, und als Verfolger leben sie auf ihre Weise immer weiter. Sie suchen nach fremdem Fleische, und sie schneiden hinein, und sie nähren sich von der Qual der schwachen Geschöpfe. In ihrem Auge spiegelt sich das brechende Auge des Opfers, und der letzte Schrei, an dem sie sich ergötzen, gräbt sich unauslöschlich in ihre Seele. Vielleicht ahnen die meisten von ihnen nicht, daß sie mit ihrem Leibe auch das Dunkel in sich nähren. Aber Schuld und Angst in ihnen nehmen unaufhaltsam zu, und so sehnen sie sich ahnungslos nach Erlösung. So schließen sie sich einem an, der für sie stirbt, und in der Klage um ihn fühlen sie sich selber als Verfolgte. Was immer sie getan, wie immer sie gewütet haben, für diesen Augenblick stellen sie sich auf die Seite des Leides. Es ist ein plötzlicher und weittragender Wechsel der Parteien. Er befreit sie von der angesammelten Schuld des Tötens und der Angst, daß der Tod sie selber trifft. Was immer sie anderen angetan haben, das nimmt ein anderer nun auf sich, und, indem sie ihm treu und ohne Rückhalt anhängen, entgehen sie, so hoffen sie, der Rache.

Es zeigt sich so, daß die Klagereligionen für den seelischen Haushalt der Menschen unentbehrlich sind, solange sie das Töten in Meuten nicht aufgeben können.

Von den Klagereligionen, die überliefert sind und die sich für eine genauere Betrachtung heranziehen lassen, ist die der islamischen Schiiten die aufschlußreichste. Es wäre auch richtig, den Kult des Tammuz oder Adonis, den des Osiris und des Attis zu schildern. Aber diese gehören alle der Vergangenheit an, man kennt sie nur aus Keilschrift und Hieroglyphen oder aus den Berichten der klassischen Schriftsteller; und obwohl diese Berichte unschätzbar sind, scheint es doch schlüssiger, sich mit einem Glauben zu befassen, der heute noch besteht, und wo er besteht, in akuter und ungemilderter Form auftritt.

Die bedeutendste aller Klagereligionen ist das Christentum. Über seine katholische Form wird noch einiges zu sagen sein. Von den konkreten Augenblicken des Christentums aber, den Augenblicken wirklicher Massenerregung, soll statt eines solchen der echten Klage, die selten geworden ist, ein anderer

beschrieben werden: die Feier der Auferstehung in der Grabeskirche zu Jerusalem.
Die Klage selbst, als leidenschaftliche Meute, die sich zu einer wahrhaftigen Masse öffnet, stellt sich mit unvergeßlicher Wucht am Muharramfest der Schiiten dar.

Das Muharramfest der Schiiten

Aus dem Islam, der die unverkennbaren Züge einer Kriegsreligion trägt, ist durch Spaltung eine Klagereligion hervorgegangen, wie sie konzentrierter und extremer nirgends zu finden ist: der Glaube der Schiiten. Er ist die offizielle Religion in Iran und im Yemen. Er ist weitverbreitet in Indien und im Irak.
Die Schiiten glauben an einen geistlichen und weltlichen Führer ihrer Gemeinde, den sie den *Imam* nennen. Seine Stellung ist bedeutender als die des Papstes. Er ist der Träger des göttlichen Lichtes. Er ist unfehlbar. Nur der Gläubige, der seinem Imam anhängt, kann gerettet werden. »Wer stirbt, ohne den wahren Imam seiner Zeit zu kennen, der stirbt den Tod eines Ungläubigen.«
Der Imam stammt in direkter Linie vom Propheten ab. Ali, Mohammeds Schwiegersohn, der mit seiner Tochter Fatima verheiratet war, gilt als der erste Imam. Der Prophet hat Ali besondere Erkenntnisse anvertraut, die er anderen seiner Anhänger vorenthielt, und in seiner Familie erben sie sich fort. Ali ist von ihm ausdrücklich zu seinem Nachfolger im Lehrberuf und in der Herrschaft ernannt worden. Er ist der durch die Verfügung des Propheten Erkorene; nur ihm allein kommt der Titel ›Herrscher der Rechtgläubigen‹ zu. Die Söhne Alis, Hassan und Hussain, haben dann das Amt von ihm geerbt: sie waren die Enkel des Propheten; Hassen war der zweite, Hussain der dritte Imam. Jeder andere, der sich eine Herrschaft über die Gläubigen anmaßte, war ein Usurpator.
Die politische Geschichte des Islams nach dem Tode Mohammeds förderte die Bildung einer Legende um Ali und seine Söhne. Ali wurde nicht gleich zum Kalifen gewählt. Im Verlauf von 24 Jahren nach dem Tode Mohammeds bekleideten hintereinander drei andere seiner Kampfgenossen diese höchste Würde. Erst als der dritte von ihnen tot war, kam Ali zur Macht,

aber er regierte nur kurz. Während eines Freitagsgottesdienstes in der großen Moschee zu Kufa wurde er von einem fanatischen Gegner mit einem vergifteten Schwert ermordet. Sein ältester Sohn Hassan ließ sich seine Rechte um eine Summe von mehreren Millionen Dirhem abkaufen und zog sich nach Medina zurück, wo er nach einigen Jahren an den Folgen eines ausschweifenden Lebens starb.

Zum eigentlichen Kern des Glaubens der Schiiten wurden die Leiden seines jüngeren Bruders Hussain. Er war das Gegenbild Hassans, verhalten und ernst, und lebte still in Medina. Obwohl er nach dem Tode seines Bruders das Haupt der Schia geworden war, ließ er sich lange auf keine politischen Umtriebe ein. Aber als der regierende Kalif in Damaskus starb und sein Sohn die Nachfolge antreten wollte, verweigerte ihm Hussain die Huldigung. Die Bewohner der turbulenten Stadt Kufa im Irak schrieben an Hussain und forderten ihn auf, zu ihnen zu kommen. Sie wollten ihn zum Kalifen, wäre er einmal da, so werde ihm alles zufallen. Er machte sich mit seiner Familie, Frauen, Kindern und einer kleinen Schar von Anhängern auf den Weg. Es war ein langer Weg durch die Wüste. Als er in die Nähe der Stadt gelangte, war sie schon wieder von ihm abgefallen. Ihr Gouverneur sandte ihm eine viel stärkere Truppe von Reitern entgegen, die ihn zur Übergabe aufforderten. Er weigerte sich, man schnitt ihm den Zugang zum Wasser ab. Man umzingelte ihn und seine kleine Schar. Auf der Ebene von Kerbela, am zehnten Tage des Monats Muharram, im Jahre 680 nach unserer Zeitrechnung, wurde Hussain mit den Seinen, die sich tapfer zur Wehr setzten, angegriffen und niedergemacht. 87 Leute fielen mit ihm, darunter eine ganze Anzahl aus seiner und seines Bruders Familie. Sein Leichnam wies die Spuren von 33 Lanzenstichen und 34 Schwerthieben auf. Der Kommandant der feindlichen Truppe befahl seinen Leuten, über die Leiche Hussains zu reiten. Der Enkel des Propheten wurde von den Hufen der Pferde in den Boden getrampelt. Sein Haupt wurde abgeschnitten und an den Kalifen nach Damaskus gesandt. Dieser schlug ihm mit seinem Stock auf den Mund. Ein alter Gefährte Mohammeds, der anwesend war, verwies es ihm: »Zieh deinen Stock zurück«, sagte er, »ich habe den Mund des Propheten diesen Mund küssen gesehen.«

Die ›Heimsuchungen des Geschlechtes der Propheten‹ sind das eigentliche Thema der schiitischen Glaubensliteratur gewor-

den. »Richtige Angehörige dieser Gruppe erkenne man daran, daß ihre Körper durch Entbehrungen abgemagert, ihre Lippen vor Durst eingetrocknet und ihre Augen durch rastloses Weinen triefend seien. Der richtige Schiit ist verfolgt und elend wie die Familie, für deren Recht er einsteht und leidet. Man betrachtet es bald als Beruf der Prophetenfamilie, Bedrängnis und Verfolgung zu erleiden.«
Seit dem Trauertag von Kerbela ist die Geschichte dieses Geschlechts eine fortgesetzte Folge von Leiden und Bedrängnissen. Ihre Erzählung in Poesie und Prosa wird in einer reichen Literatur von Martyrologien gepflegt. Sie bilden den Gegenstand der Versammlungen der Schiiten im ersten Drittel des Monats Muharram, dessen zehnter Tag – *Aschura* – als der Jahrestag der Tragödie von Kerbela gilt. »Unsere Gedenktage sind unsere Trauerversammlungen«, so schließt ein schiitisch gesinnter Fürst ein Gedicht, in dem er der vielen Heimsuchungen der Prophetenfamilie gedenkt. Weinen, Klagen und Trauern über die Mißgeschicke und Verfolgungen der alidischen Familie und das Märtyrertum in ihr ist das eigentliche Anliegen der wahren Getreuen. »Rührender als die schiitische Träne«, lautet eine arabische Redensart. »Um Hussain weinen«, sagt ein moderner Inder, der diesem Glauben angehört, »das ist der Preis unseres Lebens und unserer Seele; anders wären wir die Undankbarsten der Geschöpfe. Wir werden noch im Paradies um Hussain trauern . . . Die Trauer um Hussain ist das Wahrzeichen des Islams. Für einen Schiiten ist es unmöglich, nicht zu weinen. Sein Herz ist ein lebendiges Grab, das wirkliche Grab für das Haupt des enthaupteten Märtyrers.«
Die Betrachtung der Person und des Schicksals Hussains stehen gefühlsmäßig im Zentrum des Glaubens. Sie sind die Hauptquelle, aus der die religiöse Erfahrung fließt. Sein Tod wurde als freiwillige Selbstaufopferung gedeutet, durch sein Leiden gelangen die Heiligen ins Paradies. Die Vorstellung eines Mittlers ist dem Islam ursprünglich fremd. In der Schia ist sie seit dem Tode Hussains vorherrschend geworden.
Das Grab Hussains auf der Ebene von Kerbela wurde schon früh zum wichtigsten Wallfahrtsort der Schiiten. 4000 Engel umgeben Hussains Grab, die Tag und Nacht um ihn weinen. Jedem Pilger, von woher er immer kommt, gehen sie bis an die Grenze entgegen. Wer diesen Schrein besucht, hat folgenden Gewinn davon: Das Dach seines Hauses wird nie über ihm zu-

sammenstürzen. Er wird nie ertrinken. Er kommt nicht im Feuer um. Wilde Tiere greifen ihn nicht an. Wer aber in diesem Schrein mit wirklichem Glauben betet, der erhält zusätzliche Jahre zu seinem Leben. Er gewinnt das Verdienst von 1000 Pilgerfahrten nach Mekka, 1000 Märtyrertoden, 1000 Fasttagen, 1000 Freilassungen von Sklaven. Im folgenden Jahr können ihm Teufel und böse Geister nichts anhaben. Sollte er sterben, so wird er von Engeln begraben, und am Tage der Auferstehung erhebt er sich mit den Anhängern des Imams Hussain, den er an der Fahne in seiner Hand erkennt. Der Imam geleitet seine Pilger im Triumph schnurgerade ins Paradies.
Nach einer anderen Überlieferung werden alle, die im Schreine eines Imams begraben werden, am Tage der Auferstehung nicht geprüft, wie immer sie gesündigt haben mögen, sondern sie werden wie von einem Leintuch direkt ins Paradies geschleudert, und die Engel schütteln ihnen beglückwünschend die Hände.
So ließen sich alte Schiis in Kerbela nieder, um hier zu sterben. Andere, die immer in großer Entfernung von der heiligen Stadt gelebt hatten, hinterließen die Verfügung, daß man sie in ihr begraben möge. Seit Jahrhunderten kommen aus Persien und Indien endlose Karawanen von Toten nach Kerbela, die Stadt hat sich in einen einzigen, riesigen Friedhof verwandelt.
Das große Fest der Schiiten, wo immer sie leben, sind die Tage des Monats Muharram, an denen Hussain seine Passion erlitt. Während dieser zehn Tage befindet sich die ganze persische Nation in Trauer. Der König, die Minister, die Beamten sind in Schwarz oder Grau gekleidet. Maultiertreiber und Soldaten gehen mit hängendem Hemd und offener Brust herum, das gilt als großes Zeichen des Kummers. Am 1. Muharram, der zugleich der Anfang des neuen Jahres ist, beginnt das Fest. Von hölzernen Kanzeln herab wird die Leidensgeschichte Hussains erzählt. Man malt sie in allen Einzelheiten aus, keine Episode von ihr wird vergessen. Die Hörer sind tief ergriffen. Ihre Rufe »O Hussain! O Hussain!« werden von Stöhnen und Tränen begleitet. Diese Art von Rezitation setzt sich während des ganzen Tages fort, die Prediger lösen einander auf verschiedenen Kanzeln ab. Während der erste neun Tage des Muharram ziehen Gruppen von Männern, mit nackten, rot oder schwarz bemalten Oberkörpern, durch die Straßen. Sie reißen sich die Haare aus, fügen sich Schwertwunden bei, schleppen schwere

Ketten hinter sich her oder führen wilde Tänze auf. Es kommt zu blutigen Kämpfen mit Andersgläubigen.
Die Feier gipfelt am 10. Muharram in einer großen Prozession, die ursprünglich die Begräbnisparade Hussains vorstellte. Ihren Mittelpunkt bildet der Sarg Hussains, der von acht Männern getragen wird. Etwa sechzig blutbeschmierte Männer marschieren hinter dem Sarge her und singen ein kriegerisches Lied. Ein Pferd folgt ihnen, das Kriegsroß Hussains. Am Schluß befindet sich gewöhnlich noch eine Gruppe von vielleicht fünfzig Männern, die rhythmisch zwei Holzstäbe gegeneinanderschlagen. – Die Raserei, von der die klagenden Massen bei diesen Festen ergriffen werden, ist beinahe unvorstellbar. In einer Schilderung aus Teheran, die noch folgt, wird man damit Bekanntschaft machen.
Die wirklichen Passionsspiele, in denen die Leiden Hussains dramatisch dargestellt werden, sind erst gegen Beginn des 19. Jahrhunderts zu einer stehenden Einrichtung geworden. *Gobineau*, der sich in den fünfziger Jahren und später lange in Persien aufhielt, hat eine fesselnde Schilderung von ihnen gegeben.
Die Theater wurden von reichen Leuten gestiftet; die Ausgaben dafür galten als verdienstliches Werk, womit der Geber »sich einen Palast im Paradies erbaute«. Die größeren unter ihnen faßten 2000 bis 3000 Menschen. In Ispahan führte man Spiele vor mehr als 20000 Zuschauern auf. Der Zutritt war öffentlich, jeder konnte hinein, der Bettler in Lumpen wie der reichste Herr. Die Vorstellungen begannen um fünf Uhr früh. Vor dem Passionsspiel vergingen mehrere Stunden mit Prozessionen, Tänzen, Predigten und Liedern. Erfrischungen wurden herumgereicht, wohlhabende und angesehene Männer legten ihre Ehre darein, auch die abgerissensten Zuschauer persönlich zu bedienen.
Zwei Arten von Brüderschaften, die bei diesen Anlässen mitwirken, werden von Gobineau beschrieben. ›Männer und Kinder mit Fackeln, hinter einer großen, schwarzen Fahne, betreten in einer Prozession das Theater und machen singend die Runde. Man kann diese Banden nachts sehen, wie sie eilig durch die Straßen gehen und sich von einem Theater ins andere begeben. Einige Kinder laufen ihnen voraus und stoßen mit schriller Stimme die Rufe aus: »Ay Hussain! Ay Akbar!« Die Brüder stellen sich vor den Kanzeln der Prediger auf, singen

und begleiten sich dazu auf eine wilde und bizarre Weise. Aus ihrer rechten Hand formen sie eine Art von Muschel und schlagen sich damit heftig und im Rhythmus unter die linke Schulter. Es entsteht ein dumpfer Laut, der, von vielen Händen zugleich erzeugt, auf weite Entfernung hörbar und sehr wirkungsvoll ist. Bald sind die Schläge schwer und langsam und erzeugen einen schleppenden Rhythmus. Bald sind sie rasch und eilig und versetzen die Anwesenden in Erregung. Wenn die Brüderschaften einmal begonnen haben, kommt es selten vor, daß sie nicht vom ganzen Auditorium nachgeahmt werden. Auf ein Zeichen ihres Oberhauptes beginnen alle Brüder zu singen, schlagen sich, springen auf der Stelle hoch und wiederholen mit kurzer, abgerissener Stimme: »Hassan! Hussain!«

Eine andersgeartete Brüderschaft ist die der Geißler. Sie haben eine Musik mit sich, die aus Tamburinen verschiedener Größe besteht. Oberkörper und Füße sind nackt, sie tragen nichts auf dem Kopf. Es sind Männer, manchmal Greise, manchmal Kinder von 12 bis 16 Jahren. In der Hand halten sie Eisenketten und spitze Nadeln. Manche tragen Holzscheiben. Sie betreten in einer Prozession das Theater und stimmen, erst ziemlich langsam, eine Litanei an, die nur aus zwei Worten besteht: »Hassan! Hussain!« Die Tamburinen begleiten sie mit immer rascheren Schlägen. Diejenigen, die Holzscheiben haben, stoßen sie rhythmisch gegeneinander, und alle fangen zu tanzen an. Die Zuhörer begleiten sie, indem sie sich auf die Brust schlagen. Nach einiger Zeit beginnen sie sich mit ihren Ketten zu geißeln, erst langsam und mit offenkundiger Vorsicht; dann beleben sie sich und schlagen stärker zu. Alle, die Nadeln haben, stechen sich in Arme und Wangen; Blut fließt, die Menge berauscht sich und schluchzt, die Erregung steigert sich. Das Haupt der Truppe rennt zwischen den Reihen hin und her, muntert die Schwachen auf und hält die Arme derer an, die es zu rasend treiben. Wenn die Erregung zu groß wird, bringt er die Musik zum Schweigen und hält alles an. Es ist schwer, von einer solchen Szene nicht betroffen zu sein: man fühlt Teilnahme, Mitleid und Schrecken zugleich. Manchmal sieht man Geißler, im Augenblick, da der Tanz aufhört, ihre Arme mit den Ketten gegen den Himmel heben und mit so tiefer Stimme und so starkem und gläubigem Blick ausrufen: »Ya Allah! O Gott!«, daß man von Bewunderung gepackt wird, so sehr ist ihr ganzes Wesen verklärt.

Man möchte sie als Orchester des Grams bezeichnen, ihre Wirkung ist die eines Massenkristalls. Der Schmerz, den sie sich zufügen, ist der Schmerz Hussains. Indem sie ihn vorführen, wird er zum Schmerz der ganzen Gemeinde. Durch das Schlagen auf die Brust, das von allen aufgenommen wird, entsteht eine rhythmische Masse. Sie ist vom Affekt der Klage getragen. Hussain ist ihnen allen entrissen worden, und er gehört ihnen allen zusammen.

Aber es sind nicht nur die Kristalle der Brüderschaften, die eine Klage-Masse unter den Anwesenden auslösen. Auch Prediger und andere, die vereinzelt auftreten, haben denselben Effekt. Man höre nur, was Gobineau als Augenzeuge einer solchen Gelegenheit erlebt hat.

›Das Theater ist gesteckt voll. Es ist Ende Juni, man erstickt unter dem ungeheuren Zelt. Die Menge nimmt Erfrischungen zu sich. Ein Derwisch steigt auf die Bühne und singt einen Lobgesang. Man begleitet ihn mit Schlägen auf die Brust. Seine Stimme ist nicht eben hinreißend, der Mann wirkt müde. Er macht keinen Eindruck, die Gesänge ermatten. Er scheint es zu fühlen, hält inne, steigt von der Bühne herunter und verschwindet. Es herrscht wieder Ruhe. Da ergreift ein großer, schwerer Soldat, ein Türke, plötzlich mit Donnerstimme das Wort und klatscht sich mit immer heftigeren Schlägen laut schallend auf die Brust. Ein anderer Soldat, auch ein Türke, aber von einem anderen Regiment und ebenso zerlumpt wie der erste, nimmt den Respons auf. Die Schläge auf die Brust setzen mit Präzision wieder ein. Während 25 Minuten wird die keuchende Masse von diesen zwei Männern mitgerissen und schlägt sich braun und blau. Der monotone, stark rhythmisierte Gesang berauscht sie. Sie schlagen sich, so gut sie können: es ist ein dumpfer, tiefer, regelmäßiger, unaufhaltsamer Lärm, aber allen genügt er nicht. Ein junger Neger, der wie ein Lastträger aussieht, erhebt sich inmitten der hockenden Menge. Er wirft seine Mütze herunter und singt mit voller Stimme los, während er sich mit beiden Fäusten zugleich auf den geschorenen Kopf schlägt. Er war zehn Schritt von mir, ich konnte all seinen Bewegungen folgen. Seine Lippen verfärbten sich; je mehr er sich verfärbte, desto stärker belebte er sich, er schrie und schlug wie auf einen Amboß. Etwa zehn Minuten lang machte er so weiter. Doch die beiden Soldaten konnten nicht mehr, sie troffen von Schweiß. Der Chor, sobald er von ihren genauen und mächtigen Stimmen nicht mehr geführt und mitgerissen wurde, begann zu zögern und verwirrte sich. Ein Teil der Stimmen verstummte, und der Neger, als ob ihm nun jede materielle Stütze fehle, schloß die Augen und sank auf seinem Nachbarn zusammen. Jeder schien für ihn viel Mitleid und Respekt zu fühlen. Man legte ihm Eis auf den Kopf und hielt ihm Wasser an die Lippen. Aber er war ohnmächtig, und es dauerte eine Weile, bis man ihn wieder zu sich brachte. Als dies gelungen war, dankte er sanft und höflich allen, die ihm geholfen hatten.

Sobald die Ruhe wieder ein wenig hergestellt war, bestieg ein Mann in einem grünen Gewand die Bühne. Es war durchaus nichts Ungewöhnliches an seiner Person, er sah aus wie ein Spezereiwarenhändler aus dem Bazar. Dieser Mann hielt eine Predigt über das Paradies, dessen Größe er mit heftiger Beredsamkeit schilderte. Es genüge nicht, um hineinzugelangen, den Koran des Propheten zu lesen. »Es genügt nicht, alles zu tun, was dieses heilige Buch empfiehlt, es genügt nicht, ins Theater zu kommen, um zu weinen, wie ihr es täglich tut. Ihr müßt eure guten Werke im Namen Hussains und aus Liebe zu ihm tun. Es ist Hussain, der die Pforte des Paradieses ist, es ist Hussain, der die Welt stützt, es ist Hussain, durch den das Heil geschieht. Rufet: Hassan, Hussain!«

Die ganze Menge schrie: »O Hassan, o Hussain!«

»Gut. Jetzt noch einmal!«

»O Hassan, o Hussain!«

»Bittet Gott, daß er euch immer in der Liebe zu Hussain erhalten möge. Los, rufet zu Gott!«

Die ganze Masse hebt mit einer einzigen Bewegung die Arme in die Höhe und schreit mit dumpfer, anhaltender Stimme: »Ya Allah! O Gott!«‹ –

Das Passionsspiel selbst, das auf diese lange und erregende Einleitung folgt, besteht aus einer losen Reihe von 40 bis 50 Szenen. Alle Ereignisse werden vom Engel Gabriel den Propheten erzählt oder in Träumen vorausgesehen, bevor sie sich auf der Bühne abspielen. Was immer geschehen wird, ist den Zuschauern ohnehin bekannt, es geht nicht um dramatische Spannung in unserem Sinne, es geht um vollkommene Teilnahme. Alle Leiden Hussains, die Qualen seines Durstes, da man ihm den Zugang zum Wasser abgeschnitten hat, und die Episoden während der Schlacht und seines Todes werden stark realistisch ausgemalt. Nur Imame und Heilige, Propheten und Engel *singen.* Verhaßte Figuren wie der Kalif Yazid, der den Tod Hussains befohlen, und der Mörder Schamr, der ihm den tödlichen Schlag versetzt hat, dürfen nicht singen, sie deklamieren nur. Es kann vorkommen, daß sie von der Ungeheuerlichkeit ihrer Taten überwältigt werden. Dann brechen sie während ihrer bösen Worte selbst in Tränen aus. Es gibt keinen Applaus, man weint, stöhnt oder schlägt sich auf den Kopf. Die Aufregung der Zuschauer erreicht eine solche Höhe, daß sie nicht selten die schurkischen Figuren, die Mörder Hussains, zu lynchen versuchen. Gegen Ende zeigt man, wie das abgetrennte Haupt des Märtyrers an den Hof des Kalifen gebracht wird. Auf dem Wege geschieht ein Wunder ums andere. Ein Löwe verbeugt sich tief vor Hussains Haupt. Der Zug macht bei einem christlichen Kloster halt: als der Abt das Haupt des Märtyrers gewahrt, schwört er seinem Glauben ab und bekennt sich zum Islam.

Der Tod Hussains war nicht umsonst. Bei der Auferstehung wird der Schlüssel zum Paradies ihm anvertraut. Gott selbst verfügt: »Das Recht der Fürsprache ist ausdrücklich sein. Hussain, durch meine besondere Gnade, sei der Mittler für alle.« Der Prophet Mohammed händigt Hussain den Schlüssel zum Paradies ein und spricht:

»Gehe du und errette von den Flammen jeden, der in seiner Lebenszeit eine einzige Träne für dich geweint hat, jeder, der dir auf irgendeine Weise geholfen, jeden, der eine Pilgerfahrt an deinen Schrein unternommen oder für dich geklagt hat, und jeden, der tragische Verse für dich geschrieben hat. Trage jeden und alle mit dir ins Paradies.«

Mehr Nachdruck auf die Klage hat kein Glaube gelegt. Sie ist das höchste religiöse Verdienst und jedem anderen guten Werke um ein Vielfaches überlegen. Man ist wohl berechtigt, hier von einer Klagereligion zu sprechen.

Ihren Paroxysmus erreicht aber diese Art von Masse nicht in den Theatern während der Aufführung der Passionsspiele. Der »Tag des Blutes« auf den Straßen Teherans, der eine halbe Million Menschen erfaßt, ist von einem Augenzeugen mit folgenden Worten beschrieben worden. Ein Bericht, der unheimlicher und zwingender ist, wird sich schwerlich finden lassen.

»500 000 Menschen, vom Wahne gepackt, bedecken sich das Haupt mit Asche und schlagen mit der Stirn gegen den Boden.

Sie wollen sich der freiwilligen Marter unterwerfen, sich in Gruppen umbringen und raffiniert verstümmeln. Die Prozessionen der Gilden folgen eine nach der anderen. Da sie aus Leuten bestehen, die einen Schimmer von Vernunft behalten haben, den Instinkt der menschlichen Selbsterhaltung nämlich, sind ihre Teilnehmer auf gewöhnliche Weise gekleidet.
Eine große Stille tritt ein; zu Hunderten kommen Männer in weißen Hemden herbei, das Gesicht ekstatisch zum Himmel gewandt.
Von diesen Männern werden mehrere am Abend tot sein, viele verstümmelt und entstellt, und die weißen Hemden, rot verfärbt,werden Leichentücher sein. Schon gehören diese Wesen der Erde nicht mehr an. Ihre grob geschnittenen Hemden lassen nur Hals und Hände frei: Gesichter von Märtyrern, Mörderhände.
Unter aufmunternden Zurufen und Ansteckung ihres Wahns händigen andere ihnen Säbel ein. Ihre Erregung wird nun mörderisch, sie drehen sich im Kreise um sich herum und schwingen die Waffen, die man ihnen gegeben hat, über dem Kopfe. Ihre Schreie übertönen die der Masse. Um ihre Leiden auszuhalten, müssen sie in einen Zustand von Katalepsie geraten. Mit Schritten von Automaten gehen sie vor, zurück, zur Seite, ohne offenbare Ordnung. Bei jedem Schritt, im Takt, schlagen sie sich mit den schartigen Säbeln auf den Schädel. Das Blut fließt. Die Hemden färben sich scharlachrot. Der Anblick dieses Blutes treibt die Verwirrung in ihrem Hirn auf die Spitze. Einige dieser freiwilligen Märtyrer stürzen zusammen und schlagen mit ihren Säbeln um sich. Aus ihrem zusammengepreßten Mund fließt Blut. In ihrer Raserei haben sie sich Venen und Arterien durchschnitten und sterben an Ort und Stelle, bevor die Polizei Zeit hat, sie in eine Ambulanz zu tragen, die hinter den herabgelassenen Rolläden einer Butike eingerichtet ist.
Die Masse, für die Schläge der Polizisten unempfindlich, schließt sich über diesen Menschen, nimmt sie in sich auf und schleppt sie in einen anderen Teil der Stadt, wo sich das Blutbad fortsetzt. Nicht ein Mensch bleibt bei klarem Bewußtsein. Die für sich selbst nicht den Mut zum Blutvergießen haben, bieten den anderen Kola zur Stärkung an und reizen sie mit diesem Mittel und mit Verwünschungen auf.
Märtyrer ziehen sich das Hemd aus, es gilt als gesegnet, und geben es denen, die sie mit sich führen. Andere, die anfangs

nicht zu den freiwilligen Opfern gehören, entdecken plötzlich in der allgemeinen Aufregung ihren Durst nach Blut. Sie verlangen Waffen, reißen sich die Kleider herunter und fügen sich, wo es sich trifft, Verletzungen zu.
Manchmal entsteht eine Lücke in einer Prozession, einer der Teilnehmer fällt erschöpft zu Boden. Die Lücke füllt sich sofort, über dem Unglücklichen schließt sich die Masse zusammen, stößt ihn mit Füßen und tritt auf ihn.
Es gibt kein schöneres Los, als an einem Festtage der Aschura zu sterben, die Pforten der acht Paradiese stehen für die Heiligen weit offen, und jeder sucht hineinzugelangen.
Soldaten im Dienst, die sich der Verwundeten annehmen und die Ordnung aufrechterhalten sollen, werden von der Erregung der Masse gepackt. Sie entledigen sich ihrer Uniform und stürzen sich selbst ins Blutbad.
Der Wahn packt die Kinder, sogar die ganz kleinen: neben einem Brunnen steht eine Mutter, trunken vor Stolz, und drückt ihr Kind ans Herz, das sich eben verstümmelt hat. Eine andere kommt schreiend gerannt: es hat sich ein Auge ausgestochen, in wenigen Augenblicken sticht es sich das andere aus; die Eltern betrachten es mit Wonne.«

Katholizismus und Masse

Am Katholizismus fällt bei unvoreingenommener Betrachtung eine gewisse *Langsamkeit* und *Ruhe* auf, verbunden mit großer *Breite*. Sein Hauptanspruch, daß er für alle Platz hat, ist schon in seinem Namen enthalten. Es ist erwünscht, daß jeder sich zu ihm bekehrt, und jeder wird unter gewissen Bedingungen, die man nicht gut als hart empfinden kann, aufgenommen. Darin, im Prinzip und nicht im Vorgang der Aufnahme, hat sich eine letzte Spur von Gleichheit erhalten, die von seinem sonstigen streng hierarchischen Wesen merkwürdig absticht.
Seine Ruhe, die neben seiner Breite auf viele die größte Anziehung ausübt, verdankt er seinem Alter und seiner Abneigung gegen alles heftig Massenhafte. Das Mißtrauen gegen die Masse hat den Katholizismus seit langem nicht mehr verlassen, vielleicht schon seit den frühesten ketzerischen Bewegungen der Montanisten nicht, die sich mit entschiedener Respektlosigkeit gegen die Bischöfe wandten. Die Gefährlichkeit plötzlicher

Ausbrüche, die Leichtigkeit, mit der sie weitertreiben, ihre Raschheit und Unberechenbarkeit, vor allem aber das *Abheben der Distanzlasten*, zu denen die Distanzen der kirchlichen Hierarchie in besonders hohem Maße zu rechnen sind – das alles hat die Kirche schon früh dazu bestimmt, in der offenen Masse ihren Hauptfeind zu sehen und sich auf jede mögliche Weise gegen sie zu stellen.

Alle ihre Glaubensinhalte, wie auch alle praktischen Formen ihrer Organisation, sind von dieser unerschütterlichen Erkenntnis gefärbt. Es hat bis jetzt keinen Staat auf der Erde gegeben, der sich auf so mannigfaltige Weise gegen die Masse zu wehren verstand. An der Kirche gemessen, erscheinen alle Machthaber wie traurige Stümper.

Da ist vor allem an den Kult selber zu denken, der auf die versammelten Gläubigen am unmittelbarsten wirkt. Er ist von einer Langsamkeit und Getragenheit, die nicht zu überbieten ist. Die Bewegungen der Priester in ihrem schweren und steifen Ornat, die Gemessenheit ihrer Schritte, das Gezogene ihrer Worte – ein wenig erinnert es alles an eine unendlich verdünnte Totenklage, über die Jahrhunderte mit solcher Gleichmäßigkeit verteilt, daß von der Plötzlichkeit des Todes, der Heftigkeit des Schmerzes kaum etwas übriggeblieben ist: der zeitliche Vorgang der Klage ist *mumifiziert.*

Auf mehr als eine Weise wird die Verbindung unter den Gläubigen selber verhindert. Sie predigen nicht zueinander; das Wort des einfachen Gläubigen hat keinerlei Heiligkeit. Was immer er erwartet, was immer den mannigfachen Druck, der auf ihm lastet, lösen soll, kommt von höherer Stelle; was ihm nicht erklärt wird, *versteht* er nicht einmal. Das heilige Wort wird ihm vorgekaut und dosiert verabreicht, es wird, eben als Heiliges, vor ihm *geschützt.* Selbst Sünden gehören den Priestern, denen er sie beichten muß. Es ist keine Erleichterung für ihn, sie andern, gewöhnlichen Gläubigen mitzuteilen, und er darf sie auch nicht für sich behalten. In allen tieferen, moralischen Fragen steht er der Priesterschaft allein gegenüber; für das halbwegs zufriedene Leben, das sie ihm ermöglicht, ist er ihr mit Haut und Haaren ausgeliefert.

Aber selbst die Art, wie die Kommunion verabreicht wird, trennt den Gläubigen von den anderen, die sie mit ihm empfangen, statt sie an Ort und Stelle miteinander zu verbinden. Für sich empfängt der Kommunikant einen kostbaren Schatz. Für sich erwartet er ihn, für sich soll er ihn behüten. Wer die Reihen derer, die sich zur Kommunion anstellen, betrachtet hat, kann nicht umhin zu bemerken, wie sehr jeder einzelne mit sich allein beschäftigt ist. Wer vor und nach ihm kommt, geht ihn noch weniger etwas an als der Mitmensch, mit dem er es im gewöhnlichen Leben zu tun hat, und die Verbindung mit diesem ist schon lose genug. Die Kommunion verbindet den Empfänger mit der Kirche, die unsichtbar und von gewaltigen Ausmaßen ist; sie entrückt ihn den Anwesenden. Die Kommunikanten untereinander fühlen sich so wenig als ein Leib wie eine Gruppe von Menschen, die einen Schatz gefunden und soeben unter sich aufgeteilt hat.

In der Art dieses Vorganges, der für den Glauben von so zentraler Bedeutung ist, verrät die Kirche ihre Vorsicht vor allem, was an Masse auch nur gemahnen könnte. Sie schwächt und mildert das Gemeinsame unter den wirklich anwesenden Menschen und setzt dafür ein geheimnisvoll Gemeinsames in der Ferne, das übermächtig ist, das des Gläubigen nicht unbedingt bedarf und das die Grenze zwischen ihm und sich, solange er am Leben ist, nie wirklich aufhebt. Die erlaubte Masse, auf die der Katholizismus immer verweist, die der Engel und Seligen, ist nicht nur in ein fernes Jenseits entrückt und dadurch allein schon, durch ihre Abgelegenheit, harmlos gemacht und aus dem Bereiche unmittelbarer Ansteckung entfernt; sie ist auch in sich von vorbildlicher Gelassenheit und Ruhe. Man stellt sich nicht vor, daß die Seligen viel unternehmen; ihre Gelassenheit erinnert an die einer Prozession. Sie ergehen sich und singen, lobpreisen und fühlen ihr Glück. Sie treiben es alle ähnlich, eine gewisse Uniformität ihres Schicksals ist nicht zu verkennen; es ist nie versucht worden, die weitgehende Gleichheit ihres Lebenswandels zu verbergen oder durcheinanderzubringen. Sie sind viele, sie sind nah beieinander, und sie sind von der gleichen Seligkeit erfüllt. Aber damit sind ihre massenhaften Züge auch alle aufgezählt. Sie werden *mehr*, aber so langsam, daß man es nicht bemerkt: von ihrer zunehmenden Zahl wird nie gesprochen. Sie haben auch keine Richtung. Ihr Zustand ist endgültig. Der Hofstaat, den sie bilden, ist unveränderlich. Sie wollen nirgends mehr hin; es gibt nichts, was sie noch zu erwarten hätten. Gewiß ist dies die mildeste, die harmloseste Form der Masse, die sich denken läßt. Vielleicht kann man sie gerade noch als solche bezeichnen; eigentlich ist sie genau an der Grenze: ein versammelter Chor, der schöne aber nicht zu aufregende Lieder singt; die Erwähltheit als Zustand, *nach* allen Verrichtungen, die der Bewährung dienen, und von ewiger Dauer. Wenn Dauer nicht bei allem, was Menschen sich ersehnen, am schwersten zu erzielen wäre, fände man es schwer zu begreifen, was eigentlich die Anziehung der Seligen als Masse ausmacht.

Ganz so verhalten wie unter den Seligen geht es hier auf Erden nicht zu, aber was immer die Kirche zu zeigen hat, wird *langsam* gezeigt. Prozessionen sind ein eindrucksvolles Beispiel dafür. Sie sollen von möglichst vielen gesehen werden, ihre Bewegung richtet sich danach, sie ist wie ein leises Schieben. Sie faßt die Gläubigen zusammen, indem sie an ihnen vorüberstreift, ganz allmählich und ohne sie selbst zu einer größeren Bewegung zu reizen, es sei denn zum anbetenden Niederknien oder zum Anschließen in der gehörigen Reihenfolge, ganz am Ende des Zuges, ohne den Gedanken, ohne den Wunsch, innerhalb dieser Reihe je aufzusteigen.

Die Prozession bietet immer ein Abbild der kirchlichen Hierarchie. Jeder schreitet im Gewand seiner vollen Würde einher und wird von jedem als das erkannt und bezeichnet, was er vorstellt. Man erwartet den Segen von dem, der ein Recht hat, ihn zu vergeben. Schon diese Gliederung der Prozession hemmt im Beschauer die Annäherung an einen massenähnlichen Zustand. Er wird auf vielen Stufen der Betrachtung zugleich festgehalten; jeder Ausgleich unter ihnen, jedes Zusammenschlagen in eines ist ausgeschlossen. Der erwachsene Beschauer wird sich nie als den Priester oder den Bischof sehen. Sie bleiben immer von ihm getrennt, er stellt sie immer über sich. Aber je gläubiger er ist, um so mehr wird er dazu neigen, ihnen, die so viel höher und heiliger sind als er, seine Verehrung zu beweisen. Genau so viel und nicht mehr bezweckt die Prozession, sie will es bis zur gemeinsamen *Verehrung* der Gläubigen bringen. Mehr Gemeinsamkeit ist gar nicht erwünscht, sie könnte zu Gefühlsausbrüchen und Aktivitäten führen, die nicht mehr zu kontrollieren sind. Auch die Verehrung selbst ist graduiert; indem sie, der Prozession entlang, von Stufe zu Stufe klimmt, Stufen, die bekannt und erwartet sind, Stufen, die alle bestehen bleiben, ist ihr jeder Stachel der Plötzlichkeit genommen. Sie steigt leise und unbeirrbar wie die Flut, erreicht ihren höchsten Stand und sinkt langsam wieder.

Bei der Bedeutung aller Formen der Organisation für die Kirche ist es nicht zu verwundern, daß sie eine reiche Zahl von Massenkristallen aufweist. Vielleicht läßt sich ihre Funktion nirgends so gut wie hier studieren; wobei aber nicht zu vergessen ist, daß auch sie der allgemeinen Richtung der Kirche dienen, die eine der Verhütung oder eigentlich Verlangsamung von Massenbildungen ist.

Zu diesen Massenkristallen gehören die Klöster und Orden. Sie enthalten die eigentlichen Christen, die dem Gehorsam, der Armut und der Keuschheit leben. Sie sollen dazu dienen, den andern, den vielen, die zwar Christen heißen, aber nicht wie Christen leben können, immer wieder solche, die es wirklich sind, vor Augen zu führen. Ihre Tracht ist das wichtigste einzelne Mittel dazu. Sie bedeutet Entsagung und Loslösung aus dem gewohnten Verband der Familie.

Ihre Funktion ändert sich völlig in Zeiten der Gefahr. Nicht immer kann sich die Kirche ihre vornehme Zurückhaltung, ihre Abneigung vor der offenen Masse, das Verbot, das sie auf deren Bildung gelegt hat, erlauben. Es gibt Zeiten, in denen Feinde von außen sie bedrohen oder in denen der Abfall so rapid um sich greift, daß er nur mit den Mitteln der Seuche selber zu bekämpfen ist. In solchen Zeiten sieht sich die Kirche genötigt, den feindlichen Massen eigene entgegenzusetzen. Die Mönche werden dann zu Agitatoren, die predigend durchs Land ziehen und die Menschen zu einer Aktivität aufrufen, die man sonst lieber vermeidet. Der großartigste Fall einer solchen bewußten Massenbildung durch die Kirche sind die Kreuzzüge.

Das Heilige Feuer in Jerusalem

Die griechische Feier der Osterwoche in Jerusalem gipfelt in einem Vorgang ganz ungewöhnlicher Art. Am Ostersamstag senkt sich in der Grabeskirche das Heilige Feuer vom Himmel auf die Erde herab. Tausende von Pilgern aus aller Welt sind versammelt, um ihre Kerzen an der Flamme zu entzünden, sobald sie aus dem Grabe des Erlösers hervorschießt. Das Feuer selbst gilt als ungefährlich, die Gläubigen sind davon überzeugt, daß es ihnen nichts anhaben kann. Doch der Kampf um die Erlangung des Feuers hat schon manche Pilger das Leben gekostet.

Stanley, der später Dean von Westminster wurde, wohnte auf einer Reise im Jahre 1853 der Osterfeier in der Grabeskirche bei und hat eine ausführliche Schilderung von ihr gegeben.

›Die Kapelle, die das heilige Grab enthält, ist im Zentrum der Kirche gelegen. In zwei großen Kreisen, durch zwei Reihen von Soldaten getrennt, sind die Gläubigen dicht aneinandergedrängt ums Grab versammelt. Das Band zwischen diesen Ringen halten türkische Soldaten von Menschen frei. In den Galerien oben sitzen die Zuschauer, es ist der Morgen des Ostersamstags, und vorläufig ist alles still. Nichts kündigt die kommenden Ereignisse an. Zwei oder drei Pilger halten sich mit starrem Griff an einer Öffnung in der Mauer der Grabeskapelle fest.

Um die Mittagszeit bricht ein wirrer Haufen von arabischen Christen in den freien Gang durch und stürzt darin wild im Kreise umher, bis sie von Soldaten gefangen werden. Es scheint der Glaube dieser Araber zu sein, daß das Feuer nicht kommt, wenn sie nicht zuvor ein paarmal ums Grab herumrennen. Zwei volle Stunden lang finden nun diese Freudensprünge ums Grab statt. 20, 30 oder 50 Mann rennen plötzlich los, packen einander, heben einen von ihnen hoch, auf die Schultern oder die Köpfe, und stürzen mit ihm vorwärts, bis er herunterspringt und ein anderer nachfolgt. Manche sind in Schaffelle gekleidet, manche fast nackt. Gewöhnlich geht einer von ihnen als ihr Wortführer voraus. Er klatscht in die Hände, sie klatschen auch und stoßen ein wildes Geheul aus: »Dies ist das Grab Jesus Christi. Gott erhalte den Sultan. Jesus Christus hat uns erlöst.« Was in kleineren Gruppen beginnt, nimmt bald zu, bis schließlich das ganze Kreisband zwischen den Soldaten von einem Wettrennen, einem Strudel, einem reißenden Strom dieser wilden Gestalten erfüllt ist. Allmählich läßt die Raserei nach, oder sie wird eingedämmt. Die Bahn wird frei gemacht, und aus der griechischen Kirche nähert sich eine lange Prozession mit gestickten Bannern und wandelt ums Grab herum.

Von diesem Augenblick an wird die Erregung, die sich bisher auf die Läufer und Tänzer beschränkt hat, allgemein. Die zwei riesigen Massen von Pilgern, von den Soldaten getrennt, bleiben noch immer auf ihren Plätzen stehen, brechen aber alle zusammen in eine wilde Folge von Rufen aus, zwischen denen man von Zeit zu Zeit – es klingt sonderbar genug – die Gesänge der Prozession vernimmt. Dreimal geht die Prozession ums

Grab. Beim dritten Male vereinigen sich die beiden Reihen der türkischen Soldaten und schließen sich hinten an. In *einer* großen Bewegung schwankt die Masse hin und her. Der Höhepunkt des Tages nähert sich. Die Gegenwart der ungläubigen Türken verhindert, so glaubt man, die Herabkunft des Feuers, und der Augenblick ist gekommen, sie aus der Kirche zu vertreiben. Sie lassen sich vertreiben, und ein Durcheinander wie von Schlacht und Sieg erfüllt die Kirche. Aus jeder Richtung bricht der tobende Mob auf die Truppen los, die zur Südostecke aus der Kirche strömen – die Prozession wird durchbrochen, die Banner zittern und schwanken.
In einer kleinen, aber kompakten Schar von Leuten wird der Bischof von Petra, der diesmal »Bischof des Feuers« ist und den Patriarchen vertritt, rasch in die Kapelle des Grabes geschafft, und die Türe wird hinter ihm geschlossen. Die ganze Kirche ist jetzt ein einziges Meer von Köpfen und tönt dröhnend wider. Ein Stück allein ist frei geblieben: von der Öffnung auf der Nordseite der Kapelle zur Mauer der Kirche führt ein schmaler Gang. Bei der Öffnung selbst steht ein Priester, um das Feuer zu fangen. Auf beiden Seiten des Ganges, so weit das Auge reicht, sind Hunderte von nackten Armen ausgestreckt wie die Äste eines Waldes, der in einem heftigen Sturm erbebt.
In früheren, kühneren Zeiten erschien in diesem Moment eine Taube über der Kuppel der Kapelle, um die Herabkunft des heiligen Geistes sichtbar zu machen. Davon ist man jetzt abgekommen, aber der Glaube an die Herabkunft besteht noch immer, und nur wenn man das weiß, kann man die gesteigerte Erregung der nächsten Augenblicke vollkommen begreifen. Eine helle Flamme wie von brennendem Holz erscheint innerhalb der Öffnung – wie jeder gebildete Grieche weiß und zugibt, vom Bischof in der Kapelle entzündet. Jeder Pilger aber glaubt, daß es das Licht der Herabkunft Gottes aufs heilige Grab ist. Alles verschwimmt nun in der allgemeinen Erregung, von der die Kirche erfüllt ist, kein Zug oder Vorfall mehr läßt sich deutlich entnehmen. Langsam, allmählich breitet sich das Feuer aus, von Hand zu Hand und von Kerze zu Kerze, durch die ungeheure Menge, bis schließlich das ganze Gebäude von einer Galerie zur anderen und überall unten ein einziges, weites Feuer von Tausenden von brennenden Kerzen bildet.
Dies ist der Augenblick, in dem der Bischof oder der Patriarch

im Triumph auf den Schultern der Leute aus der Kapelle getragen wird, einer Ohnmacht nahe, um den Eindruck zu erwecken, daß er von der Glorie des Allmächtigen überwältigt sei, von dessen unmittelbarer Gegenwart er eben zurückkehre.
Ein großer Ansturm setzt nun ein, um dem Rauch und der erstickenden Hitze zu entgehen und um die entzündeten Kerzen in die Straßen und Häuser von Jerusalem zu tragen. Man drängt zur einzigen Tür der Kirche hinaus, und manchmal ist der Andrang so groß, daß er zu einem Unglück führt, wie 1834, als es Hunderten von Menschen das Leben kostete. Eine kurze Weile noch rennen die Pilger hin und her und reiben Gesicht und Brust gegen das Feuer, um seine Unschädlichkeit, an die man glaubt, zu beweisen. Aber die wilde Begeisterung ist mit der Mitteilung des Feuers zu Ende. Nicht der am wenigsten eindrucksvolle Teil des Schauspiels ist die rapide und vollkommene Abnahme einer Raserei von solcher Intensität. Die wütende Aufregung des Morgens steht in sonderbarem Gegensatz zur tiefen Ruhe des Abends, da die Kirche wieder von einer einzigen Masse von Pilgern erfüllt und bedeckt ist, aber diesmal in tiefem Schlaf. So harren sie auf den Gottesdienst um Mitternacht.‹
Auch das große Unglück des Jahres 1834 hatte seinen englischen Augenzeugen, *Robert Curzon.* Sein Bericht über die Katastrophe ist von furchtbarer Anschaulichkeit, er folgt in seinen wesentlichen Zügen.
In der Mitternacht auf den Karsamstag begab sich Curzon mit seinen Freunden in die Grabeskirche, um die Prozession der Griechen zu sehen. Jedes Fenster und jede Ecke, jede kleinste Stelle, wo der Fuß eines lebenden Wesens Platz fand, schien mit Menschen vollgestopft, mit Ausnahme der Galerie, die für Ibrahim Pascha, den türkischen Gouverneur von Jerusalem, und seine englischen Gäste reserviert war. 17000 Pilger waren, so hieß es, in Jerusalem, und fast alle waren gekommen, um das heilige Feuer zu sehen.
Am nächsten Morgen bahnten Soldaten mitten durch die Menge einen Weg für Ibrahim Pascha. Er wurde mit einer Art von verrückter Prozession empfangen und nahm auf der Galerie Platz.
›Die Leute wurden nun allmählich wild. Eine ganze Nacht hatten sie in einer solchen Masse dagestanden, und sie waren erschöpft. Als die Zeit für die Ausstellung des heiligen Feuers

herannahte, konnten sie vor Freude nicht mehr an sich halten. Ihre Erregung wuchs, um etwa 1 Uhr kam eine großartige Prozession aus der Kapelle der Griechen. Sie führten den Patriarchen dreimal ums Grab. Dann legte er sein äußeres Gewand, das aus silbergewirktem Stoffe bestand, ab und ging ins Grab hinein, die Türe wurde hinter ihm geschlossen. Die Aufregung der Pilger hatte ihren höchsten Stand erreicht, sie kreischten laut. Die dichte Masse von Menschen schwankte hin und her wie ein Kornfeld im Wind.

Das heilige Feuer wird aus einem runden Loch an einer Stelle der Grabkapelle herausgereicht. Der Mann, der die höchste Summe für diese Ehre bezahlt hatte, wurde von einem Trupp Soldaten an diesen Ort geleitet. Einen Augenblick herrschte Schweigen; dann erschien ein Licht aus dem Grab, und der glückliche Pilger empfing vom Patriarchen, der drinnen war, das heilige Feuer. Es bestand aus einem Bündel von dünnen Wachskerzen, die entzündet waren. Sie steckten in einem eisernen Rahmen; so wollte man verhindern, daß sie in der Menge auseinandergerissen und ausgelöscht würden. Denn eine wütende Schlacht entspann sich sogleich. Jeder war so voller Eifer, das heilige Licht zu erlangen, daß mancher, der seine eigene Kerze zu entzünden suchte, die seines Nachbarn dabei verlöschte.

Das war die ganze Zeremonie: keine Predigt, keine Gebete, ein wenig Singsang während der Prozession. Bald sah man die Lichter sich in allen Richtungen vermehren, jeder hatte seine Kerze an der heiligen Flamme entzündet: die Kapellen, Galerien und jede Ecke, wo es möglich war, eine Kerze zu zeigen – alles erschien in einem Meer von Licht. In ihrer Raserei steckten sich die Menschen die Bündel von brennenden Kerzen an Gesicht, Hände und Brust, um sich von ihren Sünden zu reinigen.

Bald war alles von Kerzenrauch verdunkelt, ich sah ihn in großen Wolken aus der Öffnung in der Mitte des Domes oben entweichen. Es herrschte ein schrecklicher Geruch. Drei unglückliche Personen, von der Hitze und der schlechten Luft überkommen, fielen von den oberen Galerien herunter und wurden auf den Köpfen der Leute unten zerschmettert. Eine arme armenische Dame, 17 Jahre alt, starb auf ihrem Sitz vor Hitze, Durst und Erschöpfung.

Schließlich, nachdem wir alles gesehen hatten, was es zu sehen

gab, erhob sich Ibrahim Pascha und ging fort. Seine zahlreichen Wachen bahnten ihm mit Brachialgewalt einen Weg durch die dichte Masse von Menschen, die die Kirche erfüllte. Diese Masse war ungeheuer, wir warteten darum ein wenig, dann machten wir uns alle zusammen auf den Rückweg in unser Kloster. Ich ging als erster, hinter mir folgten meine Freunde, die Soldaten bahnten uns einen Weg durch die Kirche. Ich war an die Stelle gelangt, wo die heilige Jungfrau während der Kreuzigung stand, als ich eine Anzahl von Menschen aufeinander liegen sah, überall ringsum in diesem Teil der Kirche, soweit ich es ausmachen konnte, bis zur Tür. Ich suchte, so gut es ging, zwischen ihnen durchzukommen, bis sie so dicht beisammen waren, daß ich tatsächlich auf einen großen Haufen von Leibern trat. Da plötzlich fuhr es mir durch den Kopf, daß sie alle tot seien. Ich hatte das zuerst nicht bemerkt, ich dachte, sie seien nur von den Anstrengungen der Zeremonie sehr mitgenommen und hätten sich da niedergelegt, um sich auszuruhen. Aber als ich an den größeren Haufen kam, blickte ich auf sie hinunter und bemerkte jenen scharfen, harten Ausdruck des Gesichts, der nicht zu mißdeuten ist. Manche waren ganz schwarz als Folge der Erstickung, und etwas weiter waren andere voller Blut und mit dem Hirn und den Eingeweiden derer bedeckt, die von der Masse in Stücke getreten worden waren.
In diesem Teil der Kirche war keine lebende Masse mehr; aber ein wenig weiter, um die Ecke, gegen den Haupteingang zu, drängten die Leute in ihrer Panik noch immer nach vorn, und jeder tat sein möglichstes, um zu entkommen. Die Wachen außen, über den Andrang von innen erschreckt, dachten, daß die Christen sie angreifen wollten: Das Durcheinander wandelte sich bald in eine Schlacht. Die Soldaten töteten mit ihren Bajonetten viele arme Teufel, die am Zusammenbrechen waren; die Wände waren bespritzt mit dem Blut und Hirn von Männern, die wie Ochsen von den Gewehrkolben der Soldaten gefällt worden waren. Jeder suchte sich zu verteidigen oder zu retten. Alle, die im Handgemenge fielen, wurden sofort von den anderen zu Tode getrampelt. So wild und verzweifelt wurde der Kampf, daß selbst die panischen und erschreckten Pilger schließlich mehr auf die Zerstörung anderer als auf ihre eigene Rettung bedacht schienen.
Sobald ich die Gefahr erkannte, rief ich meinen Gefährten zu, daß sie umkehren sollten; das taten sie auch. Ich selber aber

wurde durch das Gedränge weitergetrieben, bis in die Nähe der Türe, wo alle um ihr Leben kämpften. Hier sah ich den sicheren Tod vor mir und machte jede Anstrengung, zurück zu gelangen. Ein Offizier des Paschas, an seinem Stern als Oberst zu erkennen, ebenso alarmiert wie ich, trachtete auch umzukehren. Er packte mich an meinem Gewand und zog mich auf den Leib eines alten Mannes nieder, der daran war, seinen letzten Seufzer zu tun. Der Offizier drückte mich nieder, und mit dem Mute der Verzweiflung rangen wir miteinander, unter Sterbenden und Toten. Ich kämpfte mit diesem Manne, bis ich ihn heruntergezerrt hatte. Dann gelang es mir, wieder auf die Beine zu kommen. – Später erfuhr ich, daß er sich nie wieder erhoben hatte.
Für einen Augenblick stand ich im Handgemenge, auf dem unbehaglichen Grunde toter Leiber, von der dichten Masse aufrecht gehalten, die sich in diesem engen Teil der Kirche zusammenpreßte. Wir standen alle für eine kurze Weile still. Plötzlich schwankte die Masse. Ein Ruf erscholl, die Masse öffnete sich, und ich sah mich in der Mitte einer Reihe von Männern stehen, eine andere Reihe mir gegenüber, alle bleich und grausig mit zerrissenen und blutigen Kleidern. Da standen wir und starrten aufeinander; und schon ergriff uns ein plötzlicher Impuls, mit einem Schrei, der in den langen Schiffen der Grabeskirche widerhallte, stürzten die beiden gegnerischen Reihen aufeinander los, und bald zerrte und riß ich an einem halbnackten Mann herum, dessen Beine mit Blut beschmiert waren. Die Masse fiel wieder zurück, in verzweifelten Kämpfen und hartem Ringen schlug ich mich ins Innere der Kirche zurück, wo ich meine Freunde fand. Es gelang uns, die Sakristei der Katholiken zu erreichen und von da den Raum, den uns die Mönche zu unserem Aufenthalte zugewiesen hatten. Noch am Eingang zur Sakristei hatten wir einen wütenden Kampf mit einer größeren Menge von Pilgern zu bestehen, die mit uns hineinzudrängen suchten. Ich dankte Gott für meine Rettung; sie war knapp gewesen.
Die Toten lagen in Haufen herum, ich sah gut 400 unselige Menschen, Tote und Lebende, alle durcheinander aufgehäuft, an manchen Stellen über fünf Fuß hoch. Ibrahim Pascha hatte die Kirche nur wenige Minuten vor uns verlassen und war sehr knapp mit dem Leben davongekommen. Er war auf allen Seiten von der Masse eingekeilt, einige hatten ihn angegriffen. Nur

unter den größten Anstrengungen seines Gefolges, von denen mehrere getötet wurden, hatte er den äußeren Hof erreicht. Während des Kampfes war er mehr als einmal in Ohnmacht gefallen; seine Leute mußten mit nackten Säbeln durch die dichte Masse der Pilger einen Weg für ihn hauen. Draußen angelangt, gab er Befehl für die Entfernung der Leichen und veranlaßte seine Leute, die Leiber von solchen, die noch zu leben schienen, aus den Haufen der Toten herauszuziehen. –
Nach der furchtbaren Katastrophe in der heiligen Grabeskirche war das Heer der Pilger in Jerusalem wie von einer Panik ergriffen, und jeder suchte so rasch wie möglich aus der Stadt zu fliehen. Ein Gerücht ging um, daß die Pest ausgebrochen sei. Mit den anderen zusammen trafen wir Anstalten für unsere Abreise.‹

Um zu begreifen, was hier vor sich gegangen ist, muß man wohl unterscheiden zwischen dem regulären Verlauf der Osterfeier und dieser Panik des Jahres 1834, deren Zeuge Curzon war.

Es ist das Fest der Auferstehung. Die Klagemeute, die sich um den Tod Christi und sein Grab gebildet hat, verwandelt sich in eine des Sieges. Die Auferstehung ist der Sieg und wird als solcher gefeiert. Das Feuer wirkt hier als ein Massensymbol des Sieges. Es soll sich jedem mitteilen, damit seine Seele an dieser Auferstehung teilhabe. Es muß sozusagen jeder zu demselben Feuer werden, das vom Heiligen Geiste stammt, und so ist es sinnvoll, daß jeder seine Kerze daran entzündet. Von der Kirche aus trägt man dann das kostbare Feuer nach Hause.

Der Betrug in der Art, wie das Feuer zustande kommt, ist irrelevant. Wesentlich ist das Umschlagen der Klagemeute in eine Siegesmeute. Man hat am Tode des Heilands teil, indem man sich um sein Grab versammelt. Aber indem man seine Kerze am Osterfeuer entzündet, das aus seinem Grabe hervorschießt, hat man auch teil an seiner Auferstehung.

Sehr schön und bedeutend ist die Vervielfältigung der Lichter, wie aus *einem* plötzlich Tausende von Lichtern werden. Die Masse dieser Lichter ist die Masse derer, die leben werden, weil sie glauben. Sie entsteht ungeheuer rasch, so rasch, wie eben nur Feuer sich ausbreitet. Für die Plötzlichkeit und Raschheit der Massenbildung ist Feuer das beste Symbol.

Aber bevor es soweit ist, bevor das Feuer wirklich erscheint, wird darum gekämpft. Die ungläubigen türkischen Soldaten, die in der Kirche anwesend sind, müssen vertrieben werden; solange sie da sind, kann das Feuer nicht erscheinen. Ihr Rückzug gehört zum Ritual des Festes, der Augenblick dazu kommt nach der Prozession der griechischen Würdenträger. Die Türken bewegen sich auf den Ausgang zu, aber die Gläubigen drängen ihnen nach, als hätten sie sie vertrieben, und ein Tumult wie von Schlacht und Sieg herrscht plötzlich in der Kirche.

Die Zeremonie beginnt mit zwei stockenden Massen, die durch die Soldaten getrennt sind. Kleine rhythmische Meuten von arabischen Christen bewegen sich zwischen ihnen und eifern sie an. Diese wilden, fanatischen Meuten haben die Wirkung von *Massenkristallen* und stecken die auf das Feuer Harrenden mit ihrer Erregung an. Dann setzt die Prozession der Würdenträger ein, eine langsame Masse, die aber bei dieser Gelegenheit viel rascher als je an ihr Ziel gelangt: Der halb ohnmächtige Patriarch, der später nach dem Entzünden des Feuers herumgetragen wird, ist das lebende Zeugnis dafür.

Die Panik des Jahres 1834 leitet sich mit furchtbarer Konsequenz aus dem Elemente des Kampfes her, das zur Zeremonie gehört. Die Gefahr einer Panik bei Feuer in einem geschlossenen Raum ist immer groß. Aber hier ist sie verstärkt durch den Gegensatz zwischen den Ungläubigen, die anfangs in der Kirche anwesend sind, und den Gläubigen, die sie vertreiben wollen. Curzons Schilderung ist reich an Zügen, die diesen Aspekt der Panik klären: In einem ihrer vielen, scheinbar völlig disparaten und sinnlosen Augenblicke sieht er sich plötzlich in einer Reihe von Männern einer anderen, feindlichen Reihe gegenüberstehen. Die beiden Reihen gehen aufeinander los, und ohne zu wissen, wer in dieser und wer in jener steht, kämpfen sie auf Leben und Tod miteinander. Er spricht von den Haufen der Leichen, auf die man tritt und über die man sich zu retten versucht. Die Grabeskirche ist zum Schlachtfeld geworden. Tote und noch Lebende liegen aufgestapelt in vielen Haufen beisammen. Die Auferstehung hat sich in ihr Gegenteil verkehrt, in eine allgemeine Niederlage. Die Vorstellung eines noch größeren Haufens von Toten, der Gedanke an die Pest bemächtigt sich der Pilger, und alle fliehen aus der Stadt des heiligen Grabes.

Massensymbole der Nationen

Die Versuche, den Nationen auf den Grund zu kommen, haben meist an einem wesentlichen Fehler gekrankt. Man wollte Definitionen für das Nationale schlechthin; eine Nation, sagte man, ist dies, oder eine Nation ist jenes. Man lebte im Glauben, daß es nur darauf ankäme, die richtige Definition zu finden. Wäre sie erst einmal da, so ließe sie sich gleichmäßig auf alle Nationen anwenden. Man nahm die Sprache her oder das Territorium; die geschriebene Literatur; die Geschichte; die Regierung; das sogenannte Nationalgefühl; und immer waren dann die Ausnahmen wichtiger als die Regel. Immer stellte sich heraus, daß man etwas Lebendes am losen Zipfel eines zufälligen Gewandes gepackt hatte; es entwand sich leicht, und man stand mit leeren Händen da.
Neben dieser scheinbar objektiven Methode gab es eine andere, naive, die nur an einer einzigen Nation interessiert war, an der eigenen nämlich, und der alle anderen gleichgültig waren. Sie bestand aus einem unerschütterlichen Anspruch auf Überlegenheit; aus prophetischen Visionen über die eigene Größe; aus einem eigentümlichen Gemisch moralischer und animalischer Prätentionen. Man glaube aber nicht, daß diese nationalen Ideologien sich auch tatsächlich alle gleichsehen. Es ist nur ihr aufdringlicher Appetit und Anspruch, der sie einander angleicht. Sie *wollen* vielleicht alle dasselbe, aber sie *sind* nicht dasselbe. Sie wollen Vergrößerung, und sie begründen diese mit Vermehrung. Die ganze Erde, so scheint es, ist jeder einzelnen von ihnen angelobt gewesen, und die ganze Erde wird jeder einzelnen von ihnen natürlich gehören. Alle anderen, die davon vernehmen, fühlen sich bedroht und sehen in ihrer Angst nur die Drohung. So bemerkt man nicht, daß der konkrete Gehalt, die wirklichen Ideologien dieser nationalen Anspruchsformen voneinander sehr verschieden sind. Man muß sich die Mühe nehmen – ohne ihre Gier zu teilen –, das Eigentümliche im Falle jeder Nation zu bestimmen. Man muß daneben stehen, keiner von ihnen hörig, aber redlich und zutiefst an ihnen allen interessiert. Man muß jede von ihnen geistig so in sich aufgehen lassen, als wäre man dazu verurteilt,

ihr für einen guten Teil seines Lebens wirklich anzugehören. Aber man darf keiner von ihnen so angehören, daß man ihr auf Kosten aller übrigen ausgeliefert ist.

Denn es ist eitel, von Nationen zu sprechen, wenn man sie nicht in ihren Unterschieden bestimmt. Sie führen lange Kriege gegeneinander durch. Ein sehr großer Teil der Angehörigen jeder Nation nimmt aktiv an diesen Kriegen teil. Es ist oft genug die Rede davon, wofür sie kämpfen. Aber *als was* sie kämpfen, das weiß niemand. Sie haben einen Namen dafür, sie sagen, als Franzosen, als Deutsche, als Engländer, als Japaner. Aber was bedeutet dieses Wort im Menschen, der es von sich gebraucht? Worin *glaubt* er anders zu sein, wenn er als Franzose, als Deutscher, als Engländer, als Japaner in den Krieg zieht? Es kommt hier gar nicht so sehr darauf an, worin er wirklich anders ist. Eine Untersuchung seiner Sitten und Gebräuche, seiner Regierung, seiner Literatur könnte gründlich scheinen und doch an diesem bestimmt Nationalen, das als *Glaube* da ist, wenn er Kriege führt, ganz vorübergehen.

Es sollen also die Nationen hier so angesehen werden, als wären sie *Religionen*. Sie haben die Tendenz, von Zeit zu Zeit wirklich in diesen Zustand zu geraten. Eine Anlage dazu ist immer da, in Kriegen werden die nationalen Religionen akut.

Es ist von vornherein zu erwarten, daß der Angehörige einer Nation sich *nicht allein* sieht. Sobald er bezeichnet wird oder sich selbst bezeichnet, rückt etwas Umfassenderes in seine Vorstellung, eine größere Einheit, zu der er sich selbst in Beziehung fühlt. Die Art dieser Einheit ist nicht gleichgültig, so wenig wie seine Beziehung zu ihr. Es ist nicht einfach die geographische Einheit seines Landes, wie man sie auf der Landkarte findet; diese ist dem normalen Menschen gleichgültig. Grenzen mögen ihre Spannung für ihn haben, nicht das eigentliche und vollständige Areal eines Landes. Er denkt auch nicht an seine Sprache, wie man sie bestimmt und erkennbar denen der anderen gegenüberstellen könnte. Gewiß haben Worte, die ihm vertraut sind, gerade in erregten Zeiten eine große Wirkung auf ihn. Aber es ist nicht ein Wörterbuch, das hinter ihm steht und für das er zu kämpfen bereit ist. Weniger noch bedeutet dem normalen Menschen die Geschichte seiner Nation. Er kennt weder ihren wirklichen Verlauf noch die Fülle ihrer Kontinuität; nicht das Leben, wie es früher war; und nur wenige Namen derer, die früher gelebt haben. Die Figuren und Augen-

blicke, die in sein Bewußtsein eingegangen sind, sind jenseits von allem, was der ordentliche Historiker unter Geschichte versteht.
Die größere Einheit, zu der er sich in Beziehung fühlt, ist immer eine *Masse* oder ein *Massensymbol*. Sie hat immer einige der Züge, die für Massen oder ihre Symbole charakteristisch sind: Dichte, Wachstum und Offenheit ins Unendliche, überraschender oder sehr auffallender Zusammenhang, gemeinsamer Rhythmus, plötzliche Entladung. Viele solche Symbole sind bereits behandelt worden. Es war die Rede vom Meer, vom Wald, vom Korn. Es wäre müßig, ihre Eigenschaften und Funktionen hier zu wiederholen, wie sie ihr Schicksal als Massensymbol bestimmt haben. Man wird sie in den Vorstellungen und Gefühlen, die die Nationen von sich selber haben, wiederfinden. Aber diese Symbole erscheinen nie nackt, nie *allein*: Der Angehörige einer Nation sieht immer sich selbst, auf *seine* Weise verkleidet, in starrer Beziehung zu einem bestimmten Massensymbol, das einer Nation das wichtigste geworden ist. In dessen regelmäßiger Wiederkehr, in dessen Auftauchen, wenn es der Augenblick erfordert, liegt die Konitnuität des Nationalgefühls. Mit ihm und ihm allein verändert sich das Selbstbewußtsein einer Nation. Es ist veränderlicher als man denkt, und man mag daraus einige Hoffnung auf den Weiterbestand der Menschheit schöpfen.
Im folgenden wird der Versuch gemacht, einige wenige Nationen auf ihre Symbole hin zu betrachten. Um ohne Voreingenommenheit zu folgen, versetze man sich um etwa zwanzig Jahre zurück. Es geht hier natürlich, wie nicht genug betont werden kann, um eine Reduktion auf ganz simple und allgemeine Züge, und über die individuellen Menschen selbst wird damit kaum etwas ausgesagt.

Engländer

Es ist ratsam, mit der Betrachtung einer Nation zu beginnen, die wenig laute Worte über sich macht und doch zweifellos noch immer das stabilste Nationalgefühl zeigt, das die Erde heute kennt: mit England. Jedermann weiß, was das *Meer* dem Engländer bedeutet. Aber es ist zu wenig bekannt, auf welche genaue Weise sein vielbesprochener Individualismus und seine Beziehung zum Meer miteinander zusammenhängen. Der

Engländer sieht sich als *Kapitän* mit einer kleinen Gruppe von Menschen auf einem Schiff, *ringsum und unter ihm das Meer*. Er ist beinahe allein, selbst als Kapitän von der Mannschaft in vielem isoliert.

Das Meer aber wird *beherrscht*, diese Vorstellung ist entscheidend. Die Schiffe sind einsam auf seiner ungeheuren Fläche, wie vereinzelte Individuen, personifiziert in einem Kapitän; dessen absolute Befehlsgewalt ist unumstritten. Der Kurs, den er steuert, ist der Befehl, den er dem Meere gibt, und nur seine mittelbare Ausführung durch die Mannschaft täuscht darüber hinweg, daß es eigentlich das Meer ist, das gehorchen muß. Er bestimmt das Ziel, und das Meer, auf seine lebendige Weise, trägt ihn hin; nicht ohne Stürme und andere Gegenregungen. Es kommt bei der Größe des Ozeans darauf an, wem es am häufigsten gehorcht, sein Gehorsam wird erleichtert, wenn das Ziel eine englische Kolonie ist. Das Meer ist dann wie ein Pferd, das seinen Weg gut kennt. Die Schiffe anderer gleichen mehr gelegentlichen Reitern, denen es geliehen wird; aber nur um später in den Händen des Herrn wieder so viel besser zu fahren. Das Meer ist so groß, daß es auch auf die *Zahl* der Schiffe ankommt, mit denen man es zügelt.

Was nun seinen Charakter anlangt, so muß man bedenken, wie vielen und wie leidenschaftlichen Veränderungen es unterworfen ist. In seinen Verwandlungen bietet es mehr Abwechslung als alle die Tiermassen, mit denen es die Menschen sonst zu tun hatten; und wie harmlos und stabil sind, am Meer gemessen, die Wälder des Jägers, die Felder des Bauern. Der Engländer holt sich seine Katastrophen auf dem Meere. Seine Toten muß er sich oft am Meeresgrund denken. So bietet ihm das Meer Verwandlungen und Gefahr.

Sein Leben zu Hause ist komplementär zum Meer gestaltet: Gleichmäßigkeit und Sicherheit sind seine wesentlichen Züge. Jeder hat seinen Platz, der um keiner Verwandlung willen verlassen werden soll, es sei denn, man geht aufs Meer; und jeder Mensch ist seiner Sitten wie seines Besitzes sicher.

Holländer

Die Bedeutung nationaler Massensymbole läßt sich besonders klar ersehen im Gegensatz zwischen Engländern und Niederländern. Diese Völker sind miteinander stammverwandt, ihre

Sprachen ähnlich, ihre religiöse Entwicklung ist beinahe dieselbe. Beide sind seefahrende Nationen und haben maritime Weltreiche gegründet. Das Schicksal eines holländischen Kapitäns, der auf Handelsentdeckungen ausging, konnte sich in nichts von dem eines englischen unterscheiden. Die Kriege, die sie gegeneinander geführt haben, sind die zwischen nahe verwandten Rivalen. Und doch ist ein Unterschied zwischen ihnen, der unbedeutend erscheinen mag, der aber alles ausmacht. Er betrifft ihre nationalen Massensymbole.

Die Engländer haben ihre Insel erobert, aber nicht dem Meere abgerungen. Das Meer unterwirft der Engländer durch seine Schiffe allein, der Kapitän ist der Befehlshaber des Meeres. Der Holländer hatte das Land, das er bewohnt, *dem Meere erst abzugewinnen.* Es lag so tief, daß er es durch Deiche vor dem Meere schützen mußte. Der Deich ist Anfang und Ende seines nationalen Lebens. *Die Masse der Männer setzt sich selber dem Deiche gleich*; vereint stemmen sie sich dem Meere entgegen. Sind die Deiche schadhaft, so ist das Land gefährdet. In Zeiten der Krise werden die Deiche durchstoßen; auf künstlichen Inseln ist man vor dem Feinde geschützt. Nirgends ist das Gefühl der menschlichen Mauer, die sich dem Meere entgegenstellt, so sehr ausgebildet worden wie hier. Auf die Deiche verläßt man sich im Frieden; aber wenn sie vor dem Feinde zerstört werden müssen, geht ihre Kraft auf die Männer über, die sie nach dem Krieg wieder errichten werden. In ihrer Gesinnung erhält sich der Deich, bis er wieder zu Wirklichkeit werden kann. Auf eine merkwürdige und unverwechselbare Weise tragen die Holländer, in Zeiten ernster Bedrohung, ihre Grenzen gegen das Meer *in sich.*

Wenn die Engländer auf ihrer Insel angegriffen wurden, verließen sie sich auf das Meer: mit Stürmen kam es ihnen gegen ihre Feinde zu Hilfe. Ihrer Insel waren sie sicher, und dieselbe Sicherheit fühlte jeder auf seinem Schiff. Der Holländer hatte immer Gefahr im Rücken. Das Meer war für ihn nie ganz unterjocht. Wohl segelte er darauf bis an alle Enden der Welt, aber zu Hause konnte es sich gegen ihn wenden, ja, im äußersten Falle mußte er, um den Feind abzuhalten, selber alles dazu tun, um es gegen sich zu wenden.

Das Massensymbol der Deutschen war das *Heer.* Aber das Heer war mehr als das Heer: es war der *marschierende Wald.* In keinem modernen Lande der Welt ist das Waldgefühl so lebendig geblieben wie in Deutschland. Das Rigide und Parallele der aufrechtstehenden Bäume, ihre Dichte und ihre Zahl erfüllt das Herz des Deutschen mit tiefer und geheimnisvoller Freude. Er sucht den Wald, in dem seine Vorfahren gelebt haben, noch heute gern auf und fühlt sich eins mit Bäumen.

Ihre Sauberkeit und Abgegrenztheit gegeneinander, die Betonung der Vertikalen, unterscheidet diesen Wald von dem tropischen, wo Schlinggewächse in jeder Richtung durcheinanderwachsen. Im tropischen Wald verliert sich das Auge in der Nähe, es ist eine chaotische, ungegliederte Masse, auf eine bunteste Weise belebt, die jedes Gefühl von Regel und gleichmäßiger Wiederholung ausschließt. Der Wald der gemäßigten Zone hat seinen anschaulichen Rhythmus. Das Auge verliert sich, an sichtbaren Stämmen entlang, in eine immer gleiche Ferne. Der einzelne Baum aber ist größer als der einzelne Mensch und wächst immer weiter ins Reckenhafte. Seine Standhaftigkeit hat viel von derselben Tugend des Kriegers. Die Rinden, die einem erst wie Panzer erscheinen möchten, gleichen im Walde, wo so viele Bäume derselben Art beisammen sind, mehr den Uniformen einer Heeresabteilung. Heer und Wald waren für den Deutschen, ohne daß er sich darüber im klaren war, auf jede Weise zusammengeflossen. Was anderen am Heere kahl und öde erscheinen mochte, hatte für den Deutschen das Leben und Leuchten des Waldes. Er fürchtete sich da nicht; er fühlte sich beschützt, einer von diesen allen. Das Schroffe und Gerade der Bäume nahm er sich selber zur Regel.

Der Knabe, den es aus der Enge zu Hause in den Wald hinaustrieb, um, wie er glaubte, zu träumen und allein zu sein, erlebte dort die Aufnahme ins Heer voraus. Im Wald standen schon die anderen bereit, die treu und wahr und aufrecht waren, wie er sein wollte, einer wie der andere, weil jeder *gerade* wächst, und doch ganz verschieden an Höhe und an Stärke. Man soll die Wirkung dieser frühen Waldromantik auf den Deutschen nicht unterschätzen. In hundert

Liedern und Gedichten nahm er sie auf, und der Wald, der in ihnen vorkam, hieß oft ›deutsch‹.
Der Engländer sah sich gern *auf dem Meer*; der Deutsche sah sich gern *im Wald*; knapper ist, was sie in ihrem nationalen Gefühl trennte, schwerlich auszudrücken.

Franzosen

Das Massensymbol der Franzosen hat eine junge Geschichte: es ist ihre *Revolution*. Das Fest der Freiheit wird jährlich gefeiert. Es ist das eigentliche nationale Freudenfest geworden. Am 14. Juli kann jeder mit jedem auf der Straße tanzen. Menschen, die sonst genau so wenig frei, gleich und brüderlich sind wie in anderen Ländern, können sich einmal so geben, als ob sie es wären. Die Bastille ist erstürmt, und die Straßen sind wieder voll wie damals. Die Masse, jahrhundertelang Opfer der königlichen Jusitz, übt selbst Justiz. Die Erinnerung an die Hinrichtungen jener Zeit, eine kontinuierliche Reihe von Massenerregungen der aufwühlendsten Art, gehört zu diesem Festgefühl mehr, als man es sich eingestehen mag. Wer sich der Masse entgegenstellte, gab ihr seinen Kopf. Er war ihn ihr schuldig und diente auf seine Weise dazu, ihr Hochgefühl zu erhalten und zu steigern.
Keine Nationalhymne, welches Volkes immer, hat das Leben der französischen – die Marseillaise entstammt jener Zeit. Der Ausbruch der Freiheit als periodisches Ereignis, jährlich wiederkehrend, jährlich erwartet, bot große Vorteile als Massensymbol einer Nation. Er hat auch später noch, wie damals, Kräfte der Verteidigung ausgelöst. Die französischen Armeen, die Europa eroberten, entsprangen der Revolution. Sie fand ihren Napoleon und größten kriegerischen Ruhm. Die Siege gehörten der Revolution und ihrem General, dem Kaiser blieb die schließliche Niederlage.
Gegen diese Auffassung der Revolution als nationalem Massensymbol der Franzosen ließe sich manches einwenden. Das Wort erscheint zu unbestimmt, es hat nicht das Konkrete des englischen Kapitäns auf seinem festbegrenzten Schiff und nicht die hölzerne Ordnung des marschierenden deutschen Heeres. Aber man vergesse nicht, daß zum Schiff des Engländers das bewegte Meer gehört und zum Heer des Deutschen der wogende Wald. Sie sind das Nährende und Flüssige seines Gefüh-

les. Auch das Massengefühl der Revolution drückt sich in einer konkreten Bewegung und einem konkreten Gegenstand aus: im Sturm auf die Bastille.

Noch bis vor ein oder zwei Generationen hätte zum Wort ›Revolution‹ jeder ›französisch‹ gesetzt. Ihre eigene populärste Erinnerung bezeichnete die Franzosen auch vor der Welt, es war das Eigenartigste, mit dem sie hervorgetreten waren. So haben denn die Russen mit ihrer Revolution eine empfindliche Bresche in das nationale Selbstgefühl der Franzosen geschlagen.

Schweizer

Ein Staat, dessen nationale Kohäsion von niemand bestritten wird, ist die *Schweiz*. Das patriotische Gefühl der Schweizer ist größer als das mancher Völker, unter denen nur *eine* Sprache gesprochen wird. Die Vielzahl der Sprachen, die Vielfalt der Kantone, ihre unterschiedliche soziale Struktur, der Gegensatz der Religionen, deren Kriege gegeneinander noch in historischer Erinnerung sind – nichts vermag dem nationalen Selbstbewußtsein der Schweizer ernsthaft Abbruch zu tun. Allerdings haben sie ein Massensymbol gemein, das ihnen allen jederzeit vor Augen steht und unerschütterlich ist wie das keines anderen Volkes: die *Berge*.

Von überall sieht der Schweizer die Gipfel seiner Berge. Aber von manchen Punkten erscheint ihre Reihe vollständiger. Das Gefühl, daß man hier alle seine Berge beisammen sieht, verleiht solchen Aussichtspunkten etwas Sakrales. Manchmal, an Abenden, die nicht vorauszubestimmen sind, auf die der Mensch selbst keinen Einfluß hat, beginnen sie zu glühen: dies ist ihre höchste Weihe. Ihre Schwerzugänglichkeit wie ihre Härte flößen dem Schweizer Sicherheit ein. In ihren Spitzen oben getrennt, hängen sie unten wie ein einziger, riesiger Körper zusammen. Sie sind ein Leib, und dieser Leib ist das Land selbst.

Die Verteidigungspläne der Schweiz während der beiden vergangenen Kriege bringen diese Gleichsetzung ihrer Nation mit der Alpenkette selbst auf merkwürdige Weise zum Ausdruck. Alles fruchtbare Land, alle Städte, alle Stätten der Produktion hätten im Falle eines Angriffs geräumt werden sollen. Die Armee hätte sich auf die eigentliche Kette der Berge selbst zu-

rückgezogen und dort erst gekämpft. Volk und Land wären geopfert worden. Aber die Armee auf den Bergen hätte weiter die Schweiz vorgestellt und das Massensymbol der Nation wäre zum Lande selbst geworden.
Es ist ein eigener Deich, den die Schweizer da besitzen. Sie müssen ihn nicht, wie die Niederländer, selbst errichten. Sie bauen ihn nicht auf, sie reißen ihn nicht ein; kein Meer wälzt sich gegen ihn heran. Ihr Gebirge steht; sie haben es nur gut zu kennen. Sie besteigen und befahren es in jedem seiner Winkel. Es hat die Kraft eines Magneten und zieht Leute aus aller Herren Länder an, die es im Bewundern und Erforschen den Schweizern nachtun. Die Bergsteiger der fernsten Nationen sind etwas wie gläubige Schweizer; ihre Armeen, in aller Welt zerstreut, nach kurzem und periodischem Dienst in den Bergen, erhalten das Ansehen der Schweiz am Leben. Es wäre der Mühe wert, nachzuforschen, wieviel sie auch praktisch zur Bewahrung der Selbständigkeit der Schweiz beigetragen haben.

Spanier

Wie der Engländer als Kapitän, so sieht sich der Spanier als *Matador.* Aber statt des Meeres, das dem Kapitän gehorcht, besitzt der Stierkämpfer seine bewundernde Menge. Das Tier, das er nach den noblen Regeln seiner Kunst erlegen soll, ist das tückische alte Ungetüm der Sage. Er darf keine Furcht zeigen, seine Beherrschtheit ist alles. Jede kleinste seiner Bewegungen wird von Tausenden gesehen und gerichtet. Es ist die römische Arena, die sich hier erhalten hat, aber der Stierkämpfer ist indessen ein edler Ritter geworden; er tritt als einziger Kämpfer auf, das Mittelalter hat seinen Sinn und seine Tracht, besonders aber sein Ansehen geändert. Das unterworfene, wilde Tier, der Sklave des Menschen bäumt sich noch einmal gegen ihn auf. Doch der Held der Vorzeit, der auszog, es zu bezwingen, ist zur Stelle. Angesichts der ganzen Menschheit tritt er an; er ist seines Berufes so sicher, daß er die Erlegung des Ungetüms in jeder Einzelheit seinen Zuschauern vorführen kann. Er kennt genau sein Maß; seine Schritte sind berechnet; seine Bewegungen haben das Festgesetzte eines Tanzes. Aber er *tötet wirklich.* Tausende sehen es und vervielfältigen diesen Tod durch ihre Erregung.
Die Hinrichtung des wilden Tieres, das nicht mehr wild sein

darf; das man wild macht, um es dann eben dafür zum Tode zu verurteilen; diese Hinrichtung, das Blut und der makellose Ritter spiegeln sich auf doppelte Weise in den Augen der Bewunderer. Man ist selber der Ritter, der den Stier erlegt, aber man ist auch die Masse, die ihm zujubelt. Über dem Stierkämpfer, der man selber wäre, auf der anderen Seite des Rings, sieht man wieder sich selber, als Masse. Als Ring hängt man zusammen, ein in sich geschlossenes Geschöpf. Überall trifft man auf Augen; überall hört man eine einzige Stimme, sich selbst.
So gewöhnt sich der Spanier, der nach seinem Matador lechzt, früh an den Anblick einer ganz bestimmten Masse. Er lernt sie gründlich kennen. Sie ist so lebendig, daß sie viele neuere Entwicklungen und Gebilde ausschließt, die in Ländern anderer Zunge unvermeidlich sind. Der Stierkämpfer im Ring, der so vieles für ihn ist, wird auch zu seinem nationalen Massensymbol. Wann immer er an viele Spanier beisammen denkt, wird er an den Ort denken, wo sie am häufigsten beisammen sind. Verglichen mit diesen heftigen Massen-Freuden sind die der Kirche mild und harmlos. Sie waren es nicht immer, und in jener Zeit, da die Kirche sich nicht scheute, das Höllenfeuer für die Ketzer schon auf Erden zu entfachen, war der Massenhaushalt des Spaniers anders geordnet.

Italiener

Das Selbstgefühl einer modernen Nation, ihr Verhalten in einem Krieg, ist in hohem Maße abhängig von der *Anerkanntheit* ihres nationalen Massensymbols. Die Geschichte spielt da manchem Volk nachträglich einen bösen Streich, lange nachdem es sich seine Einheit erkämpft hat. *Italien* mag als Beispiel dafür dienen, wie schwer eine Nation es hat, sich selbst zu sehen, wenn ihre Städte von größeren Erinnerungen heimgesucht sind und ihre Gegenwart mit diesen Erinnerungen bewußt verwirrt wird.
Solange Italien seine Einheit noch nicht gewonnen hatte, war in den Menschen alles viel klarer: der zerstückelte Leib würde wieder zusammengehören, sich als ein einziger Organismus fühlen und gehaben, sobald der Feind, dieses Ungeziefer, von ihm vertrieben war. In solchen Fällen akuten Unterdrückungsgefühls, wenn der Feind sehr lange schon im Lande war, bilden sich alle Völker ähnliche Vorstellungen ihrer Lage. Der Feind

kommt als das Zahlreiche, das Häßliche und Verhaßte, als ein Heuschreckenschwarm, der vom guten und biederen Boden des Einheimischen lebt. Wenn er aber ernsthaft vorhat, zu *bleiben*, zeigt er die Neigung, diesen Boden aufzuteilen und die Einheimischen zu schwächen, indem er ihre Verbindung untereinander auf tausend Arten schwächt. Die Gegenregung ist dann geheime Verbindung und in einer Reihe von glücklichen Momenten das Wegfegen des Geziefers. Dies geschah denn auch schließlich, und Italien fand seine Einheit, von vielen und oft den besten seiner Geister lange vergeblich ersehnt.

Aber von diesem Augenblick an zeigte es sich, daß man eine Stadt wie Rom nicht gefahrlos am Leben läßt. Die Massen-Gebäude der alten Zeit standen noch herum, *leer*; das Amphitheater war eine zu wohlerhaltene Ruine. Man mochte sich darin anspruchslos und verstoßen fühlen. Das zweite Rom dagegen, das Rom St. Peters, hatte sich genug von seiner alten Anziehung bewahrt. Die Peterskirche füllte sich mit Pilgern aus aller Welt. Aber als Pol für nationale Diskriminierung war gerade dieses zweite Rom in keiner Weise geeignet. Es wandte sich noch immer unterschiedslos an alle Menschen, seine Organisation stammte aus einer Zeit, da es Nationen im modernen Sinne gar nicht gab.

Zwischen diesen beiden Rom war das Nationalgefühl des modernen Italien wie gelähmt. Es gab kein Entrinnen davon, denn Rom war da, und die Römer waren Italien gewesen. Der Faschismus versuchte die scheinbar einfachste Lösung und warf sich ins echte, alte Kostüm. Es saß ihm aber gar nicht wie angegossen, es war viel zu weit, und so heftig waren die Bewegungen, die er sich darin erlaubte, daß er sich alle Glieder brach. Die Fora mochten wieder ausgegraben werden, eines nach dem anderen: sie füllten sich nicht mit Römern. Das Rutenbündel erregte nur den Haß derer, die mit Ruten gestrichen wurden; niemand war auf Drohung oder Züchtigung stolz. Der Versuch, Italien ein falsches nationales Massensymbol *aufzuzwingen*, ist zum Glück für die Italiener gescheitert.

Juden

Kein Volk ist schwieriger zu begreifen als die Juden. Sie sind über die ganze bewohnte Erde verbreitet, ihr Stammland war ihnen verloren. Ihre Fähigkeit zur Anpassung ist berühmt und berüchtigt, doch der Grad ihrer Anpassung ist ungeheuer variabel. Es gab unter ihnen Spanier, Inder und Chinesen. Sie tragen Sprachen und Kulturen von einem Land ins andere mit sich und hüten sie zäher als Besitz. Narren mögen von ihrer Gleichheit überall fabeln; wer sie kennt, wird eher zur Meinung neigen, daß es unter ihnen viel mehr verschiedene Typen gibt als unter jedem anderen Volk. Die Variationsbreite der Juden in Wesen und Erscheinung gehört zum erstaunlichsten, das einem unterkommen kann. Die populäre Sage, daß es unter ihnen die besten wie die schlechtesten Menschen gibt, drückt die Tatsache auf naive Weise aus. Sie sind anders als die andern. Aber in Wirklichkeit sind sie, wenn man so sagen könnte, untereinander am meisten anders.

Sie haben Bewunderung erregt, weil es sie überhaupt noch gibt. Sie sind nicht die einzigen Menschen, die man überall findet, gewiß sind die Armenier ebenso weit verbreitet. Sie sind auch nicht das älteste Volk, die Geschichte der Chinesen reicht in eine tiefere Vorzeit zurück. Aber sie sind von den alten Völkern das einzige, *das so lange schon wandert*. Es war ihnen am meisten Zeit gegeben, spurlos zu verschwinden; und doch sind sie heute mehr da als je.

Eine territoriale oder sprachliche Einheit gab es unter ihnen bis vor wenigen Jahren nicht. Die meisten verstanden Hebräisch nicht mehr, sie sprachen in hundert Zungen. Ihre alte Religion war für Millionen von ihnen ein leerer Sack; selbst die Zahl christlicher Juden nahm besonders unter ihren Intellektuellen allmählich zu; weit mehr noch die Zahl der Glaubenslosen. Oberflächlich betrachtet, vom ordinären Standpunkt der Selbsterhaltung aus, sollten sie alles daransetzen, vergessen zu machen, daß sie Juden sind, und es selber vergessen. Aber es ist so, daß sie es nicht vergessen können, meist wollen sie es auch nicht. Man muß sich fragen, worin denn diese Menschen Juden bleiben, was sie zu Juden macht, was das letzte, allerletzte ist, das sie mit anderen verbindet, wenn sie sich sagen: Ich bin Jude.

Dieses letzte steht am Anfang ihrer Geschichte und hat sich mit unheimlicher Gleichmäßigkeit im Laufe dieser Geschichte wiederholt: es ist der *Auszug aus Ägypten*. Man vergegenwärtige sich den Inhalt dieser Überlieferung: ein ganzes Volk, gezählt zwar, aber in ungeheuren Mengen, zieht vierzig Jahre lang durch den Sand. Seinem sagenhaften Urvater war eine

Nachkommenschaft angekündigt worden, zahlreich wie der Sand am Meer. Nun ist sie da und wandert, ein anderer Sand, durch den Sand. Das Meer läßt sie passieren, über den Feinden schlägt es zusammen. Ihr Ziel ist ein gelobtes Land, das sie sich mit dem Schwert erkämpfen werden.
Das Bild dieser Menge, die Jahre und Jahre durch die Wüste zieht, ist zum Massensymbol der Juden geworden. Es ist so deutlich und faßbar geblieben wie damals. Das Volk sieht sich beisammen, bevor es sich noch niedergelassen und zerstreut hat, es sieht sich auf der Wanderschaft. In diesem Zustand der *Dichte* empfängt es seine Gesetze. Es hat ein Ziel wie nur je eine Masse. Es hat Abenteuer auf Abenteuer, ein immer gemeinsames Geschick. Es ist eine *nackte* Masse; von dem Vielerlei, das sonst Menschen in vereinzelte Leben verflicht, ist in dieser Umgebung kaum etwas vorhanden. Um sie ist nur Sand, die nackteste aller Massen; nichts vermöchte das Gefühl des Alleinseins dieses wandernden Zuges mit sich selbst mehr auf die Spitze zu treiben als das Bild des Sandes. Oft versinkt das Ziel, und die Masse droht zu zerfallen; mit starken Schlägen der mannigfaltigsten Art wird sie geweckt, gefaßt und zusammengehalten. Die Zahl der Menschen im Zug, sechs- bis siebenhunderttausend, ist nicht nur für die bescheideneren Ansprüche der Vorzeit ungeheuer. Von besonderer Bedeutung ist die Dauer des Zuges. Was sich in der Masse zu vierzig Jahren dehnt, kann sich später zu jeder Zeit dehnen. Die Verhängung dieser Dauer als Strafe ist aber wie alle Pein späterer Wanderschaften.

Das Deutschland von Versailles

Um die Abgrenzung der Begriffe, die hier aufgestellt worden sind, so klar wie möglich zu machen, soll einiges über die Massenstruktur *Deutschlands* gesagt werden, Deutschlands, das im ersten Drittel dieses Jahrhunderts die Welt mit neuartigen Bildungen und Tendenzen überrascht hat, deren tödlichen Ernst niemand verstand und die man jetzt erst langsam zu enträtseln beginnt.
Das Massensymbol der geeinten deutschen Nation, wie sie sich nach dem französischen Kriege von 1870/71 bildete, war und blieb das *Heer.* Jeder Deutsche war stolz darauf; es gab nur

vereinzelte, die sich dem überwältigenden Einfluß dieses Symbols zu entziehen vermochten. Ein Denker von der universalen Kultur Nietzsches empfing den Anstoß zu seinem Hauptwerk, dem ›Willen zur Macht‹, in jenem Krieg: es war der Anblick einer Reiterschwadron, den er nicht vergaß. Dieser Hinweis ist nicht müßig; er zeigt, wie allgemein die Bedeutung des Heeres für den Deutschen war, wie dieses Massensymbol selbst in jenen wirksam war, die sich hochmütig gegen alles, was an Menge gemahnte, abzugrenzen verstanden. Bürger, Bauern, Arbeiter, Gelehrte, Katholiken, Protestanten, Bayern, Preußen, alle sahen in der Armee das Sinnbild der Nation. Die tieferen Wurzeln dieses Symbols, seine Herkunft aus dem *Wald*, sind an anderer Stelle aufgedeckt worden. *Wald* und *Heer* hängen für den Deutschen auf das innigste zusammen, und es läßt sich das eine so gut wie das andere als das Massensymbol der Nation bezeichnen; sie sind in dieser Hinsicht geradezu ein und dasselbe.

Es ist von entscheidender Bedeutung, daß das Heer neben seiner symbolischen Wirksamkeit auch konkret bestand. Ein Symbol lebt in der Vorstellung und im Gefühl der Menschen; als solches war es das merkwürdige Gebilde Wald - Heer. Die wirkliche Armee dagegen, in der jeder junge Deutsche diente, hatte die Funktion einer *geschlossenen Masse*. Der Glaube an die allgemeine Wehrpflicht, die Überzeugung von ihrem tiefen Sinn, die Ehrfurcht vor ihr reichten weiter als die traditionellen Religionen, er erfaßte Katholiken so gut wie Protestanten. Wer sich ausschloß, war kein Deutscher. Es ist gesagt worden, daß man Armeen nur in recht eingeschränktem Sinne als Masse bezeichnen darf. Doch war das im Falle des Deutschen anders: er erlebte die Armee als eine weitaus wichtigste geschlossene Masse. Sie war geschlossen, da nur bestimmte Jahrgänge von jungen Männern auf begrenzte Zeit in ihr dienten. Bei den übrigen war sie ein Beruf, also schon darum nicht allgemein. Aber jeder Mann ging einmal durch sie durch und blieb für sein Leben innerlich an sie gebunden.

Als *Massenkristall* diente dieser Armee die preußische Junker-Kaste, die den besten Teil des dauernden Offizierskorps stellte. Sie war wie ein Orden mit strengen, wenn auch ungeschriebenen Gesetzen; oder wie ein erbliches Orchester, das die Musik genau kennt und eingeübt hat, mit der es ein Publikum anstecken soll.

Als der erste Weltkrieg ausbrach, wurde dann das ganze deutsche Volk zu einer einzigen *offenen Masse*. Die Begeisterung jener Tage ist oft geschildert worden. Viele im Ausland hatten mit der internationalen Gesinnung der Sozialdemokraten gerechnet und staunten über ihr vollkommenes Versagen. Sie bedachten nicht, daß auch diese Sozialdemokraten als Symbol ihrer Nation das ›Wald-Heer‹ in sich trugen; daß sie selber zur geschlossenen Masse der Armee gehört hatten; daß sie in dieser unter dem Befehl und dem Einfluß eines präzisen und ungemein wirksamen Massenkritalls, der Junker- und Offizierskaste, standen. Ihre Zugehörigkeit zu einer politischen Partei fiel dagegen wenig ins Gewicht.
Aber jene ersten Augusttage des Jahres 1914 sind auch der *Zeugungs-Moment* des Nationalsozialismus. Eine unverdächtige Aussage darüber ist vorhanden, die Hitlers: Er berichtet, wie er nach Ausbruch des Krieges auf die Knie sank und Gott dankte. Es ist sein entscheidendes Erlebnis, der einzige Augenblick, in dem er selber redlich Masse war. Er hat ihn nicht vergessen, seine ganze spätere Laufbahn war der Wiederherstellung dieses Augenblicks gewidmet, aber von *außen*. Deutschland sollte wieder so sein wie damals, seiner kriegerischen Stoßkraft bewußt, mit ihr einverstanden, eins geworden in ihr.
Aber nie hätte Hitler sein Ziel erreicht, wenn der Versailler Vertrag die Armee der Deutschen nicht aufgelöst hätte. Das Verbot der allgemeinen Wehrpflicht brachte die Deutschen um ihre wesentlichste geschlossene Masse. Die Übungen, die ihnen nun versagt waren, das Exerzieren, das Empfangen und das Weitergeben von Befehlen wurden zu etwas, das sie sich mit allen Mitteln wieder zu verschaffen hatten. Das Verbot der allgemeinen Wehrpflicht ist die *Geburt* des Nationalsozialismus. Jede geschlossene Masse, die gewaltsam aufgelöst wird, setzt sich um in eine offene, der sie alle ihre Kennzeichen mitteilt. Die Partei springt ein für das Heer, und ihr sind innerhalb der Nation keine Grenzen gesetzt. Jeder Deutsche – Mann, Frau, Kind, Soldat oder Zivilist – kann Nationalsozialist werden; es ist ihm oft noch mehr daran gelegen, wenn er selber früher nicht Soldat war, weil er sich auf diese Weise Teilnahme an einem Gebaren verschafft, das ihm sonst versagt war.
Mit einer Unermüdlichkeit ohnegleichen hat Hitler das Schlagwort vom Versailler Diktat gebraucht. Es ist darüber gestaunt

worden, wie wirksam dieses Schlagwort war. Seine Wiederholung konnte seiner Wirkung keinen Abbruch tun; im Gegenteil, sie wuchs mit den Jahren. Was eigentlich war in diesem Schlagwort enthalten? Was hat Hitler in ihm seinen Zuhörermassen vermittelt? Für den Deutschen bedeutet das Wort ›Versailles‹ nicht so sehr die Niederlage, die er nie wirklich anerkannt hat, es bedeutete das Verbot der Armee; das Verbot einer bestimmten, sakrosankten Übung, ohne die er sich das Leben schwer vorstellen konnte. Das Verbot der Armee war wie das Verbot einer Religion. Der Glaube der Väter war unterbunden, ihn wiederherzustellen war jedes Mannes heilige Pflicht. In diese Wunde stieß das Wort ›Versailles‹ jedesmal, wenn es gebraucht wurde; es erhielt sie frisch, sie blutete weiter, sie schloß sich nie. Solange in Massenversammlungen das Wort ›Versailles‹ mit aller Kraft ausgestoßen wurde, war auch der Beginn einer Heilung ausgeschlossen.
Es ist dabei von Bedeutung, daß immer von einem *Diktat*, nie von einem Vertrag die Rede war. ›Diktat‹ erinnert an die Sphäre des *Befehls.* Ein einziger, fremder Befehl, der Befehl des Feindes, darum ›Diktat‹ genannt, hatte dieses ganze herrische Treiben des militärischen Befehls von Deutschen an Deutsche unterbunden. Wer das Wort vom ›Versailler Diktat‹ hörte oder las, empfand auf das tiefste, was ihm weggenommen war: die deutsche Armee. Ihre Wiederherstellung erschien als das einzige, wirklich wichtige Ziel. Mit ihr würde alles wieder werden, wie es früher war. Die Bedeutung der Armee als nationales Massensymbol war überhaupt nicht erschüttert worden; der tiefere und ältere Teil von ihr stand noch unberührt da: als *Wald.*
Die Wahl des Wortes ›Versailles‹ als *zentrales* Schlagwort war von Hitlers Standpunkt aus eine besonders glückliche. Nicht nur erinnerte es an das letzte, schmerzliche Ereignis im nationalen Leben der Deutschen, das Verbot der allgemeinen Wehrpflicht, die Aufhebung des Rechtes auf eine Armee, in die jeder Mann für einige Jahre eintreten durfte: Es faßte auch andere wichtige und wohlbekannte Momente der deutschen Geschichte zusammen.
In Versailles war durch Bismarck das zweite Deutsche Reich gegründet worden. Die Einheit Deutschlands war – unmittelbar nach einem großen Sieg – im Augenblick des Hochgefühls und der unwiderstehlichen Kraft proklamiert worden. Der Sieg war

über Napoleon III. gewonnen worden, der sich als Nachfolger des großen Napoleon betrachtete; getragen durch die legendäre Verehrung für seinen Namen, war er als Erbe seines Geistes hochgekommen. Versailles war aber auch die Stätte Ludwigs XIV., von ihm erbaut. Von allen französischen Herrschern vor Napoleon hatte Ludwig XIV. die Deutschen am tiefsten gedemütigt. Durch ihn war Straßburg mit seinem Münster Frankreich einverleibt worden. Seine Truppen hatten das Heidelberger Schloß verwüstet.
Die Kaiser-Proklamation in Versailles war darum wie ein später, zusammengefaßter Sieg über Ludwig XIV. und Napoelon *vereint*, und er war allein, ohne jeden Bundesgenossen, errungen worden. Auf einen Deutschen jener Zeit mußte sie diese Wirkung haben; es gibt Zeugnisse genug, die sie bestätigen. Der Name dieses Schlosses war mit dem größten Triumph der neueren deutschen Geschichte verbunden.
Jedes Mal, wenn Hitler von dem berüchtigten ›Diktat‹ sprach, schwang die Erinnerung an jenen Triumph im Worte mit und ging als Verheißung auf die Hörer über. Die Feinde hätten es als Drohung mit Krieg und Niederlage hören müssen, hätten sie Ohren gehabt zu hören. Man kann ohne Übertreibung sagen, daß alle wichtigen Schlagworte der Nationalsozialisten, mit Ausnahme derer, die den Juden galten, sich aus dem einen Wort vom ›Versailler Diktat‹ durch Spaltung ableiten lassen: ›Das Dritte Reich‹, ›Sieg-Heil‹ und so weiter. Der Inhalt der Bewegung war auf konzentrierte Weise in diesem einen Wort enthalten: *Die Niederlage, die zum Sieg werden soll*; die verbotene Armee, die zu diesem Zwecke erst aufzustellen ist.
Vielleicht sollte man hier noch einen Gedanken an das Symbol der Bewegung wenden, das Hakenkreuz.
Seine Wirkung ist eine zwiefache: die des *Zeichens* und die des *Wortes*. Beide haben etwas Grausames. Das Zeichen selbst hat etwas von zwei verbogenen Galgen. Es bedroht den Betrachter auf eine etwas hinterhältige Weise, als wolle es sagen: Warte, du wirst staunen, was da noch hängen wird. Soweit das Hakenkreuz eine drehende Bewegung enthält, ist auch sie bedrohlicher Art: es gemahnt an die gebrochenen Glieder derer, die früher aufs Rad geflochten wurden.
Das Wort hat sich vom christlichen Kreuz die grausamen und blutigen Züge geholt, so als wäre es *gut zu kreuzigen*. ›Haken‹

erinnert an das Hakenstellen der Knaben und verheißt den Anhängern die vielen, die man zu Fall bringen will. Es mag auch für manche einen Ausweg ins Militärische eröffnen und das Wieder-Zusammenschlagen der Hacken in Aussicht stellen. Auf jeden Fall verbindet es eine Androhung von grausamen Strafen mit tückischer Verfänglichkeit und einer hintergründigen Mahnung an militärische Disziplin.

Inflation und Masse

Eine Inflation ist ein Massen-Vorgang im eigentlichsten und engsten Sinne des Wortes. Die verwirrende Wirkung, die sie auf die Bevölkerung ganzer Länder ausübt, ist keineswegs auf den Moment der Inflation selbst beschränkt. Man kann sagen, daß es in unseren modernen Zivilisationen außer Kriegen und Revolutionen nichts gibt, das sich in seiner Tragweite mit Inflationen vergleichen läßt. Die Erschütterungen, die sie bewirken, sind so tiefer Natur, daß man es vorzieht, sie zu verheimlichen und zu vergessen. Vielleicht scheut man sich auch, dem Gelde, dessen Wert doch vom Menschen künstlich festgesetzt wird, massenbildende Wirkungen zuzuschreiben, die über seine eigentliche Bestimmung weit hinausgehen und etwas Sinnwidriges und unendlich Beschämendes an sich haben.

Es ist notwendig, darauf einzugehen und einiges über die psychologischen Eigenschaften des Geldes selbst zu sagen. Geld kann zu einem Massensymbol werden; aber im Gegensatz zu anderen, die hier behandelt worden sind, ist es ein Symbol, bei dem die *Einheiten*, durch deren Häufung sich unter Umständen eine Masse bildet, auf die nachdrücklichste Weise betont sind. Jede Münze ist scharf abgegrenzt und hat ein eigenes Gewicht; sie ist auf den ersten Blick zu erkennen; sie bewegt sich frei von Hand zu Hand und wechselt unaufhörlich ihre Nachbarschaft. Oft ist ihr der Kopf eines Herrschers aufgeprägt, nach dem sie, besonders wenn sie von großem Wert ist, manchmal auch benannt wird. Es hat Louisdors gegeben und Maria-Theresien-Taler. Man empfindet die Münze gern als eine *faßbare* Person. Die Hand, die sich um sie schließt, spürt sie überall, an all ihren Kanten und Flächen. Eine gewisse Zärtlichkeit für die Münze, die einem dies oder jenes verschaffen kann, ist allgemein menschlich und trägt zu ihrem persönlichen ›Charakter‹ bei. In

einem Punkte ist die Münze dem lebenden Geschöpfe überlegen: ihre metallene Konsistenz, ihre Härte sichert ihr einen ›ewigen‹ Bestand; sie ist – außer durch Feuer – kaum zu zerstören. Die Münze wächst nicht zu ihrer Größe heran; sie kommt fertig aus dem Prägestock und soll dann bleiben, was sie ist; sie darf sich nicht verändern.
Vielleicht ist diese Verläßlichkeit der Münze ihre wichtigste Eigenschaft. Am Besitzer allein ist es gelegen, sie gut aufzuheben; sie rennt nicht von selber weg wie ein Tier, zu bewachen ist sie nur vor anderen Menschen. Man muß ihr nicht mißtrauen, man kann sie immer verwenden, sie hat keine Launen, auf die man Rücksicht nehmen muß. Eine weitere Befestigung in sich erfährt jede Münze durch ihre Beziehung zu anderen von ungleichem Wert. Die Hierarchie unter den Münzen, die strikt eingehalten wird, macht sie noch personennäher. Man könnte von einem gesellschaftlichen System der Münzen reden, mit Rangklassen, die in diesem Falle Wertklassen sind: für hohe Münzen kann man wohl niedere, für eine niedere nie hohe herausbekommen.
Der *Haufe von Münzen* ist seit altersher und bei den meisten Völkern bekannt als *Schatz*. In der Art, wie er als Einheit empfunden wird, wie man auf ihn stößt, ohne zu wissen, wieviel er wirklich enthält, hat er manches von einer Masse an sich. Man kann darin wühlen und Münze von Münze trennen. Man erwartet ihn immer größer, als er ist. Er ist oft geheim und kann plötzlich zutage treten. Aber nicht nur wer sein Leben lang einen Schatz zu finden hofft, auch wer einen anlegt, stellt sich vor, daß er immer größer wird und tut alles dazu, dies zu bewirken. Es ist gar kein Zweifel, daß bei manchen Menschen, die für ihr Geld allein leben, der Schatz an die Stelle der menschlichen Masse tritt. Viele Geschichten von einsamen Geizhälsen gehören hierher; sie sind die mythische Fortsetzung der Märchendrachen, für welche die Bewachung, Betrachtung, Betreuung eines Schatzes der einzige Inhalt ihres Lebens war.
Es ließe sich einwenden, daß diese Beziehung zur Münze und zum Schatz für den modernen Menschen bereits veraltet ist; daß man überall Papiergeld verwendet; daß reiche Leute ihren Schatz in unsichtbarer und abstrakter Form in Banken aufheben. Aber die Bedeutung der *Golddeckung* für eine gute Währung, die Tatsache, daß überhaupt noch an einer Goldwährung festgehalten wird, beweist, daß der Schatz seine alte Bedeutung

noch keineswegs verloren hat. Der weitaus größte Teil der Menschen, auch in den technisch am höchsten entwickelten Ländern, wird für seine Arbeit nach Stunden entlohnt, und die Größe dieses Lohnes bewegt sich in einer Ordnung, die man sich fast überall noch in Münzen vorstellt. Man bekommt noch Münzen auf Papier heraus; das alte Gefühl für sie, die alte Einstellung zu ihnen sind jedem vertraut; das Wechseln von Geld als täglicher Vorgang gehört zu den häufigsten und simpelsten Mechanismen unseres Lebens, die jedes Kind möglichst früh erlernt.

Aber es ist richtig, daß sich neben dieser älteren eine andere, moderne Beziehung zum Geld entwickelt hat. Die Münzeinheit in jedem Land hat einen mehr abstrakten Wert bekommen. Sie wird darum nicht weniger als Einheit empfunden. Wenn die Münzen früher etwas von der strikten hierarchischen Organisation einer geschlossenen Gesellschaft an sich hatten, so geht es unter dem Papiergeld mehr zu wie unter den Menschen der Großstadt.

Aus dem Schatz ist heute die *Million* geworden. Sie hat einen kosmopolitischen Klang, die Bedeutung dieses Wortes erstreckt sich über die ganze moderne Welt, es kann sich auf jede Währung beziehen. Das Interessante an der Million ist, daß sie durch spekulative Geschicklichkeit sprunghaft zu erreichen ist: sie schwebt allen Menschen vor, deren Ehrgeiz auf Geld gerichtet ist. Der Millionär hat einige der strahlendsten Eigenschaften des alten Märchenkönigs übernommen. Als Bezeichnung für eine Zahl kann die Million sich auf Geld so gut wie auf Menschen beziehen. Dieser doppelte Charakter des Wortes läßt sich in politischen Reden besonders gut studieren. *Die Wollust der springenden Zahl* ist zum Beispiel charakteristisch für Hitlers Reden. Sie bezieht sich dort gewöhnlich auf die Millionen von Deutschen, die außerhalb des Reiches leben und noch zu erlösen sind. Nach den ersten, unblutigen Siegen, vor Ausbruch des Krieges, hatte Hitler eine besondere Vorliebe für die steigenden Bevölkerungsziffern seines Reiches. Er konfrontierte sie mit denen aller Deutschen, die es überhaupt auf der Erde gibt. Sie alle in seiner Einflußsphäre zu haben, war sein eingestandenes Ziel. Immer aber verwendete er für seine Drohungen, Genugtuungen und Forderungen das Wort *Million.* Andere Politiker verwenden es mehr für Geld. Aber der Gebrauch des Wortes hat zweifellos etwas Schillerndes bekommen. Die abstrakte Zahl ist von den Bevölkerungsziffern der Länder und vor allem der Weltstädte, die überall in Millionen ausgedrückt werden, mit einem Masseninhalt erfüllt worden, wie ihn keine andere Zahl heute enthält. Da das Geld derselben ›Million‹ verpflichtet ist, sind sich Masse und Geld heute näher als je.

Was aber geschieht nun in einer *Inflation*? Die Geldeinheit verliert ganz plötzlich ihre Persönlichkeit. Sie verwandelt sich in eine wachsende Masse von Einheiten; diese sind immer wertloser, je größer die Masse wird. Die Millionen, die man immer so gern gehabt hätte, hält man plötzlich in der Hand, aber es *sind* keine mehr, sie *heißen* nur so. Es ist, als hätte der Vorgang des Springens dem Springenden jeden Wert genommen. Wenn die Währung einmal in diese Bewegung geraten ist, die den Charakter einer Flucht hat, ist eine obere Grenze nicht abzusehen. So wie man bis zu jeder Höhe hinauf *zählen* kann, so kann sich das Geld bis zu jeder Tiefe entwerten.

In diesem Vorgang findet sich jene Eigenschaft der psychologischen Masse wieder, die ich als besonders wichtig und auffallend bezeichnet habe: die Lust am rapiden und unbegrenzten Wachstum. Aber dieses Wachstum ist ins negative gewendet: das Wachsende wird schwächer und schwächer. Was früher eine Mark war, heißt jetzt 10000, dann 100000, dann eine Million. Die Gleichsetzung des einzelnen Menschen mit seiner Mark ist dadurch unterbunden. Sie hat ihre Festigkeit und Grenze verloren, sie ist jeden Augenblick etwas anderes. Sie ist *nicht* mehr wie eine Person, und sie hat keinerlei Dauer. Sie hat weniger und weniger Wert. Der Mensch, der ihr früher vertraut hat, kann nicht umhin, ihre Erniedrigung als seine eigene zu empfinden. Zu lange hat er sich mit ihr gleichgesetzt, das Vertrauen in sie war wie das Vertrauen in sich selbst. Nicht nur gerät durch die Inflation alles äußerlich ins Schwanken, nichts ist sicher, nichts bleibt eine Stunde am selben Fleck – durch die Inflation wird er selber, der Mann, *geringer*. Er selbst oder was er immer war, ist nichts, die Million, die er sich immer gewünscht hat, ist nichts. *Jeder* hat sie. Aber jeder ist nichts. Der Prozeß der Schatzbildung hat sich in sein Gegenteil verkehrt. Alle Verläßlichkeit des Geldes ist wie weggeblasen. Es kommt nichts dazu, es wird alles immer weniger, jeder Schatz verschwindet. Man kann die Inflation als einen Hexensabbat der Entwertung bezeichnen, in dem Menschen und Geldeinheit auf das sonderbarste ineinanderfließen. Eines steht fürs andere, der Mensch fühlt sich so schlecht wie das Geld, das immer schlechter wird; und alle zusammen sind diesem schlechten Gelde ausgeliefert und fühlen sich auch *zusammen* ebenso wertlos.

In der Inflation kommt also etwas zustande, was bestimmt nie bezweckt worden ist, etwas so Gefährliches, daß jeder, der irgendeine Form von öffentlicher Verantwortung trägt und es absehen könnte, davor zurückschrecken müßte: *eine doppelte Entwertung,* die aus einer doppelten Gleichsetzung entspringt. Der *einzelne* fühlt sich entwertet, weil die Einheit, auf die er sich verließ, die er sich selber gleichachtete, ins Abgleiten geraten ist. Die *Masse* fühlt sich entwertet, weil die *Million* entwertet ist. Es ist gezeigt worden, wie doppeldeutig der Gebrauch des Wortes Million ist; wie er für beides steht, die hohe Summe Geld und die große Ansammlung von Menschen, ganz besonders in der Vorstellung, die man sich von der modernen Großstadt macht; wie ein Sinn in den anderen übergeht, eines sich vom anderen recht eigentlich nährt. Alle Massen, die sich in Inflationszeiten bilden – und sie bilden sich gerade dann sehr häufig –, stehen unter dem Druck der entwerteten Million. So wenig man allein gilt, so wenig gilt man dann auch zusammen. Wenn die Millionen in die Höhe klettern, wird ein ganzes Volk, das aus Millionen besteht, zu nichts.

Dieser Vorgang wirft Menschen zusammen, deren materielle Interessen sonst weit auseinanderliegen. Der Lohnempfänger ist davon so betroffen wie der Rentier. Über Nacht kann einer sehr viel und alles verlieren, das er in seiner Bank sicher aufgehoben glaubte. Die Inflation hebt Unterschiede zwischen Menschen auf, die wie für die Ewigkeit geschaffen schienen, und wirft Leute, die einander sonst kaum gegrüßt hätten, in ein und derselben Inflationsmasse zusammen.

Keine plötzliche Entwertung der Person wird je vergessen, sie ist zu schmerzlich. Man trägt sie ein Leben lang mit sich herum, es sei denn, man kann sie auf einen anderen werfen. Aber auch die Masse als solche vergißt ihre Entwertung nicht. Die natürliche Tendenz ist dann, etwas zu finden, das noch weniger gilt als man selbst, das man so verachten kann, wie man selbst verachtet wurde. Es genügt nicht, diese Verachtung so zu übernehmen, wie man sie vorgefunden hat, sie auf demselben Niveau zu halten, das sie hatte, bevor man nach ihr griff. Was man

braucht, ist ein dynamischer Vorgang der *Erniedrigung:* Es muß etwas so behandelt werden, daß es weniger und weniger gilt, wie die Geldeinheit während der Inflation, und dieser Prozeß muß sich fortsetzen, bis das Objekt in einem Zustand kompletter Wertlosigkeit angelangt ist. Dann kann man es wegwerfen wie Papier oder einstampfen lassen.
Als Objekt für diese Tendenz fand Hitler während der deutschen Inflation die Juden. Sie waren dafür wie geschaffen: ihre alte Verbindung mit dem Geld, für dessen Bewegungen und Wertveränderungen sie etwas wie ein traditionelles Verständnis hatten; ihre Geschicklichkeit in Aktivitäten der Spekulation; ihr Zusammenströmen auf Börsen, wo ihre Art sehr grell von dem militärischen Verhaltensideal der Deutschen abstach, das alles mußte sie in einer Zeit, die von der Fragwürdigkeit, Labilität und Feindseligkeit des Geldes erfüllt war, besonders fragwürdig und feindselig erscheinen lassen. Der einzelne Jude war ›schlecht‹: er stand sich gut mit dem Geld, da sich niemand mehr darin auskannte und am liebsten nichts mehr mit Geld zu tun haben wollte. Hätte es sich bei der Inflation um Entwertungsvorgänge in den Deutschen als *einzelnen* gehandelt, so hätte die Erweckung von Haß gegen bestimmte Juden genügt. Es war aber nicht so, auch die Deutschen als *Masse* fühlten sich im Absturz ihrer Millionen gedemütigt. Hitler, der eine klare Einsicht davon hatte, richtete seine Tätigkeit gegen die Juden im ganzen.
In der Behandlung der Juden hat der Nationalsozialismus den Prozeß der Inflation auf das genaueste wiederholt. Erst wurden sie als schlecht und gefährlich, als Feinde angegriffen; dann entwertete man sie mehr und mehr; da man ihrer selber nicht genug hatte, sammelte man sie in den eroberten Ländern; zum Schluß galten sie buchstäblich als *Ungeziefer*, das man ungestraft in Millionen vernichten durfte. Man ist noch heute fassungslos darüber, daß Deutsche so weit gegangen sind, daß sie ein Verbrechen von solchen Ausmaßen, sei es mitgemacht, sei es geduldet oder übersehen haben. Man hätte sie schwerlich so weit bringen können, wenn sie nicht wenige Jahre zuvor eine Inflation erlebt hätten, bei der die Mark bis auf ein Billionstel ihres Wertes sank. Es ist diese Inflation als Massenphänomen, die von ihnen auf die Juden abgewälzt wurde.

Das Wesen des parlamentarischen Systems

Das *Zwei-Parteien-System* des modernen Parlaments benutzt die psychologische Struktur der kämpfenden Heere. Im Bürgerkrieg waren sie wirklich, wenn auch widerstrebend, vorhanden. Man tötet die eigenen Leute nicht gern, immer wirkt ein Stammesgefühl blutigen Bürgerkriegen entgegen und führt sie gewöhnlich in wenigen Jahren oder rascher zu Ende. Aber die beiden Parteien, die da sind, müssen sich weiter messen. Sie kämpfen, indem sie auf Tote verzichten. Es wird angenommen, daß die größere Zahl in einem blutigen Zusammenstoß siegen würde. Die Kronsorge aller Feldherrn ist es, am Orte des wirklichen Zusammenstoßes stärker zu sein, mehr Leute bei der Hand zu haben als der Gegner. Der erfolgreiche Feldherr ist der, dem es gelingt, an möglichst vielen, wichtigen Lokalitäten die Übermacht zu haben, auch wenn er im ganzen der Schwächere ist.

Bei einer parlamentarischen Abstimmung hat man nichts anderes zu tun, als die Stärke der beiden Gruppen an Ort und Stelle zu ermitteln. Es genügt nicht, daß man sie von vornherein kennt. Die eine Partei mag 360, die andere nur 240 Abgeordnete haben: die *Abstimmung* bleibt entscheiend als der Augenblick, in dem man sich wirklich *mißt*. Sie ist der Rest des blutigen Zusammenstoßes, den man auf vielfache Weise spielt, durch Drohung, Beschimpfung, physische Erregtheit, die bis zu Schlägen oder Würfen führen kann. Aber die Zählung der Stimmen ist das Ende der Schlacht. Es wird angenommen, daß 360 Mann über 240 gesiegt hätten. Die Masse der Toten bleibt ganz aus dem Spiel. Innerhalb des Parlaments darf es keine Toten geben. Die Unverletzlichkeit des Abgeordneten drückt diese Absicht am klarsten aus. Er ist es in doppelter Hinsicht: außen, der Regierung und ihren Organen gegenüber; innen unter seinesgleichen – auf diesen zweiten Punkt wird zu wenig Gewicht gelegt.

Niemand hat je wirklich geglaubt, daß die Meinung der größeren Zahl bei einer Abstimmung durch ihr Übergewicht auch die klügere sei. Es steht Wille gegen Wille, wie in einem Krieg; zu jedem dieser Willen gehört die Überzeugung des größeren eigenen Rechts und der eigenen Vernünftigkeit; sie ist leicht zu finden, sie findet sich von selbst. Der Sinn einer Partei besteht gerade darin, diesen Willen und diese Überzeugung wach zu erhalten. Der Gegner, der überstimmt wird, fügt sich keineswegs, weil er nun plötzlich an sein Recht nicht mehr glaubt; sondern er gibt sich einfach geschlagen. Es fällt ihm leicht, sich geschlagen zu geben, denn es geschieht ihm nichts. Er wird auf keine Weise für seine frühere feindliche Haltung gestraft. Hätte er Angst, daß es ihm ans Leben geht, er würde ganz anders reagieren. Aber er rechnet mit künftigen Schlachten. Ihrer Zahl ist keine Grenze gesetzt; er wird in keiner getötet.

Die *Gleichheit* der Abgeordneten, das, was sie zur Masse macht, besteht in ihrer Unverletzlichkeit. Darin ist zwischen den Parteien kein Unterschied. Das parlamentarische System funktioniert, solange diese Unverletzlichkeit gewahrt wird. Es zerbröckelt, sobald jemand darin sitzt, der es sich erlaubt, mit dem Tode irgendwelcher Mitglieder der Körperschaft zu rechnen. Nichts ist gefährlicher, als unter diesen Lebenden Tote zu sehen. Ein Krieg ist ein Krieg, weil er Tote in die Entscheidung einbezieht. Ein Parlament ist nur ein Parlament, solange es Tote ausschließt.

Die instinktive Absonderung etwa des englischen Parlaments von seinen eigenen Toten, selbst von denen nämlich, die auf friedliche Weise und außerhalb gestorben sind, zeigt sich im System der *Nachwahl.* Der Nachfolger des Verstorbenen ist nicht vorausbestimmt. Niemand rückt automatisch in seine Stelle ein. Neue Kandidaten werden aufgestellt. Der Wahlkampf in all seinen regulären Formen wird neu geführt. Für den Verstorbenen ist keinerlei Platz im Parlament. Er hat kein Recht, über sein Erbe hier zu verfügen. Kein Abgeordneter, der im Sterben liegt, kann mit Sicherheit wissen, wer sein Nachfolger wird. Der Tod in all seinen gefährlichen Auswirkungen ist vom englischen Parlament wirklich ausgeschlossen.

Gegen diese Auffassung des parlamentarischen Systems könnte man den Einwand versuchen, daß ja alle kontinentalen Parlamente aus vielen Parteien bestehen, die die verschiedenste Größe haben; daß diese nur manchmal sich zu zwei kämpfenden Gruppen formen. Am Sinne der Abstimmung ändert diese Tatsache nichts. Sie ist immer und überall der wesentliche Augenblick. Sie bestimmt, was geschieht, und bei ihr kommt es immer auf *zwei Zahlen* an, von denen die größere alle, die sich an der Abstimmung beteiligen, verpflichtet. Mit der Unverletzlichkeit des Abgeordneten steht und fällt das Parlament überall.

Die *Wahl* des Abgeordneten ist im Prinzip den Vorgängen im Parlament verwandt. Als der beste unter den Kandidaten, als der Sieger gilt, wer sich als der Stärkste erweist. Der Stärkste ist der, der die meisten Stimmen hat. Würden die 17562 Menschen, die für ihn sind, als geschlossenes Heer gegen die 13204 antreten, die seinem Gegner folgen, sie müßten den Sieg erringen. Auch hier soll es nicht zu Toten kommen. Immerhin ist die Unverletzlichkeit der *Wähler* nicht so wichtig wie die der *Stimmzettel*, die sie abgeben und die den Namen ihrer Wahl enthalten. Die Beeinflussung der Wähler bis zu dem Augenblick, in dem sie sich auf den Namen ihrer Wahl endgültig festlegen, ihn niederschreiben oder bezeichnen, mit so ziemlich allen Mitteln ist erlaubt. Der gegnerische Kandidat wird verhöhnt und dem allgemeinen Haß auf jede Weise preisgegeben. Der Wähler kann sich in vielen Wahlschlachten herumtummeln; ihre wechselnden Schicksale haben für ihn, wenn er politisch orientiert ist, den größten Reiz. Aber der Moment, in dem er dann wirklich wählt, ist beinahe heilig; heilig sind die versiegelten Urnen, die die Wahlzettel enthalten; heilig der Vorgang des Zählens.

Das Feierliche in all diesen Verrichtungen entstammt dem Verzicht auf den Tod als Instrument der Entscheidung. Mit jedem einzelnen Zettel wird der Tod gleichsam weggelegt. Aber was er bewirkt hätte, die Stärke des Gegners, wird in einer Zahl gewissenhaft verzeichnet. Wer mit diesen Zahlen spielt, wer sie verwischt, wer sie fälscht, läßt den Tod wieder ein und ahnt es nicht. Begeisterte Kriegsliebhaber, die sich über Stimmzettel gern lustig machen, geben damit nur ihre eigenen blutigen Absichten zu. Wahlzettel wie Verträge sind für sie ein bloßer Fetzen Papier. Daß sie nicht in Blut getaucht sind, erscheint ihnen verächtlich, ihnen gelten nur Entscheidungen durch Blut.

Der Abgeordnete ist ein konzentrierter Wähler; die zeitlich sehr disparaten Augenblicke, in denen der Wähler als solcher existiert, sind beim Abgeordneten nahe zusammengerückt. Er ist dazu da, *oft* abzustimmen. Aber es ist auch eine viel kleinere Zahl von Menschen, innerhalb deren der Abgeordnete stimmt. Seine Intensität, seine Übung müssen an Erregung ersetzen, was die Wähler aus ihrer großen Zahl beziehen.

Verteilung und Vermehrung

Sozialismus und Produktion

Die Frage der *Gerechtigkeit* ist so alt wie die der *Verteilung.* Wo immer Menschen zusammen auf die Jagd gegangen sind, kam es nachher zu einer Verteilung. In der Meute waren sie eins gewesen, in der Verteilung mußten sie sich sondern. Es hat sich unter Menschen nie ein gemeinsamer Magen entwikkelt, der es einer Vielzahl von ihnen ermöglicht hätte, als ein einziges Geschöpf zu essen. In der Kommunion haben sie einen Ritus ausgebildet, der der Vorstellung eines gemeinsamen Magens noch am nächsten kam. Es war eine unzulängliche Annäherung, aber immerhin eine Annäherung an einen idealen Zustand, nach dem sie ein Bedürfnis empfanden. Die *Isoliertheit* der Einverleibung ist eine Wurzel jenes schreckensvollen Gewächses der Macht. Wer allein und für sich heimlich ißt, der muß allein und für sich töten. Wer mit den anderen zusammen tötet, der muß auch die Beute mit ihnen teilen.

Mit der Anerkennung dieser Teilung beginnt die Gerechtigkeit. Ihre Regelung ist das erste Gesetz. Es ist bis zum heutigen Tage das wichtigste Gesetz und als solches das eigentliche Anliegen aller Bewegungen geblieben, denen es um das Gemeinsame menschlicher Aktivität und menschlichen Daseins überhaupt zu tun ist.

Die Gerechtigkeit fordert, daß jeder zu essen hat. Sie erwartet aber auch, daß jeder sein Teil zur Erlangung dieser Nahrung beibringt. Die überwältigende Mehrheit der Menschen ist mit der Erzeugung von Gütern jeder Art beschäftigt. Mit ihrer Verteilung ist etwas schiefgegangen. Das ist der Inhalt des Sozialismus, auf die simpelste Formel gebracht.

Wie immer aber man über die Art der Verteilung der Güter in unserer modernen Welt denkt, in der Voraussetzung zu diesem Problem sind sich Anhänger und Gegner des Sozialismus einig. Diese Voraussetzung ist die *Produktion.* Auf beiden Seiten des ideologischen Konflikts, der die Erde in zwei heute etwa gleichstarke Hälften gespalten hat, wird die Produktion in jeder Weise gefördert und geschürt. Ob man produziert, um zu verkaufen, oder produziert, um zu verteilen, der Prozeß dieser Produktion an sich wird nicht nur von keiner der beiden Seiten angetastet, er wird *verehrt,* und es ist nicht zu viel gesagt,

wenn man behauptet, daß er in den Augen der meisten heute etwas Heiliges hat.
Man mag sich wohl fragen, woher diese Verehrung stammt. Vielleicht läßt sich ein Punkt in der Geschichte der Menschheit erkennen, an dem die Sanktion der Produktion einsetzt. Ein wenig Überlegung zeigt, daß es einen solchen Punkt nicht gibt. Die Sanktion der Produktion reicht so weit zurück, daß jeder Versuch, sie historisch anzusetzen, als unzulänglich erscheint.
Die Hybris der Produktion geht auf die *Vermehrungsmeute* zurück. Man mag diesen Zusammenhang übersehen, weil es keine Meuten mehr sind, die sich praktisch der Vermehrung widmen. Es sind ungeheure Massen geworden, die in allen Zentren der Zivilisation noch täglich wachsen. Wenn man aber bedenkt, daß von diesem Wachstum kein Ende abzusehen ist, daß immer mehr Menschen immer mehr Güter erzeugen, daß unter diesen Gütern auch lebende Tiere und Gewächse sind, daß sich die Methoden für die Erzeugung von lebenden und leblosen Gütern kaum mehr unterscheiden, so wird man zugeben müssen, daß die Vermehrungsmeute das folgen- und erfolgreichste Gebilde war, das die Menschheit je hervorgebracht hat. Die Zeremonien, die es auf Vermehrung abgesehen hatten, sind zu Maschinen und technischen Prozessen geworden. Jede Fabrik ist eine Einheit, die demselben Kulte dient. Das Neue liegt in der Beschleunigung des Vorgangs. Was früher eine Erzeugung und Steigerung von *Erwartung* war, auf Regen, auf Korn, auf die Annäherung von Tierherden, die man jagte, und das Heranwachsen solcher, die man gezähmt hielt, das ist heute zur unmittelbaren Erzeugung selbst geworden. Man drückt auf ein paar Knöpfe, man schaltet an einigen Hebeln, und was man will, in jeder Gestalt, kommt in wenigen Stunden oder noch schneller fertig heraus.
Es ist bemerkenswert, daß der strenge und exklusive Zusammenhang zwischen Proletariat und Produktion, der seit etwa hundert Jahren solches Ansehen gewonnen hat, die alte Vorstellung, die der Vermehrungsmeute zugrunde lag, auf eine besonders reine Weise wiederherstellt. Proletarier sind, die sich rascher vermehren, und es werden ihrer auf zweierlei Weise mehr. Einmal haben sie mehr Kinder als andere Leute, durch ihre Nachkommenschaft allein haben sie schon etwas Massenhaftes. Ihre Zahl vermehrt sich aber auch auf eine andere

Weise: indem immer mehr Menschen vom Land an den Stätten der Produktion zusammenströmen. Doch genau derselbe doppelte Sinn der Zunahme war, wie man sich entsinnen wird, für die primitive Vermehrungsmeute bezeichnend. Zu ihren Festen und Zeremonien strömten Leute zusammen, und so, als viele, gaben sie sich Verrichtungen hin, die ihnen eine reiche Nachkommenschaft verschaffen sollten.
Als der Begriff eines entrechteten Proletariats aufgestellt und wirksam gemacht wurde, beließ man ihm den vollen Optimismus der Zunahme. Keinen Augenblick erwog man, daß ihrer weniger sein sollten, da es ihnen schlecht ging. Man verließ sich auf die Produktion. Durch deren Zunahme sollte es auch mehr Proletarier geben. Die Produktion, die sie besorgten, sollte ihnen selber dienen. Proletariat und Produktion sollten aneinander wachsen. Es ist dies aber genau derselbe untrennbare Zusammenhang, der bei der Aktivität primitiver Vermehrungsmeuten in Erscheinung trat. Man will selber mehr werden, und so soll auch alles mehr werden, wovon man lebt. Das eine ist vom anderen nicht zu trennen, es hängt so dicht zusammen, daß oft nicht klar wird, *was* mehr werden soll.
Es ist gezeigt worden, daß der Mensch durch Verwandlungen in solche Tiere, die immer schon in großer Zahl beisammen lebten, ein heftigeres Gefühl für Vermehrung gewann. Man möchte sagen, daß er es erst an diesen Tieren *erlernt* hat. Er hatte Schwärme von Fischen und Insekten, riesige Herden von Huftieren vor Augen, und wenn er diese Tiere in seinen Tänzen so gut spielte, daß er zu ihnen wurde, sich ihnen gleichfühlte, wenn es ihm gelang, ganz bestimmte dieser Verwandlungen als Totems festzulegen und an seine Nachkommen als heilige Tradition weiterzugeben, so gab er damit auch eine Absicht auf Vermehrung weiter, die die natürliche des Menschen weit überstieg.
Genau dieses Verhältnis hat der moderne Mensch heute zur Produktion. Maschinen können mehr erzeugen, als sich irgendwer früher träumen ließ. Alle Vervielfältigung ist durch sie ins Ungeheuerliche gewachsen. Da es aber im allgemeinen um Gegenstände geht und weniger um Geschöpfe, steigert sich seine Hingabe an ihre Zahl, indem sich seine Bedürfnisse steigern. Immer mehr Dinge gibt es, für die er eine Verwendung weiß; indem er sie einübt, entstehen neue Bedürfnisse. Es ist dieser Aspekt der Produktion, die ungehemmte Vervielfältigung als

solche, in jeder Richtung, die in den ›kapitalistischen‹ Ländern am meisten ins Auge fällt. In den Ländern, die besonderen Wert auf das ›Proletariat‹ legen – wo große Anhäufungen von Kapital in Händen einzelner verhindert werden –, stehen Probleme der allgemeinen *Verteilung* theoretisch gleichwertig neben denen der *Vermehrung*.

Die Selbstzerstörung der Xosas

Eines Morgens im Mai 1856 ging ein *Xosa*-Mädchen zu einem Flüßchen, das in der Nähe ihres Heims vorüberfloß, um Wasser zu holen. Bei ihrer Rückkehr erzählte sie, daß sie sonderbare Männer beim Fluß gesehen habe, ganz anders als die sie gewöhnlich traf. Ihr Onkel, der Umhlakaza hieß, ging hin, die Fremden zu sehen und fand sie am angegebenen Ort. Sie sagten ihm, er solle wieder nach Hause gehen und gewisse Zeremonien vollführen; danach solle er für die Geister der Toten einen Ochsen opfern und am vierten Tage zu ihnen zurückkehren. In ihrer Erscheinung war etwas, das Gehorsam forderte, und der Mann tat, wie ihm befohlen war. Am vierten Tage ging er wieder zum Fluß. Die seltsamen Leute waren wieder da; zu seinem Erstaunen erkannte er unter ihnen seinen Bruder, der vor vielen Jahren gestorben war. Da erfuhr er denn zum erstenmal, wer und was sie waren. Als die ewigen Feinde des weißen Mannes seien sie, wie sie erklärten, von Schlachtfeldern jenseits des Meeres herbeigekommen, um den Xosas zu helfen: Durch ihre unüberwindliche Macht würden die Engländer aus dem Lande vertrieben werden. Umhlakaza sollte als der Mittelsmann zwischen ihnen und den Häuptlingen dienen, er würde die Anweisungen zum Weitergeben empfangen. Denn erstaunliche Dinge würden sich ereignen, erstaunlicher als alle, die sich je ereignet hätten, wenn die angebotene Hilfe angenommen würde. Vor allem müßte er den Leuten sagen, daß sie ihre gegeneinander gerichteten Zauberkünste einstellen sollten; sie sollten vom fettesten Vieh schlachten und essen.

Die Nachricht von dieser Verbindung mit der Geisterwelt sprach sich unter den Xosas bald herum. Kreli, der oberste Häuptling des Stammes, begrüßte die Botschaft mit Freuden; man sagt sogar, ohne daß es sich beweisen läßt, daß er der eigentliche Urheber des ganzen Planes war. Das Wort ging aus,

dem Befehl der Geister müsse gehorcht werden; das beste Vieh solle geschlachtet und gegessen werden. Ein Teil des Stammes lebte unter britischer Oberhoheit. Seine Boten wurden auch an die Häuptlinge dieses Teiles abgesandt; man berichtete ihnen, was geschehen war und bat sie um ihre Mithilfe. Die Xosa-Klans gerieten alle sofort in Bewegung. Die meisten Häuptlinge begannen mit dem Schlachten des Viehs. Nur einer von ihnen, Sandile, ein vorsichtiger Mann, zögerte noch. Der englische Hochkommissar ließ Kreli mitteilen, daß er auf seinem Gebiete tun könne, was er wolle; aber wenn er nicht damit aufhöre, britische Untertanen dazu aufzustacheln, ihren Besitz zu zerstören, werde man ihn strafen müssen. Er scherte sich wenig um die Drohung; er war überzeugt davon, daß jetzt bald die Zeit gekommen war, in der *er* strafen werde.
Die Offenbarungen, die durch den Propheten kamen, nahmen rasch an Tragweite zu. Das Mädchen, das mitten im Flusse stand, unter einer Unmenge von gläubigen Menschen, vernahm sonderbare unirdische Geräusche zu seinen Füßen. Ihr Onkel, der Prophet, erklärte, es seien die Stimmen der Geister, die über die Angelegenheiten der Menschen Rat abhielten. Schon der erste Befehl war gewesen, daß man Vieh schlachten müsse, aber die Geister waren unersättlich. Immer mehr Vieh wurde geschlachtet, es war nie genug. Von Monat zu Monat nahm der Wahn zu und ergriff neue Opfer. Nach einer Weile gab auch der vorsichtige Häuptling Sandile nach. Sein Bruder hatte ihn heftig gedrängt. Er hatte mit eigenen Augen die Geister zweier verstorbener Ratgeber seines Vaters gesehen, er hatte mit ihnen persönlich gesprochen, und sie ließen Sandile befehlen, sein Vieh zu töten, wenn er nicht zusammen mit dem weißen Manne zugrunde gehen wolle.
Der letzte Befehl des Propheten war nun auch schon erteilt worden. Seine Ausführung sollte als die letzte Vorbereitung der Xosas gelten, danach würden sie der Hilfe eines Geisterheeres würdig sein. Von allen ihren Herden durfte kein einziges Tier am Leben bleiben, alles Korn in ihren Speichern mußte zerstört werden. Für die Gehorsamen wurde eine herrliche Zukunft in Aussicht gestellt. An einem vorausbestimmten Tage würden Herden aus tausend und abertausend Köpfen, schöner als alle, die man hatte schlachten müssen, aus der Erde steigen und die Weiden weit und breit bedecken. Große Felder von Hirse, reif und zum Genusse bereit, würden in einem Augen-

blick aus dem Boden springen. An jenem Tage würden die alten Helden des Stammes, die Großen und Weisen der Vergangenheit, wieder auferstehen und an den Freuden der Gläubigen teilhaben. Sorge und Krankheit würden verschwinden, ebenso die Gebrechen des Alters, Jugend und Schönheit würden den auferstandenen Toten wie den schwachen Lebenden zuteil werden. Furchtbar aber würde das Schicksal derer sein, die sich dem Willen der Geister entgegenstemmten oder die Ausführung ihrer Befehle vernachlässigten. Derselbe Tag, der den Gläubigen so viel Freude bringen würde, wäre für sie der Tag des Ruins und Untergangs. Der Himmel werde einstürzen und sie zusammen mit den Mischlingen und Weißen zermalmen.
Missionare und Agenten der Regierung bemühten sich vergeblich, die wahnsinnigen Vorgänge aufzuhalten. Die Xosas waren besessen und duldeten weder Einwand noch Widerstand. Weiße, die sich einmischten, wurden bedroht; sie waren ihres Lebens nicht mehr sicher. Ein fanatischer Glaube hatte alle Xosas ergriffen, manche ihrer Führer allerdings sahen darin eine gute Gelegenheit zum Krieg. Sie hatten ständig einen bestimmten Plan im Auge: den ganzen Xosa-Stamm vollbewaffnet und in einem Zustand des Verhungerns auf die Kolonie zu werfen. Sie waren selber zu aufgeregt, um die furchtbaren Gefahren eines solchen Unternehmens zu sehen, gegen dessen Gelingen alles sprach.
Es gab einige, die weder an die Voraussagen des Propheten noch an Erfolg in einem solchen Kriege glaubten und trotzdem alle Nahrungsvorräte bis zum letzten Teilchen zerstörten. Ein Onkel des Häuptlings Kreli gehörte zu ihnen. »Es ist der Befehl des Häuptlings«, sagte er; dann, als nichts mehr zu essen übrig war, setzten sich der alte Mann und seine Lieblingsfrau in einem leeren Kraal nieder und starben. Auch Krelis oberster Ratgeber widersetzte sich dem Plan, bis er sah, daß Worte nutzlos waren. Dann, mit der Erklärung, daß alles, was er habe, seinem Häuptling gehöre, gab er den Befehl zum Schlachten und Zerstören und floh als Wahnsinniger davon. Tausende mochten so gegen ihre Überzeugung handeln. Der Häuptling befahl, sie gehorchten.
In den frühen Monaten des Jahres 1857 herrschte eine ungewohnte Tätigkeit im ganzen Land. Große Kraals wurden für den Empfang des Viehs vorbereitet, das so bald in ungeheuren

Mengen erscheinen sollte. Riesige Lederbehälter wurden angefertigt, um die Milch aufzunehmen, von der es bald so viel wie Wasser geben würde. Manche hungerten schon während dieser Arbeit. Östlich des Flusses Kei war der Befehl des Propheten buchstäblich ausgeführt, aber der Tag der Auferstehung war dennoch verschoben worden. Auf dem Gebiet des Häuptlings Sandile, der später begonnen hatte, war man nämlich mit dem Schlachten noch nicht zu Ende. Ein Teil des Stammes hungerte schon, während der andere noch daran war, seine Lebensmittel zu zerstören.

Die Regierung tat alles, um die Grenzen zu schützen. Jeder Posten wurde verstärkt, jeder verfügbare Soldat hinbeordert. Auch die Kolonisten hatten sich darauf vorbereitet, den Schock abzufangen. Nachdem man für die Verteidigung gesorgt hatte, legte man Vorräte an, um das Leben der Hungernden zu retten.

Endlich war der lang erwartete Tag herangekommen. Die ganze Nacht über hatten die Xosas in höchster Erregung gewacht. Sie erwarteten zwei blutrote Sonnen über den Hügeln im Osten aufgehen zu sehen; die Himmel würden dann einstürzen und ihre Feinde zerschmettern. Halbtot vor Hunger verbrachten sie die Nacht in wilder Freude. Dann endlich ging wie immer die eine Sonne auf, und ihr Herz sank. Sie verloren die Hoffnung nicht gleich; vielleicht war der Mittag dieses Tages gemeint, wenn die Sonne am höchsten stand; und als dann nichts geschah, hofften sie noch auf die Zeit ihres Untergangs. Aber die Sonne ging unter, und alles war zu Ende.

Die Krieger, die sich alle zusammen auf die Kolonie hätten stürzen sollen, waren durch einen unbegreiflichen Fehler nicht versammelt worden. Jetzt war es dazu zu spät. Ein Versuch, den Tag der Auferstehung zu verschieben, hatte keine Wirkung mehr. Die freudige Erregung der Xosas war in tiefste Verzweiflung umgeschlagen. Als Bettler, nicht als Krieger, in völlig verhungertem Zustand, mußten sie jetzt ihren Weg in die Kolonie nehmen. Bruder kämpfte gegen Bruder, Vater gegen Sohn, um kleine Fetzen und Stückchen der großen Milchbehälter, die man an jenen Tagen hoher Hoffnung so sorgfältig angefertigt hatte. Alte, Schwache und Kranke wurden von den Jüngeren ihrem Schicksal überlassen. Man suchte nach allen Arten von Gewächsen, selbst nach Baumwurzeln, um sie zu essen. Die der Meeresküste näher waren, versuchten sich mit Schal-

tieren durchzubringen, aber da sie an diese Nahrung nicht gewöhnt waren, bekamen sie Dysenterie und gingen rasch zugrunde. An manchen Orten setzten sich ganze Familien gemeinsam zum Sterben nieder. Später wurden oft unter einem einzigen Baume fünfzehn bis zwanzig Skelette beieinander gefunden, Eltern, die mit ihren Kindern zusammen gestorben waren. Ein unaufhörlicher Strom von ausgehungerten Geschöpfen ergoß sich in die Kolonie, meist junge Männer und Frauen, aber manchmal auch Väter und Mütter mit halbtoten Kindern auf dem Rücken. Vor den Farmhäusern hockten sie sich nieder und baten in jammervollen Tönen um Essen.
Während des Jahres 1857 sank die Bevölkerung des britischen Teils des Xosa-Landes von 105000 auf 37000. 68000 Menschen waren hier umgekommen. Dabei war das Leben von Tausenden durch Getreidevorräte gerettet worden, die die Regierung hier angelegt hatte. Im freien Teil, wo es keine solche Vorräte gab, kamen relativ noch mehr Menschen um. Die Macht des Xosa-Stammes war vollkommen gebrochen.

Über dieses Ereignis ist nicht ohne Absicht in einiger Breite berichtet worden. Man könnte den Verdacht hegen, daß es von jemand erfunden worden ist, der die Abfolge von Ereignissen in der Masse, ihre Gesetzmäßigkeit und Präzision deutlich machen will. Aber es hat sich alles wirklich so zugetragen in den 50er Jahren des letzten Jahrhunderts, also in nicht gar so ferner Vergangenheit. Die Berichte von Augenzeugen darüber sind da, und jeder kann sie einsehen.
Versuchen wir, einige wesentliche Punkte aus dem Bericht herauszugreifen.
Da ist einmal auffallend, wie *lebendig* die Toten der Xosas sind. Sie nehmen wirklich Anteil an den Schicksalen der Lebenden. Sie finden Mittel und Wege, sich mit ihnen in Verbindung zu setzen. Sie versprechen ihnen ein Hilfsheer. Als Heer, also als *Masse der toten Krieger*, werden sie zum Heere der lebenden Xosas stoßen. Diese Verstärkung wird genau so vor sich gehen, wie wenn man ein Bündnis mit einem anderen Stamme eingegangen wäre. Aber diesmal ist es ein Bündnis mit dem Stamme der eigenen Toten.
Wenn der versprochene Tag kommt, werden alle plötzlich *gleich* sein. Die Alten werden wieder jung, die Kranken gesund, die Sorgenvollen fröhlich sein; die Toten werden sich unter

die Lebenden mischen. Ein Beginn in dieser Richtung allgemeiner Gleichheit wird schon mit dem ersten Befehl gemacht: man soll die Zauberkünste aufgeben, die einer gegen den anderen anwendet; das Durcheinander ihrer feindlichen Absichten ist es, was Einheit und Gleichmäßigkeit des Stammes am meisten stört. An jenem großen Tage wird dann die Masse des Stammes, die allein zu schwach ist, um die Feinde zu bezwingen, in einem plötzlichen Sprung um die volle Masse seiner Toten vermehrt werden.

Auch die Richtung, in der sich diese Masse ergießen wird, ist vorgezeichnet: sie wird sich auf die Kolonie der Weißen stürzen, unter deren Herrschaft sie zum Teil schon steht. Ihre Macht, dank der Verstärkung durch die Geister, wird unüberwindlich sein.

Die Geister haben im übrigen dieselben Wünsche wie die Lebenden; sie lieben es, Fleisch zu essen und verlangen darum, daß man ihnen Vieh opfert. Es ist anzunehmen, daß sie auch vom Getreide genießen, das man zerstört. Anfangs sind die Opfer noch vereinzelt; man kann sie als Zeichen der Pietät und Ergebenheit auffassen. Dann aber wachsen sie an, die Toten wollen alles. Die Vermehrungstendenzen, die man für sein Vieh und sein Korn sonst hat, schlagen um in eine Vermehrungstendenz für die Toten. Es ist das *geschlachtete* Vieh, es ist das *zerstörte* Korn, das jetzt mehr werden soll, denn es setzt sich um in Vieh und Korn für die Toten. Die dynamische Neigung der Masse, mehr und mehr zu werden, sprunghaft, rücksichtslos und blind, alles übrige dieser Neigung opfernd, eine Neigung, die immer da besteht, wo sich eine Masse von lebenden Menschen bildet – diese Neigung ist *übertragbar*. Die *Jäger* übertragen sie auf ihr *Wild*, von dem sie sich nicht genug wünschen können und dessen Fruchtbarkeit sie durch viele Zeremonien zu fördern suchen. Die *Viehzüchter* übertragen sie auf ihr *Vieh*; sie werden alles dazu tun, daß ihre Herden wachsen, und durch ihre praktische Geschicklichkeit im Züchten entstehen allmählich wirklich große und größere Herden. Die *Ackerbauern* übertragen dieselbe Neigung auf die Erzeugnisse ihres Bodenfleißes. Ihr *Korn* trägt dreißig- oder hundertfältig, und der Speicher, in dem sie es sammeln, allgemein sichtbar und bewundert, ist der deutliche Ausdruck für diese gelungene, sprunghafte Vermehrung. Sie haben so viel dazu getan, daß aus diesem übertragenen Massengefühl für Herden oder Korn etwas wie ein neues Selbstgefühl wird, und es mag ihnen oft zumute sein, als hätten sie allein es getan.

Während dieser ›Selbstzerstörung‹ der Xosas nun hat sich alles, was es an Vermehrungstendenzen für Menschen, Vieh und Korn bei ihnen gab, an ihre Vorstellung von den *Toten* gehängt. Zu ihrer Rache an den Weißen, die sie ihres Landes immer mehr beraubt hatten, zu einem aussichtsreichen Krieg gegen diese, nach allen erfolglosen Kriegen, die sie schon geführt hatten, bedurften sie eines: des Aufstandes ihrer Toten. Sobald man sich dieser wirklich versichert haben würde, sobald diese wirklich alle in unabsehbaren Scharen aufgestanden sein würden, konnte man den Krieg beginnen. Mit ihnen würden auch Vieh und Hirse von den Toten zurückkehren, viel mehr als man hinübergeschickt hatte, alles was sich an Vieh und Hirse von jeher bei den Toten angesammelt hatte.

Das Vieh, das man schlachtete, das Korn, das man zerstörte, hatte die Funktion eines Massenkristalls, an das sich alles Vieh und Korn drüben anhängen sollte. Zu anderen Zeiten hätte man zum selben Zwecke gewiß auch Menschen geopfert. An jenem großen Tage wären dann die Weiden voll von riesigen neuen Herden und auf den Feldern stünde die Hirse reif und zum Genusse bereit da.

Auf das Wiedererscheinen der Toten, mit allem, was zum Leben gehört, war also dieses ganze Unternehmen angelegt. Für diese größere Absicht gab man alles her. Man wurde bestärkt darin von den Angehörigen jener Welt, die man *erkannte*. Der Bruder des Propheten, die beiden Ratgeber des alten, verstorbenen Häuptlings waren die Bürgen für ein Abkommen, das man mit den Toten traf. Wer sich entgegenstellte oder zögerte, nahm der Masse etwas, das ihr gehörte, und störte ihre Einheit. Er wurde darum besser gleich zu den Feinden gestellt; mit diesen zusammen würde er untergehen.

Betrachtet man den katastrophalen Ausgang des Ereignisses, die Tatsache, daß am gelobten Tage nichts geschah, keine Hirsefelder, keine Herden, keine Totenheere erschienen, so ließe sich vom Glaubensstandpunkt der Xosas aus sehr wohl sagen, daß sie von ihren Toten getäuscht worden waren. Diese hatten das Abkommen nicht ernst gemeint, es war ihnen gar nicht um einen Sieg über die Weißen zu tun, sondern bloß darum, selber zuzunehmen. Durch falsche Vorspiegelungen hatten sie erst das Vieh und das Getreide der Lebenden an sich gebracht;

dann waren die verhungerten Menschen selber nachgefolgt. Den Sieg hatten also die Toten doch errungen, wenn auch auf eine andere Weise und in einem anderen Krieg; zum Schluß standen sie als *die größte Masse* da.

Von besonderer Bedeutung für das Verhalten der Xosas erscheint aber auch der *Befehl*. Er hat etwas sehr Isoliertes und steht als Akt ganz für sich allein da. Die Toten, die ihn erteilen, brauchen einen Mittelsmann zu seiner Weiterleitung. Sie anerkennen durchaus die irdische Hierarchie. Der Prophet soll sich an die Häuptlinge wenden und diese zur Entgegennahme der Geisterbefehle bewegen. Sobald Kreli, der oberste Häuptling, sich einmal für den Plan der Geister erklärt hat, nimmt alles weitere seinen normalen Befehlsverlauf. Die Boten werden ausgesandt an alle Xosa-Klans, auch an die, die unter ›falscher‹ Oberhoheit, der Engländer nämlich, stehen. Selbst die Ungläubigen, die sich lange gegen die Ausführung des Planes wehren, unter ihnen Krelis Onkel und sein oberster Ratgeber, fügen sich schließlich dem ›Befehl‹ des Häuptlings und geben dies ausdrücklich als einzigen Grund für ihre Unterwerfung an.

Noch merkwürdiger aber wird alles, wenn wir den *Inhalt* des Befehls in Erwägung ziehen. Es geht im wesentlichen um das *Schlachten* des Viehs, also um *Töten*. Je nachdrücklicher dieser Befehl wiederholt wird, je umfassender und massenhafter seine Anwendung gedacht ist, um so mehr nimmt er den Krieg selbst vorweg. Das Vieh steht, wenn man so sagen könnte, vom Befehl her gesehen für die *Feinde*. Es steht für sie und für ihr Vieh, wie das Getreide, das zerstört wird, für ihr Getreide. Der Krieg beginnt im eigenen Land, als wäre man schon in dem des Feindes; der Befehl aber rückt wieder nahe an seinen Ursprung zurück, da er noch *Todesurteil* war, das instinktive Todesurteil einer Gattung gegen die andere.

Über allen Tieren, die der Mensch gefangenhält, hängt sein Todesurteil. Es ist zwar – oft auf lange – *suspendiert*, doch begnadigt wird keines. So gibt der Mensch seinen eigenen Tod, dessen er sich sehr wohl bewußt ist, an seine Tiere ungestraft weiter. Die Spanne Lebens, die er ihnen gönnt, hat etwas von seiner eigenen; nur daß bei ihnen *er* aufpaßt, wann sie ihr Ende erreicht hat. Ihr Tod fällt ihm leichter, wenn er viele besitzt und einzelne aus der Herde zum Schlachten herauslöst. Seine beiden Ziele, die Vermehrung seiner Herden und die Tötung einzelner Tiere, die er braucht, lassen sich sehr wohl vereinen.

Auf diese Weise, als Hirt, ist er mächtiger als jeder Jäger. Seine Tiere sind beisammen und entgehen ihm nicht. Die Dauer ihres Lebens liegt in seiner Hand. Er ist nicht von der Gelegenheit abhängig, die sie ihm zuführt, und muß sie nicht auf der Stelle töten. Aus der *Gewalt* des Jägers wird die *Macht* des Hirten.

Der Befehl nun, der den Xosas erteilt wird, ist Befehl in seiner Essenz: Die Vollstreckung des Todesurteils an ihrem Vieh soll der Schlachtung ihrer Feinde vorausgehen, als wären beide im Grunde eins; sie sind es.

Es gibt zu denken, daß dieser Befehl zum Töten von den Toten selber ausgeht, als stünde ihnen die oberste Autorität darin zu. Letzten Endes beordern sie alles zu sich hinüber. Unter ihnen befinden sich alle, die früher Befehle erteilt haben, Generationen von Häuptlingen. Ihr vereinigtes Ansehen ist groß; es wäre gewiß auch groß, wenn sie, nicht als Tote, alle plötzlich unter den Menschen stünden. Aber man kann sich des Eindrucks nicht erwehren, daß ihre Macht sich durch den Tod noch gesteigert hat. Daß sie sich durch den Propheten bemerkbar machen können, daß sie überhaupt erscheinen und zu ihm sprechen, gibt ihnen zu ihrem früheren noch ein übernatürliches Ansehen; sie sind so um den Tod herumgekommen und auf eine eindurcksvolle Weise noch *aktiv*. Das *Umgehen* des Todes, der Wunsch, ihm *auszuweichen*, gehört zu den ältesten und zähesten Tendenzen aller Machthaber. Es ist in diesem Zusammenhang von Bedeutung, nachzutragen, daß der Häuptling Kreli das Hungersterben seines Volks um viele Jahre überlebt hat.

Die Eingeweide der Macht

Ergreifen und Einverleiben

Die Psychologie des Ergreifens und Einverleibens – wie die des Essens im allgemeinen – ist noch völlig ununtersucht; es ist uns da alles extrem selbstverständlich. Viele Vorgänge rätselhafter Art spielen sich da ab, über die wir nie nachdenken. Es gibt nichts an uns, das altertümlicher wäre; daß wir so vieles an diesen Vorgängen mit den Tieren teilen, hat sie uns bis jetzt nicht erstaunlicher gemacht.

Die Annäherung eines Geschöpfes ans andere, auf das es feindliche Absichten hat, geschieht in verschiedenen Akten, deren jeder seine besondere traditionelle Bedeutung hat. Da ist einmal das *Belauern* der Beute: sie ist unter Verfolgung gesetzt, lange bevor sie unserer Absicht gewahr wird. Mit einem Gefühl der Billigung und des Wohlgefallens wird sie betrachtet, beobachtet, bewacht; als Fleisch gesehen, da sie noch lebt; so intensiv und unwiderruflich als Fleisch gesehen, daß nichts einen je davon abbringen könnte, es auch zu erlangen. Während dieser ganzen Zeit, in der man um sie herumstreicht, fühlt man schon, wie sehr sie einem gehört; von dem Augenblick an, da man sie zur Beute bestimmt hat, ist sie einem in der Vorstellung schon einverleibt.

Das Belauern ist ein Zustand so eigentümlicher Spannung, daß es dann abgelöst, für sich, Bedeutung gewinnen kann. Man verlängert es; später führt man es als Zustand an sich herbei, unabhängig von der Beute, die schließlich winkt. Nicht ungestraft liegt der Mensch auf der Lauer und gibt sich der Verfolgung hin. Alles, was er in dieser Richtung aktiv betreibt, erlebt er passiv genau so an sich selbst; aber verstärkt, denn seine größere Intelligenz gewahrt mehr Gefahren und macht ihm das Verfolgtwerden zur größeren Qual.

Nicht immer ist der Mensch stark genug, seine Beute direkt zu erlangen. Seine Verfolgung, auf ihre Weise kenntnisreich und genau, hat zu den kompliziertesten Fallen geführt. Oft bedient er sich auch der Verwandlung, die seine eigentliche Begabung ist, und richtet sich genau so her wie das Tier, auf das er aus ist. Er vermag es so gut zu agieren, daß es ihm glaubt. Diese Art des Auflauerns kann man als Schmeichelei bezeichnen. Man sagt dem Tier: ›Ich bin dir gleich, ich bin du. Du kannst mich in deine Nähe lassen.‹

Nach dem Heranschleichen und dem Sprung – der in anderem Zusammenhang behandelt wird – erfolgt dann die erste *Berührung*. Sie ist vielleicht das, was man am meisten fürchtet. Die Finger tasten, was dem Körper bald ganz gehören wird. Das Ergreifen durch die anderen Sinne, des Sehens, des Hörens, des Riechens, ist lange nicht so gefährlich. Sie lassen noch Raum zwischen sich und ihrem Opfer; solange dieser Raum besteht, gibt es noch eine Gelegenheit zu entkommen und alles ist unentschieden. Das Tasten aber als Berührung ist der Vorbote des Schmeckens. Die Hexe im Märchen läßt sich einen Finger herausstrecken, um zu fühlen, ob ihr Opfer fett genug ist.

Die Absicht des einen Körpers auf den anderen wird vom Augenblick der Berührung an konkret. Schon bei den tiefsten Formen des Lebens hat jener Moment etwas Entscheidendes. Er enthält die ältesten Schrecken; wir träumen von ihm; wir dichten ihn; unser Leben in der Zivilisation ist nichts als eine einzige Anstrengung, ihn zu vermeiden. Ob ein Widerstand von diesem Augenblick an fortgesetzt oder ganz aufgegeben wird, hängt vom Machtverhältnis zwischen Berührendem und Berührtem ab; aber mehr noch als vom wirklichen Machtverhältnis von der Vorstellung, die der Berührte sich davon macht. Meist wird er sich seiner Haut noch zu wehren suchen; nur gegen eine Macht, die ihm überwältigend erscheint, wird er nichts mehr unternehmen. Die endgültige Berührung, die Berührung, in die man sich findet, weil jeder Widerstand, und besonders der in der Zukunft, als aussichtslos erscheint, ist in unserem sozialen Leben zur *Verhaftung* geworden. Es genügt, die Hand dessen auf der Schulter zu spüren, der zur Verhaftung legitimiert ist, und man ergibt sich gewöhnlich, noch bevor es zum eigentlichen Ergreifen kommt. Man duckt sich, man geht mit; man führt sich gefaßt auf; und doch ist es keineswegs überall so, daß man den weiteren Vorgängen mit Ruhe und Vertrauen entgegensehen kann.

Der nächste Grad der Annäherung ist das *Ergreifen*. Die Finger der Hand bilden einen Hohlraum, in den sie einen Teil des berührten Geschöpfs hineinzupressen suchen. Sie tun es unbekümmert um die Gliederung, den organischen Zusammenhang der Beute. Ob sie sie in diesem Stadium verletzen oder nicht, ist eigentlich gleichgültig. Aber etwas von ihrem Körper muß in den gebildeten Raum hinein, als Pfand fürs ganze. Der Raum innerhalb der gekrümmten Hand ist der Vor-Raum des Mauls und des Magens, durch den die Beute dann endgültig einverleibt wird. Bei vielen Tieren ist es, statt Kralle oder Hand, gleich das bewaffnete Maul, das die Ergreifung besorgt. Bei den Menschen wird die Hand, die nicht mehr losläßt, zum eigentlichen Sinnbild der Macht. ›Er gab ihn in seine Hand.‹ ›Es stand in seiner Hand.‹ ›Es ist in Gottes Hand.‹ Ähnliche Ausdrücke sind in allen Sprachen häufig und vertraut.

Für den Vorgang des Ergreifens selbst ist der *Druck*, den die menschliche Hand ausübt, das eigentlich Wichtige. Die Finger ziehen sich um das Gefaßte zusammen, der Hohlraum, in den man es gezerrt hat, verengt sich. Man will es mit der ganzen inneren Oberfläche der Hand fühlen, man will es kräftiger fühlen. Das Leichte und Sachte der Berührung hat sich erst verbreitet, dann verstärkt und konzentriert sich schließlich, bis man das Stück Beute so dicht zusammengepreßt hält, wie es sich pressen läßt. Diese Art von Druck hat dem Zerreißen durch Krallen den Rang abgelaufen. In altertümlichen Kulten wurde das Zerreißen noch geübt; aber es galt als tierisch; es war ein Spiel unter Tieren. Für den Ernstfall hat man es längst an die Zähne überwiesen.

Das Drücken kann sich bis zum *Zerquetschen* steigern. Wie weit man mit seinem Drucke geht, ob wirklich bis zum Zerquetschen, hängt von der Gefährlichkeit der Beute ab. Hatte man einen harten Kampf mit ihr zu bestehen, war man ernsthaft von ihr bedroht, hat sie einen in Wut versetzt oder gar verletzt, so wird man es sie gern spüren lassen und fester drücken, als es zu ihrer Versicherung notwendig wäre.

Aber noch mehr als Gefährlichkeit und Wut treibt einen Verachtung in die Richtung des Zerquetschens. Etwas sehr Kleines, das kaum zählt, ein *Insekt*, wird zerquetscht, weil man sonst nicht wüßte, was damit geschehen ist. Einen Hohlraum, der dafür eng genug wäre, kann die menschliche Hand nicht bilden. Aber abgesehen davon, daß man einen Plagegeist loswerden will und auch wissen möchte, daß man ihn wirklich losgeworden ist, verrät dieses Verhalten zu einer Fliege oder einem Floh die Verachtung fürs völlig Wehrlose, das in einer ganz andern Größen- und Machtordnung lebt als wir, mit dem wir nichts gemein haben, in das wir uns nie verwandeln, das wir nie fürchten, es sei denn, es tritt plötzlich in Massen auf. Die Zerstörung dieser winzigen Geschöpfe sind die einzigen Akte der Gewalt, die auch *in* uns ganz ungestraft bleiben. Ihr Blut kommt nie über unser Haupt, es erinnert nicht an das unsere. Wir blicken nicht in ihr brechendes Auge. Wir essen sie nicht. Sie sind, wenigstens bei uns im Westen, ins wachsende, wenn auch nicht sehr wirkungsvolle Reich der Menschlichkeit nie einbezogen worden. Sie sind, mit einem Worte, vogelfrei: floh- und fliegenfrei wäre besser dafür. Wenn ich zu jemand sage: ›Ich zerquetsche dich in der bloßen Hand‹, so drücke ich damit die größte Verachtung aus, die überhaupt denkbar ist, ich sage ungefähr: ›Du bist ein Insekt. Du bedeutest mir nichts. Ich kann mit dir machen, was ich will, und du bedeutest mir auch dann nichts. Du bedeutest niemandem etwas. Man kann dich ungestraft vernichten. Niemand würde es bemerken. Niemand würde sich's merken. Ich auch nicht.‹

Der höchste Grad von Zerstörung durch Druck, die *Zermalmung,* ist der Hand nicht mehr möglich; dafür ist sie zu weich. Die Zermalmung setzt ein sehr großes, mechanisches Übergewicht voraus, ein hartes Oben und Unten, zwischen denen zermalmt wird. Die Zähne leisten hier, was die Hände nicht vermögen. Im allgemeinen denkt man nicht mehr an etwas Lebendes, wenn von Zermalmung die Rede ist; der Prozeß als solcher ist schon weit ins Anorganische gerückt. Am ehesten wird man das Wort in Verbindung mit Naturkatastrophen gebrauchen; große Felsen, die sich losgelöst haben, mögen viel kleinere Geschöpfe zermalmen. Übertragen wird der Ausdruck wohl angewandt, aber nicht ganz ernst genommen. Er vermittelt die Vorstellung einer zerstörenden Macht, die zu seinen Werkzeugen, aber nicht recht zum Menschen selbst gehört. Es ist etwas Sachliches in der Zermalmung; der Leib allein, als Äußerliches, ist ihrer nicht fähig und verzichtet großmütig darauf. Das Stärkste, dessen er fähig ist, ist der ›eherne‹ Griff.

Es ist merkwürdig, welche hohe Achtung der *Griff* genießt. Die Funktionen der Hand sind so vielfältig, daß man sich über die mannigfachen sprachlichen Wendungen, die mit ihr zusammenhängen, nicht verwundern kann. Aber ihren eigentlichen Nimbus bezieht sie doch aus dem Griff, jenem zentralen und am höchsten gefeierten Akt der Macht. ›Ergriffenheit‹, ein Wort, das im Range kaum höher stehen könnte, ist vielleicht das eindrucksvollste Zeugnis dafür. Es drückt das Vollständige und ganz Eingeschlossene aus, in Verbindung mit einer Kraft, auf die man keinen Einfluß hat. Der ›Ergriffene‹ ist von einer Riesenhand gepackt, von ihr ganz eingefaßt und tut nichts, um sich gegen sie, deren Absichten er nicht kennen kann, zu wehren.

Es liegt nahe, den entscheidenden Akt der Macht dort zu finden, wo er seit altersher unter Tieren wie Menschen am auffallendsten ist: eben im *Ergreifen*. Das abergläubische Ansehen, das die Katzenraubtiere, Tiger wie Löwe, unter den Menschen genießen, beruht darauf. Sie sind die großen Ergreifer; und sie besorgen das Ergreifen allein. Das Lauern, der Sprung, das Einschlagen der Tatzen, das Zerfleischen, alles ist bei ihnen noch in einem beisammen. Die Wucht dieses Vorganges, seine Unerbittlichkeit, die Sicherheit, mit der er ausgeführt wird, die nie angezweifelte Überlegenheit des Ausführenden, die Tatsache, daß, was immer er will, das Verschiedenste ihm zur Beute werden kann: alles trägt zu seinem gewaltigen Ansehen bei. Von welchem Standpunkt immer man es betrachtet, hier ist Macht in höchster Konzentration. Sie hat auf den Menschen in dieser Form einen unauslöschlichen Eindruck gemacht, alle Könige wären gern Löwen. Es war der Akt des Ergreifens selbst, den man bewunderte und lobte, sein Erfolg. Überall hat man als Tapferkeit und Größe bezeichnet, was doch auf weit überlegener Kraft beruhte.

Der Löwe muß sich *nicht verwandeln*, um seine Beute zu erlangen; er erlangt sie als *er selbst*. Er gibt sich, bevor er auszieht, durch Brüllen zu erkennen; er, der einzige, kann seine Absicht preisgeben, indem er sie laut und jedem Geschöpfe hörbar ankündigt. Es ist darin ein unwandelbarer Eigensinn enthalten, der nie zu etwas anderem wird und dadurch nur noch größeren Schrecken verbreitet. Macht in ihrem Kern und auf ihrem Gipfel verachtet Verwandlung. Sie tut sich selbst Genüge; sie will nur sich. In dieser Form ist sie dem Menschen bemerkenswert erschienen; absolut und unverantwortlich, ist sie nichts und niemand anderem zuliebe da. Ihren höchsten Glanz hatte sie für ihn, wann immer sie in dieser Form auftrat; und bis heute ist noch nichts imstande, ihr Immer-wieder-Erscheinen in dieser Form zu verhindern.

Es ist aber ein zweiter Akt der Macht, wenn auch nicht so glanzvoll, so doch gewiß nicht weniger wesentlich. Über dem großartigen Eindruck des Ergreifens vergißt man manchmal,

daß etwas ebenso Wichtiges parallel damit läuft: es kommt auch darauf an, *sich nicht ergreifen zu lassen.*
Aller freie Raum, den der Machthaber um sich schafft, dient dieser zweiten Tendenz. Jeder, auch der niedrigste, sucht zu verhindern, daß man ihm zu nahe kommt. Wo immer eine Form des Zusammenlebens sich zwischen Menschen etabliert hat, drückt sie sich in Abständen aus, die ihnen diese unablässige Angst des Gepackt- und Ergriffenwerdens benehmen. Das Symmetrische, das in manchen alten Zivilisationen so auffallend ist, leitet sich auch vom gleichmäßigen Abstand her, den der Mensch auf allen Seiten um sich schafft. Die Sicherheit in diesen Zivilisationen ist die des Abstandes und drückt sich auch bildlich so aus. Der Machthaber, von dessen Existenz die der übrigen abhängt, erfreut sich des größten, des deutlichsten Abstands; darin, nicht nur in seinem Glanz, ist er die Sonne oder, weiträumiger noch, wie bei den Chinesen, der Himmel. Der Zugang zu ihm ist erschwert, Paläste mit immer mehr Räumen werden um ihn erbaut. Jedes Tor, jede Tür ist auf das schärfste bewacht; es ist unmöglich, gegen seinen Willen einzudringen. Er, von seiner entfernten Sicherheit aus, kann jeden, wo immer er ist, ergreifen lassen. Wie aber soll man ihn, den hundertfach Abgesonderten, ergreifen? –
Die eigentliche *Einverleibung* der Beute beginnt im Mund. Dorthin führte ursprünglich der Weg alles dessen, was genießbar war, von der Hand in den Mund. Bei vielen Geschöpfen, die keine Arme zum Greifen haben, wird das Greifen vom Munde selbst, seinen Zähnen oder von einem ihm vorgesetzten Schnabel besorgt.
Das auffälligste Instrument der Macht, das der Mensch und auch sehr viele Tiere an sich tragen, sind die *Zähne.* Die Reihe, in der sie angeordnet sind, ihre leuchtende Glätte, sind mit nichts anderem, was sonst zu einem Körper gehört und an ihm in Aktion gesehen wird, zu vergleichen. Man möchte sie als die erste *Ordnung* überhaupt bezeichnen, eine, die nach allgemeiner Anerkennung förmlich schreit; eine Ordnung, die als Drohung nach außen wirkt, nicht immer sichtbar, aber immer sichtbar, wenn der Mund sich öffnet, und das ist sehr oft. Das Material der Zähne ist verschieden von den übrigen augenfälligen Bestandteilen des Körpers; es wäre eindrucksvoll, wenn man auch nur zwei Zähne trüge. Sie sind glatt, sie sind hart, sie geben nicht nach; man kann sie zusammenpressen, ohne

daß ihr Volumen sich verändert; sie wirken wie eingesetzte und wohlpolierte Steine.

Sehr früh schon hat sich der Mensch aller möglichen Steine zu Waffen und Werkzeugen bedient, aber es dauerte lange, bis er sie so schön zu polieren verstand, daß sie die Glätte von Zähnen hatten. Es ist wahrscheinlich, daß ihm bei dieser Verbesserung in der Konstitution seiner Werkzeuge die Zähne als Vorbild dienten. Viele Zähne größerer Tiere waren ihm seit jeher nützlich. Er mochte sie unter Lebensgefahr erbeutet haben; und etwas von der Macht des Tieres, das ihn damit bedrohte, schien ihm noch darin enthalten zu sein. Als Trophäen und Talismane hing er sie sich um; sie mochten an andere den Schrecken weitergeben, den er selbst vor ihnen gefühlt hatte. Die Narben, die ihm von Zähnen verursacht worden waren, trug er stolz an seinem Körper; sie galten als Ehrenzeichen und waren so begehrt, daß man sie später künstlich erzeugte.

So reich und vielfältig ist die Wirkung von Zähnen auf den Menschen; die der fremden, stärkeren Tiere, und auch seine eigenen. Ihrem Charakter nach standen sie zwischen einem eingeborenen Glied des Körpers und einem Werkzeug; daß sie ausfallen oder ausgeschlagen werden konnten, machte sie noch mehr einem Werkzeug ähnlich.

Glätte und *Ordnung,* als manifeste Eigenschaften der Zähne, sind in das Wesen der Macht überhaupt eingegangen. Sie sind unzertrennlich von ihr und an jeder Form der Macht das erste, das sich feststellen läßt. Mit den primitiven Werkzeugen fing es an; aber mit dem Wachstum der Macht sind auch diese ihre frühen Eigenschaften gewachsen. Der Sprung vom Stein zum Metall war vielleicht der größte Sprung in dieser Richtung zunehmender Glätte. Der Stein mochte noch so gut geschliffen sein, das Schwert, erst aus Bronze und dann aus Eisen, war glatter. Es ist das eigentlich Anziehende und Bestechende am Metall, daß es so glatt ist wie sonst nichts. In den Maschinen und Fahrzeugen unserer modernen Welt hat sich diese Glätte gesteigert; sie ist zu einer Glätte der Funktion überhaupt geworden. Die Sprache drückt den Sachverhalt am einfachsten aus, man sagt, daß etwas glatt geht oder glatt funktioniert. Man meint damit, daß man einen Vorgang, welcher Art immer, völlig und ungestört in der Gewalt hat. Der Hang zur Glätte im modernen Leben hat auf Gebieten überhand genommen, in denen man sie früher zu vermeiden suchte. Häuser und Einrichtungen waren meist geschmückt wie der Körper und die Glieder des Menschen. Der Schmuck hat gewechselt, aber er war immer da; man hielt hartnäckig an ihm fest, auch als seine symbolische Bedeutung schon verloren war. Heute hat die Glätte auch die Häuser erobert, ihre Mauern, ihre Wände, die Gegenstände, die man in sie stellt, Zierat und Schmuck sind verachtet und gelten als Zeichen schlechten Geschmacks. Man spricht von Funktion, von Klarheit und Nützlichkeit, aber was in Wirklichkeit triumphiert hat, ist die *Glätte* und das geheime Prestige der Macht, die ihr innewohnt.

Aus diesem Beispiel der neuen Architektur wird bereits ersichtlich, wie schwer es wäre, hier Glätte von Ordnung zu trennen. Ihre gemeinsame Geschichte ist alt, so alt wie die Zähne. Die Gleichheit einer ganzen Reihe von Vorderzähnen, die sauberen Abstände, in denen sie eingesetzt sind, waren vorbildlich für viele Anordnungen. Geregelte Gruppen aller Art, die uns heute selbstverständlich sind, mochten ursprünglich daraus abzuleiten sein. Die Anordnung von Truppen-Abteilungen, wie der Mensch selber sie künstlich schafft, wird von der Sage mit Zähnen in Verbindung gebracht. Die Soldaten des Kadmos, die aus dem Boden sprangen, waren als Drachenzähne gesät.

Es gibt nun gewiß auch andere Anordnungen, die der Mensch in der Natur schon vorgefunden hat, die der Gräser zum Beispiel und die härteren der Bäume. Aber er fand sie nicht wie die Zähne an sich selbst; sie waren nicht so unmittelbar und unaufhörlich mit seiner Nahrungsaufnahme verknüpft, und sie waren auch nicht so handlich. Es ist ihre Tätigkeit als Organe des Beißens, was den Menschen so nachdrücklich auf ihre Ordnung verwies. Es ist der Ausfall mehrerer von ihnen und die schmerzlichen Folgen, die ihm die Bedeutung dieser Ordnung zum Bewußtsein brachten.

Die Zähne sind die bewaffneten Hüter des *Mundes*. In diesem Raum ist es wirklich eng, er ist das Urbild aller *Gefängnisse*. Was da hineingerät, ist verloren; vieles gerät noch lebend hinein. Eine große Zahl von Tieren tötet seine Beute erst im Maul, manche nicht einmal dort. Die Bereitwilligkeit, mit der Maul oder Mund sich öffnen, wenn sie nicht überhaupt schon offen auf der Lauer sind, die Endgültigkeit, mit der sie, einmal zugemacht, geschlossen bleiben, erinnert an die gefürchteten Haupteigenschaften des Gefängnisses. Man wird nicht fehlgehen in der Annahme, daß eine dunkle Beeinflussung dieser durch das Vorbild des Mauls wirklich stattgefunden hat. Bestimmt gab es für die frühen Menschen nicht nur Walfische, in deren Maul sie Platz genug hatten. An diesem furchtbaren Orte kann nichts gedeihen, auch wenn man Zeit hätte, ihn zu bewohnen. Er ist verdorrt und verbietet die Saaten. Als man das Maul und die Drachen beinahe ausgerottet hatte, fand man einen symbolischen Ersatz dafür: die Gefängnisse. Früher, als sie noch Folterkammern waren, glichen sie dem feindlichen Maul bis in viele Einzelheiten. Die Hölle sieht heute noch so aus. Die eigentlichen Gefängnisse dagegen sind puritanisch geworden: die Glätte der Zähne hat die Welt erobert, die Wände der Zellen sind eine einzige Glätte, und nur sehr gering ist die Luke für Licht. Freiheit ist für den Gefangenen aller Raum jenseits der zusammengepreßten Zähne, für die jetzt die kahlen Wände einer Zelle stehen.

Der enge *Schlund*, durch den dann alles Erbeutete hindurch muß, ist für die wenigen, die noch so lange leben, der letzte aller Schrecken. Immer war die Phantasie des Menschen mit diesen Etappen der Einverleibung beschäftigt. Das starrend geöffnete Maul der großen Bestien, die ihn bedrohten, hat ihn bis in seine Träume und Mythen verfolgt. Entdeckungsfahrten ihren Rachen hinunter waren ihm nicht weniger wichtig als die übers Meer und sicher ebenso gefährlich. Manche, die keine Hoffnung mehr hatten, sind noch lebend aus dem Maul dieser Bestien gezogen worden und trugen die Narben ihrer Zähne ein Leben lang an sich.

Es ist ein langer Weg, den die Beute durch den Körper geht. Auf diesem Wege wird sie langsam ausgesogen; was immer verwendbar an ihr ist, wird ihr entzogen. Was übrigbleibt, ist Abfall und Gestank.

Dieser Vorgang, der am Ende jeder animalischen Bemächtigung steht, ist aufschlußreich für das Wesen der Macht überhaupt. Wer über Menschen herrschen will, sucht sie zu erniedrigen; ihren Widerstand und ihre Rechte ihnen abzulisten, bis sie ohnmächtig vor ihm sind wie Tiere. Als Tiere verwendet er sie; wenn er es ihnen auch nicht sagt, *in sich* hat er immer Klarheit darüber, wie wenig sie ihm bedeuten; seinen Vertrauten gegenüber wird er sie als Schafe oder Vieh bezeichnen. Sein letztes Ziel ist es immer, sie sich ›einzuverleiben‹ und auszusaugen. Es ist ihm gleichgültig, was von ihnen übrigbleibt.

Je ärger er ihnen mitgespielt hat, um so mehr verachtet er sie. Wenn sie zu gar nichts mehr nutze sind, tut er sie heimlich ab wie seinen Kot und sorgt dafür, daß sie die Luft seines Hauses nicht verpesten.

Nicht in all seinen einzelnen Stadien wird er diesen Prozeß vor sich zu identifizieren wagen. Die Herabwürdigung der Menschen, die er sich verschafft, zu Tieren mag er, wenn er kühne Äußerungen liebt, vor seinen Vertrauten noch zugeben. Aber da er seine Untertanen nicht in Schlachthäusern schlachten läßt und auch nicht zur faktischen Nahrung seines Leibes verwendet, wird er leugnen, daß er sie aussaugt und *verdaut.* Es ist im Gegenteil er, der ihnen zu essen gibt. So leicht ist es, am Kern dieser Vorgänge vorbeizusehen, seit der Mensch auch Tiere hält, die er nicht gleich oder gar nicht tötet, da sie ihm zu anderem nützlicher sind.

Aber auch abgesehen vom Machthaber, der so viel in seiner Hand zu konzentrieren versteht, gehört die Beziehung jedes Menschen zum eigenen Kot in die Sphäre der Macht. Nichts hat so sehr zu einem gehört, als was zu Kot geworden ist. Der konstante Druck, unter dem die Speise gewordene Beute steht, während der ganzen langen Weile, die sie durch den Leib wandert, ihre Auflösung und die innige Verbindung, die sie mit dem Verdauenden eingeht, das vollkommene und endgültige Verschwinden erst aller Funktionen, dann aller Formen, die einmal ihre eigene Existenz ausgemacht haben, die Angleichung oder Assimilation an das, was vom Verdauenden als Leib bereits vorhanden ist – all das läßt sich sehr wohl als der zentralste, wenn auch verborgenste Vorgang der Macht sehen. Er ist so selbstverständlich, selbsttätig und jenseits alles Bewußten, daß man seine Bedeutung unterschätzt. Man neigt dazu, nur die tausendfachen Späße der Macht zu sehen, die sich oberirdisch abspielen; aber sie sind ihr kleinster Teil. Darunter wird tagaus, tagein verdaut und weiterverdaut. Etwas Fremdes wird ergriffen, zerkleinert, einverleibt und einem selber von innen her angeglichen; durch diesen Vorgang allein lebt man. Setzt er aus, so ist man selber bald am Ende; soviel davon weiß man immer. Aber es ist klar, daß *alle* Phasen dieses Vorgangs, nicht nur die äußerlichen und halbbewußten, sich auch im Seelischen abzeichnen müssen. Ihre Entsprechungen hier zu finden, ist nicht ganz leicht; manche wichtigen Spuren werden sich im Lauf dieser Untersuchung wie von selber zur Verfolgung an-

bieten. Besonders aufschlußreich sind hier, wie sich zeigen wird, die Krankheitserscheinungen der *Melancholie.*
Der Kot, der von allem übrigbleibt, ist mit unserer ganzen Blutschuld beladen. An ihm läßt sich erkennen, was wir gemordet haben. Er ist die zusammengepreßte Summe sämtlicher Indizien gegen uns. Als unsere tägliche, fortgesetzte, als unsere nie unterbrochene Sünde stinkt und schreit er zum Himmel. Es ist auffallend, wie man sich mit ihm isoliert. In eigenen, nur dazu dienenden Räumen entledigt man sich seiner; der privateste Augenblick ist jener der Absonderung; wirklich allein ist man nur mit seinem Kot. Es ist klar, daß man sich seiner schämt. Er ist das uralte Siegel jenes Machtprozesses der Verdauung, der sich im Verborgenen abspielt und ohne dieses Siegel verborgen *bliebe.*

Die Hand

Die Hand verdankt ihre Entstehung dem Leben auf Bäumen. Ihr erstes Kennzeichen ist die Absonderung des Daumens: seine kräftige Ausbildung und der größere Zwischenraum, der sich zwischen ihm und den übrigen Fingern bildet, erlaubt die Verwendung dessen, was einmal Kralle war, zum Ergreifen ganzer Äste. Die Fortbewegung auf Bäumen in jeder Richtung wird dadurch zu einer leichten und natürlichen Angelegenheit; an den *Affen* sieht man, was Hände wert sind. Dieser älteste Sinn der Hand ist allgemein bekannt und dürfte kaum noch von jemand angezweifelt werden.
Was man aber in seiner Tragweite nicht genugsam bedenkt, ist die verschiedenartige Funktion der Hände beim Klettern. Sie tun keineswegs dasselbe zur selben Zeit. Während die eine nach einem neuen Aste langt, hält die andere am alten fest. Dieses Festhalten ist von kardinaler Wichtigkeit; bei rascher Fortbewegung verhindert es allein das Fallen. Unter keinen Umständen darf die Hand, an der das ganze Körpergewicht hängt, *loslassen,* was sie hält. Sie gewinnt eine große Hartnäckigkeit darin, die aber vom alten Festhalten der Beute wohl zu unterscheiden ist. Denn sobald der andere Arm den neuen Ast erreicht hat, muß der alte von der haltenden Hand *losgelassen* werden. Wenn das nicht sehr rasch geschieht, kommt das kletternde Geschöpf nicht recht von der Stelle. Das blitzartige

Loslassen ist es also, was als neue Fähigkeit der Hand dazukommt; die Beute früher wurde nie losgelassen, nur unter äußerstem Zwang und sehr gegen alle Gewohnheit und Lust.
Die Leistung beim Klettern besteht also für jede Hand einzeln aus zwei aufeinanderfolgenden Phasen: Ergreifen, Loslassen; Ergreifen, Loslassen. Die andere Hand tut zwar dasselbe, aber um eine Phase verschoben. In ein und demselben Augenblick tut jede das Umgekehrte von der anderen. Was den Affen von anderen Tieren unterscheidet, ist die rasche Aufeinanderfolge beider Bewegungen. Ergreifen und Loslassen jagen hintereinander her und verleihen den Affen etwas von der Leichtigkeit, die man an ihnen so bewundert.
Auch die höheren Affen, die von den Bäumen wieder zur Erde herabgestiegen sind, haben sich diese wesentliche Fähigkeit der Hände, gleichsam ineinanderzuspielen, immer bewahrt. Eine weitverbreitete Übung des Menschen erinnert in der ganzen Art, wie sie in Erscheinung tritt, sehr deutlich daran: der *Handel.*
Er besteht darin, daß man für etwas, was man bekommt, etwas Bestimmtes hergibt. Die eine Hand hält zäh an dem Gegenstand fest, mit dem sie den Partner zum Handel verlocken will. Die andere streckt sich verlangend nach dem zweiten Gegenstand aus, den sie gern für ihren eigenen haben möchte. Sobald sie diesen berührt, läßt die erste Hand ihren Besitz los; vorher nicht, sonst könnte sie ganz darum gebracht werden. Diese krassere Form des Betrugs, wo einem etwas ohne jeden Gegenwert weggenommen wird, entspricht, in die Vorgänge des Kletterns übersetzt, dem Fallen vom Baume. Um ihn zu verhindern, bleibt man während des ganzen Handelns auf der Hut und beobachtet jede Bewegung des Partners. Die weitverbreitete und tiefe Freude des Menschen am Handel läßt sich also zum Teil auch daraus erklären, daß er so eine seiner ältesten Bewegungskonfigurationen als seelische Haltung fortsetzt. In nichts ist der Mensch dem Affen noch heute so nahe wie im Handel.
Aber kehren wir von diesem Ausflug in eine viel spätere Zeit zur Hand selbst und ihren Anfängen zurück. An den Ästen der Bäume hat die Hand eine Art von Halten gelernt, die nicht mehr der nächsten Nahrung gilt. Der kurze und wenig abwechslungsreiche Weg von der Hand in den Mund war dadurch unterbrochen. Als der Ast in der Hand abbrach, entstand der *Stock.* Mit ihm konnte man sich Feinde vom Leibe halten. Er

schuf Raum schon um ein frühes Geschöpf, das dem Menschen vielleicht nicht mehr als ähnlich sah. Vom Baume aus betrachtet war der Stock die naheliegendste Waffe. Der Mensch hat ihm seine Treue bewahrt, der Stock ist nie aufgegeben worden. Man schlug mit ihm; man spitzte ihn zum Speere zu; man bog ihn und band ihn zusammen; man schnitt ihn zu Pfeilen zurecht. Aber hinter all diesen Verwandlungen blieb er immer auch, was er zu Anfang gewesen war: ein Instrument, mit dem man Distanz schafft; das die Berührung und den gefürchteten Griff von Menschen fernhält. So wie das Aufrechtstehen sein Pathos nie ganz verloren hat, so hat sich auch der Stock bei all seinen Verwandlungsformen nie völlig ernüchtert: als Zauberstab und als Zepter ist er das Attribut zweier wichtiger Formen von Macht geblieben.

Über die Geduld der Hände

Alle heftigen Aktivitäten der Hand empfindet man als altertümlich. Es ist nicht das Greifen in feindseliger Absicht allein, von dem man Plötzlichkeit und Grausamkeit erwartet. Viele Vorgänge, die sich erst später abgeleitet haben, das Schlagen, das Stechen, das Stoßen, Werfen und Schießen, sie mögen sich noch so sehr verzweigt und technisch kompliziert haben, rechnet man alle unwillkürlich dazu. Ihre Raschheit und Präzision mögen zugenommen haben, aber ihr Sinn wie ihre Absicht sind die alten. Für den Jäger und Krieger sind sie wichtig geworden; der eigentlichen *Glorie* der menschlichen Hand haben sie nichts hinzugefügt.

Zu ihrer Vervollkommnung hat sie es auf anderen Wegen gebracht, nämlich überall dort, wo sie auf Gewalt und Beute verzichtet. Die wahre *Größe der Hände* ist in ihrer *Geduld*. Die ruhigen, die verlangsamten Prozesse der Hand haben die Welt, in der wir leben möchten, geschaffen. Der Töpfer, dessen Hände den Ton zu formen verstehen, steht als Schöpfer ganz am Anfang der Bibel.

Wie aber sind die Hände geduldig geworden? Wie haben sie das Feingefühl ihrer Finger gewonnen? Eine der frühesten Beschäftigungen, von denen man weiß, ist das Kraulen im *Fell* ihrer Freunde, das die Affen so lieben. Man meint, sie suchen nach etwas, und da sie unzweifelhaft manchmal etwas finden, hat man dieser Tätigkeit einen viel zu engen, einen nichts als nützlichen Zweck unterschoben. In Wirklichkeit ist es ihnen hauptsächlich um das angenehme Gefühl zu tun, das die einzelnen Finger an den Haaren des Fells empfinden. Diese Fingerübungen sind die ursprünglichsten, die man kennt. Sie machen die Finger erst zu dem feinen Instrument, als das wir sie heute bewundern.

Von den Fingerübungen der Affen

Die sorgfältige, gegenseitige Prüfung des Fells ist noch jedem Beobachter von Affen aufgefallen. Das genaue Abfühlen und Betrachten jedes einzelnen Haares gibt den Eindruck, daß sie nach Ungeziefer suchen. Die Haltung der Tiere erinnert an Menschen, die sich um Flöhe bemühen; oft führen sie ihre Finger vorsichtig zum Munde; also haben sie etwas gefunden. Daß dies so häufig und ergiebig geschieht, scheint die Notwendigkeit einer solchen Suche zu beweisen. Dies ist denn auch die populäre Auffassung immer gewesen. Erst in neuerer Zeit ist der Vorgang von Zoologen genauer gedeutet worden.
Eine zusammenhängende Darstellung und Untersuchung dieser Affensitte findet sich in *Zuckermans* Buch über das ›*Soziale Leben der Affen und Menschenaffen*‹. Sie ist so aufschlußreich, daß ich sie hier in Übersetzung folgen lasse:
›Flöhefangen, gleichgültig, was Soziologen sagen mögen, ist die fundamentalste und eigentümlichste Form des geselligen Verkehrs zwischen Rhesusaffen. Affen, und in geringerem Maße Menschenaffen, verbringen einen großen Teil des Tages mit gegenseitiger Pflege. Ein Tier wird das Fell seines Genossen sorgfältig mit den Fingern untersuchen und viel von dem vermischten Kleinzeug, das es findet, aufessen. Es führt seine Funde in den Mund, sei es mit der Hand, sei es, nachdem es ein Büschelchen Haare abgeleckt hat, durch direktes Abnagen. Der Vorgang erfordert ganz besonders wohlkoordinierte Bewegungen der Finger, verbunden mit exakter Akkomodation und Konvergenz der Augen. Dieses Benehmen wird gewöhnlich als Versuch, Läuse zu entfernen, mißdeutet. In Wirklichkeit findet sich Ungeziefer selten, bei Affen in Gefangenschaft so selten wie bei solchen in Freiheit. Die Früchte der Suche sind, wie sich gewöhnlich herausstellt, kleine, lose Hautschüppchen, Teilchen von Haut und Ausscheidungen, Dornen und andere Fremdkörper. Wenn sie mit nichts anderem beschäftigt

sind, reagieren Affen auf die Gegenwart von Fell sofort mit »Absuchen«. Auf Anreiz von Haar reagiert ein Affe, sobald er geboren ist, und dieser Anreiz bleibt mächtig und wirksam in allen Phasen seines Wachstums. Falls es ihm an einem Gefährten mangelt, wird ein gesunder Affe sein eigenes Fell absuchen. Zwei und manchmal sogar drei Affen mögen in einer Gruppe einen ihrer Genossen absuchen. Gewöhnlich verhält sich der, der geputzt wird, passiv, mit Ausnahme von Bewegungen, die die Nachforschungen der anderen erleichtern. Manchmal aber mag es gleichzeitig mit einem anderen Tier beschäftigt sein, dessen Fell es durchsucht. Affen beschränken ihre Pflegetätigkeit nicht auf ihre Artgenossen. Jeder haarige Gegenstand, belebt oder unbelebt, mag sie zu ihren Nachforschungen anreizen. Sie sind sofort dabei, das Haar eines menschlichen Freundes abzusuchen. Der Vorgang scheint eine sexuelle Bedeutung zu haben, nicht nur wegen der leisen Stimulierung zahlreicher Nervenendigungen in der Haut, sondern auch weil er manchmal von direkter sexueller Tätigkeit begleitet ist. Aus diesem Grunde und wegen seiner Häufigkeit ist es vielleicht erlaubt, die Suchreaktionen und den Anreiz von Haar als Faktoren zu betrachten, die dem Zusammenhalte einer sozialen Gruppe bei den niederen Primaten dienen.‹

Nichts könnte überraschender sein als die sexuelle Deutung dieses Vorgangs, nachdem man die Darstellung gelesen hat, die Zuckerman selbst von ihm gibt. Er spricht davon, daß mehrere Affen zugleich sich um das Fell eines anderen bemühen. Er unterstreicht die Bedeutung von Fell aller Art für sie. An späteren Stellen seines Buches konstruiert er einen *Gegensatz* zwischen dem Absuchen von Fell und sexuellen Vorgängen. So erwähnt er, daß Tiere in Zeiten sexueller Ruhe, wenn sie Interesse dieser Art nur wenig zeigen, doch ans Gitter kommen, um sich kraulen zu lassen. Über die frühe Bedeutung von Fell für das Affenjunge hat er ziemlich viel zu sagen.

Die allererste Sinneserfahrung, die ein Affe habe, sei eben die von Haar. Gleich nach der Geburt werde das Junge von der Mutter an die Brust gezogen; seine Finger ergreifen und halten ihr Fell. Nach der Zitze sucht das Tier so lange, bis es sie findet; die Mutter hilft ihm nicht dabei. ›Während des ersten Monats lebt es ganz von Milch und wird von der Mutter überall herumgetragen. Sitzt die Mutter, so hält sich das Kind dicht an sie gedrückt, seine Füße klammern sich ans Haar ihres Bauches.

Die Hände hat es ins Fell ihrer Brust vergraben. Wenn sie herumgeht, hängt das Junge auf dieselbe Art an ihr, sozusagen unter ihr durchgeschlungen. Gewöhnlich hält es sich selber fest, ohne daß man ihm hilft, aber manchmal umfaßt es die Mutter mit einem Arm, während sie auf drei »Beinen« herumhopst. Beim Sitzen umarmt sie manchmal das Kind mit beiden Armen. Das Junge äußert ein starkes Interesse für Fell. Es krault über das Fell der Mutter, nach einer Woche kratzt es vielleicht schon den eigenen Körper. Ich habe ein Äffchen beobachtet, das eine Woche alt war, wie es mit vagen Bewegungen der Hand das Fell seines Vaters erforschte, der gleich neben der Mutter saß. Manchmal zeigt sich die Mutter durch die Art, wie das Kleine ihr Fell gepackt hält, irritiert und zieht seine Hände und Füße weg.‹
Das Benehmen einer säugenden Affenmutter ändert sich nicht, wenn ihr Junges stirbt. Sie hält es weiter an ihre Brust gedrückt und trägt es überall in ihren Armen herum. ›Anfangs legt sie es nicht nieder und durchsucht sein Fell weiter, wie sie es zu seinen Lebzeiten tat. Sie untersucht Mund und Augen, Nase und Ohren. In einigen Tagen bemerkt man eine Veränderung in ihrem Verhalten. Ein Körper, der nun schon leicht in Auflösung begriffen ist, hängt über ihren Arm herunter. Nur wenn sie sich herumbewegt, preßt sie es jetzt noch an ihre Brust. Obwohl sie das Fell noch immer pflegt und in die Haut beißt, legt sie den Körper jetzt häufiger auf den Boden. Die Verwesung schreitet fort, Mumifizierung setzt ein, aber ihre Untersuchung von Haut und Fell geht weiter. Der vertrocknete Körper beginnt jetzt auseinanderzufallen, und man bemerkt, daß ein Bein oder ein Arm fehlt, bald ist das Ganze nur ein vertrocknetes Stück Haut. Die Mutter beißt häufiger Stücke ab, es ist unbekannt, ob sie sie schluckt. Dann mag sie von selber aufgeben, was von den vertrockneten Resten übriggeblieben ist.‹
Viele Gegenstände aus Fell und Federn werden von Affen gern zurückbehalten. Ein einjähriges Pavianweibchen, das unter Zuckermans Beobachtung stand, packte ein Kätzchen, tötete es und hielt den Körper während des ganzen Tages fest in seinen Armen, ging durch sein Fell und wehrte sich heftig, als man es ihm abends wegnahm. Affen im Londoner Zoologischen Garten kann man manchmal dabei beobachten, wie sie die Federn von Spatzen durchsuchen, die sie getötet haben. Es ist auch in der Literatur der Fall einer toten Ratte überliefert,

die von einem Affen ebenso umständlich bemuttert wurde wie jenes tote Affenjunge, von dem oben die Rede war.

Zuckerman schließt aus allem, was er angeführt hat, darauf, daß man drei Faktoren im wirksamen mütterlichen Verhalten unterscheiden müsse. Die ersten beiden seien im Grunde von sozialer Bedeutung, nämlich einmal die Anziehung eines kleinen, haarigen Gegenstandes, und dann die starke Anziehung des mütterlichen Fells für das Junge. Der dritte Faktor sei der Saugreflex des jungen Tieres, das durch seine Aktivität die Spannung in den Brüsten der Mutter erleichtere.

Die Reaktion auf Fell sei also ein grundlegender Faktor im sozialen Verhalten überhaupt. Seine Bedeutung könne man auch daraus entnehmen, daß ein junger Affe sich nach dem Tode seiner Mutter weiter an ihrem Fell festklammere. Aber es gehe ihm nicht um diesen ganz bestimmten Körper, die Leiche jedes anderen toten Affen, an die man es festsetze, beruhige es ebensosehr. »Die fundamentale Natur der Reaktion auf Fell ist vielleicht auch aus der schweren Abgrenzbarkeit ihres Charakters zu entnehmen und aus der Verschiedenartigkeit der Situation, in denen sie hervorgerufen werden kann. Federn, Mäuse, Kätzchen können alle gleichmäßig als Anreiz dienen. Es ist sehr wahrscheinlich, daß der soziale Vorgang der ›Pflege‹, des ›Absuchens‹ aus einer angeborenen Reaktion auf Fell abzuleiten ist und daß sie immer eines der fundamentalen Bande bleibt, von denen Affen zusammengehalten werden.«

Es wird – nach diesen reichlichen Zitaten aus seinem Buch – nicht mehr zweifelhaft erscheinen, daß der Autor selbst eine spezifisch sexuelle Deutung für die Fellpflege der Affen untereinander nicht ernst nimmt. Er ist sich klar darüber, daß Fell als solches für Affen in allen Lebensumständen eine besondere Anziehung hat. Das Vergnügen, das ihnen die Beschäftigung mit Haaren gewährt, muß eines ganz eigener Art sein; sie holen es sich überall an Lebenden wie an Toten, an Artgenossen so gut wie an Fremden. Auf die Größe des gepflegten Tieres kommt es nicht an. Das Junge bedeutet in dieser Hinsicht so viel für die Mutter wie die Mutter fürs Junge. Liebespaare und Freunde geben sich gleichmäßig dazu her. Mehrere Tiere können sich zugleich dem Fell eines einzelnen widmen.

Dieses Vergnügen ist eines der *Finger*. Sie können von Haaren nie genug bekommen; Stunden und Stunden können sie damit zubringen, Haare durch die Finger zu ziehen. Es sind dieselben

Tiere, deren Lebendigkeit und Sprunghaftigkeit sprichwörtlich geworden ist; nach einer alten chinesischen Überlieferung haben die Affen gar keinen Magen und verdauen ihre Nahrung durch Herumspringen. Der Kontrast zu der unendlichen Geduld, die sie bei dieser Art von Pflege zeigen, ist um so auffallender. Die Finger werden dabei immer empfindlicher; die vielen Haarenden, die sie zugleich zu spüren bekommen, züchten ein besonderes Tastgefühl heran, das sich von den roheren Sensationen des Zupackens und Ergreifens ganz wesentlich unterscheidet. Man kann nicht umhin, an alle die späteren Beschäftigungen des Menschen zu denken, bei denen es auf die *Feinheit* und *Geduld* seiner Finger ankommt. Die noch unbekannten Ahnen des Menschen wie alle Affen haben eine lange Periode solcher Fingerübungen hinter sich. Ohne sie hätte unsere Hand es nicht so weit gebracht. In den Ursprung dieser Pflege mag Verschiedenes eingeflossen sein, sei es erst wirklich eine Suche nach Insekten, seien es die früheren Erlebnisse des Affenkindes an der behaarten Brust seiner Mutter. Aber der Vorgang als solcher, wie er heute fertig ausgebildet an allen Affen zu beobachten ist, hat bereits seine Einheit und seinen Sinn. Ohne ihn hätten wir nie *formen,* nie nähen und auch nie *streicheln* gelernt. Das wirkliche Eigenleben der Hand beginnt mit ihm. Ohne die Betrachtung der Konstellationen, die die Finger dabei bilden und die sich dem Suchenden allmählich einprägen mußten, hätten wir es wahrscheinlich auch nie zu Zeichen für die Dinge, also auch nicht zur *Sprache* gebracht.

Die Hände und die Geburt der Gegenstände

Die Hand, die Wasser schöpft, ist das erste Gefäß. Die Finger der beiden Hände, die sich ineinander verflechten' bilden den ersten Korb. Die reiche Entwicklung aller Arten von Verflechtungen, von Schnurspielen bis zum Weben, scheint mir hier ihren Anfang zu haben. Man hat das Gefühl, daß die Hände ihr eigenes Verwandlungsleben führen. Es ist nicht genug, daß dies oder jenes Gebilde in der Umwelt bereits vorhanden ist. Bevor der frühe Mensch es selber einmal zu formen versucht, müssen seine Hände und Finger es erst *spielen.* Geleerte Fruchtschalen wie Kokosnüsse mag es lange gegeben haben, sie wurden achtlos weggeworfen. Erst die Finger, die einen Hohlraum bilden zum Wasserschöpfen, machten die Schale wahr. Man könnte sich vorstellen, daß Gegenstände in unserem Sinne, Gegenstände, denen ein Wert zukommt, weil wir sie selber gemacht haben, erst als *Zeichen der Hände* bestanden. Es scheint einen ungeheuer wichtigen zentralen Punkt zu geben, wo die Entstehung der Zeichensprache für Dinge jene Lust, sie selber zu formen, mitenthielt, lange bevor man es wirklich versuchte. Was man mit Hilfe der Hände spielte, wurde erst später, wenn es oft genug gespielt worden war, auch wirklich gemacht. *Worte* und *Gegenstände* wären demnach Ausfluß und Ergebnis eines einzigen einheitlichen Erlebnisses, eben der *Darstellung durch die Hände*. Alles, was der Mensch ist und kann, alles, was in einem repräsentativen Sinne seine Kultur ausmacht, hat er sich durch Verwandlungen erst einverleibt. Hände und Gesicht waren die eigentlichen Vehikel dieser Einverleibung. Ihre Bedeutung nahm – im Verhältnis zum übrigen Körper – immer mehr zu. Das Eigenleben der Hände, in diesem ursprünglichsten Sinne, hat sich im Gestikulieren noch am reinsten erhalten.

Die Zerstörungssucht bei Affen und Menschen

Die Zerstörungssucht bei Affen und Menschen kann man sehr wohl als *Härteübungen* von Hand und Fingern betrachten. Die Verwendung von Ästen brachte den kletternden Affen und seine Hände in ständige Verbindung mit einem Material, das härter war als sie selber. Um die Äste zu meistern, mußte er sich an sie halten, aber er mußte sie auch *abzubrechen* verstehen. Das Prüfen seines ›Grundes‹ war ein Prüfen der Zweige und Äste; was er leicht abbrach, war ein falscher Boden für seine Fortbewegung. Die Erforschung dieser Welt der Äste war eine unaufhörliche Konfrontation mit ihrer Härte; ihre Erprobung blieb eine Notwendigkeit, auch als er schon große Erfahrung darin gewonnen hatte. Der Stock, der ihm wie dem Menschen zu ersten Waffe wurde, begann die Reihe der *harten* Instrumente. Man maß seine Hände an ihm, wie später auch an den Steinen. Die Früchte und das Fleisch der Tiere waren weich, am weichsten das Fell. Im Kraulen und Lausen des Fells übte man die Feinheit der Finger, im Zerbrechen von allem, was ihnen unterkam, ihre Härte.

Es gibt also eine separate *Zerstörungssucht* der Hände, die nicht unmittelbar auf Beute und Töten ausgeht. Sie ist rein mechanischer Art und hat sich in mechanischen Erfindungen fortgesetzt. Sie ist eben in ihrer Unschuld besonders gefährlich geworden. Sie weiß sich von der Absicht zu töten frei und kann sich darum jede Unternehmung erlauben. Was sie treibt, sieht so aus, als ginge es die Hände allein an, ihre Agilität und Leistungsfähigkeit, ihren harmlosen Nutzen. Wo immer diese mechanische Zerstörungssucht der Hände, nun zu einem komplexen, technischen System ausgewachsen, sich mit der wirklichen Absicht zu töten verbindet, liefert sie den automatischen, den gedankenlosen Teil des resultierenden Vorgangs, das Leere und für uns besonders Unheimliche daran; denn niemand hat es eigentlich so gemeint, es ist alles wie von selber so gekommen.

Im privaten und kleinen erlebt jeder denselben Vorgang an sich, beim gedankenlosen Spiel der Finger, wenn sie Zündhölzchen zerbrechen oder Papier zerknüllen. Die mannigfachen Verzweigungen, die dieser mechanische Zerstörungstrieb beim Menschen aufweist, hängen eng zusammen mit der Entwicklung seiner Werkzeugtechnik. Er hat es zwar gelernt, das Harte mit dem Harten zu meistern, aber letzte Instanz für alles bleibt ihm doch die Hand. Ihr Eigenleben hat auch hier die ungeheuerlichsten Folgen gehabt. Sie war in mehr als einer Hinsicht unser Schicksal.

Die Töter bleiben immer die Mächtigen

Nicht nur als Ganzes hat die Hand vorbildlich und anregend gewirkt. Auch die Finger im einzelnen, ganz besonders der ausgestreckte Zeigefinger, haben Bedeutung gewonnen. Der Finger war an seinem Ende verjüngt und mit einem Nagel bewaffnet; das aktive Gefühl des *Stechens* gab zuerst er. Der Dolch, der sich aus ihm entwickelt hat, ist ein härterer und besser zugespitzter Finger. Eine Kreuzung aus Vogel und Finger war der Pfeil. Um tiefer eindringen zu können, verlängerte er sich; um besser zu fliegen, mußte er sich verdünnen. Schnabel und Dorn sind in seine Komposition mit eingeflossen, der Schnabel war ohnehin dem Geflügelten eigentümlich. Der zugespitzte Stock aber wurde zum Speer: ein Arm, der in einen einzigen Finger ausläuft.

Allen Waffen dieser Art ist gemeinsam die Konzentration auf einen Punkt. Von harten und großen Dornen wurde der

Mensch selbst gestochen; mit seinen Fingern zog er sie heraus. Der Finger, der sich von der übrigen Hand löst und einen Dorn spielt, der das Stechen weitergibt, ist psychologisch der Ursprung dieser Art von Waffe. Der Gestochene sticht selbst, durch seine Finger und die künstlichen Finger, die er allmählich machen lernt.
Von den Verrichtungen der Hand verleihen nicht alle gleichviel Macht; ihr Ansehen ist sehr verschieden. Manches, das für das faktische Leben einer Gruppe von Menschen besonders wichtig ist, mag hoch bewertet werden. Das höchste Ansehen aber hat immer, was in die Richtung des *Tötens* geht. Was bis zum Töten gehen kann, wird gefürchtet, was nicht unmittelbar dem Töten dient, ist bloß nützlich. Alle geduldigen Verrichtungen der Hand bringen denen, die sich auf sie beschränken, nichts als Unterwerfung ein. Doch die anderen, die sich dem Töten widmen, haben die Macht.

Zur Psychologie des Essens

Alles, was gegessen wird, ist Gegenstand der Macht. Der Hungrige fühlt leeren Raum in sich. Das Unbehagen, das ihm diese innere Leere verursacht, überwindet er, indem er sich mit Speise füllt. Je voller er ist, um so besser ist ihm zumute. Schwer und voller Behagen liegt er da, der am meisten fressen kann, der *Meistesser*. Es gibt Gruppen von Menschen, die in einem solchen Meistesser ihren Häuptling sehen. Sein immer gestillter Appetit erscheint ihnen als eine Gewähr dafür, daß sie selber nie lange Hunger leiden werden. Sie verlassen sich auf seinen gefüllten Bauch, als hätte er ihn für sie alle mitgefüllt. Der Zusammenhang von Verdauung und Macht tritt hier klar zutage.
In anderen Formen der Herrschaft rückt der Respekt vor der Leiblichkeit des Meistessers ein wenig in den Hintergrund. Es ist nicht mehr notwendig, daß er ein Faßbreit dicker als die andern ist. Aber er ißt und zecht mit den ausgewählten Leuten seiner Umgebung, und was er ihnen vorsetzen läßt, *gehört ihm*. Wenn er schon nicht selbst der stärkste Esser ist, so müssen doch seine Vorräte die größten sein; er besitzt das meiste Vieh und das meiste Korn. Er könnte, wenn er nur wollte, immer der Meistesser sein. Aber er überträgt dieses Behagen des

Vollseins auf seinen Hof, auf alle, die mit ihm zu Tische gehen, und behält sich bloß das Recht vor, von allem als erster zu nehmen. Die Figur des meistessenden Königs ist nie ganz ausgestorben. Immer wieder ist es vorgekommen, daß einer sie seinen entzückten Untertanen vorgespielt hat. Auch herrschende Gruppen als Ganze haben sich dem Schwelgen gern überlassen; sprichwörtlich ist, was man sich von den Römern in dieser Hinsicht erzählt. Alle sicher etablierte Familienmacht hat sich in dieser Form oft zur Schau gestellt und wurde später von denen, die neu hochgekommen waren, nachgeahmt und übertrumpft.

Die Möglichkeit zu *verschwenden* und die Kraft dazu hat sich in manchen Gesellschaften bis zu förmlichen, rituell festgelegten Orgien der Zerstörung gesteigert. Am berühmtesten ist der *Potlatsch* der nordwestamerikanischen Indianer geworden; er besteht aus großen, festlichen Zusammenkünften der ganzen Gemeinschaft, die in Zerstörungs-Wettbewerben der Häuptlinge untereinander gipfeln. Jeder Häuptling prahlt damit, wieviel von seinem Besitz er zu zerstören bereit ist; wer wirklich am meisten zerstören läßt, ist der Sieger und genießt von allen den größten Ruhm. Schon das Meistessen setzt die Zerstörung von tierischem Leben, das einem gehört, voraus. Man hat den Eindruck, daß im Potlatsch diese Zerstörung sich auf den Teil des Besitzes übertragen hat, der nicht genießbar ist. Der Häuptling kann so noch viel mehr prahlen, als wenn er es alles zu essen hätte, und erspart sich die leiblichen Unannehmlichkeiten.

Es ist vielleicht nützlich, einen Blick auf die *Essenden* überhaupt zu werfen, gleichgültig, wie hoch oder tief sie im Range stehen. Eine gewisse Achtung der Zusammen-Essenden voreinander ist unverkennbar. Sie drückt sich schon darin aus, daß sie *teilen*. Die Speise, die in der gemeinsamen Schüssel vor ihnen liegt, gehört allen zusammen. Jeder nimmt etwas davon in sich auf; jeder sieht, daß auch die anderen davon genommen haben. Man gibt sich Mühe, gerecht zu sein und keinen zu übervorteilen. Am stärksten ist der Zusammenhang, der zwischen den Essenden entsteht, wenn sie von *einem* Tier genießen, einem Leib, den sie auch lebend als Einheit gekannt haben, oder von einem einzigen Laib Brot. Aber die leichte Feierlichkeit in ihrer Haltung ist damit allein nicht erklärt: ihre Achtung bedeutet auch, daß sie *einander* nicht essen werden.

Zwar besteht die Gewähr dafür unter Menschen, die in einer Gruppe zusammenleben, immer. Doch erst im Augenblick des Essens drückt sie sich überzeugend aus. Man sitzt beisammen, man entblößt seine Zähne, man ißt, und sogar in diesem kritischen Augenblick überkommt einen kein Appetit auf den anderen. Man achtet sich dafür, und man achtet auch den anderen für seine Zurückhaltung, die der eigenen ebenbürtig ist.
Für die *Familie* trägt der Mann seinen Teil der Nahrung bei, und die Frau bereitet ihm die Speise. Daß er von ihrer Speise regelmäßig genießt, macht das stärkste Band zwischen ihnen aus. Am innigsten ist das Leben der Familie dort, wo man am häufigsten zusammen ißt. Das Bild vor Augen, wenn man an sie denkt, ist das der um einen Tisch versammelten Eltern und Kinder. Alles erscheint als Vorbereitung auf diesen Augenblick; je öfter und gleichmäßiger er wiederkehrt, um so mehr fühlen sich die Zusammen-Essenden als Familie. Die Aufnahme an diesem Tisch kommt praktisch der Aufnahme in die Familie gleich.
Vielleicht ist hier die beste Gelegenheit, etwas über das Kern- und Herzstück dieser Institution zu sagen: die *Mutter*. Mutter ist jene, die ihren eigenen Leib zu essen gibt. Sie hat das Kind in sich genährt und bietet ihm dann ihre Milch. Diese Tendenz setzt sich in abgemilderter Form während vieler Jahre fort; ihre Gedanken, soweit sie eben Mutter ist, kreisen um die Nahrung, deren das heranwachsende Kind bedarf. Es muß nicht ihr eigenes Kind sein; man kann ihr ein fremdes unterschieben; sie kann eines adoptieren. Ihre Leidenschaft ist, zu essen zu geben; zu sehen, daß es ißt; zu sehen, daß das Essen bei ihm zu etwas wird. Sein Wachstum und die Zunahme seines Gewichts sind ihr unabänderliches Ziel. Ihr Gebaren wirkt selbstlos und ist es auch, wenn man sie als abgesonderte Einheit, als einen Menschen für sich betrachtet. In Wirklichkeit aber hat sich ihr Magen verdoppelt, und sie behält über beide Kontrolle. Am neuen Magen wie am neuen, unentwickelten Leib ist sie anfangs mehr interessiert als am eigenen, was während der Schwangerschaft geschah, ist bloß veräußerlicht worden. An der Auffassung von der Verdauung als einem zentralen Vorgang der Macht, wie sie hier vertreten wird, muß man auch für die Mutter festhalten; aber sie verteilt diesen Vorgang auf mehr als einen Leib, und die Tatsache, daß der neue Leib, für dessen Nahrung sie sorgt, von ihrem eigenen abgesondert

ist, macht den Vorgang im ganzen deutlicher und bewußter. Die Macht der Mutter über das Kind, in seinen frühen Stadien, ist absolut, nicht nur weil sein Leben von ihr abhängig ist, sondern weil sie auch selber den stärksten Drang verspürt, diese Macht unaufhörlich auszuüben. Die Konzentration dieser Herrschaftsgelüste auf ein so kleines Gebilde gibt ihr ein Gefühl von Übermacht, das sich schwerlich durch ein anderes normales Verhältnis unter Menschen überbieten läßt.
Die Kontinuität dieser Herrschaft, mit der sie Tag und Nacht beschäftigt ist, die ungeheuerliche Zahl von Details, aus denen sie sich zusammensetzt, geben ihr eine Vollkommenheit und Rundheit, wie sie keiner anderen Art von Herrschaft eignet. Sie beschränkt sich nicht auf die Erteilung von Befehlen, die anfangs gar nicht verstanden werden könnten. Sie bedeutet, daß man ein Geschöpf gefangenhalten kann, wenn auch in diesem Fall wirklich zu seinem eigenen Nutzen; daß man – ohne zu begreifen, was man tut – weitergeben kann, was man vor Jahrzehnten selber unter Druck empfangen und als unzerstörbaren Stachel zurückbehalten hat; daß man *wachsen* machen kann, etwas, was einem Herrscher nur durch künstliche Rangerhöhung gelingt. Für die Mutter vereinigt das Kind die Eigenschaft von Pflanze und Tier. Es gestattet ihr den Genuß von Hoheitsrechten, die der Mensch sonst getrennt ausübt: über Pflanzen, in dem er sie zum Wachstum veranlaßt, so wie er sie haben will; über Tiere, die er gefangenhält und deren Bewegungen er kontrolliert. Das Kind wächst wie Korn unter den Händen der Mutter heran; wie ein Haustier vollführt es die Bewegungen, die sie ihm erlaubt; es nimmt ihr etwas von den alten Befehlslasten ab, an denen jedes gesittete Geschöpf schwer trägt; und es wird außerdem ein Mensch, ein neuer und voller Mensch, für dessen Zubringung die Gruppe, in der sie lebt, ihr immer zu Dank verpflichtet bleibt. Es gibt keine intensivere Form von Macht. Daß man die Rolle der Mutter gewöhnlich nicht so sieht, hat einen zwiefachen Grund. Jeder Mensch trägt in seiner Erinnerung vor allem die Zeit der *Abnahme* dieser Macht; und jedem erscheinen die auffälligen, aber lange nicht so wesentlichen Hoheitsrechte des Vaters bedeutender.
Starr und hart wird die Familie dort, wo sie andere von ihrem Essen ausschließt; die, für die man zu sorgen hat, sind ein natürlicher Vorwand zur Ausschließung anderer. Die Hohlheit

dieses Vorwands wird an Familien ersichtlich, die keine Kinder haben und doch nicht die leisesten Anstalten treffen, ihr Essen mit anderen zu teilen: Die Familie zu zweit ist das verächtlichste Gebilde, das die Menschheit hervorgebracht hat. Aber auch wo Kinder vorhanden sind, spürt man oft, wie sehr sie zum bloßen Aushängeschild der nacktesten Selbstsucht dienen. ›Für seine Kinder‹ spart man und läßt andere hungern. In Wirklichkeit hat man aber dadurch alles, solange man lebt, für sich.

Es ist dem modernen Menschen angenehm, in Restaurants zu speisen, an Tischen abgesondert, in seiner eigenen kleinen Gruppe, für die man dann zahlt. Da die anderen im Lokal dasselbe tun, gefällt man sich während der Mahlzeit in der Illusion, daß überhaupt alle zu essen haben. Für länger bedürfen auch feinere Naturen dieser Illusion nicht; gesättigt kann man ruhig über Hungrige stolpern.

Der Essende nimmt zu an Gewicht, er fühlt sich schwerer. Es liegt darin eine Prahlerei; er kann nicht mehr wachsen, aber zunehmen kann er, an Ort und Stelle, vor den Augen der anderen. Auch darum ißt er gern mit ihnen gemeinsam, es ist wie ein Wettbewerb im Vollerwerden. Das Behagen des Vollseins, wenn man nicht mehr kann, ist ein äußerster Punkt, den man gern erreicht. Ursprünglich hat sich niemand seiner geschämt: Eine große Beute mußte bald verzehrt sein, man aß, soviel man konnte, und trug seinen Vorrat in sich.

Wer für sich allein ißt, verzichtet damit auf das Ansehen, das ihm diese Prozedur bei den andern verschafft. Die Entblößung der Zähne für die Speise allein, wenn niemand dabei ist, macht niemand Eindruck. Zusammen sieht man, wie jeder einzeln den Mund öffnet, und während man selber mit seinen Zähnen operiert, gewahrt man die der andern. Es ist verächtlich, keine zu haben; es hat etwas Asketisches, die nicht zu zeigen, die man hat. Die natürliche Gelegenheit, damit zu paradieren, ist bei der gemeinsamen Mahlzeit gegeben. Unsere moderne Gesittung verlangt, daß man mit geschlossenem Munde ißt. Eben die leise Bedrohung, die im naiven Öffnen des Mundes lag, wird dadurch auf ein Mindestmaß herabgedrückt. Aber auch mit unserer Harmlosigkeit ist es nicht gar so weit her. Man ißt mit Gabel und Messer; zwei Instrumenten, die leicht zum Angriff dienen könnten. Jeder hat seine eigenen vor sich, unter Umständen trägt man sie mit sich herum. Das Stückchen Speise aber, das man sich herunterschneidet und möglichst zurückhaltend in den Mund hineinschiebt, heißt auch in modernen Sprachen der *Biß*.

Das *Lachen* ist als vulgär beanstandet worden, weil man dabei den Mund weit öffnet und die Zähne entblößt. Gewiß enthält das Lachen in seinem Ursprung die Freude an einer Beute oder Speise, die einem als sicher erscheint. Ein Mensch, der fällt, erinnert an ein Tier, auf das man aus war und das man selber zu Fall gebracht hat. Jeder Sturz, der Lachen erregt, erinnert an die Hilflosigkeit des Gestürzten; man könnte es, wenn man wollte, als Beute behandeln. Man würde *nicht* lachen, wenn man in der Reihe der geschilderten Vorgänge weitergehen und sich's wirklich einverleiben würde. Man lacht, *anstatt* es zu essen. Die entgangene Speise ist es, die zum Lachen reizt; das plötzliche Gefühl der Überlegenheit, wie schon Hobbes gesagt hat. Doch hat er nicht hinzugefügt, daß sich dieses Gefühl nur dann zum Lachen steigert, wenn die Folge dieser Überlegenheit ausbleibt. Hobbes' Auffassung des Lachens kommt der Wahrheit auf halbem Wege entgegen; zu ihrem eigentlich ›animalischen‹ Ursprung ist er aber nicht vorgedrungen, vielleicht weil Tiere nicht lachen. Aber Tiere versagen sich auch keine Speise, die ihnen erreichbar ist, wenn sie wirklich Lust auf sie haben. Der Mensch allein hat es gelernt, den vollkommenen Prozeß der Einverleibung durch einen symbolischen Akt zu ersetzen. Es scheint, daß die Bewegungen, die vom Zwerchfell ausgehen und fürs Lachen charakteristisch sind, eine Reihe von inneren Schlingbewegungen des Leibes zusammenfassend ersetzen.

Unter Tieren gibt allein die Hyäne einen Laut von sich, der unserem Lachen wirklich nahekommt. Man kann ihn künstlich erzeugen, indem man einer gefangenen Hyäne etwas zum Fressen vorsetzt und dann rasch entzieht, bevor sie Zeit zum Zupakken hatte. Es ist nicht müßig, daran zu erinnen, daß ihre Nahrung in der Freiheit aus Aas besteht; man kann sich vorstellen, wie oft vieles, worauf sie Lust hatte, ihr von anderen unter den Augen weggeschnappt wird.

Der Überlebende

Der Augenblick des *Überlebens* ist der Augenblick der Macht. Der Schrecken über den Anblick des Todes löst sich in Befriedigung auf, denn man ist nicht selbst der Tote. Dieser liegt, der Überlebende steht. Es ist so, als wäre ein Kampf vorausgegangen und als hätte man den Toten selbst gefällt. Im Überleben ist jeder des anderen Feind, an diesem elementaren Triumph gemessen, ist aller Schmerz gering. Es ist aber wichtig, daß der Überlebende *allein* einem oder mehreren Toten gegenübertritt. Er sieht sich allein, er fühlt sich allein, und wenn von der Macht die Rede ist, die dieser Augenblick ihm verleiht, so darf nie vergessen werden, daß sie sich aus seiner *Einzigkeit* und aus ihr allein herleitet.

Alle Absichten des Menschen auf Unsterblichkeit enthalten etwas von der Sucht, zu überleben. Man will nicht nur immer da sein, man will da sein, wenn andere nicht mehr da sind. Jeder will der Älteste werden und es wissen, und wenn er selbst nicht mehr da ist, soll man es von seinem Namen wissen.

Die niedrigste Form des Überlebens ist die des *Tötens*. So wie man das Tier getötet hat, von dem man sich nährt, so wie es vor einem wehrlos daliegt, und man kann es in Stücke schneiden und verteilen, als Beute, die man sich und den Seinen einverleibt, so will man auch den Menschen töten, der einem im Wege ist, der sich einem entgegenstellt, der aufrecht als Feind vor einem dasteht. Man will ihn fällen, um zu fühlen, daß man noch da ist und er nicht mehr. Er soll aber nicht ganz verschwunden sein, seine leibliche Anwesenheit als Leiche ist für dieses Gefühl des Triumphes unerläßlich. Nun kann man mit ihm tun, was man will, und er kann einem gar nichts anhaben. Er liegt, er wird immer liegen bleiben; nie wird er sich wieder erheben. Man kann ihm seine Waffe wegnehmen; man kann sich Teile seines Leibes herausschneiden und als Trophäen für immer bewahren. Dieser Augenblick der Konfrontation mit dem Getöteten erfüllt den Überlebenden mit einer ganz eigentümlichen Art von Kraft, die keiner anderen Art von Kraft zu vergleichen ist. Es gibt keinen Augenblick, der mehr nach seiner Wiederholung ruft.

Denn der Überlebende weiß von vielen Toten. War er in der Schlacht, so hat er mitangesehen, wie die anderen um ihn gefallen sind. In der wohlbewußten Absicht, sich gegen die Feinde zu behaupten, ist er in die Schlacht gezogen. Es war sein erklärtes Ziel, möglichst viele von ihnen zu erlegen, und siegen kann er nur, wenn ihm das gelingt. *Sieg* und *Überleben* fallen für ihn zusammen. Aber auch die Sieger haben ihren Preis zu zahlen. Unter den Toten liegen viele ihrer eigenen Leute. Freund und Feind vermischt machen das Blachfeld aus, der Haufe der Toten ist ein gemeinsamer. Manchmal geht es in Schlachten derart zu, daß die Toten beider Seiten voneinander nicht mehr zu trennen sind: *Ein* Massengrab mag dann ihre Überreste vereinigen.
Diesen Haufen von Gefallenen ringsum steht der Überlebende als Glücklicher und Bevorzugter gegenüber. Daß er sein Leben noch hat und so viele andere, die eben noch mit ihm waren, nicht, ist eine ungeheure Tatsache. Hilflos liegen die Toten, unter ihnen steht aufgerichtet er, und es ist, als wäre die Schlacht geschlagen worden, damit er überlebt. Der Tod ist von ihm auf die anderen abgelenkt worden. Nicht daß er die Gefahr gemieden hätte. Mitten unter seinen Freunden hat er sich dem Tod gestellt. Sie sind gefallen. Er steht und prahlt.
Dieses Gefühl der Erhabenheit über die Toten kennt jeder, der in Kriegen war. Es mag durch Trauer um Kameraden verdeckt sein; aber dieser sind wenige, der Toten immer viele. Das Kraftgefühl, gegen diese lebend zu stehen, ist im Grunde stärker als jede Trauer, es ist ein Gefühl der *Auserwähltheit* unter vielen, deren Schicksal ein manifest gleiches ist. Auf irgendeine Weise fühlt man sich, bloß weil man noch da ist, als der *Bessere*. Man hat sich bewährt, denn man lebt. Man hat sich unter vielen bewährt, denn alle, die liegen, leben nicht. Wem dieses Überleben oft gelingt, der ist ein *Held*. Er ist stärker. Er hat mehr Leben in sich. Die höheren Mächte sind ihm gewogen.

Überleben und Unverletzlichkeit

Der Leib des Menschen ist nackt und anfällig; in seiner Weichheit jedem Zugriff ausgesetzt. Was er sich in der Nähe mit Kunst und Mühe vom Leibe hält, kann ihn aus der Ferne mit

Leichtigkeit ereilen. Schwert, Speer und Pfeil vermögen in ihn einzudringen. Er hat Schild und Rüstung erfunden, Mauern und ganze Festungen um sich erbaut. Aber was er sich von allen Sicherungen am meisten wünscht, ist ein Gefühl der *Unverletzlichkeit.*

Auf zwei verschiedenen Wegen hat er es zu erwerben gesucht. Sie sind einander genau entgegengesetzt und ihre Ergebnisse darum auch sehr verschieden. Er hat einmal die Gefahr von sich zu entfernen gesucht, große Räume zwischen sich und sie gelegt, die überschaubar waren und sich bewachen ließen. Er hat sich sozusagen vor der Gefahr verborgen, und er hat die Gefahr gebannt.

Der andere Weg aber ist der, auf den er immer stolzer war. Alle frühe Überlieferung ist voll des Prahlens und Sichberühmens über ihn: Er hat die Gefahr aufgesucht und sich ihr gestellt. Er hat sie so nahe wie möglich an sich herankommen lassen und alles auf die Entscheidung gesetzt. Von allen möglichen Situationen hat er die der Anfälligkeit herausgegriffen und auf die Spitze getrieben. Er hat sich jemand zum Feind gemacht und ihn herausgefordert. Vielleicht war er schon sein Feind, vielleicht hat er ihn erst dazu ernannt. Wie immer es im einzelnen zugegangen ist, die Absicht ging auf die höchste Gefahr und auf Unaufschiebbarkeit der Entscheidung.

Es ist der Weg des *Helden.* Was will der Held? Worauf ist er wirklich aus? Der Ruhm, den alle Völker ihren Helden gezollt haben, ein zäher, schwervergänglicher Ruhm, sofern ihre Taten Abwechslung boten oder rasch genug aufeinanderfolgten, täuscht über die tieferen Motive zu diesen Taten hinweg. Man nimmt an, daß es ihnen um den Ruhm allein zu tun war, aber ich glaube, daß es ihnen ursprünglich um etwas anderes ging: um das Gefühl der Unverletzlichkeit, das sich auf diese Weise in rascher Steigerung gewinnen ließ.

Die konkrete Situation, in welcher der Held sich nach bestandener Gefahr befindet, ist die des Überlebenden. Der Feind ging ihm ans Leben wie er dem Feind. Mit diesem erklärten und unverrückbaren Ziel ist man gegeneinander angetreten. Der Feind ist erlegen. Dem Helden aber ist während des Kampfes nichts geschehen. Von der ungeheuren Tatsache seines Überlebens erfüllt, stürzt er sich in den nächsten Kampf. Es war ihm nichts anzuhaben, es wird ihm nichts anzuhaben sein. Von Sieg zu Sieg, von einem toten Feinde zum anderen

fühlt er sich sicherer: Seine Unverletzlichkeit nimmt zu, eine immer bessere Rüstung.
Das Gefühl von ihr läßt sich nicht anders gewinnen. Wer die Gefahr gebannt hat, wer sich vor ihr verbirgt, der hat die Entscheidung bloß hinausgeschoben. Wer sich der Entscheidung stellt, wer wirklich überlebt, wer sich wieder stellt, wer die Augenblicke des Überlebens häuft, der kann das Gefühl von Unverletzlichkeit erlangen. Er ist eigentlich erst ein Held, sobald er es hat. Nun wagt er alles, zu fürchten hat er nichts. Vielleicht würden wir dazu neigen, ihn mehr zu bewundern, solange er noch Grund zur Furcht hatte. Aber das ist die Auffassung des Betrachters, der außerhalb steht. Das Volk will seinen Helden unverletzlich.
Es ist nun aber keineswegs so, daß die Taten des Helden sich in ausgesuchten Zweikämpfen erschöpfen. Er kann es mit einer ganzen Meute von Feinden zu tun haben, daß er sie trotzdem angreift, daß er ihnen nicht nur entkommt, daß er sie alle tötet, kann das Gefühl seiner Unverletzlichkeit wie mit einem Schlage etablieren.
Dschingis-Khan wurde von einem seiner ältesten und treuesten Gefährten gefragt: »Du bist der Herrscher, und man nennt dich einen Helden. Welche Zeichen von Eroberung und Sieg trägst du an deiner Hand?« Dschingis-Khan antwortete ihm: »Bevor ich den Thron des Reiches bestieg, ritt ich einmal auf einer Straße daher. Da stieß ich auf sechs Männer, die beim Übergang über eine Brücke im Hinterhalt lagen und mir nach dem Leben trachteten. Als ich näher kam, zog ich mein Schwert und griff sie an. Sie überschütteten mich mit einem Hagel von Pfeilen, aber alle Pfeile verfehlten ihr Ziel, und kein einziger berührte mich. Ich schlug sie alle mit meinem Schwerte tot und ritt unverletzt weiter. Auf dem Rückweg kam ich an dem Orte vorbei, wo ich die sechs Männer erschlagen hatte. Ihre sechs Pferde irrten herrenlos umher. Ich trieb sie alle zu mir nach Hause.«
Diese Unverletzlichkeit im Kampf gegen sechs Feinde zugleich betrachtet Dschingis-Khan als die sichere Ankündigung von Eroberung und Sieg.

Überleben als Leidenschaft

Die Genugtuung des Überlebens, die eine Art von Lust ist, kann zu einer gefährlichen und unersättlichen Leidenschaft werden. Sie wächst an ihren Gelegenheiten. Je größer der Haufen der Toten ist, unter denen man lebend steht, je öfter man solche Haufen erlebt, um so stärker und unabweislicher wird das Bedürfnis nach ihm. Die Karrieren von Helden und Söldnern sprechen dafür, daß eine Art von Süchtigkeit entsteht, der nicht mehr abzuhelfen ist. Die übliche Erklärung, die dafür gegeben wird, lautet: daß solche Menschen nur noch in Gefahren atmen können; alles gefahrlose Dasein sei ihnen trüb und schal; einem friedlichen Leben könnten sie keinen Geschmack mehr abgewinnen. Es soll der Reiz der Gefahr nicht unterschätzt werden. Aber man vergißt, daß diese Leute nicht allein auf ihre Abenteuer ausgehen; daß andere mit ihnen sind, die der Gefahr erliegen. Was sie wirklich brauchen, was sie nicht mehr entbehren können, ist die wieder und wieder erneuerte Lust am Überleben.

Es ist aber auch nicht so, daß man sich zur Befriedigung dieser Lust der Gefahr immer selber aussetzen muß. Keiner kann allein genug Menschen fällen. Auf den Schlachtfeldern sind unzählige im selben Sinne tätig, und wenn man ihr Befehlshaber ist, wenn man ihre Bewegungen kontrolliert, wenn die Schlacht das Resultat persönlichsten Entschlusses ist, kann man sich auch das Ergebnis, für das man die Verantwortung hat, mit Haut und Haaren sämtlicher Leichen aneignen. Der Feldherr trägt nicht umsonst seinen stolzen Namen. Er befiehlt: er schickt seine Leute gegen den Feind, in den Tod. Wenn er siegt, gehört ihm das ganze Blachfeld von Toten. Die einen sind für ihn, die anderen gegen ihn gefallen. Von Sieg zu Sieg überlebt er sie alle. Die Triumphe, die er feiert, drücken auf das genaueste aus, worauf er aus war. Ihre Bedeutung wird an der Zahl der Toten gemessen. Es ist ein lächerlicher Triumph, wenn der Feind sich tapfer gewehrt hat, wenn der Sieg schwer erstritten wurde und eine große Zahl von Opfern gekostet hat.

»Alle Kriegshelden und Feldherren zusammen übertraf Cäsar dadurch, daß er die meisten Schlachten geliefert und die größte Menge von Feinden erlegt hat. Denn in nicht vollen zehn Jahren, während welchen er den Krieg mit Gallien führte, hat er über 800 Städte im Sturm erobert, 300 Völkerschaften unterjocht, sich nach und nach mit drei Millionen Menschen geschlagen und von diesen eine Million im Streite getötet und ebensoviel zu Gefangenen gemacht.«

Dieses Urteil stammt von Plutarch, dem man weder Kriegslust noch Blutdurst nachsagen kann, von einem der humansten Geister, die die Menschheit hervorgebracht hat. Es hat darum seinen Wert, weil es die Bilanz so scharf zieht. Gegen drei Millionen Feinde hat Cäsar gekämpft, eine Million hat er getötet, eine Million gefangen. Er ist von späteren Feldherren, Mongolen und Nichtmongolen, übertroffen worden. Aber dieses antike Urteil ist auch für die Naivität bezeichnend, mit der alles, was geschehen ist, dem Feldherrn allein zugeschrieben wird. Die im Sturm eroberten Städte, die unterjochten Völkerschaften, die Millionen geschlagener, getöteter, gefangener Feinde gehören alle dem Cäsar zu. Es ist nicht die Naivität des Plutarch, die sich so ausdrückt, es ist die Naivität der Geschichte. Seit den Kriegsberichten der ägyptischen Pharaonen ist man an sie gewöhnt; bis zum heutigen Tage hat sich daran kaum etwas geändert.

So viele Feinde also hat Cäsar glücklich überlebt. Es gilt als taktlos, bei solchen Gelegenheiten die eigenen Verluste aufzurechnen. Man kennt sie, aber man wirft sie dem großen Mann nicht vor. In den Kriegen Cäsars waren es, an der Zahl der erlegten Feinde gemessen, nicht allzu viele. Aber immerhin, er hat einige Tausend Verbündete und Römer überlebt, ganz leer ist er auch in dieser Hinsicht nicht ausgegangen.

Von Generation zu Generation sind diese stolzen Bilanzen weitergegeben worden; in jeder haben sich potentielle kriegerische Helden gefunden. Ihre Leidenschaft, massenhaft Menschen zu überleben, ist durch sie bis zum Wahnwitz angefacht worden. Das Urteil der Geschichte schien ihr Vorhaben, noch bevor es ihnen geglückt war, zu rechtfertigen. Die sich am besten auf diese Art des Überlebens verstehen, haben den größten und sichersten Platz in ihr. Für diese Art des Nachruhms kommt es letzten Endes mehr als auf Sieg oder Niederlage auf die ungeheuerliche Zahl der Opfer an. Es ist fraglich, wie Napoelon während des Feldzugs in Rußland wirklich zumute war.

Der Machthaber als Überlebender

Als den paranoischen Typus des Machthabers könnte man den bezeichnen, der sich die Gefahr mit allen Mitteln vom Leibe hält. Statt sie herauszufordern und zu konfrontieren, statt es im Kampfe mit ihr auf eine Entscheidung ankommen zu lassen, die auch ungünstig ausfallen könnte, sucht er ihr den Weg mit List und Umsicht zu verstellen. Er wird freien Raum um sich schaffen, den er übersehen kann, und jedes Zeichen ihrer Annäherung bemerken und erwägen. Er wird dies auf allen Seiten tun, denn das Bewußtsein, daß er es mit vielen zu tun hat, die alle zugleich gegen ihn angehen könnten, hält eine Angst vor Umstellung in ihm wach. Die Gefahr ist überall, nicht nur *vor* ihm. Sie ist sogar größer in seinem Rücken, wo er sie nicht rasch genug bemerken könnte. So hat er seine Augen überall, und auch das leiseste Geräusch darf ihm nicht entgehen, denn es könnte eine feindliche Absicht enthalten.

Der Inbegriff aller Gefahren ist natürlich der Tod. Es ist wichtig, genau zu erkunden, wie er sich zu ihm stellt. Das erste und entscheidende Merkmal des Machthabers ist sein Recht über Leben und Tod. An ihn darf niemand heran; wer eine Botschaft für ihn bringt, wer in seine Nähe gelangen muß, wird auf Waffen hin durchsucht. Von ihm wird der Tod planmäßig ferngehalten: er selber darf und soll ihn verhängen. Er darf ihn so oft verhängen wie er will. Sein Todesurteil wird immer ausgeführt. Es ist das Siegel seiner Macht; sie ist absolut nur, solange sein Recht auf Verhängen des Todes ihm unbestritten bleibt.

Denn wirklich unterworfen ist ihm nur, wer sich von ihm töten läßt. Die letzte Probe des Gehorsams, auf die es ankommt, bleibt immer dieselbe. Zu einer Art von doppelter Bereitschaft werden seine Soldaten erzogen: Sie werden ausgesandt, um seine Feinde zu töten, und sie sind bereit, für ihn selber den Tod zu empfangen. Aber auch alle seine anderen Untertanen, die nicht Soldaten sind, wissen, daß er jederzeit über sie herfallen kann. Der Schrecken, den er verbreitet, kommt ihm zu; er ist sein Recht, und für dieses Recht wird er aufs höchste verehrt. In einer extremen Form wird er angebetet. Gott selbst hat über alle Menschen jetzt, und alle, die noch leben werden, ein für allemal das Todesurteil verhängt. Von seiner Laune hängt es ab, wann es vollstreckt wird. Es fällt niemand

ein, sich dagegen aufzulehnen – ein aussichtsloses Beginnen.
Doch haben es die irdischen Machthaber weniger leicht als Gott. Sie sind nicht für immer da; ihre Untertanen wissen, daß auch ihren Tagen ein Ende gesetzt ist. Dieses Ende läßt sich sogar beschleunigen. Wie das jedes anderen führt Gewalt es herbei. Wer den Gehorsam verweigert, der hat sich zum Kampf gestellt. Kein Herrscher ist des Gehorsams seiner Leute für immer sicher. Solange sie sich von ihm töten lassen, kann er ruhig schlafen. Sobald aber einer sich seinem Urteil entzieht, ist der Herrscher gefährdet.
Das Gefühl von dieser Gefahr ist im Machthaber immer rege. Es wird sich später zeigen, wenn von der Natur des Befehls die Rede ist, daß seine Ängste sich vergrößern *müssen*, je mehr seiner Befehle ausgeführt worden sind. Er kann seine Zweifel nur beruhigen, indem er ein Exempel setzt. Er wird eine Hinrichtung um ihrer selbst willen verfügen, ohne daß es so sehr auf die Schuld des Opfers ankommt. Er wird von Zeit zu Zeit Hinrichtungen brauchen, desto mehr, je rascher seine Zweifel wachsen. Seine sichersten, man möchte sagen seine vollkommensten Untertanen sind die, die für ihn in den Tod gegangen sind.
Denn jede Hinrichtung, für die er verantwortlich ist, verleiht ihm etwas an Kraft. Es ist die Kraft des *Überlebens*, die er sich so verschafft. Seine Opfer müssen nicht wirklich gegen ihn angetreten sein, aber sie hätten gegen ihn antreten können. Seine Angst verwandelt sie – vielleicht erst nachträglich – in Feinde, die gegen ihn gekämpft haben. Er hat sie verurteilt, sie sind erlegen, er hat sie überlebt. Das Recht, Todesurteile zu fällen, wird in seiner Hand zu einer Waffe wie jede andere, aber viel wirksamer. Auf die Häufung solcher Opfer in ihrer nächsten Nähe, so daß sie sie immer vor Augen hatten, haben barbarische und orientalische Herrscher oft großen Wert gelegt. Aber auch wo die Sitte einer solchen Häufung entgegenstand, waren die Gedanken von Machthabern doch mit ihr beschäftigt. Ein unheimliches Spiel dieser Art wird vom römischen Kaiser *Domitian* berichtet. Das Bankett, das er sich ausgedacht hat und das gewiß nie wieder in derselben Weise gegeben wurde, macht die tiefere Natur des paranoischen Machthabers überaus anschaulich. Der Bericht darüber, der sich bei *Cassius Dio* findet, lautet:

»Bei einer anderen Gelegenheit unterhielt Domitian die vornehmsten unter den Senatoren und Rittern auf folgende Weise. Er richtete einen Raum her, an dem alles, Decke, Wände und Boden, pechschwarz war, und bereitete kahle Lager in derselben Farbe vor, die auf dem unbedeckten Fußboden ruhten. Seine Gäste lud er bei Nacht und ohne ihr Gefolge ein. Neben jeden ließ er zuerst eine Scheibe stellen, die die Form eines Grabsteines hatte und den Namen des Gastes trug; dazu kam eine kleine Lampe, wie sie in Gräbern hängen. Wohlgestaltete, nackte Knaben betraten dann den Raum, gleichfalls schwarz bemalt, wie Gespenster. Sie vollführten einen schauerlichen Tanz um die Gäste und stellten sich dann zu ihren Füßen auf. Dann wurden die Speisen, die man gewöhnlich bei den Opfern für die Geister der Verstorbenen aufträgt, den Gästen vorgesetzt, alles schwarz und in Schüsseln von gleicher Farbe. Jeder von den Gästen begann zu zittern und zu zagen und erwartete, daß man ihm im nächsten Augenblick die Kehle durchschneiden würde. Außer Domitian waren alle verstummt. Es herrschte tödliches Schweigen, als ob man sich bereits im Reiche der Toten befinde. Der Kaiser selbst erging sich in lauten Gesprächen über Tod und Gemetzel. Schließlich entließ er sie. Aber ihre Sklaven, die im Vorraum auf sie warteten, hatte er zuerst entfernt. Er überantwortete die Gäste nun anderen Sklaven, die ihnen unbekannt waren, und hieß sie in Wagen oder Sänften fortführen. Auf diese Weise erfüllte er sie mit noch viel größerer Angst. Kaum hatte jeder Gast sein Haus erreicht und aufzuatmen begonnen, als ein Bote des Kaisers angemeldet wurde. Während jeder von ihnen jetzt sicher war, daß seine letzte Stunde gekommen sei, brachte jemand die Scheibe herein, die aus Silber war. Andere kamen mit verschiedenen Gegenständen, darunter die Schüsseln aus kostbarem Material, die man ihnen beim Essen vorgesetzt hatte. Schließlich erschien noch bei jedem Gast der Knabe, der ihm als sein besonderer Geist aufgewartet hatte, aber jetzt gewaschen und geschmückt. Nachdem sie die ganze Nacht in Todesangst verbracht hatten, empfingen sie nun die Geschenke.«
Dies also war das ›Leichenbankett des Domitian‹, wie es das Volk nannte.
Der unaufhörliche Schrecken, in dem er seine Gäste hielt, hatte sie zum Verstummen gebracht. Er allein sprach, und er sprach über Tod und Töten. So war es, als wären sie tot und er allein

noch am Leben. Bei diesem Gastmahl hatte er seine Opfer, denn als solche mußten sie sich vorkommen, alle vereinigt. Als Gastgeber verkleidet, aber in Wahrheit als Überlebender, sprach er zu seinen als Gäste verkleideten Opfern. Aber die Situation des Überlebenden war nicht nur gehäuft, sie war auch auf eine raffinierte Weise gesteigert. Sie sind zwar *wie tot*, doch er kann sie noch immer töten. Der eigentliche *Prozeß* des Überlebens ist so eingefangen. Wenn er sie entläßt, hat er sie begnadigt. Er läßt sie wieder zittern, da er sie fremden Sklaven übergibt. Sie langen zu Hause an: er sendet ihnen nochmals Todesboten. Diese bringen ihnen Geschenke und damit das größte Geschenk, ihr Leben. Er kann sie sozusagen vom Leben zum Tode befördern und dann wieder vom Tod ins Leben zurückbringen. Er ergötzt sich mehrmals an diesem Spiel. Es gibt ihm das höchste Gefühl von Macht, ein höheres ist nicht auszudenken.

Die Rettung des Flavius Josephus

Aus der Geschichte des Krieges zwischen Römern und Juden, der in die Jugendzeit Domitians fällt, wird ein Vorfall berichtet, der die Natur des Überlebenden auf vollkommene Weise erleuchtet. Den Oberbefehl auf römischer Seite führte Vespasian, der der Vater Domitians war, und es war während dieses Krieges, daß Flavier die Kaiserwürde erlangten.
Die Juden waren schon seit einiger Zeit über die Herrschaft der Römer aufgebracht. Als ihr Aufstand gegen sie im Ernst losbrach, wurden von den Juden Befehlshaber für die verschiedenen Teile des Landes ernannt. Sie sollten die Leute zum Krieg versammeln und die Städte in einen guten Zustand versetzen, damit sie sich der römischen Legionen, die sicher bald eintreffen würden, mit Aussicht auf Erfolg erwehren könnten. Josephus, noch jung, kaum dreißig Jahre alt, bekam Galiläa zur Provinz. Er machte sich mit großem Eifer an die Durchführung seiner Aufgabe. In seiner ›Geschichte des Jüdischen Krieges‹ schilderte er die Hindernisse, gegen die er zu kämpfen hatte: Uneinigkeit unter den Bürgern; Rivalen, die gegen ihn intrigierten und Truppen auf eigene Faust versammelten; Städte, die sich weigerten, seinen Oberbefehl anzuerkennen oder die nach einiger Zeit wieder abfielen. Aber mit erstaunli-

cher Energie stellte er eine wenn auch schlecht bewaffnete Armee auf die Beine und bereitete Festungen für den Empfang der Römer vor.
Sie kamen denn auch, unter dem Befehl des Vespasian, der seinen jungen Sohn Titus, einen Altersgenossen des Josephus, bei sich hatte. In Rom war damals Nero noch Kaiser. Vespasian hatte den Ruf eines alten, erfahrenen Generals, er hatte sich auf mehreren Kriegsschauplätzen ausgezeichnet. Er drang in Galiläa ein und schnitt Josephus mit der Armee der Juden in der Festung Jotapata ab. Die Juden setzten sich mit größtem Mut zur Wehr, Josephus war erfinderisch und wußte jeden Angriff abzuschlagen; die Römer erlitten schwere Verluste. 47 Tage lang dauerte die Verteidigung. Als es den Römern schließlich gelang, durch List bei Nacht einzudringen – alles schlief, und man bemerkte sie erst, als der Tag anbrach –, gerieten die Juden in furchtbare Verzweiflung und brachten sich in hellen Scharen selber um.
Josephus entkam. Seine Schicksale nach der Einnahme der Stadt will ich in seinen eigenen Worten anführen. Denn es gibt meines Wissens in der Weltliteratur keinen zweiten solchen Bericht eines Überlebenden. Josephus schildert mit merkwürdiger Bewußtheit, mit einer Art von Einsicht in das Wesen des Überlebens alles, was er unternahm, um davonzukommen. Seine Ehrlichkeit fiel ihm nicht schwer, denn er schrieb diesen Bericht *später*, als er bereits in hoher Gunst bei den Römern stand.
»Nach dem Falle Jotapatas suchten die Römer teils aus Erbitterung gegen Josephus, teils weil der Feldherr auf seine Gefangennahme sehr erpicht war – fast als wäre sie entscheidend für den Ausgang des Krieges –, unter den Toten und in allen verborgenen Schlupfwinkeln der Stadt nach, um den Verhaßten zu finden. Er aber hatte sich während ihrer Einnahme wie unter göttlichem Beistand mitten durch die Feinde geschlichen und war in eine tiefe Zisterne hinabgesprungen, die sich seitwärts zu einer von oben unsichtbaren, geräumigen Höhle erweiterte. In diesem Versteck traf er vierzig vornehme Männer an, die für eine Reihe von Tagen mit Lebensmitteln versehen waren. Bei Tage nun hielt er sich verborgen, weil die Feinde alles ringsum besetzt hatten; bei Nacht dagegen stieg er hinauf, um einen Weg zur Flucht ausfindig zu machen und sich nach den Posten umzusehen. Da aber um seinetwillen die Umgebung von allen Seiten

so scharf bewacht wurde, daß an ein heimliches Entschlüpfen nicht zu denken war, begab er sich wieder in die Höhle zurück. Zwei Tage lang entging er so den Nachforschungen; am dritten aber wurde er von einer Frau, die sich erst bei ihnen aufgehalten hatte und dann gefangengenommen wurde, verraten. Unverzüglich schickte Vespasian zwei Tribunen mit dem Auftrag ab, dem Josephus Sicherheit zu versprechen und ihn zum Verlassen der Höhle zu bewegen.

Die Tribunen gingen hin, redeten ihm zu und verbürgten ihm sein Leben. Sie konnten aber nichts bei ihm ausrichten; denn er meinte zu wissen, was er für die mannigfachen Schädigungen der Römer zu erwarten hätte. Der milde Charakter derer, die ihm zuredeten, änderte keineswegs seine Meinung über das Los, das ihm bevorstand. Er konnte sich der Befürchtung nicht erwehren, daß man ihn nur hervorlocken wolle, um ihn hinzurichten. Schließlich sandte Vespasian einen dritten Boten in der Person des Tribuns Nikanor, der dem Josephus gut bekannt, ja von früher her sogar mit ihm befreundet war. Dieser kam und schilderte das milde Verfahren der Römer gegen besiegte Feinde, erklärte auch, daß die Heerführer den Josephus um seiner Tapferkeit willen mehr bewunderten als haßten und daß der Feldherr keineswegs beabsichtige, ihn hinrichten zu lassen; denn er könne ja diese Strafe an ihm vollziehen, auch ohne daß er hervorkäme; er sei vielmehr entschlossen, ihm als einem tapferen Manne das Leben zu schenken. Übrigens sei es unvorstellbar, daß Vespasian dem Josephus seinen Freund in tückischer Absicht zusende, um einen Wortbruch mit Freundschaft zu maskieren; und ebensowenig hätte er, Nikanor, sich zum Betrug an einem Freunde hergegeben.

Da aber Josephus auch dem Nikanor gegenüber zu keinem Entschluß gelangen konnte, trafen die Soldaten in ihrer Wut Anstalten, Feuer in die Höhle zu werfen. Ihr Anführer hielt sie zurück, da ihm sehr viel daran lag, den Mann lebend in seine Gewalt zu bekommen. Während nun Nikanor in ihn drang und die feindliche Truppe unaufhörlich Drohungen ausstieß, stiegen in der Erinnerung des Josephus gewaltige Träume auf, in denen Gott ihm das bevorstehende Unglück der Juden und das künftige Schicksal der römischen Imperatoren offenbart hatte. Josephus verstand sich nämlich auf die Auslegung von Träumen. Als Priester und Sohn eines Priesters war er mit den Weissagungen der heiligen Bücher wohlvertraut, und er konnte auch die Verkündigungen erklären, die die Gottheit zweideutig belassen hatte. Genau in diesem Augenblicke nun wurde er von göttlicher Begeisterung ergriffen, die Schrecken der Träume, die er vor kurzem gehabt hatte, standen vor seinem inneren Gesicht, und er sandte im stillen folgendes Gebet zu Gott: ›Da Du beschlossen hast, das Volk der Juden zu beugen, das Du geschaffen, da alles Glück zu den Römern gewandert ist und Du meine Seele erwählt hast, die Zukunft zu offenbaren, so biete ich den Römern die Hand und bleibe am Leben. Dich aber rufe ich zum Zeugen an, daß ich nicht als Verräter, sondern als Dein Diener zu ihnen übergehe.‹

Nach diesem Gebet sagte er dem Nikanor zu. Als die Juden, die sich im Versteck mit ihm befanden, merkten, daß er entschlossen sei, dem Zureden der Feinde nachzugeben, umringten sie ihn in einem dichten Haufen und bestürmten ihn mit Anklagen. Sie erinnerten ihn daran, wie viele Juden auf sein Zureden hin für die Freiheit gestorben waren. Er, dessen Ruf von Tapferkeit so groß gewesen sei, wolle nun als Sklave weiterleben. Er, dessen Klugheit so viel galt, hoffe auf Gnade von denen, gegen die er mit solcher Hartnäckigkeit gekämpft habe. Ob er sich selber ganz vergessen habe? Das Gesetz der Väter werde schwer über ihn aufseufzen, und er verletze Gott, wenn ihm sein Leben so lieb sei. *Er* möge vom Glück der Römer geblendet sein – *sie* blieben der Ehre ihres Volkes eingedenk. Sie boten ihm Arm und Schwert an, damit er freiwillig als Heerführer der Juden falle; wenn nicht, so solle er unfreiwillig als Verräter fallen. Sie zückten ihre Schwerter gegen ihn und drohten, ihn niederzustoßen, wenn er sich den Römern ergebe.

Josephus fürchtete sich vor ihnen, aber es schien ihm ein Verrat an den Aufträgen Gottes, wenn er vor deren Verkündigung sterbe. Im Drange seiner Not suchte er Vernunftgründe gegen sie geltend zu machen. Es sei schön, im Kriege zu sterben, aber nach Kriegsbrauch von der Hand des Siegers. Die schlimmste Feigheit aber sei es, sich selbst zu töten. Selbstmord widerstrebe dem innersten Wesen alles Lebendigen und sei zugleich ein Frevel gegen Gott den Schöpfer. Von Gott habe man das Dasein empfangen, ihm müsse man auch sein Ende anheimstellen. Die mit eigener Hand gegen sich gewütet haben, die hasse Gott, und er strafe sie noch in ihren Nachkommen. Es zieme sich nicht, dem Unglück, das sie als Menschen betroffen, auch noch einen Frevel gegen den Schöpfer hinzuzufügen.

Ihrer Rettung, wenn sie möglich sei, sollten sie nichts in den Weg legen. Eine Schande sei es für sie nicht, am Leben zu bleiben, ihre Tapferkeit hätten sie durch Taten genügend bewiesen. Wenn ihnen aber der Tod bevorstehe, so sollten sie ihn durch die Sieger erleiden. Er denke nicht daran, zu den Feinden überzugehen und so zu einem Verräter an sich selbst zu werden. Wohl aber wünsche er sich einen Verrat von seiten der Römer. Er werde freudig sterben, wenn sie ihn ihrem gegebenen Worte zum Trotz umbrächten, und ihr Wortbruch, für den Gottes Strafe sie treffen werde, wäre ihm ein größerer Trost als der Sieg.

So kam Josephus auf alles mögliche, um seine Gefährten vom Selbstmord abzubringen. Aber die Verzweiflung machte sie gegen alle Vorstellungen taub. Sie hatten sich längst dem Tode geweiht, und seine Worte vermochten ihre Erbitterung nur zu steigern. Sie beschuldigten ihn der Feigheit und drangen von allen Seiten mit gezückten Schwertern auf ihn ein. Jeder schien bereit, ihn auf der Stelle niederzustoßen. In seiner Not, die die entgegengesetztesten Gefühle in ihm aufkommen ließ, rief er den einen bei seinem Namen an und sah dem anderen mit dem Blicke des Feldherrn ins Auge; einen dritten ergriff er bei der Hand, einen vierten stimmte er mit Bitten um. So gelang es ihm, noch jedesmal das Mordschwert von sich abzuwehren. Er war wie das eingekreiste Wild, das sich stets gegen den wendet, der es gerade anzugreifen Miene macht. Da sie selbst in dieser äußersten Bedrängnis noch den Feldherrn in ihm achteten, waren ihre Arme wie gelähmt, die Dolche entglitten ihren Händen und viele, die das Schwert gegen ihn erhoben hatten, steckten es aus freien Stücken wieder ein.

Trotz dieser verzweifelten Lage verließ übrigens den Josephus seine Besonnenheit nicht; vielmehr setzte er im Vertrauen auf Gottes Fürsorge sein Leben aufs Spiel und sprach folgendes zu seinen Gefährten: ›Da wir den Beschluß gefaßt haben, zu sterben, und dieser Beschluß nun einmal feststeht, wollen wir das Los darüber entscheiden lassen, wer von uns jeweils den anderen niederstoßen soll. Jeder, den das Los trifft, soll von der Hand dessen fallen, der als der nächste bezeichnet wird. Auf diese Weise wird das Todeslos alle treffen und keiner ist darauf angewiesen, sich selbst zu töten. Es wäre aber ein großes Unrecht, wenn nach dem Tode seiner Gefährten der letzte sich's plötzlich gereuen ließe und sein Leben rettete.‹

Dieser Vorschlag verschaffte ihm wieder Zutrauen und nachdem alle sich damit einverstanden erklärt hatten, loste er selber mit. So wie nun ein jeder vom Los getroffen wurde, ließ er sich willig von dem Nächstfolgenden ums Leben bringen. Sie wußten ja, daß gleich darauf auch der Feldherr sterben müsse, der Tod mit Josephus erschien ihnen besser als das Leben. Übrig blieb schließlich eben Josephus selbst, sage man durch glücklichen Zufall oder durch göttliche Fügung, mit noch einem Gefährten; und da er weder selber vom Lose getroffen werden, noch, wenn er als der allerletzte herauskäme, seine Hand mit dem Blute eines Landsmannes beflecken mochte, überredete er diesen, sich den Römern zu ergeben und dadurch sein Leben zu retten.

Nachdem Josephus so aus dem Kampf mit den Römern wie auch dem mit seinen eigenen Leuten heil hervorgegangen war, wurde er von Nikanor zu Vespasian geführt. Alle Römer strömten herbei, um den Feldherrn der Juden zu sehen, und die Menge, die sich um ihn drängte, erhob ein großes Geschrei. Die einen frohlockten über seine Gefangennahme, andere stießen Drohungen aus, wieder andere bahnten sich mit Gewalt einen Weg, um ihn aus der Nähe besser sehen zu können. Die weiter Entfernten schrien, man solle den Feind hinrichten, die näher Stehenden gedachten seiner Taten und staunten über den Wechsel in seinem Schicksal. Unter den Offizieren gab es aber keinen, der aller früheren Erbitterung gegen ihn zum Trotz nicht jetzt über seinen Anblick Rührung empfunden hätte. Besonders war es der edle, ihm gleichaltrige Titus, den die Ausdauer des Josephus im Unglück und das Mitgefühl mit seiner Jugend mächtig ergriffen. Er wollte ihm das Leben retten und verwandte sich auf das nachdrücklichste für ihn bei seinem Vater. Vespasian aber ließ ihn in strengsten Gewahrsam nehmen; er hatte die Absicht, ihn unverzüglich dem Nero zuzusenden.

Als Josephus davon hörte, verlangte er mit Vespasian ein Wort unter vier Augen zu reden. Der Feldherr befahl allen Anwesenden, sich zu entfernen, mit Ausnahme seines Sohnes Titus und zweier vertrauter Freunde. Josephus aber sprach so zu ihm:

›Du glaubst, Vespasian, daß ich nichts als ein Kriegsgefangener bin, den du in deine Gewalt bekommen hast. Du irrst dich: ich stehe vor dir als Verkünder wichtiger Dinge. Ich, Josephus, habe mich eines Auftrages von Gott an dich zu entledigen.

Wäre es nicht so, ich hätte wohl gewußt, was das Gesetz der Juden verlangt und wie ein Feldherr sterben soll. Du willst mich an Nero schicken? Wozu? Seine Nachfolger, die noch vor dir auf den Thron kommen sollen, werden ihn nicht lange behaupten. Du selbst, Vespasian, wirst Cäsar und Imperator werden, und dein Sohn hier nach dir! Laß mich jetzt sicherer fesseln und bewahre mich für später, für dich. Denn du wirst Cäsar und Gebieter sein, nicht nur über mich, sondern über Erde und Meer und das ganze Menschengeschlecht. Laß mich auf das schärfste bewachen und laß mich dann, wenn ich im Namen Gottes leichtfertig gesprochen habe, so hinrichten, wie es mir gebührt!‹
Vespasian traute diesen Worten erst nicht ganz und neigte dazu, sie für eine List des Josephus zu halten, durch die er sich das Leben zu retten suchte. Allmählich aber begann er doch daran zu glauben; Gott selbst hatte Gedanken an den Thron in ihm wachgerufen und seine künftige Herrschaft war ihm auch durch andere Zeichen angedeutet worden. Auch erfuhr er, daß sein Gefangener schon in anderen Fällen richtig geweissagt habe. Einer der Freunde Vespasians, der bei der geheimen Unterredung anwesend war, sprach sein Erstaunen darüber aus, daß Josephus weder die Zerstörung Jotapatas noch seine eigene Gefangennahme vorausgesagt habe: was er jetzt vorbringe, sei vielleicht leeres Geschwätz, um die Gunst des Feindes zu gewinnen. Josephus erwiderte darauf, was er den Leuten von Jotapata vorausgesagt habe: daß sie nach 47 Tagen in Feindeshand fallen und er selbst lebendig gefangen werden würde. Vespasian ließ insgeheim bei den Gefangenen Erkundigungen einziehen; als die Angaben des Josephus sich bestätigten, begann er auch der Weissagung über seine eigene Person Glauben zu schenken. Er beließ den Josephus zwar noch im Gefängnis und in Fesseln, beschenkte ihn aber mit einem Prachtgewand und anderen Kostbarkeiten. Auch in der Folge wurde er freundlich behandelt, was er alles dem Titus zu verdanken hatte.« –
Die Selbstbehauptung des Josephus zerfällt in drei verschiedene Akte. Einmal entkommt er dem Gemetzel in der eroberten Festung Jotapata. Die Verteidiger der Stadt, soweit sie sich nicht selber töten, werden von den Römern umgebracht; einige werden gefangengenommen. Josephus rettet sich in die Höhle neben der Zisterne. Er findet hier vierzig Männer vor, die er

ausdrücklich als ›Vornehme‹ bezeichnet. Sie sind alle Überlebende wie er. Sie haben sich mit Lebensmitteln eingedeckt und hoffen sich hier vor den Römern verborgenzuhalten, bis sich ihnen ein Weg zum Entkommen bietet.
Aber der Aufenthalt des Josephus, nach dem man eigentlich sucht, wird den Römern von einer Frau verraten. Damit ist die Situation von Grund auf verändert, und der zweite Akt beginnt, der weitaus interessanteste des ganzen Berichtes: man kann ihn wegen der Offenheit, mit der er vom Hauptakteur dargestellt wird, als einzigartig bezeichnen.
Die Römer versprechen ihm sein Leben. Sobald er ihnen glaubt, sind sie nicht mehr seine Feinde. Es ist, im tiefsten Sinne gesehen, eine Frage des Glaubens. Ein prophetisches Traumgesicht fällt ihm im rechten Augenblick ein. Er ist gewarnt worden, daß die Juden erliegen werden. Sie sind erlegen, vorläufig zwar nur in der Festung, die er befehligt hat. Das Glück ist auf der Seite der Römer. Das Gesicht, in dem ihm dies angekündigt wurde, kam von Gott. Mit Gottes Hilfe wird er auch den Weg zu den Römern finden. Er empfiehlt sich Gott und wendet sich nun seinen neuen Feinden zu, den Juden, die mit ihm zusammen in der Höhle sind. Sie wollen Selbstmord begehen, um nicht in die Hände der Römer zu fallen. Er, ihr Führer, der sie zum Kampfe aufgemuntert hatte, sollte als erster zu dieser Art des Unterganges bereit sein. Er ist aber fest entschlossen, zu leben. Er redet auf sie ein, durch hundert Argumente sucht er ihnen die Lust am Tode zu nehmen. Er hat keinen Erfolg. Was immer er gegen den Tod sagt, steigert ihre blinde Entschlossenheit und auch ihren Zorn gegen ihn, der sich entziehen will. Er sieht, daß er nur entkommen kann, wenn sie einander gegenseitig umbringen und er als letzter übrigbleibt. Er gibt ihnen also zum Scheine nach und verfällt auf die Idee des *Auslosens.*
Man wird sich seine Gedanken über die Art dieses Losens machen, es fällt schwer, nicht an einen Betrug zu glauben. Es ist die einzige Stelle seines Berichts, wo Josephus unklar bleibt. Er schreibt den erstaunlichen Ausgang dieser Todeslotterie der Gottheit oder dem Zufall zu, aber es wirkt so, als stelle er es der Klugheit des Lesers anheim, den wahren Hergang der Sache zu erraten. Denn was nun folgt, ist ungeheuerlich: vor seinen Augen schlachten sich seine Leute gegenseitig ab. Es geschieht aber nicht auf einmal; es geht alles der Reihe nach vor sich.

Zwischen jedem Mord wird das Los geworfen. Jeder hat einen Genossen mit eigener Hand zu töten und wird dann vom nächsten, den das Los bezeichnet, selber umgebracht. Die religiösen Skrupel, die Josephus gegen den Selbstmord vorgebracht hat, gelten offenbar nicht für Mord. Mit jedem, den er fallen sieht, steigt bei ihm die Hoffnung auf seine eigene Errettung. Jeden einzelnen von ihnen und alle zusammen wünscht er tot; für sich selbst wünscht er nichts als Leben. Sie sterben gern in der Meinung, daß er, ihr Feldherr, mit ihnen stirbt. Sie können nicht annehmen, daß er als der letzte von allen übrigbleiben wird. Es ist nicht wahrscheinlich, daß sie sich diese Möglichkeit auch nur vorgestellt haben. Da aber einer doch der letzte sein muß, hat er auch dagegen vorgebaut: es wäre ein großes Unrecht, sagt er zu ihnen, wenn nach dem Tode seiner Gefährten der letzte sich's plötzlich reuen ließe und sein Leben rettete. Auf genau dieses Unrecht hatte er es abgesehen. Was man am wenigsten tun könnte, nach dem Tode aller Gefährten, das will er selber tun. Unter dem Vorwande, in diesem letzten Augenblick ganz zu ihnen zu gehören, einer der Ihren zu sein, schickt er sie alle in den Tod und rettet sich so das Leben. Sie ahnen nicht, was er fühlt, wenn er ihnen beim Sterben zusieht. Sie sind ganz im gemeinsamen Schicksal enthalten und glauben ihn auch darin; er aber steht außerhalb und hat es nur ihnen zugedacht. Sie sterben, damit er sich rettet.

Die Täuschung ist vollkommen. Es ist die Täuschung aller Führer. Sie geben sich so, als gingen sie ihren Leuten in den Tod voran. In Wahrheit aber schicken sie sie in den Tod voraus, um selber länger am Leben zu bleiben. Die List ist immer dieselbe. Der Führer will überleben; er kräftigt sich daran. Wenn er Feinde zum Überleben hat, ist es gut; wenn nicht, hat er eigene Leute. Auf alle Fälle gebraucht er beide, abwechselnd oder zugleich. Die Feinde gebraucht er offen, dazu sind sie ja Feinde. Seine eigenen Leute kann er nur versteckt gebrauchen.

In der Höhle des Josephus wird diese List offenbar. Draußen stehen die Feinde. Sie sind die Sieger, aber ihre alte Drohung hat sich nun in eine Verheißung verwandelt. Drinnen in der Höhle stehen die Freunde. Sie setzen die alte Gesinnung ihres Führers fort, mit der er selbst sie erfüllt hat, und weigern sich, die neue Verheißung anzunehmen. So wird die Höhle, in der sich der Führer retten wollte, für ihn zur großen Gefahr. Er

überlistet seine Freunde, die sich an ihm wie an sich selber vergreifen wollen, und schickt sie in den gemeinsamen Tod voraus. Von allem Anfang an entzieht er sich diesem in Gedanken und schließlich auch in der Tat. Er bleibt mit einem einzigen Genossen zusammen übrig. Da er, wie er sagt, seine Hände nicht mit dem Blute eines Landsmanns beflecken will, überredet er diesen, sich den Römern zu ergeben. Ihn allein kann er zum Leben überreden. Vierzig waren ihm zuviel gewesen. Die beiden retten sich zu den Römern.
So ist er auch aus dem Kampf mit seinen eigenen Leuten heil hervorgegangen. Genau das ist es, was er den Römern bringt: das erhöhte Gefühl seines eigenen Lebens, durch den Untergang seiner Leute genährt. Die Übermittlung dieser neu erworbenen Macht an Vespasian ist der dritte Akt in der Rettung des Josephus. Sie drückt sich in einer prophetischen Verheißung aus. Den Römern war der starre Gottesglaube der Juden sehr wohl bekannt. Sie wußten, daß es das Letzte war, wozu ein Jude sich bringen würde: leichtfertig im Namen Gottes zu sprechen. Josephus mußte sich sehr wünschen, Vespasian statt Nero als Kaiser zu sehen. Nero, zu dem man ihn senden wollte, hatte ihm sein Leben nicht zugesagt. Von Vespasian hatte er immerhin ein Wort. Es war ihm auch bekannt, daß Nero den viel älteren Vespasian, der bei seinen Gesangsdarbietungen einzuschlafen pflegte, verachtete. Er hatte ihn oft ungnädig behandelt und nur jetzt, da die Erhebung der Juden gefährliche Ausmaße annahm, als alten, erfahrenen General wieder hervorgeholt. Vespasian hatte allen Grund, Nero zu mißtrauen. Die Verheißung künftiger Herrschaft mußte ihm willkommen sein.
Josephus dürfte an diese Botschaft, die er Vespasian von Gott zu überbringen hatte, selber geglaubt haben. Das Prophezeien lag ihm im Blut. Er hielt sich für einen guten Propheten. Er brachte so den Römern etwas zu, was sie selber nicht hatten. Ihre Götter nahm er nicht ernst; was von ihnen kam, galt ihm als Aberglaube. Aber er wußte auch, daß er Vespasian, der wie jeder Römer die Juden und ihren Glauben verachtete, vom Ernst und der Gültigkeit seiner Botschaft überzeugen mußte. Die Sicherheit, mit der er auftrat, die Kraft, mit der er sich äußerte – er, ein einziger allein unter Feinden, denen er das Schlimmste zugefügt, die ihm vor kurzem noch geflucht hatten –, den Glauben an sich selbst, der stärker in ihm war als

jeder andere Glaube, verdankte er dem Überleben unter seinen eigenen Leuten. Was ihm in der Höhle gelungen war, übertrug er auf Vespasian, der den dreißig Jahre jüngeren Nero und seine Nachfolger, deren nicht weniger als drei waren, alle überlebte. Jeder von ihnen fiel sozusagen von der Hand des anderen und Vespasian wurde römischer Kaiser.

Abneigung von Machthabern gegen Überlebende

Herrscher und Nachfolger

Muhammad Tughlak, der Sultan von Delhi, hatte verschiedene Pläne, die jene Alexanders oder Napoleons an Großartigkeit übertrafen: darunter war auch die Eroberung von China durch Überquerung des Himalaja. Eine Reiterarmee von 100000 Mann wurde aufgestellt. Im Jahre 1337 zog diese Armee aus: sie ging im Hochgebirge grausam zugrunde. *Zehn* Mann davon, nicht mehr, gelang es, sich zu retten. Sie brachten die Nachricht vom Untergang aller anderen nach Delhi zurück. Diese zehn Mann wurden auf Befehl des Sultans *hingerichtet*.
Die Abneigung von Machthabern gegen Überlebende ist allgemein. Alles faktische Überleben betrachteten sie als ihnen allein zugehörig, es ist ihr eigentlicher Reichtum, ihr kostbarster Besitz. Wer sich auf auffallende Weise erlaubt, unter gefährlichen Umständen, ganz besonders aber unter vielen anderen zu überleben, der pfuscht ihnen ins Handwerk, gegen den richtet sich ihr Haß.
Wo eine absolute Form von Herrschaft unangezweifelt bestand, im islamischen Orient zum Beispiel, da konnte die Wut von Machthabern auf Überlebende sich offen äußern. Die Vorwände, die sie für ihre Vernichtung vielleicht noch finden mußten, verschleierten nur dünn den nackten Affekt, von dem sie erfüllt waren.
Durch Abfall von Delhi bildete sich ein anderes islamisches Reich im Dekkan. Ein Sultan dieser neuen Dynastie, Muhammad Schah, stand während seiner ganzen Regierung im heftigsten Kampfe gegen die benachbarten Hindukönige. Eines Tages gelang den Hindus die Eroberung der wichtigen Stadt Mudkal. Alle ihre Bewohner, Männer, Frauen und Kinder,

wurden umgebracht. Ein einziger Mann entkam und brachte die Nachricht in die Hauptstadt des Sultans. »Als dieser davon hörte«, sagte der Chronist, »wurde er von Schmerz und Wut überwältigt: er befahl, daß der unglückselige Bote sofort hingerichtet werde. Unmöglich könne er einen Elenden in seiner Gegenwart ertragen, der das Gemetzel so vieler tapferer Genossen mitangesehen und überlebt habe.«
Hier kann man immerhin noch von einem Vorwand sprechen, und es ist wahrscheinlich, daß dieser Sultan nicht wirklich wußte, warum er den Anblick des einzigen Geretteten nicht ertrug. Der Kalif von Ägypten, *Hakim*, der um das Jahr 1000 regierte, war sich über die Spiele der Macht viel klarer und genoß sie auf eine Weise, die an den Kaiser Domitian erinnert. Hakim liebte es, nachts unter allerhand Verkleidungen herumzustreifen. Bei einer seiner nächtlichen Wanderungen traf er auf einem Berge in der Nähe von Kairo zehn wohlbewaffnete Männer, die ihn erkannten und um Geld ansprachen. Er sagte zu ihnen: »Trennt euch in zwei Abteilungen und kämpft miteinander, wer den Sieg davonträgt, dem werde ich Geld geben.« Sie gehorchten und fochten so heftig, daß neun ums Leben kamen. Dem zehnten, der übrig war, warf nun Hakim aus seinem Ärmel eine große Menge Goldstücke hin. Aber während er sich niederbeugte, um sie aufzulesen, ließ ihn Hakim von seinen Fußbedienten in Stücke hauen. – Er bewies so eine klare Einsicht in den *Vorgang* des Überlebens; er genoß ihn als eine Art Vorführung, die er selbst heraufbeschwor, und hatte zum Schluß noch die Freude an der Vernichtung des Überlebenden.
Am eigentümlichsten ist die Beziehung des Machthabers zu seinem *Nachfolger*. Wenn es um eine Dynastie geht und der Nachfolger sein Sohn ist, wird die Beziehung zu diesem doppelt schwierig. Es ist natürlich, daß der Sohn ihn überlebt, wie jeder Sohn, und es ist natürlich, daß der Sohn die Passion fürs Überleben früh in sich steigert – er soll selbst ein Machthaber werden. Beide haben jeden Grund, einander zu hassen. Ihre Rivalität, die von ungleichen Voraussetzungen ausgeht, steigert sich eben an dieser Ungleichheit zu besonderer Schärfe. Der eine, der die Macht in Händen hat, weiß, daß er vor dem anderen sterben soll. Der andere, der die Macht noch nicht hat, fühlt sich des Überlebens sicher. Der Tod des Älteren, der von allen Menschen am wenigsten sterben will – er wäre ja sonst kein

Machthaber –, wird glühend herbeigesehnt. Andererseits wird der Regierungsantritt des Jüngeren mit allen Mitteln hinausgeschoben. Es ist ein Konflikt, für den es keine wirkliche Lösung gibt. Die Geschichte ist voll von Aufständen solcher Söhne gegen ihre Väter. Manchen gelingt es, die Väter zu stürzen, andere werden von ihnen besiegt und begnadigt oder umgebracht.

Es ist zu erwarten, daß in einer Dynastie von langlebigen und absoluten Herrschern die Aufstände der Söhne gegen ihre Väter zu einer Art von Einrichtung werden. Ein Blick auf die Moghul-Kaiser in Indien ist hier aufschlußreich. Prinz *Salim*, der älteste Sohn des Kaisers *Akbar*, ›brannte darauf, die Zügel der Regierung selbst in die Hand zu nehmen, und war wütend über das lange Leben seines Vaters, durch das er vom Genuß der hohen Würden ferngehalten wurde. Er beschloß, diese zu usurpieren, legte sich aus eigenem Gutdünken den Namen eines Königs bei und maßte sich die Rechte eines solchen an‹. So heißt es in einem zeitgenössischen Bericht der Jesuiten, die Vater und Sohn gut kannten und um beide warben. Prinz Salim bildete einen eigenen Hof. Er mietete Mörder, die den vertrautesten Freund und Ratgeber seines Vaters auf einer Reise aus dem Hinterhalt überfielen und töteten. Drei Jahre dauerte die Auflehnung des Sohnes; während dieser Zeit kam es einmal zu einer erheuchelten Versöhnung. Schließlich wurde Salim mit der Einsetzung eines anderen Thronerben bedroht und nahm unter diesem Druck eine Einladung an den Hof seines Vaters an. Er wurde erst mit Herzlichkeit empfangen; dann zog ihn sein Vater in ein inneres Gemach, ohrfeigte ihn und sperrte ihn in ein Badezimmer ein. Er übergab ihn einem Arzte und zwei Dienern, als sei er geisteskrank; der Wein, dem er sehr zugetan war, wurde ihm entzogen. Um diese Zeit war der Prinz in seinem 36. Jahr. Nach einigen Tagen entließ ihn Akbar und setzte ihn wieder in seine Würde als Thronfolger ein. Im nächsten Jahre starb Akbar an einer Dysenterie. Man sprach davon, daß sein Sohn ihn vergiftet habe; doch ist Sicherheit über diese Vermutung heute nicht mehr zu gewinnen. ›Nach dem Tode seines Vaters, den er so sehr ersehnt hatte‹, wurde Prinz Salim endlich Kaiser; er nannte sich Jahangir.

Akbar hatte 45 Jahre regiert, *Jahangir* regierte 22 Jahre. Aber in dieser halb so langen Regierungszeit erlebte er genau dasselbe wie sein Vater. Sein Lieblingssohn *Shah Jahan*, den er selbst zu seinem Thronfolger ernannt hatte, erhob sich gegen ihn und führte drei Jahre lang gegen ihn Krieg. Shah Jahan wurde geschlagen und suchte bei seinem Vater um Frieden nach. Er wurde unter einer harten Bedingung begnadigt: er mußte seine zwei eigenen Söhne als Geiseln an den kaiserlichen Hof entsenden. Er selber hütete sich wohl, seinem Vater je wieder unter die Augen zu kommen und wartete seinen Tod ab. Zwei Jahre nach dem Friedensschluß starb Jahangir und Shah Jahan wurde Kaiser.

Shah Jahan regierte 30 Jahre. Was er seinem Vater angetan hatte, das geschah nun ihm; aber sein Sohn hatte mehr Glück. *Aurangzeb*, der Jüngere der beiden, die einmal als Geiseln am Hofe des Großvaters gelebt hatten, erhob sich gegen seinen Vater und den älteren Bruder. Der berühmte ›Nachfolgekrieg‹, der sich nun entspann und von europäischen Augenzeugen geschildert worden ist, endete mit einem Siege Aurangzebs. Den Bruder ließ er hinrichten, den Vater hielt er acht Jahre lang, bis zu seinem Tode, in Gefangenschaft.

Aurangzeb machte sich bald nach seinem Siege selbst zum Kaiser und regierte ein halbes Jahrhundert. Seinem eigenen Lieblingssohn riß schon lange vorher die Geduld. Er rebellierte gegen den Vater, aber der Alte war viel schlauer als der Sohn und verstand es, ihm seine Bundesgenossen abspenstig zu machen. Der Sohn mußte nach Persien flüchten und starb noch vor ihm im Exil.

Faßt man die dynastische Geschichte des Moghulreiches als Ganzes ins Auge, so bietet sich ein erstaunlich uniformes Bild. Die Zeit seines Glanzes dauerte 150 Jahre; in dieser Zeit regieren nicht mehr als vier Kaiser, einer der Sohn des anderen, jeder von ihnen zäh und langlebig und mit allen Fasern seines Herzens an der Macht hängend. Ihre Regierungszeiten sind von auffallender Dauer, Akbar regiert 45, sein Sohn 22, sein Enkel 30 und sein Urenkel 50 Jahre. Von Akbar angefangen hält keiner der Söhne die Wartezeit aus, jeder, der später Kaiser wird, erhebt sich als Prinz gegen seinen Vater. Diese Aufstände gehen verschieden aus, Jahangir und Shah Jahan werden geschlagen und von ihren Vätern begnadigt. Aurangzeb nimmt seinen Vater gefangen und setzt ihn ab. Sein eigener Sohn später stirbt erfolglos im Exil. Mit dem Tod Aurangzebs selbst ist die Macht des Moghulreiches zu Ende.

In dieser langlebigen Dynastie ist jeder Sohn gegen seinen Va-

ter aufgestanden, und jeder Vater hat gegen seinen Sohn Krieg geführt.
Das extremste Gefühl von Macht besteht dort, wo der Herrscher gar keinen Sohn *will.* Am besten bezeugt ist der Fall *Shakas*, der im ersten Drittel des vorigen Jahrhunderts die Nation und das Reich der *Zulus* in Südafrika begründete. Er war ein großer Feldherr, man hat ihn mit Napoleon verglichen, und einen nackteren Machthaber als ihn hat es kaum je gegeben. Er weigerte sich zu heiraten, weil er keinen legitimen Erben wollte. Auch die inständigen Bitten seiner Mutter, die er immer mit Auszeichnung behandelte, vermochten ihn nicht umzustimmen. Sie wünschte sich nichts mehr als einen Enkel, er beharrte bei seinem Entschluß. Sein Harem bestand aus Hunderten von Frauen, zuletzt waren es ihrer 1200; ihr offizieller Titel lautete ›Schwestern‹. Es war ihnen verboten, schwanger zu sein oder gar ein Kind zu gebären. Sie standen unter strenger Kontrolle. Jede schwangere ›Schwester‹, die sich ertappen ließ, wurde mit dem Tode bestraft. Das Kind einer dieser Frauen, das ihm verheimlicht worden war, tötete Shaka mit eigener Hand. Er tat sich viel auf seine Liebeskunst zugute, er hatte sich immer in der Gewalt und war darum des Glaubens, daß keine Frau von ihm empfangen könne. So geriet er nicht in die Lage, sich vor einem heranwachsenden Sohn zu fürchten. – Er wurde im Alter von 41 Jahren von zweien seiner Brüder umgebracht.
Wenn es erlaubt wäre, von irdischen auf göttliche Machthaber abzuschweifen, so ließe sich hier des Gottes Mohammeds gedenken, dessen Alleinherrschaft von allen Göttern die unbestrittenste ist. Er steht von allem Anfang an auf seiner Höhe und hat nicht erst wie der Gott des Alten Testaments gegen ernsthafte Nebenbuhler zu kämpfen. Im Koran wird immer wieder auf das heftigste beteuert, daß er von keinem gezeugt wurde, aber auch *keinen zeugt.* Die Polemik gegen das Christentum, die sich darin ausdrückt, entspringt dem Gefühl für die Einheit und Unteilbarkeit seiner Macht.
Im Gegensatz dazu gibt es orientalische Herrscher mit Hunderten von Söhnen, die es erst untereinander auskämpfen müssen, wer wirklich Nachfolger wird. Es ist anzunehmen, daß das Bewußtsein ihrer Feindschaft untereinander dem Vater etwas von der Bitterkeit über die Nachfolge irgendeines von ihnen benimmt.

Vom tieferen Sinn der Nachfolge, ihrer Absicht und ihrem Vorteil ist in anderem Zusammenhang die Rede. Hier soll nur bemerkt werden, daß Machthaber und Nachfolger in einer besonderen Art von Feindschaft zueinander stehen, die eben mit der Stärke dieser eigentümlichsten Leidenschaft der Macht, der Leidenschaft für das Überleben, zunehmen muß.

Die Formen des Überlebens

Eine Betrachtung der Formen des Überlebens ist nicht müßig, es gibt ihrer viele, und es ist wichtig, keine von ihnen außer acht zu lassen.
Der früheste Vorgang im Leben jedes Menschen, lange vor der Geburt und ihr an Bedeutung gewiß überlegen, der Vorgang der *Zeugung*, ist unter diesem wichtigen Aspekt des Überlebens noch nicht gesehen worden. Von dem Augenblick an, da die Samenzelle in die Eizelle eingedrungen ist, weiß man viel, man möchte sagen bald alles. Man hat sich aber kaum Gedanken darüber gemacht, daß es eine überwältigende Zahl von Zellen gibt, die bei der Zeugung nicht ans Ziel kommen, obwohl sie am Gesamtvorgang intensiv beteiligt sind. Es ist nicht *eine* vereinzelte Samenzelle, die ihren Weg zum Ei sucht. Es sind ihrer etwa 200 Millionen. In *einem* Erguß werden sie zusammen ausgestoßen und bewegen sich nun dicht gedrängt auf *ein* Ziel hin.
Ihre Zahl ist also ungeheuer. Da sie alle durch Teilung entstanden sind, sind sie untereinander gleich; ihre Dichte könnte kaum größer sein, und sie haben alle ein und dasselbe Ziel. Man wird sich erinnern, daß es eben diese vier Züge sind, die als die wesentlichen Eigenschaften der Masse bezeichnet wurden.
Es erübrigt sich zu betonen, daß eine Masse, die aus Samenzellen besteht, nicht dasselbe sein kann wie eine Masse aus Menschen. Aber eine Analogie und vielleicht mehr als eine bloße Analogie zwischen beiden Phänomenen ist unzweifelhaft gegeben.
Alle diese Samenzellen gehen, sei es auf dem Wege zum Ziel, sei es später in seiner unmittelbaren Nähe, *zugrunde*. Ein einziger Same dringt in die Eizelle ein. Man kann ihn sehr wohl als den Überlebenden bezeichnen. Er ist sozusagen ihr Führer,

und ihm ist gelungen, worauf jeder Führer offen oder heimlich hofft: es ist ihm gelungen, alle, die er geführt hat, zu überleben. Aus diesem Überlebenden von 200 Millionen seinesgleichen ensteht jeder Mensch.

Von dieser elementaren, wenn auch nie erwogenen Form gehen wir auf andere über, die vertrauter sind. In den vorangehenden Abschnitten war besonders viel vom *Töten* die Rede. Man steht gegen Feinde: gegen einen einzelnen Feind, in Mord und heimlichem Überfall oder im Zweikampf gegen eine Meute, von der man sich umzingelt fühlt, oder schließlich gegen eine ganze Masse. Hier ist man nicht allein, mit den eigenen Leuten zusammen stürzt man sich in die Schlacht. Doch empfindet man das Überleben um so mehr als einem allein zugehörig, je höher man im Rang steht. Der ›Feldherr‹ siegt. Aber da von den eigenen Leuten auch viele gefallen sind, ist der Haufen der Toten ein gemischter, aus Freund und Feind bestehend; die Schlacht leitet über zum ›neutralen‹ Falle der *Epidemie*.

Das Töten grenzt hier ans *Sterben*, und zwar an seinen ungeheuerlichsten Fall, das Sterben in Epidemien und Naturkatastrophen. Hier überlebt man alle, die sterblich sind, Freund und Feind zugleich. Alle Beziehungen lösen sich auf, das Sterben kann so allgemein werden, daß man nicht mehr weiß, wer begraben wird. Sehr bezeichnend sind die immer wiederkehrenden Geschichten von Menschen, die unter den Toten, mitten in ihrem Haufen, zum Leben zurückkommen: sie wachen unter Toten auf. Solche Leute neigen dazu, sich für unverletzlich zu halten, Pesthelden sozusagen.

Eine maßvollere und verdeckte Genugtuung folgt aus dem *vereinzelten* Sterben der Menschen. Es handelt sich um Angehörige und Freunde. Man tötet nicht selbst, man fühlt sich nicht angegriffen. Man tut nichts dazu, aber man erwartet den Tod der anderen. Die Jüngeren überleben die Älteren, der Sohn den Vater.

Der Sohn findet es natürlich, daß der Vater vor ihm stirbt. Die Pflicht gebietet ihm, an sein Sterbelager zu eilen, ihm die Augen zuzudrücken und ihn zu Grabe zu tragen. Während dieser Vorgänge, die über Tage ausgebreitet sind, liegt der eigene Vater tot vor ihm da. Der ihm befehlen konnte wie kaum ein Mensch ist verstummt. Hilflos muß er sich alle Hantierungen an seinem Leib gefallen lassen, und der Sohn, der einst während vieler Jahre am meisten in seiner Gewalt war, ordnet sie an.

Die Genugtuung am Überleben ist selbst hier vorhanden. Sie ergibt sich aus dem Verhältnis der beiden, von denen der eine während vieler Jahre selber schwach und hilflos und ganz in der Gewalt des anderen war, und dieser, der ehemals Allmächtige ist es, der nun gestürzt und ausgelöscht ist, und jener verfügt über seine leblosen Reste.

Alles, was der Vater hinterläßt, stärkt den Sohn. Die Erbschaft ist seine Beute. Er kann damit alles anders tun, als der Vater es getan hätte. War dieser sparsam, so kann der Sohn ein Verschwender, war er klug, so kann der Sohn kopflos sein. Es ist wie ein neues Gesetz, dessen Gültigkeit nun erklärt wird. Der Bruch ist gewaltig, er ist irreparabel. Durch Überleben ist er zustande gekommen; es ist die persönlichste und intimste Form davon.

Ganz anders ist das Überleben *unter Gleichaltrigen*, den eigenen Altersgenossen, beschaffen. Die Tendenz zu überleben wird hier, da es um die eigene Gruppe geht, durch mildere Formen der Rivalität verdeckt. Eine Gruppe von Gleichaltrigen wird zu einer Altersklasse zusammengefaßt. In bestimmten Riten, die aus schweren und oft grausamen Prüfungen bestehen, steigen die jungen Menschen von einer Klasse in die nächsthöhere auf. Man kann – doch das ist die Ausnahme – an einer solchen Prüfung zugrunde gehen.

Die *Alten*, die Männer, die nach Ablauf einer gewissen Anzahl von Jahren noch am Leben sind, genießen schon unter den Naturvölkern ein sehr hohes Ansehen. Bei diesen sterben die Menschen im allgemeinen früher; sie leben unter größeren Gefahren und sind Krankheiten viel mehr ausgesetzt als wir. Es ist für sie eine Leistung, ein gewisses Alter zu erreichen, und sie hat ihren Lohn in sich. Nicht nur wissen diese Alten mehr, nicht nur haben sie in mehr Situationen Erfahrung erworben, sie haben sich auch bewährt, weil sie noch da sind. Sie müssen Glück gehabt haben, um aus Jagden, Kriegen und Unglücksfallen davongekommen zu sein. Im Laufe all dieser Gefahren ist ihr Ansehen gewachsen. Ihre Siege über Feinde können sie durch Trophäen ausweisen. Ihre kontinuierliche Existenz als Mitglied einer Horde, die nie aus sehr vielen Menschen besteht, ist für diese besonders auffallend. Viele Anlässe zur Klage haben sie miterlebt. Sie aber sind noch da, und die Tode der Angehörigen ihrer eigenen Altersgruppe tragen zu ihrem Ansehen bei. Dieser Sachverhalt mag den Mitgliedern einer

Gruppe nicht so klar bewußt sein wie die Bewertung von Siegen über Feinde. Eines aber ist unbestreitbar: der elementarste und augenscheinlichste Erfolg ist der, noch am Leben zu sein. Die Alten sind nicht nur da, sie sind *noch* da. Sie können sich nach Belieben junge Frauen nehmen, während die Burschen sich manchmal mit alten zufriedengeben müssen. Es ist Sache der alten Männer, zu bestimmen, wohin man wandert, gegen wen man Krieg führt, mit wem man sich verbündet. Soweit unter solchen Lebensverhältnissen von Regierung die Rede sein kann, sind sie es, die Alten, die zusammen regieren.

Der Wunsch nach einem langen Leben, der in den meisten Kulturen eine große Rolle spielt, bedeutet in Wirklichkeit, daß man die eigenen Altersgenossen überleben will. Man weiß, daß viele früh sterben und will für sich ein anderes Schicksal. Indem man die Götter um ein langes Leben bittet, nimmt man sich von seinen Genossen aus. Im Gebet erwähnt man diese zwar nicht, aber was man sich vorstellt, ist, daß man älter wird als sie. Das ›gesunde‹ Phänomen der Langlebigkeit ist ein *Patriarch*, der viele Geschlechter von seinen Nachkommen überschauen kann. Man denkt an keinen anderen Patriarchen daneben. Es ist, als beginne ein neues Geschlecht mit ihm. Solange Enkel und Urenkel von ihm am Leben sind, schadet es auch gar nichts, wenn ihm einzelne seiner Söhne in den Tod vorangegangen sind; es erhöht sein Ansehen, daß sein Leben zäher war als das ihre.

In der Klasse der Ältesten bleibt zum Schlusse ein einziger, eben der Allerälteste, übrig. Nach seiner Lebensdauer wird das *etruskische Jahrhundert* bestimmt. Es verlohnt sich, einige Worte darüber zu verlieren.

Das ›Jahrhundert‹ bei den Etruskern ist von wechselnder Länge, bald kurz, bald gedehnt, und muß jedesmal in seiner Dauer erst bestimmt werden. In jeder Generation gibt es einen Mann, der älter als alle übrigen wird. Wenn dieser Älteste, der die anderen alle überlebt hat, stirbt, geben die Götter den Menschen gewisse Zeichen. Nach diesem Zeitpunkt seines Todes richtet sich die Länge des Jahrhunderts: war der Überlebende 110 Jahre alt, so zählt dieses Jahrhundert 110 Jahre; starb er mit 105, so kommt nur ein kürzeres Säkulum von 105 Jahren zustande. Der Überlebende *ist* das Jahrhundert, die Jahre seines Lebens machen es aus.

Jede Stadt und jedes Volk hat eine vorbestimmte Dauer. Der

Nation der Etrusker stehen zehn solcher Jahrhunderte zu; sie werden von der Gründung einer Stadt an gerechnet. Wenn der Überlebende jeder Generation besonders lange aushält, so wird die Nation als ganze um vieles älter. Dieser Zusammenhang ist auffallend; als religiöse Institution ist er einzigartig.

Das Überleben auf *zeitliche Distanz* ist die einzige Form, in der man unschuldig bleibt. Menschen, die lange vor einem da waren, die man selbst nicht gekannt hat, kann man nicht getötet, man kann ihren Tod nicht erwünscht, man kann ihn nicht abgewartet haben. Man erfährt, daß sie da waren, wenn sie schon nicht mehr sind. Durch das Bewußtsein von ihnen verhilft man ihnen sogar zu einer allerdings sehr gelinden und oft auch leeren Form des Überlebens. Man dient ihnen in dieser Hinsicht vielleicht mehr, als man sich ihrer bedient. Doch läßt sich zeigen, daß auch sie zum eigenen Gefühl des Überlebens beisteuern.

Es gibt so das Überleben der *Vorfahren*, die man nicht selbst gekannt, und das der *vorausgegangenen Menschheit* überhaupt. Das Erlebnis des letzteren Falles hat man auf Friedhöfen. Es berührt sich mit dem Überleben in einer Epidemie: statt der Pest ist diese Epidemie der Tod überhaupt, und sie ist aus vielen Zeiten an einen einzigen Ort zusammengetragen worden.

Es ließe sich einwenden, daß in dieser Untersuchung des Überlebenden nichts anderes behandelt wird, als was unter dem älteren Begriff des *Selbsterhaltungs*-Triebes immer schon bekannt war.

Aber deckt sich das eine wirklich mit dem anderen? Sind sie dasselbe? Wie stellt man sich die Wirksamkeit des Selbsterhaltungstriebes vor? Es scheint mir, daß dieser Begriff schon darum nicht treffend ist, weil er den einzelnen Menschen *allein* setzt. Der Akzent liegt einmal auf *Selbst*. Wichtiger noch ist der zweite Teil des Wortes, die ›Erhaltung‹. Man meint damit eigentlich zweierlei: einmal, daß jedes Geschöpf *essen* muß, um am Leben zu bleiben, und zweitens, daß es sich gegen Angriffe, auf welche Art immer, *verteidigt*. Man sieht sozusagen ein Geschöpf als Monument erstarrt vor sich, das mit der einen Hand Nahrung zu sich nimmt und mit der anderen sich einen Feind vom Leibe hält. Ein friedliches Geschöpf im Grunde! Wenn man es in Ruhe ließe, würde es eine Handvoll Kräuter fressen und niemandem das geringste zuleide tun.

Gibt es eine Vorstellung, die dem Menschen unangemessener, die verfehlter und lächerlicher wäre? Es ist wahr, der Mensch ißt, aber nicht dasselbe wie eine Kuh, und er wird auch nicht auf die Weide geführt. Die Art, wie er sich seine Beute verschafft, ist tückisch, blutig und zäh, und schon gar nicht ist er passiv dabei. Feinde hält er sich nicht mild vom Leib, sondern er greift sie schon an, wenn er sie in der Ferne wittert. Seine Angriffswaffen sind besser entwickelt als die Waffen, die der Verteidigung dienen. Der Mensch will sich erhalten, gewiß, aber es gibt andere Dinge, die er zugleich will und die davon nicht abzulösen sind. Der Mensch will töten, um andere zu überleben. Er will nicht sterben, um von anderen nicht überlebt zu werden. Wenn man beides als Selbsterhaltung zusammenfassen könnte, so hätte der Ausdruck einen Sinn. Es ist aber nicht einzusehen, warum man an einem so ungefähren Begriffe festhalten soll, wenn ein anderer mehr von der Sache faßt.
Alle aufgezählten Formen des Überlebens sind uralt, sie finden sich schon, wie im folgenden nachgewiesen wird, bei den Naturvölkern.

Der Überlebende im Glauben der Naturvölker

Unter *Mana* versteht man in der Südsee eine Art von übernatürlicher und unpersönlicher Macht, die von einem Menschen auf den anderen übergehen kann. Sie ist sehr erstrebenswert, und es ist möglich, sie in einzelnen Individuen anzureichern. Ein tapferer Krieger kann sie in hohem Maße erwerben. Er verdankt sie aber nicht seiner Erfahrenheit im Kampfe oder seiner Körperkraft, sondern sie geht als das Mana seines erschlagenen Feindes auf ihn über.
›So konnte auf den *Marquesas* ein Stammeszugehöriger durch persönliche Tapferkeit zum Kriegshäuptling werden. Man nahm an, daß der Krieger in seinem Leibe das Mana aller derer enthalte, die er getötet hatte. Im Verhältnis zu seiner Tapferkeit wuchs sein eigenes Mana. Doch war in der Vorstellung des Eingeborenen seine Tapferkeit das *Ergebnis* und nicht die Ursache seines Mana. Mit jeder Tötung, die ihm gelang, wuchs auch das Mana seines Speers. Der Sieger im Kampfe von Mann zu Mann nahm den Namen des erschlagenen Feindes an: dies war das Zeichen dafür, daß seine Macht nun ihm gehöre. Um

sich sein Mana unmittelbar einzuverleiben, aß er von seinem Fleisch; und um diesen Zuwachs an Macht in einer Schlacht an sich zu fesseln, um sich des intimen Rapports mit dem erbeuteten Mana zu versichern, trug er als Teil seiner Kriegsausrüstung irgendein körperliches Überbleibsel des besiegten Feindes an sich – einen Knochen, eine vertrocknete Hand, manchmal sogar einen ganzen Schädel.‹

Die Wirkung des Sieges auf den Überlebenden läßt sich nicht klarer fassen. Indem er den anderen getötet hat, ist er stärker geworden, und der Zuwachs an Mana macht ihn zu neuen Siegen fähig. Es ist eine Art von Segen, den er dem Feinde entreißt, aber er kann ihn nur bekommen, wenn dieser tot ist. Die physische Gegenwart des Feindes, lebend und tot, ist unerläßlich. Es muß gekämpft und es muß getötet worden sein; auf den eigenen Akt des Tötens kommt alles an. Die handlichen Teile der Leiche, deren der Sieger sich versichert, die er sich einverleibt, mit denen er sich behängt, erinnern ihn immer an den Zuwachs seiner Macht. Er fühlt sich stärker durch sie und erregt mit ihnen Schrecken: jeder neue Feind, den er herausfordert, zittert vor ihm und sieht sein eigenes Schicksal furchtbar vor sich.

Eine mehr persönliche, aber ebenso vorteilhafte Beziehung zwischen dem Töter und dem Erschlagenen besteht nach dem Glauben der *Murngin* im australischen *Arnhem*-Land. Der Geist des Erschlagenen geht in den Körper des Töters ein und verleiht ihm doppelte Stärke, er wird tatsächlich *größer*. Es läßt sich denken, daß dieser Gewinn die jungen Männer zum Kriege anreizt. Jeder sucht sich einen Feind, um sich seiner Kraft zu bemächtigen. Doch gelingt ihm seine Absicht nur, wenn er ihn *nachts* erschlägt, denn bei Tag hat das Opfer seinen Mörder gesehen und ist dann viel zu zornig, um in seinen Leib einzugehen.

Dieser Vorgang des ›Eingehens‹ ist genau geschildert worden. Er ist so merkwürdig, daß ein guter Teil der Schilderung hier folgen soll.

›Wenn ein Mann während eines Krieges einen anderen getötet hat, kehrt er heim und nimmt keine gekochte Nahrung zu sich, bis die Seele des Toten sich ihm nähert. Er kann sie kommen *hören*, denn der Schaft des Speeres hängt noch an der Steinspitze, die im Toten steckt; er schleift am Boden, schlägt gegen Büsche und Bäume und macht beim Gehen Lärm. Sobald der

Geist ganz nahe ist, hört der Töter Laute, die aus der Wunde des Toten kommen.
Er faßt den Speer, entfernt die Spitze und legt dieses Ende des Schafts zwischen die große und die zweite Zehe. Das andere Ende des Schafts wird gegen die Schulter gelehnt. Die Seele betritt nun die Vertiefung, in der die Speerspitze früher lag, nimmt ihren Weg ins Bein des Töters hinauf und dann in seinen Leib. Sie geht wie eine Ameise. Sie tritt in den Magen ein und verschließt ihn. Dem Manne wird übel, und er hat Fieber im Bauch. Er reibt seinen Magen und ruft laut den Eigennamen des Mannes, den er getötet hat. Das heilt ihn, und er fühlt sich wieder gesund: denn der Geist verläßt den Magen und betritt das Herz. Sobald er im Herzen ist, hat das die Wirkung, als ob das Blut des Toten nun im Töter wäre. Es ist, als habe der Mann, bevor er starb, sein Lebensblut dem andern gegeben, der ihn töten würde.
Der Töter, der nun größer und ganz besonders stark geworden ist, erwirbt alle Lebenskraft, die der Tote einst besaß. Träumt er, so sagt ihm die Seele, daß sie Nahrung für ihn habe und gibt ihm die Richtung an, wo er sie finden könne. »Dort unten beim Fluß«, sagt sie, »wirst du viele Känguruhs finden«, oder »in jenem alten Baum drüben ist ein großes Nest von Honigbienen«, oder »gleich bei der Sandbank dort wirst du eine große Schildkröte speeren, und am Strand wirst du viele Eier finden.«
Der Töter horcht, und nach einer kleinen Weile schleicht er sich vom Lager weg und geht in den Busch hinaus, wo er die Seele des Toten trifft. Die Seele kommt ganz nahe heran und legt sich nieder. Der Töter erschrickt und ruft: »Wer ist das? Da ist jemand?« Er wendet sich an die Stelle, wo der Geist des Toten war, und findet da ein Känguruh. Es ist ein ungewöhnlich kleines Tier. Er betrachtet es und versteht, was das bedeutet: es ist genau an der Stelle, wo er die Bewegungen des Geistes gehört hatte. Er nimmt Schweiß aus seiner Achselhöhle und reibt ihn auf den Arm. Er hebt seinen Speer, ruft laut den Namen des Toten und trifft das Tier. Es ist gleich tot, aber es wächst sehr im Sterben. Er versucht es zu heben, aber er findet das unmöglich, weil es so groß geworden ist. Er läßt die Beute liegen und kehrt ins Lager zurück, um es seinen Freunden zu sagen. »Ich habe eben die Seele des toten Mannes getötet«, sagt er. »Laßt niemand davon wissen, er

könnte wieder zornig werden.« Seine engeren Freunde und Verwandten gehen mit ihm zurück, um ihm beim Häuten des Tieres zu helfen und es zum Essen herzurichten. Beim Aufschneiden finden sie überall Fett, und das gilt als einer der größten Leckerbissen. Erst werden nur ganz kleine Stücke aufs Feuer gelegt. Man kostet vorsichtig davon, und immer schmeckt das Fleisch unangenehm.

Dann wird das ganze Tier gekocht, und die Teile, die man mehr schätzt, werden genossen. Der Rest wird zum Hauptlager zurückgetragen. Die alten Männer sehen sich's an: es ist ein ungeheuer großes Tier. Sie stellen sich rundherum auf, einer fragt:

»Wo hast du es getötet?«

»Dort oben beim Fluß.«

Die Alten wissen wohl, daß es sich um keine gewöhnliche Beute handelt, denn überall ist Fett. Nach einer kurzen Weile fragt einer der Alten:

»Hast du eine gewisse Seele draußen im Busch gesehen?«

»Nein«, lügt der junge Mann.

Die Alten kosten vom Fleisch, aber es hat einen anderen Geschmack, es ist nicht wie ein gewöhnliches Känguruh.

Die Alten schütteln zustimmend die Köpfe und schnalzen mit den Zungen: »Und du hast doch die Seele des Toten gesehen!«‹ –

Der Überlebende verschafft sich hier die Kraft und das Blut seines Feindes. Nicht nur er selbst schwillt an, auch seine tierische Beute wird fetter und größer. Es ist ein persönlicher und sehr unmittelbarer Gewinn, den er vom Feinde bezieht. So ist das Denken des jungen Mannes schon sehr früh auf Krieg gerichtet. Doch da sich das ganze Geschäft heimlich und bei Nacht abspielt, hat es mit den Vorstellungen von Helden, wie sie bei uns überliefert sind, recht wenig gemein.

Den Helden, wie wir ihn kennen, der sich furchtlos und ganz allein mitten unter die Feinde stürzt, trifft man auf den *Fidschi*-Inseln. In einer Sage wird von einem Knaben berichtet, der bei seiner Mutter aufwächst, ohne seinen Vater zu kennen. Unter Drohungen zwingt er sie, ihm den Namen des Vaters zu nennen. Sobald er erfahren hat, daß es der Himmelskönig ist, macht er sich auf den Weg zu ihm. Der Vater ist enttäuscht über ihn, weil er so klein ist. Er braucht Männer, keine Knaben, denn er führt gerade Krieg. Die Männer um den König lachen über das Kind, da spaltet dieses mit einer Keule einem der Lacher den Schädel. Der König ist ganz entzückt und fordert ihn auf zu bleiben.

›Am nächsten Morgen in aller Frühe kamen die Feinde mit Kriegsgeschrei zur Stadt herauf und riefen: »Komm heraus zu uns, o Himmelskönig, denn wir sind hungrig. Komm heraus zu uns, damit wir essen.«

Da erhob sich der Knabe und sagte: »Niemand möge mir folgen. Bleibt ihr alle in der Stadt!« Er nahm seine selbstgefertigte Keule in die Hand, stürzte hinaus mitten unter die Feinde und schlug wütend um sich, nach rechts und nach links. Mit jedem Schlage tötete er einen bis sie schließlich vor ihm flohen. Er setzte sich auf einen Haufen von Leichen und rief seine Leute in der Stadt: »Kommt heraus und schleppt die Erschlagenen fort!« Sie kamen heraus, sie sangen den Todesgesang, sie schleppten die 42 Leichen der Erschlagenen fort, während in der Stadt die Trommeln schlugen.

Viermal noch schlug der Knabe die Feinde seines Vaters, so daß ihre Seelen klein wurden und sie mit Friedensangeboten zum Himmelskönig kamen: »Erbarme dich unser, o Herr, laß uns am Leben!« So war er ohne Feind, und seine Herrschaft erstreckte sich über den ganzen Himmel.‹

Der Knabe nimmt es hier allein mit allen Feinden auf, keiner seiner Schläge ist vergebens. Am Ende sieht man ihn auf einem Leichenhaufen sitzen, und jeden, auf dem er sitzt, hat er persönlich umgebracht. Aber man denke nicht, daß es nur in der Sage so zugeht. Es gibt vier ganz verschiedene Fidschi-Namen für Helden. Koroi ist der Töter *eines* Menschen. Koli heißt, wer zehn, Visa, wer zwanzig, und Wangka einer, der dreißig Leute erschlagen hat. Ein berühmter Häuptling, der mehr geleistet hatte, hieß Koli-Visa-Wangka, er war der Töter von zehn + zwanzig + dreißig, also von sechzig Menschen.

Die Leistungen solcher Großhelden sind vielleicht noch imponierender als die der unseren, denn nachdem sie sie getötet haben, essen sie ihre Feinde auch auf. Ein Häuptling, der einen besonderen Haß gegen jemand gefaßt hat, behält sich vor, diesen ganz allein aufzuessen und gibt dann wirklich niemand ein Stück von ihm ab.

Aber der Held, wird man einwenden, zieht nicht nur gegen Feinde aus. Seine Hauptdomäne in der Sage sind gefährliche Ungeheuer, von denen er sein Volk befreit. Das Ungeheuer zehrt allmählich ein ganzes Volk auf, und niemand vermag sich seiner zu erwehren. Im besten Fall kommt es zu einer Regelung des Schreckens: soundso viele Menschen werden ihm jährlich zum Fraße ausgeliefert. Da erbarmt sich der Held seines Volkes, zieht ganz allein aus und erschlägt eigenhändig unter großen Gefahren das Monstrum. Das Volk ist ihm dankbar, sein Andenken wird treu bewahrt. In seiner Unverletzlichkeit, durch die er die andern alle gerettet hat, erscheint er als Lichtgestalt.

Doch gibt es Mythen, in denen der Zusammenhang dieser Lichtgestalt mit Leichenhaufen, und nicht nur solchen von Feinden, klar erkannt wird. Die konzentrierteste dieser Mythen stammt vom südamerikanischen Volk der *Uitoto.* Sie findet sich in der bedeutenden und noch viel zu wenig beachteten Sammlung von *K. Th. Preuss* und folgt hier, soweit sie sich auf unseren Gegenstand bezieht, in gekürzter Form.

›Zwei Mädchen, die mit ihrem Vater am Ufer eines Flusses wohnten, sahen eines Tages im Wasser eine sehr hübsche, winzige Schlange und versuchten, sie zu fangen. Sie entschlüpfte ihnen aber immer wieder, bis ihr Vater ihnen auf ihr Bitten ein ganz feinmaschiges Sieb flocht. Darin fingen sie das Tierchen und brachten es nach Haus. Sie taten es in einen kleinen Topf mit Wasser und setzten ihm allerhand Nahrung vor, aber es verschmähte alles. Erst als der Vater durch einen Traum auf den Gedanken kam, die Schlange mit einer besonderen Art von Stärke zu füttern, begann sie richtig zu fressen. Sie wurde nun dick wie ein Faden und dann wie eine Fingerspitze, und die Mädchen setzten sie in einen größeren Topf. Das Tier fraß weiter Stärke und wurde dick wie ein Arm. Nun setzten sie es in einen kleinen See: Es fraß immer gieriger Stärke, und bei der Fütterung war es so hungrig, daß es mit der Nahrung gleich die Hand und den Arm des fütternden Mädchens in den Rachen faßte. Bald war es groß wie ein Baum, der ins Wasser gefallen ist. Es begann, aufs Ufer zu gehen und Hirsche und andere Tiere zu fressen, aber auf Lockrufe kam es noch immer herbei, um die ungeheuren Mengen von Stärke zu verschlingen, die die Schwestern ihm bereiteten. Es machte sich eine Höhle unter den Dörfern und Stämmen und begann, die Vorfahren der Menschen zu fressen, die ersten Leute auf der Welt. »Liebling, komm fressen«, riefen die Mädchen, da kam die Schlange hervor, faßte den Behälter mit der Stärke, den eine der Schwe-

stern im Arme hielt, bis zu ihrem Kopf, verschlang das Mädchen und schleppte es fort.
Die andere Schwester ging weinend es dem Vater erzählen. Er beschloß, sich zu rächen. Er leckte Tabak, wie man es bei diesen Leuten immer tut, wenn man den Tod eines Wesens beschließt, berauschte sich, und im Traume fiel im ein Mittel ein, wie er sich rächen könne. Er bereitete Stärke, um sie der Schlange als Futter zu reichen, rief sie, die seine Tochter verschlungen hatte, und sagte ihr: »Verschlinge mich!« Er war bereit, alles zu ertragen und trank aus dem Tabakbehälter an seinem Hals, um sie zu töten. Auf seinen Ruf kam die Schlange hervor und faßte die Schale mit Stärke, die er empor hielt. Da sprang er in den Rachen hinein und setzte sich nieder. »Ich habe ihn getötet«, dachte sie und zog und schleppte den Vater fort.
Darauf fraß sie einen ganzen Stamm, und auf seinem Körper verfaulten die Menschen. Dann ging sie einen anderen Stamm verschlingen, die Leute verfaulten auf seinem Körper. Während er dort saß, verwesten sie auf ihm, und er mußte den Gestank aushalten. Sie verschlang alle Stämme am Fluß und räumte mit ihnen auf, so daß keiner übrigblieb. Er hatte eine Muschel von Hause mitgenommen, um ihr den Bauch aufzuschneiden, schnitt aber und spaltete ihn nur ein wenig, worauf die Schlange Schmerzen fühlte. Dann fraß sie die Stämme an einem anderen Fluß. Die Menschen hatten Angst und gingen nicht in die Pflanzungen hinaus, sondern blieben immer zu Hause. Es war auch gar nicht möglich, herumzugehen, denn mitten auf dem Wege hatte die Schlange ihre Höhle, und wenn einer vom Felde kam, ergriff sie ihn und schleppte ihn fort. Man weinte und fürchtete sich, daß die Schlange einen fresse, und tat keinen Schritt mehr hinaus. Wenn sie nur aus der Hängematte stiegen, fürchteten sie schon, daß die Schlange da ihre Höhle habe und sie ergreifen und fortschleppen werde.
Auf seinem Körper stanken und verwesten die Menschen. Er trank Tabaksaft aus dem Behälter und machte Schnitte in der Mitte des Leibes, so daß die Schlange große Schmerzen hatte. »Wie ist mir? Ich habe Deihoma verschluckt, den ›Schneidenden‹, ich fühle Schmerzen«, sagte die Schlange und schrie auf. Nun ging sie zu einem anderen Stamm, kam dort aus der Erde hervor und ergriff alle Leute. Sie konnten nirgends hingehen und begaben sich nicht an den Fluß. Wenn sie vom Hafen Was-

ser holten, so ergriff die Schlange sie und schleppte sie fort. Schon wenn sie sich des Morgens auf den Fußboden stellten, faßte sie sie und nahm sie mit. Er schlitzte den Bauch mit der Muschel auf, und sie schrie: »Wie kommt es, daß ich Schmerzen leide? Ich habe Deihoma verschlungen, den Schneidenden, und deshalb schmerzt es.«

Da warnten ihn seine Schutzgeister: »Deihoma, dies ist noch nicht der Hafen an dem Fluß, wo du wohnst, sei vorsichtig mit dem Aufschneiden. Sehr weit ist noch dein Hafen entfernt.« Nach diesen Worten hörte er mit dem Schneiden auf. Die Schlange aber ging zu den Leuten fressen, bei denen sie vorher gefressen hatte, und ergriff sie sofort. »Sie hat noch nicht aufgehört! Wo bleiben wir? Sie hat unsere Leute ausgerottet«, sagten die Bewohner der Dörfer. Sie magerten ab. Was hatten sie auch zu essen?

Die Menschen gingen zugrunde und verwesten auf seinem Leibe. Währenddessen trank er aus der Tabakdose und schnitt den Leib der Schlange. So saß Deihoma dauernd in ihrem Innern da. Seit undenklicher Zeit hatte der Unglückliche nichts genossen und nur Tabaksaft getrunken, denn was sollte er essen? Er trank Tabaksaft und blieb trotz allen Verwesungsgestankes ruhig.

Die Stämme waren nicht mehr vorhanden, und die Leiber aller vom Fluß am Fuße des Himmels hatte sie gefressen, so daß Menschen jetzt nicht mehr bestanden. Seine Hilfsgeister sprachen zu ihm: »Deihoma, dies ist dein Hafen an dem Fluß, wo du wohnst, schneide jetzt kräftig drauflos, nach zwei Windungen des Flusses bist du zu Hause.« Da schnitt er. »Schneide, Deihoma, schneide kräftig!« sprachen sie. Da schnitt Deihoma zu, spaltete und öffnete das Bauchfell im Hafen und sprang durch die Öffnung heraus.

Sobald er draußen war, ließ er sich nieder. Da hatte sich sein Kopf gänzlich abgeschält, und er war haarlos. Die Schlange wälzte sich dort hin und her. Jetzt kam er zurück, nachdem er undenkliche Zeit dort im Inneren der Schlange unglücklich gewesen war. Er wusch sich gründlich in seinem Hafen, gelangte zu seiner Hütte und sah seine Töchter wieder, die sich über den Vater freuten.‹ –

Im vollen Wortlaut dieses Mythus, der hier beträchtlich gekürzt worden ist, wird an nicht weniger als fünfzehn separaten Stellen geschildert, wie die Menschen in der Schlange auf dem Helden verfaulen. Dieses Bild, das so vordringlich ist, hat etwas Zwingendes; neben dem Fressen ist es das, was im Mythus am häufigsten wiederkehrt. Durch das Trinken von Tabaksaft hält sich Deihoma am Leben. Diese Ruhe und Unerschütterlichkeit inmitten der Verwesung kennzeichnet den Helden. Alle Menschen der Welt könnten auf ihm verwesen, er wäre immer noch da, als einziger inmitten der allgemeinen Fäulnis, aufrecht und seinem Ziele zugewandt. Er ist, wenn man so will, ein unschuldiger Held, denn keinen der Faulenden hat er auf dem Gewissen. Aber er erträgt die Fäulnis, er ist mitten in ihr. Sie schlägt ihn nicht nieder, sie ist es, möchte man sagen, die ihn aufrecht-hält. Die Dichte dieses Mythus, wo sich alles wirklich Wichtige im Leib der Schlange abspielt, ist unabweisbar, er ist die Wahrheit selbst.

Der Held ist der, der bei gefährlichen Gelegenheiten immer wieder durch Erschlagen überlebt. Aber nicht nur der Held überlebt. Es gibt einen gleichwertigen Vorgang in der Masse der eigenen Leute, wenn sie nämlich alle zugrunde gegangen sind.

Wie bringt es einer fertig, sich im Krieg zu retten, wenn alle, die zu ihm gehören, umgekommen sind, und wie ist ihm dann, dem einzigen, zumute? Darüber gibt eine Stelle aus einem Indianermythus Auskunft, der von *Koch-Grünberg* bei den *Taulipang* in Südamerika aufgezeichnet wurde.

›Die Feinde kamen und griffen sie an. Sie kamen an das Dorf, das aus fünf Häusern bestand, und zündeten es an zwei Stellen an, bei Nacht, damit es hell wurde und die Bewohner nicht im Dunkel entfliehen konnten. Sie töteten viele mit der Keule, als sie aus den Häusern entweichen wollten.

Ein Mann namens Maitchaule legte sich unversehrt zwischen einen Haufen Toter und bestrich das Gesicht und den Leib mit Blut, um die Feinde zu täuschen. Sie glaubten, alle seien tot und gingen weg. Der Mann blieb allein zurück. Dann ging er weg, badete und ging nach einem anderen Hause, das nicht weit entfernt war. Er dachte, es seien Leute dort, aber er fand niemand. Alle waren geflohen. Er fand nur Maniokfladen und alten Rostbraten und aß. Dann dachte er nach, er ging aus dem Haus hinaus und weit weg. Dann setzte er sich hin und dachte nach. Er dachte an seinen Vater und an seine Mutter, die von den Feinden getötet worden waren, und daß er nun niemand mehr habe. Dann sagte er: »Ich will mich zu meinen

Gefährten legen, die tot sind!« Er kehrte voller Furcht nach dem verbrannten Dorfe zurück. Dort waren sehr viele Aasgeier. Maitchaule war ein Zauberarzt und hatte von einem schönen Mädchen geträumt. Er verscheuchte die Aasgeier und legte sich neben seine toten Gefährten. Er hatte sich wieder mit Blut beschmiert. Er hielt die Hände an den Kopf, damit er sofort zugreifen könnte. Dann kamen die Aasgeier wieder und stritten sich um die Leichen. Da kam die Tochter des Königsgeiers. Was tat nun die Tochter des Königsgeiers? Sie setzte sich Maitchaule auf die Brust. Als sie ihm in den Leib hacken wollte, ergriff er sie. Die Aasgeier flogen weg. Er sagte zur Tochter des Königsgeiers: »Verwandle dich in eine Frau! Ich bin so allein hier und habe niemand, der mir hilft.« Er nahm sie mit nach dem verlassenen Haus. Dort hielt er sie wie einen zahmen Vogel. Er sagte zu ihr: »Ich gehe jetzt fischen. Wenn ich zurückkehre, will ich dich in eine Frau verwandelt wiederfinden!«‹ –

Erst legt er sich unter die Toten, um zu entkommen. Er richtet sich wie ein solcher her, um nicht gefunden zu werden. Dann entdeckt er, daß er als der einzige übriggeblieben ist, und es wird ihm traurig und bang zumute. Er beschließt, sich wieder unter seine toten Gefährten zu legen. Vielleicht spielt er erst mit dem Gedanken, ihr Schicksal zu teilen. Aber sehr ernst kann es ihm damit nicht sein, denn er hat von einem schönen Mädchen geträumt, und da er nichts Lebendes außer Geiern um sich sieht, fängt er sich einen Aasgeier zur Frau. Man mag hinzufügen, daß der Vogel sich auf seinen Wunsch dann auch in eine Frau verwandelt.

Es ist auffallend, wie viele Stämme – und zwar auf der ganzen Erde – sich von einem Paar herleiten, das nach einer großen Katastrophe allein am Leben geblieben ist. Der wohlvertraute Fall der biblischen Sintflut ist gemildert durch das Anrecht Noahs auf seine ganze Familie. Es wird ihm erlaubt, seine Sippe in die Arche mitzunehmen, und von jeder Art Lebewesen ein Paar. Aber er selber ist es, der Gnade vor den Augen Gottes gefunden hat; die Tugend zum Überleben, die in diesem Falle eine religiöse ist, hat *er*, und nur ihm zuliebe dürfen die andern in die Arche. Es gibt nacktere Exempel derselben Sage, Erzählungen, in denen außer dem Stammelternpaar alle übrigen Menschen zugrunde gehen. Diese Erzählungen sind nicht immer mit der Vorstellung einer Sintflut verbunden. Oft sind es

Epidemien, in denen alle aussterben bis auf einen einzigen Mann, der suchend umherirrt, bis er irgendwo auf eine einzelne oder vielleicht zwei Frauen stößt, die er heiratet und mit denen er dann ein neues Geschlecht begründet.
Es gehört zur Kraft und zum Ruhm dieses Ahnen, daß er einmal als einziger übrig war. Es ist, auch wenn es nicht ausgesprochen wird, eine Art Verdienst von ihm, daß er nicht mit den anderen seinesgleichen zugrunde ging. Zum Ansehen, das er als der Ahne aller nach ihm Kommenden genießt, gesellt sich der Respekt vor der glücklichen Kraft seines Überlebens. Solange er noch unter vielen seinesgleichen lebte, mag er sich nicht besonders ausgezeichnet haben, ein Mensch wie alle andern. Dann aber plötzlich ist er ganz allein. Die Zeit seiner einsamen Wanderung wird in mancherlei Einzelheiten geschildert. Den breitesten Raum nimmt seine Suche nach Lebenden ein, statt deren er überall Leichen findet. Die wachsende Gewißheit, daß außer ihm wirklich niemand da ist, erfüllt ihn mit Verzweiflung. Aber eine andere Note ist doch auch unverkennbar: Die Menschheit, die wieder mit ihm beginnt, ist auf ihn allein gestellt, ohne ihn und seinen Mut, allein wieder zu beginnen, wäre sie überhaupt nicht da.
Eine der schlichtesten Überlieferungen dieser Art ist die vom Ursprung der *Kutenai*. Sie folgt im Wortlaut:
›Die Leute lebten dort, und auf einmal kam eine Seuche. Sie starben. Alle starben. Sie gingen umher und brachten einander die Nachricht. Unter allen Kutenai herrschte die Krankheit. Sie kamen an einem Orte an und erzählten es einander. Es war überall dasselbe. An einem Orte sahen sie niemand. Alle waren tot. Nur eine Person war übrig. Eines Tages war der eine, der übrig war, geheilt. Es war ein Mann. Er war allein. Er dachte: »Ich werde in der Welt umherwandern und sehen, ob es noch irgendwo jemand gibt. Wenn niemand da ist, will ich nicht mehr zurück. Es ist niemand hier, und keiner kommt je zu Besuch.« Er fuhr in seinem Kanu und kam ins letzte Lager der Kutenai. Als er ankam, wo gewöhnlich Leute am Ufer standen, war da niemand; und als er herumging, sah er nur Tote, nirgends ein Lebenszeichen. Da wußte er, daß niemand übrig war. Er fuhr in seinem Kanu wieder fort. Er kam an eine Ortschaft, stieg aus und fand wieder nur Tote. Im ganzen Ort war niemand. Er machte sich auf den Rückweg. Er kam an die letzte Siedlung, wo Kutenai gelebt hatten. Er ging

in den Ort. In den Zelten waren lauter Leichen aufgehäuft. So ging er immer umher und sah, daß alle Leute weg waren. Er weinte im Gehen. »Ich bin der einzige, der übrig ist«, sagte er sich, »sogar die Hunde sind tot.« Als er ins fernste Dorf gelangte, sah er Fußspuren von Menschen. Da war ein Zelt. Es lagen keine Leichen darin. Weiter drüben war das Dorf. Nun wußte er, daß zwei oder drei Menschen am Leben waren. Er sah größere und kleinere Spuren, er hätte nicht sagen können, ob es ihrer drei waren. Aber es gab jemand, der gerettet war. Er fuhr in seinem Kanu weiter und dachte: »Ich werde in diese Richtung rudern. Die früher hier lebten, pflegten in diese Richtung zu rudern. Wenn es ein Mann ist, ist er vielleicht weitergezogen.«

Als er so in seinem Kanu saß, sah er oben in einiger Entfernung vor sich zwei schwarze Bären, wie sie Beeren aßen. Er dachte: »Ich gehe sie schießen. Wenn ich sie geschossen habe, esse ich sie. Ich werde ihr Fleisch trocknen. Dann werde ich mich umsehen, ob irgendwer übrig ist. Erst trockne ich das Fleisch, dann suche ich nach ihnen. Ich habe doch Spuren von Leuten gesehen. Es sind vielleicht hungrige Männer oder Weiber. Sie sollen auch was zu essen haben.« Er ging in die Richtung der Bären. Er kam in ihre Nähe und sah, daß es nicht Bären waren, sondern Frauen. Die eine war älter und die andere war ein Mädchen. Er dachte: »Ich bin froh, Menschen zu sehen. Ich werde diese Frau zum Weibe nehmen.« Er ging hin und faßte das Mädchen. Das Mädchen sprach zu seiner Mutter: »Mutter, ich sehe einen Mann.« Die Mutter blickte auf. Sie sah, daß ihre Tochter die Wahrheit sprach. Sie sah, wie ein Mann ihre Tochter nahm. Da weinten die Frau, das Mädchen und der junge Mann, denn alle Kutenai waren tot. Als sie einander anblickten, weinten sie zusammen. Die Frau sagte: »Nimm nicht meine Tochter. Sie ist noch klein. Nimm mich. Du sollst mein Mann sein. Später, wenn meine Tochter groß ist, soll sie deine Frau werden. Dann wirst du Kinder haben.« Der junge Mann heiratete die ältere Frau. Es dauerte nicht lange, und sie sagte: »Jetzt ist meine Tochter erwachsen. Jetzt kann sie deine Frau sein. Es ist gut, wenn ihr Kinder habt. Ihr Leib ist jetzt stark.« Da nahm der junge Mann das Mädchen zum Weib. Von da an vermehrten sich die Kutenai.‹ –

Eine dritte Art von Katastrophe, manchmal die Folge von Seuche und Krieg, der *Massenselbstmord*, hat auch seine Überle-

benden hervorgebracht. Hier soll eine Legende der *Ba-ila* ihre Stelle finden, eines Bantuvolkes in Rhodesien.
Zwei Klans dieser Ba-ila, von denen der eine sich nach den Ziegen und der andere nach den Hornissen benannte, hatten einen schweren Disput miteinander. Es ging darum, welchem Klan das Recht auf die Besetzung der Häuptlingswürde zustehe. Der Ziegenklan, der den Vorrang genossen hatte, verlor diese Stellung, und seine Mitglieder beschlossen aus gekränktem Stolz, sich alle zusammen im See zu ertränken. Sie drehten einen sehr langen Strick, Männer, Frauen und Kinder. Dann versammelten sie sich am Ufer, banden sich alle der Reihe nach den Strick um den Hals und stürzten sich zusammen ins Wasser. Ein Mann, der aus einem dritten Klan, dem der Löwen, stammte, hatte eine Frau des Ziegenklans geheiratet. Er versuchte sie vom Selbstmord abzuhalten; als ihm das nicht gelang, beschloß er, mit ihr zu sterben. Zufällig waren sie die letzten, die sich an den Strick gebunden hatten. Sie wurden mitgezogen und waren am Ertrinken, als es dem Manne plötzlich leid tat; er schnitt den Strick durch und befreite sich und seine Frau. Sie versuchte von ihm loszukommen und schrie: »Laß mich los! Laß mich los!« Aber er gab nicht nach und brachte sie an Land. Darum sagen bis zum heutigen Tage die Leute vom Löwenklan zu den Ziegenleuten: »*Wir* haben euch vor dem Aussterben bewahrt, wir!«
Schließlich soll noch einer bewußten Verwendung von Überlebenden gedacht werden, die aus historischer Zeit stammt und wohlbeglaubigt ist. In einem Ausrottungskampfe zwischen zwei Indianerstämmen in Südamerika wird ein einziger Mann der geschlagenen Seite von den Feinden am Leben gelassen und an seine Leute zurückgesandt. Er soll ihnen sagen, was er gesehen hat, und er soll ihnen jeden Mut zu weiterem Kampfe nehmen. Hören wir in *Humboldts* Worten den Bericht über diesen Boten des Entsetzens:
›Der lange Widerstand, den die unter einem tapferen Führer vereinigten *Cabres* den *Caraiben* geleistet, hatte jenen nach dem Jahre 1720 zum Verderben gereicht. Sie hatten ihre Feinde an der Mündung des Flusses geschlagen; eine Menge Caraiben wurden auf ihrer eigenen Flucht zwischen Stromschnellen und einer Insel getötet. Die Gefangenen wurden verzehrt; aber mit jener raffinierten Verschlagenheit und Grausamkeit, wie sie den Völkern Süd- wie Nordamerikas eigen

ist, ließen sie *einen* Caraiben am Leben, der, um Zeuge des barbarischen Auftritts zu sein, auf einen Baum steigen und sofort den Geschlagenen die Kenntnis davon überbringen mußte. Der Siegesrausch des Häuptlings der Cabres war von kurzer Dauer. Die Caraiben kamen in solchen Massen wieder, daß nur kümmerliche Reste der menschenfressenden Cabres übrigblieben.‹

Dieser eine, den man zum Hohn am Leben gelassen hat, sieht von einem Baume aus zu, wie seine Leute gegessen werden. Alle Krieger, mit denen er zusammen ausgezogen ist, sind im Kampfe gefallen oder in die Mägen der Feinde gewandert. Als Zwangsüberlebender, mit den Bildern des Entsetzens im Auge, wird er an seine Leute zurückgeschickt. Der Sinn seiner Botschaft, wie die Feinde sie sich denken, wäre: ›Einer von euch ist übrig. So mächtig sind wir. Wagt es nicht wieder, mit uns zu kämpfen!‹ Aber die Kraft des Gesehenen in ihm ist so groß, seine erzwungene Einzigkeit so eindrucksvoll, daß er im Gegenteil seine Leute zur Rache aufreizt. Die Caraiben strömen von überall in Massen herbei und bereiten den Cabres für immer ein Ende.

Diese Überlieferung, nicht die einzige ihrer Art, zeigt, mit welcher Klarheit diese Naturvölker den Überlebenden sehen. Das Eigentümliche seiner Situation ist ihnen vollkommen bewußt. Sie rechnen mit ihr und versuchen sie für ihre besonderen Zwecke zu verwenden. Auf beiden Seiten, bei Feind und bei Freund, hat der Caraibe, der auf dem Baum oben war, seine Rolle richtig gespielt. Aus seiner doppelten Funktion, wenn man sie mutig bedenkt, läßt sich unendlich viel lernen.

Die Toten als die Überlebten

Niemand, der sich mit den originalen Zeugnissen religiösen Lebens befaßt, wird verfehlen, über die Macht der Toten zu staunen. Das Dasein vieler Stämme ist von Riten ganz erfüllt, die sich auf die Toten beziehen.

Was zuerst einmal und überall auffällt, ist die *Furcht* vor den Toten. Sie sind unzufrieden und voll von Neid auf die Angehörigen, die sie zurückgelassen haben. Sie versuchen, sich an ihnen zu rächen, manchmal für Beleidigungen, die man ihnen noch zu Lebzeiten zugefügt hat, oft aber auch für die bloße

Tatsache, daß sie nicht mehr am Leben sind. Der Neid der Toten ist es, den die Lebenden am meisten fürchten. Sie suchen sie zu beschwichtigen, indem sie ihnen schmeicheln und Nahrung anbieten. Sie geben ihnen alles mit, was sie für den Weg ins Land der Toten brauchen, nur damit sie weit fort sind und nicht mehr zurückkommen, um Schaden zu stiften und die Hinterbliebenen zu quälen. Die Geister der Toten entsenden Krankheiten oder bringen sie selber mit, sie haben Einfluß auf das Gedeihen des Wildes und der Ernten, auf hundert Arten greifen sie ins Leben ein.
Eine wahre Leidenschaft von ihnen, die immer wieder hervorbricht, ist es, die Lebenden zu sich herüberzuholen. Da sie diesen alle Gegenstände des täglichen Daseins neiden, die sie zurücklassen müssen, war es ursprünglich Sitte, nichts oder möglichst wenig von solchen Gegenständen zu behalten. Man gab ihnen alles ins Grab mit oder verbrannte es mit ihnen. Man verließ die Hütte, in der sie gehaust hatten, und kehrte nie wieder dahin zurück. Oft begrub man sie in ihrem Hause mit allen Habseligkeiten und machte ihnen damit klar, daß man nichts davon für sich behalten wolle. Doch genügte auch das nicht, um ihren Zorn ganz abzuwenden. Denn der größere Neid der Toten galt nicht den Gegenständen, die sich wieder herstellen oder erwerben ließen, er galt dem Leben selbst.
Es ist nun gewiß auffallend, daß man überall, unter den verschiedensten Verhältnissen, den Toten dieses gleiche Gefühl zuschreibt. Die gleiche Empfindung, scheint es, beherrscht die Verstorbenen aller Völker. Immer wären sie lieber am Leben geblieben. In den Augen derer, die noch da sind, hat jeder, der es nicht ist, eine Niederlage erlitten: sie besteht darin, daß er *überlebt* worden ist. Er kann sich damit nicht abfinden, und es ist natürlich, daß er dieses Schmerzlichste, das ihm angetan worden ist, nun selber anderen zufügen möchte.
Jeder Tote ist also ein *Überlebter*. Nur in jenen großen, relativ seltenen Katastrophen, bei denen alle zusammen zugrunde gehen, ist das Verhältnis ein anderes. Der vereinzelte Tod, um den es uns hier geht, spielt sich so ab, daß *ein* Mensch seiner Familie und seiner Gruppe entrissen wird. Es ist eine ganze Schar von Überlebenden vorhanden, und alle, die irgendein Anrecht auf den Toten haben, formen sich zu einer Trauermeute, die um ihn klagt. Zum Gefühl der Schwächung durch seinen Tod tritt jenes der Liebe, die man für ihn hatte, und

eines ist vom anderen oft gar nicht zu trennen. Man klagt auf die leidenschaftlichste Weise um ihn, und diese Klage ist in ihrem Kern gewiß ein echtes Gefühl. Wenn Außenstehende dazu neigen, die Manifestationen dieser Klage zu verdächtigen, so liegt das an der komplexen Natur, an der Vieldeutigkeit der Situation als solcher.

Denn dieselben Menschen, die Grund zur Klage haben, sind auch Überlebende. Als Verlustträger klagen sie, als Überlebende empfinden sie eine Art von Genugtuung. Sie werden sich dieses ungehörige Gefühl für gewöhnlich nicht eingestehen. Wohl aber wissen sie immer genau, wie der Tote es empfindet. Er muß sie hassen, denn das Leben, das er nicht mehr hat, haben sie. Sie rufen seine Seele zurück, um ihn davon zu überzeugen, daß sie seinen Tod nicht wollten. Sie erinnern ihn daran, wie gut sie zu ihm waren, als er noch unter ihnen weilte. Sie zählen die praktischen Beweise dafür auf, daß sie alles so tun, wie er es gewollt hätte. Seine ausdrücklichen, letzten Wünsche führen sie gewissenhaft aus. Vielerorts hat sein letzter Wille Gesetzeskraft. In allem, was sie tun, ist eines unerschütterlich vorausgesetzt: sein Groll gegen die Tatsache ihres Überlebens.

Ein Indianerkind in *Demerera* hatte die Gewohnheit angenommen, Sand zu essen und starb daran. Nun lag seine Leiche im offenen Sarg, den sein Vater von einem Zimmermann in der Nachbarschaft besorgt hatte. Vor dem Begräbnis stellte sich die Großmutter des Kindes zum Sarg und sprach mit klagender Stimme:

»Mein Kind, ich hab dir immer gesagt, du sollst keinen Sand essen. Ich hab dir nie Sand gegeben, ich wußte, es ist nicht gut für dich. Du hast ihn dir immer selbst gesucht. Ich hab dir gesagt, es ist schlecht. Jetzt siehst du, es hat dich getötet. Tu mir nichts, du hast dir das selber angetan, etwas Böses hat dir eingegeben, Sand zu essen. Sieh, ich leg dir deinen Pfeil und Bogen an die Seite, daß du dich damit vergnügst. Ich war immer gut zu dir. Jetzt sei auch du gut zu mir und tu mir nichts.«

Dann trat die Mutter weinend dazu und sprach in einer Art von Singsang:

»Mein Kind, ich hab dich in die Welt gebracht, damit du alle guten Dinge siehst und dich an ihnen freust. Diese Brust hat dich genährt, solange du nach ihr verlangt hast. Ich habe dir hübsche Sachen und Hemdchen gemacht. Ich hab für dich ge-

sorgt und dich genährt und mit dir gespielt und hab dich nie geschlagen. Du mußt gut sein und nichts Böses auf mich bringen.«
Der Vater des toten Kindes näherte sich auch und sagte: »Mein Junge, als ich dir sagte, daß der Sand dich töten wird, hast du nicht auf mich hören wollen, und jetzt siehst du, du bist tot. Ich bin ausgegangen und hab einen schönen Sarg für dich besorgt. Ich werde arbeiten müssen, um ihn zu bezahlen. Ich hab dir dein Grab an einem schönen Ort gemacht, wo du gern gespielt hast. Ich werde dich zurechtlegen und dir Sand zum Essen mitgeben, jetzt kann er dir nicht mehr schaden, und ich weiß, wie gern du ihn hast. Du darfst mir kein Unglück bringen, such lieber nach dem, der dich Sand essen machte.«
Großmutter, Mutter und Vater haben dieses Kind geliebt, und obwohl es so klein ist, fürchten sie seinen Groll, denn *sie* sind noch am Leben. Sie beteuern ihm, daß sie an seinem Tod nicht schuldig sind. Die Großmutter gibt ihm Pfeil und Bogen mit. Der Vater hat ihm einen teuren Sarg gekauft, er legt ihm auch Sand zum Essen ins Grab, weil er weiß, wie gern er ihn hat. Die schlichte Zärtlichkeit, die sie dem Kinde beweisen, ist ergreifend; und doch hat sie etwas Unheimliches, denn sie durchdringt sich mit Furcht.
Bei manchen Völkern ist aus dem Glauben an das Fortleben der Toten ein *Ahnenkult* entstanden. Wo immer er feste Formen angenommen hat, wirkt er so, als habe man die eigenen Toten, auf die es einem ankommt, zu bändigen verstanden. Indem man ihnen regelmäßig gibt, was sie sich wünschen, Ehre und Nahrung, hält man sie zufrieden. Ihre Pflege, wenn sie nach allen Regeln der Überlieferung durchgeführt wird, macht sie zu Bundesgenossen. Was sie in diesem Leben waren, das sind sie auch später; sie nehmen ihre frühere Stelle ein. Wer auf Erden ein mächtiger Häuptling war, der ist es dann auch unter der Erde. Bei Opfern und Anrufungen wird er an erster Stelle genannt. Seine Empfindlichkeit wird mit Bedacht geschont; wenn man sie verletzt, kann er sehr gefährlich werden. Er interessiert sich für das Gedeihen seiner Nachkommen, viel hängt von ihm ab, seine gute Laune ist unerläßlich. Er hält sich gern in der Nähe seiner Nachkommen auf, und man darf nichts tun, was ihn von dort vertreiben könnte.
Bei den *Zulus* in Südafrika hat dieses Zusammenleben mit den Ahnen eine besonders intime Form. Die Berichte, die der eng-

lische Missionar *Callaway* vor etwa hundert Jahren bei ihnen gesammelt und herausgegeben hat, sind das echteste Zeugnis, das sich über ihren Ahnenkult findet. Er läßt seine Gewährsmänner selber sprechen und zeichnet ihre Äußerungen in ihrer eigenen Sprache auf. Sein Buch ›The Religious System of the Amazulu‹ ist rar und aus diesem Grunde zu wenig bekannt: es gehört unter die wesentlichen Dokumente der Menschheit.
Die Ahnen der Zulus werden zu Schlangen und gehen unter die Erde. Es sind aber nicht, wie man etwa meinen könnte, mythische Schlangen, die man nie zu Gesicht bekommt. Es sind wohlvertraute Arten, und sie tummeln sich gern in der Nähe der Hütten umher, die sie auch oft betreten. Manche dieser Schlangen erinnern in körperlichen Eigenheiten an ganz bestimmte Ahnen und werden von den Lebenden als diese erkannt.
Sie sind aber nicht nur Schlangen, denn in Träumen erscheinen sie den Lebenden in ihrer menschlichen Gestalt und sprechen zu ihnen. Man wartet auf diese Träume, ohne sie wird das Dasein den Menschen unbehaglich. Sie *wollen* mit ihren Toten sprechen, es liegt ihnen daran, sie in ihren Träumen hell und klar zu sehen. Manchmal trübt sich das Bild der Ahnen und wird dunkel; dann muß man durch bestimmte Riten dafür sorgen, daß es wieder klar wird. Von Zeit zu Zeit, aber ganz besonders bei allen wichtigen Gelegenheiten, werden ihnen Opfer dargebracht. Man schlachtet ihnen Ziegen und Ochsen und ruft sie auf feierliche Weise herbei, damit sie davon genießen. Man nennt sie laut bei ihren Ruhmestiteln, auf die sie großen Wert legen; sie sind sehr ehrliebend, und es gilt als beleidigend, diese Ruhmestitel zu vergessen oder zu verschweigen. Das Tier, das geopfert wird, soll laut aufschreien, damit sie es hören, die Ahnen lieben diesen Schrei. Schafe, die stumm sterben, sind darum als Opfer nicht zu gebrauchen. Das Opfer ist hier nichts anderes als ein Mahl, an dem Tote und Lebende gemeinsam teilnehmen, eine Art von Kommunion der Lebenden mit den Toten.
Wenn man so lebt, wie die Ahnen es gewohnt waren, die alten Sitten und Gebräuche hält und nichts daran ändert; wenn man ihnen die Opfer regelmäßig bringt, sind sie es zufrieden und fördern das Wohlergehen ihrer Nachkommen. Sobald aber einer erkrankt, weiß er, daß er die Unzufriedenheit eines seiner Ahnen erregt hat, und er wird alles daransetzen, den Grund zu dieser Unzufriedenheit in Erfahrung zu bringen.

Denn die Toten sind keineswegs immer gerecht. Sie waren Menschen, die man gekannt hat, an deren Schwächen und Fehler man sich wohl erinnert. In den Träumen treten sie so auf, wie es ihrem Charakter entspricht. Es ist der Mühe wert, hier einen Fall herauszugreifen, der sich bei Callaway in einiger Ausführlichkeit verzeichnet findet. Er zeigt, daß auch solche wohlverpflegte und gerühmte Tote manchmal ein Groll auf ihre Hinterbliebenen packt, bloß weil diese noch am Leben sind. Die Geschichte eines solchen Grolls, wie man sie nun vernehmen wird, entspricht, in unsere Verhältnisse übertragen, dem Verlauf einer gefährlichen Krankheit.

Ein älterer Bruder ist gestorben. Sein Besitz und ganz besonders alles Vieh, das hier als der eigentliche Besitz gilt, ist auf seinen jüngeren Bruder übergegangen. Diese Erbfolge ist die übliche; der jüngere Bruder, der die Erbschaft angetreten und alle Opfer so ausgeführt hat, wie es sich gehört, ist sich keiner Verfehlung gegen den Toten bewußt. Aber plötzlich erkrankt er schwer, und im Traum erscheint ihm der ältere Bruder.

›Ich habe geträumt, daß er mich schlägt und zu mir sagt: »Wie kommt es, daß du nicht mehr weißt, daß ich bin?« Ich antwortete: »Was kann ich tun, damit du siehst, daß ich dich kenne? Ich weiß, daß du mein Bruder bist!« Er fragte: »Wenn du einen Ochsen opferst, warum rufst du mich nicht?« Ich erwiderte: »Aber ich rufe dich doch an und ehre dich mit deinen Ruhmestiteln. Nenne mir doch nur den Ochsen, den ich getötet habe, ohne dich anzurufen.« Er antwortete: »Ich will Fleisch.« Ich schlug es ihm ab und sagte: »Nein, mein Bruder, ich hab keinen Ochsen. Siehst du einen in der Viehhürde?« »Wenn's auch nur einen einzigen gibt«, sagte er, »ich verlange ihn.« Als ich aufwachte, hatte ich einen Schmerz in der Seite. Ich versuchte zu atmen und konnte nicht, mein Atem war kurz.‹

Der Mann war eigensinnig, er wollte keinen Ochsen opfern. Er sagte: »Ich bin wirklich krank und ich kenne die Krankheit, mit der ich geschlagen bin.« Die Leute sprachen zu ihm: »Wenn du sie kennst, warum wirst du sie nicht los? Kann ein Mann absichtlich seine Krankheit verursachen? Wenn er weiß, was es ist – will er sterben? Denn wenn der Geist mit einem Manne zornig ist, zerstört er ihn.«

Er erwiderte: »Nein, meine Herren! Ich bin von einem Manne krank gemacht worden. Ich seh' ihn im Schlafe, wenn ich mich niederlege. Weil er Lust auf Fleisch hat, kommt er mir mit

Schlichen und sagt, daß ich ihn nicht anrufe, wenn ich Vieh töte. Das überrascht mich sehr, denn ich habe so viel Vieh getötet, und nicht ein einziges, ohne ihn anzurufen. Wenn er Lust auf Fleisch hat, könnte er mir einfach sagen: ›Mein Bruder, ich möchte Fleisch.‹ Er aber sagt mir, daß ich ihn nicht ehre. Ich bin zornig auf ihn, ich glaube, er will mich nur umbringen.«
Die Leute sagten: »Denkst du, daß der Geist sich noch aufs Reden versteht? Wo ist er, damit wir ihm unsere Meinung sagen? Wir waren immer dabei, wenn du Vieh geschlachtet hast. Du hast ihn gepriesen und bei seinen Ruhmestiteln gerufen, die er für seine Tapferkeit empfangen hat. Wir haben's gehört und wenn es möglich wäre, daß dieser Bruder von dir oder irgendein anderer Mann, der tot ist, wiederaufersteht, so könnten wir ihn zur Rede stellen und fragen: ›Warum sagst du solche Sachen?‹«
Der kranke Mann erwiderte: »Ach, mein Bruder führt sich auf diese prahlerische Weise auf, weil er der Älteste ist. Ich bin jünger als er. Ich wundere mich, wenn er verlangt, daß ich alles Vieh vernichte. Hat er selbst kein Vieh hinterlassen, als er starb?«
Die Leute sagten: »Der Mann ist gestorben. Wir aber reden noch wirklich mit dir, und deine Augen blicken noch wirklich auf uns. So sagen wir dir, was jenen anlangt: sprich einfach in Ruhe mit ihm, und wenn du auch nur eine Ziege hast, bring sie ihm dar. Es ist eine Schande, daß er da kommt und dich umbringt. Warum siehst du immerzu deinen Bruder im Schlaf und wirst krank? Es sollte so sein, daß ein Mann von seinem Bruder träumt und gesund aufwacht.«
Er sagte: »Gut, meine Herren, ich will ihm das Fleisch geben, das er liebt. Er verlangt Fleisch. Er bringt mich um. Er tut mir Unrecht. Täglich träume ich von ihm, und dann wache ich mit Schmerzen auf. Er ist kein Mann, er war immer ein elender Kerl, ein Raufbold. Denn so war er: ein Wort, ein Schlag. Wenn jemand zu ihm sprach, fuhr er gleich auf ihn los. Dann gab's Streit, er war die Ursache davon und schlug sich. Er sah es nie ein und gab nie zu: ›Ich hab' einen Fehler begangen, ich hätte mich mit diesen Leuten nicht schlagen sollen.‹ Sein Geist ist wie er. Er ist schlecht, er ist immer zornig. Aber ich will ihm das Fleisch geben, das er verlangt. Wenn ich sehe, daß er von mir läßt und ich gesund bin, werde ich morgen Vieh für ihn töten. Er soll mich gesund werden lassen

und atmen, wenn er es ist. Mein Atem soll mich nicht mehr schneiden wie jetzt.«
Die Leute stimmten bei: »Ja, wenn du morgen gesund bist, dann wissen wir, daß es der Geist deines Bruders ist. Wenn du aber morgen noch krank bist, werden wir nicht sagen, daß es dein Bruder ist; dann ist es nur eine gewöhnliche Krankheit.«
Als die Sonne unterging, beklagte er sich noch über Schmerzen. Aber als die Zeit kam, die Kühe zu melken, bat er um Essen. Er verlangte einen wäßrigen Brei und konnte etwas davon schlukken. Dann sagte er: »Gebt mir ein wenig Bier. Ich bin durstig.« Seine Frauen gaben ihm Bier und fühlten Vertrauen im Herzen. Sie freuten sich, denn sie waren voller Angst gewesen und hatten sich gefragt: ›Ist die Krankheit so schlimm, daß er gar nichts ißt?‹ Sie freuten sich im stillen; sie sprachen ihre Freude nicht aus, sondern blickten einander nur an. Er trank das Bier und sagte: »Gebt mir ein wenig Schnupftabak, laßt mich ein ganz klein wenig davon nehmen.« Sie gaben ihm davon, er nahm es und legte sich nieder. Dann schlief er wieder ein.
In der Nacht kam sein Bruder und sagte: »Nun, hast du schon das Vieh für mich bestimmt? Wirst du es am Morgen töten?«
Der Schläfer sagte: »Ja, ich werde ein Stück Vieh für dich töten. Warum sagst du mir, mein Bruder, daß ich dich nie rufe, da ich dich doch immer mit deinen Ruhmestiteln ehre, wenn ich Vieh töte. Denn tapfer warst du und ein guter Krieger.«
Er erwiderte: »Ich sage es mit Grund, wenn ich Lust auf Fleisch habe. *Ich bin doch gestorben und hab' dir ein Dorf hinterlassen.* Du hast ein großes Dorf.«
»Gut, gut, mein Bruder, du hast mir ein Dorf hinterlassen. Aber als du mir das Dorf ließest und starbst – hattest du da all dein Vieh getötet?«
»Nein, ich hatte nicht alles getötet.«
»Nun denn, Kind meines Vaters, verlangst du von mir, daß ich alles vernichte?«
»Nein, ich verlange nicht von dir, daß du alles vernichtest. Aber ich sage dir: töte, damit dein Dorf groß sei!«
Er erwachte, er fühlte sich gut, der Schmerz an der Seite war vergangen. Er saß und stieß seine Frau: »Steh auf, mach ein Feuer.« Seine Frau erwachte und blies das Feuer hoch. Sie fragte ihn, wie er sich fühle. »Sei ruhig«, sagte er, »als ich aufwachte, hatte ich ein leichtes Gefühl im Körper. Ich habe mit

meinem Bruder gesprochen. Als ich erwachte, war ich gesund.« Er nahm etwas Schnupftabak und schlief wieder ein. Der Geist seines Bruders kam wieder. Er sagte: »Sieh, ich habe dich jetzt geheilt. Töte das Vieh am Morgen!«

Am Morgen erhob er sich und ging in die Viehhürde. Er hatte noch einige jüngere Brüder und rief sie, sie gingen mit ihm. »Ich rufe euch, ich bin jetzt gesund. Mein Bruder sagt, daß er mich geheilt hat.« Dann hieß er sie einen Ochsen bringen. Sie brachten ihn. »Bringt jene unfruchtbare Kuh!« Sie brachten beide. Sie kamen in den oberen Teil der Hürde und standen da neben ihm. Er betete in folgenden Worten:

»Nun denn, esset, ihr Leute unseres Hauses. Ein guter Geist weile bei uns, auf daß die Kinder gedeihen und die Leute gesund bleiben. Ich frage dich, der du mein Bruder bist, warum kommst du wieder und wieder im Schlafe zu mir, warum träume ich von dir und bin dann krank? Ein Geist, der gut ist, kommt und bringt gute Nachrichten. Ich habe die ganze Zeit über Krankheit zu klagen. Was für Vieh ist das, das sein Besitzer verschlingen muß, wonach er immer wieder krank wird? Ich sage dir, höre auf! Höre auf, mich krank zu machen! Ich sage dir: komm zu mir im Schlaf, sprich in Ruhe zu mir und sage mir, was du möchtest! – Du aber kommst zu mir, um mich umzubringen! Es ist klar, daß du im Leben ein schlechter Kerl warst. Bist du unter der Erde noch immer ein schlechter Kerl! Ich habe ja gar nicht erwartet, daß dein Geist mir freundlich kommen und mir gute Nachrichten bringen wird. Warum aber kommst du mit Schlechtigkeit, du, mein ältester Bruder, der dem Dorfe Gutes bringen sollte, daß nichts Böses darauf falle, der du doch der Besitzer des Dorfes bist!«

Dann sprach er folgende Worte über das Vieh und sagte Dank: »Da ist das Vieh, das ich dir opfere, da ist ein roter Ochse, da ist eine rot und weiße, unfruchtbare Kuh. Töte sie! Ich sage: sprich freundlich zu mir, daß ich ohne Schmerzen erwache. Ich sage: laß alle Geister unseres Hauses sich hier um dich versammeln, der du Fleisch so gern hast!«

Dann befahl er: »Erstecht sie!« Einer seiner Brüder nahm einen Speer und erstach die unfruchtbare Kuh; sie fiel nieder. Er erstach den Ochsen; er fiel nieder. Beide brüllten. Er tötete sie, sie starben. Er befahl ihnen, sie zu häuten. Sie wurden gehäutet; das Fell war ihnen abgezogen. Sie aßen sie in der Viehhürde. Alle Männer versammelten sich und baten um

Nahrung. Sie trugen Stück um Stück davon. Sie aßen und waren zufrieden. Sie sagten Dank und sprachen: »Wir danken dir, Sohn des Soundso. Wenn ein Geist dich krank macht, werden wir wissen, daß es dein elender Bruder ist. Wir wußten nicht, während deiner schweren Krankheit, ob wir noch Fleisch mit dir essen würden. Wir sehen jetzt, daß der Elende dich umbringen will. Wir freuen uns, daß du wieder gesund bist.« – »Ich bin doch gestorben«, sagte der ältere Bruder, und in diesem Satz hat man den Kern ihres Disputes, der gefährlichen Krankheit, des Berichts überhaupt gefaßt. Wie immer der Tote sich aufführt, was immer er verlangt, er ist doch gestorben und hat so zur Bitterkeit Grund genug. »Ich habe dir ein Dorf hinterlassen«, sagte er und fügt gleich hinzu: »Du hast ein großes Dorf.« Das Leben des anderen ist dieses Dorf, er hätte auch sagen können: »Ich bin tot, und du bist noch am Leben.«

Es ist dieser Vorwurf, den der Lebende fürchtet, und indem er ihn träumt, gibt er dem Toten recht: er *hat* ihn überlebt. Die Größe dieses Unrechts, neben dem jedes andere Unrecht verblaßt, gibt dem Toten die Macht, Vorwurf und Bitterkeit in eine schwere Krankheit zu verwandeln. »Er will mich töten«, sagt der jüngere Bruder – denn er ist doch gestorben, denkt er sich. Er weiß also sehr wohl, warum er sich vor ihm fürchtet, und um ihn zu versöhnen, willigt er schließlich in das Opfer ein.

Das Überleben der Toten ist, wie man sieht, für die Hinterbliebenen mit beträchtlichem Unbehagen verbunden. Auch wo sich eine Form regulärer Verehrung eingebürgert hat, kann man ihnen doch nie ganz trauen. Je mächtiger einer hier unter den Menschen war, um so größer und gefährlicher ist sein Groll drüben.

Im Königreich *Uganda* hat man einen Weg gefunden, den Geist des verstorbenen Königs hierzubehalten, unter seinen ergebenen Untertanen. Er konnte nicht vergehen, er wurde nicht fortgeschickt, in dieser Welt hier mußte er bleiben. Nach seinem Tode wurde ein Medium, ein ›Mandwa‹ ernannt, in dem der Geist des Königs Aufenthalt nahm. Das Medium, das die Funktion eines Priesters hatte, mußte wie der König aussehen und sich ganz wie er gebaren. Es ahmte alle Eigentümlichkeiten seiner Sprache nach, und wenn es um einen König längstvergangener Zeiten ging, so gebrauchte es, wie in einem Falle sicher beglaubigt ist, die archaische Sprache von vor 300 Jahren. Denn wenn das Medium starb, ging der Geist des Königs in ein anderes Mitglied desselben Klans ein. So übernahm ein ›Mandwa‹ vom anderen sein Amt, und der Geist des Königs hatte immer einen Wohnsitz. Es konnte also vorkommen, daß ein Medium Worte gebrauchte, die niemand sonst verstand, nicht einmal seine Kollegen.

Man darf sich aber nicht vorstellen, daß das Medium immerwährend den König spielte. Von Zeit zu Zeit ›nahm ihn‹, wie man sagte, ›der König beim Kopf‹. Er geriet in einen Zustand von Besessenheit und verkörperte den Toten in jeder Einzelheit. In den Klans, die für die Beistellung von Medien verantwortlich waren, wurden die Eigenheiten des Königs zur Zeit seines Todes durch Wort und Nachahmung überliefert. Der König Kigala war in hohem Alter gestorben; sein Medium war ein recht junger Mann. Wenn der König ihn aber ›beim Kopfe nahm‹, verwandelte er sich in einen Alten: sein Gesicht legte sich in Falten, der Speichel floß ihm vom Mund und er hinkte.

Diese Anfälle wurden mit der größten Ehrfurcht betrachtet. Es galt als Ehre, bei einem von ihnen anwesend zu sein, man war in Gegenwart des toten Königs und *erkannte* ihn. Er aber, der sich nach Wunsch manifestieren konnte, im Leib eines Menschen, dessen Amt dies war und der nur dazu diente, durfte den Groll des Überlebten nicht im selben Maße empfinden wie andere, die aus unserer Welt ganz ausgestoßen werden.

Am folgenreichsten ist die Ausbildung des Ahnenkultes bei den *Chinesen*. Um zu verstehen, was ein Ahne bei ihnen ist, muß man auf ihre Seelenvorstellungen ein wenig eingehen.

Sie glaubten, daß jeder Mensch im Besitze von zwei Seelen sei. Die eine, *po*, entstand durch das *Sperma* und war also seit dem Augenblick der Zeugung vorhanden; ihr wurde das Gedächtnis zugerechnet. Die andere Seele, *hun*, entstand durch die *Luft*, die nach der Geburt eingeatmet wurde, und bildete sich dann allmählich. Sie hatte die Gestalt des Körpers, den sie belebte, aber sie war unsichtbar. Die Intelligenz, die ihr zugehörte, wuchs mit ihr, es war die überlegene Seele.

Nach dem Tode stieg diese Atemseele zum Himmel auf, während die Spermaseele bei der Leiche im Grabe blieb. Es war diese, die niedere Seele, die man am meisten fürchtete. Sie war bösartig und neidisch und suchte die Lebenden mit sich in den Tod zu ziehen. Während der Körper sich zersetzte, löste

sich auch die Spermaseele allmählich auf und verlor so schließlich die Macht zu schaden.
Die höhere Atemseele dagegen blieb bestehen. Sie brauchte Nahrung, denn ihr Weg in die Welt der Toten war weit. Wenn die Nachkommen ihr keine Nahrung boten, mußte sie schrecklich leiden. Sie war unglücklich, wenn es ihr nicht gelang, den Weg zu finden, und dann würde sie so gefährlich wie eine Spermaseele.
Die Begräbnisriten hatten ein doppeltes Ziel: sie wollten die Lebenden vor der Aktion der Toten schützen und den Seelen der Toten zugleich ein Überleben sichern. Denn die Verbindung mit der Welt der Toten war gefährlich, wenn diese die Initiative ergriffen. Sie war günstig, wenn sie als Ahnenkult in Erscheinung trat, nach den Vorschriften der Tradition eingerichtet und in den gehörigen Zeitabschnitten ausgeführt.
Das Überleben der Seele hing ab von der physischen und moralischen Kraft, die sie während des Lebens erworben hatte. Man gewann diese durch *Nahrung* und durch *Studium*. Ganz besonders wichtig war der Unterschied zwischen der Seele des Herrn, der ein ›Fleischesser‹ war und sich zeitlebens gut genährt hatte, und der eines gewöhnlichen, billig und schlecht genährten Bauern. ›Nur die Herren‹, sagt *Granet*, ›haben eine Seele im eigentlichen Sinne des Wortes. Auch das Alter verbraucht diese Seele nicht, es bereichert sie. Der Herr bereitet sich auf den Tod vor, indem er sich mit exquisiten Speisen und belebenden Getränken anfüllt. Im Laufe seines Lebens hat er sich eine Unzahl von Essenzen einverleibt, um so mehr, je weiter und je üppiger seine Herrschaft ist. Er hat die reiche Substanz seiner Ahnen noch vermehrt, die selbst schon mit Fleisch und Wildbret vollgegessen waren. Seine Seele zerstreute sich nicht, als er starb, wie eine gemeine Seele, sie entwich aus dem Leichnam voller Kraft.
Wenn der Herr sein Leben nach den Regeln seines Standes geführt hat, besitzt seine Seele, noch geadelt und gereinigt durch die Trauerriten, nach seinem Tode eine erhabene und helle Macht. Sie besitzt die wohltätige Kraft eines Schutzgeistes und bewahrt sich zugleich alle Züge einer dauerhaften und heiligen Person. Sie ist zur *Ahnenseele* geworden.‹
Nun wird ihr in einem besonderen Tempel ein eigener Kult gewidmet. Sie hat teil an den Zeremonien der Jahreszeiten, am Leben der Natur und am Leben des Landes. Wenn die

Jagd ergiebig ist, bekommt sie gut zu essen. Sie fastet, wenn die Ernte schlecht ist. Die Ahnenseele nährt sich vom Korn, vom Fleisch, vom Wildbret der herrschaftlichen Gründe, die ihre Heimat sind. Aber so reich die Persönlichkeit einer solchen Ahnenseele ist, so lange sie in ihrer gesammelten Kraft weiterlebt – es kommt auch für sie der Moment, da sie sich zerstreut und erlischt. Nach vier oder fünf Generationen verliert die Ahnentafel, an die sie durch gewisse Riten gebunden war, ihr Anrecht auf ein besonderes Heiligtum. Sie wird in eine Steintruhe gelegt, zu den Tafeln aller älteren Ahnen, deren persönliches Andenken bereits verlorengegangen ist. Der Ahne, den sie vorstellte und dessen Namen sie trug, wird nicht mehr wie ein Herr geehrt. Seine kräftige Individualität, die sich lange deutlich abhob, schwindet. Seine Laufbahn ist zu Ende, seine Rolle als Ahne ausgespielt. Durch den Kult, den man ihm angedeihen ließ, war er während langer Jahre dem Schicksal gewöhnlicher Toter entgangen. Nun kehrt er in die Masse aller anderen Toten zurück und wird anonym wie diese.

Nicht alle Ahnen überdauern vier oder fünf Generationen. Es hängt von ihrem besonderen Range ab, ob man ihre Tafel so lange aufrechthält und die Seele herbeiruft und bittet, Nahrung anzunehmen. Manche werden schon nach einer einzigen Generation weggelegt. Aber wie lange sie sich immer halten, die Tatsache, daß es sie überhaupt gibt, ändert in mancher Hinsicht den Charakter des Überlebens.

Es ist nun keineswegs mehr ein geheimer Triumph für den Sohn, daß er noch am Leben ist und der Vater nicht. Denn als Ahne bleibt der Vater gegenwärtig; der Sohn dankt ihm alles, was er hat, und er muß sich seine günstige Gesinnung erhalten. Auch als Toten muß er seinen Vater ernähren, und er wird sich wohl hüten, überheblich gegen ihn zu sein. Solange der Sohn lebt, ist auf alle Fälle auch die Ahnenseele des Vaters vorhanden, und wie man gesehen hat, behält sie sämtliche Züge einer bestimmten, erkennbaren Person. Dem Vater aber ist sehr daran gelegen, verehrt und ernährt zu werden. Für seine neue Existenz als Ahne ist es von wesentlicher Bedeutung, daß der Sohn am Leben ist: hätte er keine Nachkommen, so wäre niemand da, ihn zu verehren. Er wünscht sich, daß der Sohn und weitere Generationen ihn überleben. Er wünscht sich, daß es ihnen gutgeht, denn von ihrem Gedeihen hängt seine eigene Existenz als Ahne ab. Er fordert, daß man lebt, solange man

bereit ist, seiner zu gedenken. Es entsteht eine innige und glückliche Verbindung zwischen der gemäßigten Form des Fortlebens, die die Ahnen gewinnen, und dem Stolz der Nachkommen, die da sind, es ihnen zu verschaffen.
Es ist auch von Bedeutung, daß die Ahnen auf einige Generationen hin *vereinzelt* bleiben. Als Individuen sind sie bekannt, als solche werden sie verehrt; und nur in einer ferneren Vergangenheit fließen sie zu einer Masse zusammen. Der Nachkomme, der jetzt lebt, ist von der Masse seiner Ahnen getrennt, eben durch alle, wie etwa Vater und Großvater, die als vereinzelte und wohlabgegrenzte Individuen dazwischenstehen. Soweit eine Genugtuung darüber, daß er *da* ist, in die Verehrung des Sohnes einfließt, ist sie überaus milder und gemäßigter Art. Sie kann ihn, der ganzen Natur des Verhältnisses nach, nicht dazu anreizen, die Zahl der Toten zu vermehren. Er selbst erst wird es sein, der ihre Zahl um einen vermehrt, und er wünscht sich, daß das noch lange nicht geschieht. Die Situation des Überlebens ist so aller massenhaften Züge entkleidet. Als Leidenschaft wäre es widersinnig und unverständlich, alle mörderischen Züge sind ihm abhanden gekommen. Gedenken und Selbstgefühl sind ein Bündnis eingegangen. Eines hat aufs andere abgefärbt, aber das Bessere von beiden hat sich bewahrt.
Wer die Gestalt des idealen Machthabers betrachtet, wie sie sich in Geschichte und Denken der Chinesen ausgebildet hat, ist betroffen von ihrer Menschlichkeit. Es ist anzunehmen, daß der Mangel an Gewalttätigkeit in diesem Bilde auf die Rechnung dieser Art der Ahnenverehrung zu setzen ist.

Epidemien

Die beste Schilderung der *Pest* hat *Thukydides* gegeben, der sie am eigenen Leib erlebte und von ihr genas. In ihrer Knappheit und Genauigkeit enthält sie jeden für diese Krankheit wesentlichen Zug, und es ist ratsam, das Wichtigste daraus hierherzusetzen.
›Die Menschen starben wie die Fliegen. Die Körper der Sterbenden wurden alle aufeinandergehäuft. Man sah halbtote Geschöpfe in den Straßen umhertaumeln oder in ihrer Begierde nach Wasser sich um die Brunnen scharen. Die Tempel, in

denen sie Aufenthalt nahmen, waren voll von den Leichen der Leute, die da gestorben waren.

In manchen Haushalten waren die Menschen von der Last ihrer Unglücksfälle so überwältigt, daß sie die Totenklagen abzuhalten versäumten.

Alle Begräbniszeremonien gerieten durcheinander; man begrub die Toten, so gut es ging. Manche Leute, in deren Familien so viele Todesfälle sich ereignet hatten, daß sie für keine Begräbniskosten mehr aufkommen konnten, verfielen auf die schamlosesten Schliche. Sie kamen als erste bei einem Scheiterhaufen an, den andere errichtet hatten, legten ihren eigenen Toten darauf und zündeten das Holz an; oder wenn ein Feuer schon brannte, warfen sie die Leiche, die sie trugen, auf die anderen drauf und machten sich davon.

Keine Furcht vor göttlichen oder menschlichen Gesetzen hielt sie in Schranken. Was die Götter anbelangt, so schien es auf dasselbe herauszukommen, ob man ihnen Verehrung erwies oder nicht, denn man sah, wie Gute und Böse gleichermaßen starben. Man fürchtete nicht, für Vergehen gegen das menschliche Gesetz zur Rechenschaft gezogen zu werden: niemand erwartete, noch so lange zu leben. Jeder fühlte, daß ein viel schwereres Urteil über ihn schon gefällt worden war. Vor seiner Vollstreckung wollte er noch etwas wie ein Vergnügen vom Leben haben.

Am meisten Mitleid für die Kranken und Sterbenden empfanden noch die, die selber an der Pest gelitten hatten und wieder gesund geworden waren. Nicht nur kannten sie sich in der Sache aus, sie fühlten sich auch sicher, denn niemand bekam die Krankheit ein zweites Mal, oder wenn einer sie bekam, dann war die zweite Attacke nie lebensgefährlich. Solche Leute wurden von allen Seiten beglückwünscht, und sie selber fühlten sich über ihre Genesung so gehoben, daß sie meinten, sie könnten auch in Zukunft nie mehr an einer Krankheit sterben.‹

Unter allen Unglücksfällen, von denen die Menschheit seit jeher heimgesucht worden ist, haben die großen Epidemien eine besonders lebendige Erinnerung hinterlassen. Sie setzen mit der Plötzlichkeit von Naturkatastrophen ein, aber während ein Erdbeben sich meist in wenigen, kurzen Stößen erschöpft, hat die Epidemie eine Dauer, die sich über Monate oder gar ein Jahr erstrecken kann. Das Erdbeben richtet mit einem Schlage das Schrecklichste an, seine Opfer gehen alle zugleich zugrunde. Eine Pestepidemie dagegen hat eine *kumulative* Wirkung, erst werden nur wenige von ihr ergriffen, dann vermehren sich die Fälle; Tote sind überall sichtbar; bald sieht man mehr Tote als Lebende beisammen. Das Ergebnis der Epidemie mag schließlich dasselbe sein wie das eines Erdbebens. Aber die Menschen sind *Zeugen* des großen Sterbens, es spielt sich zunehmend vor ihren Augen ab. Sie sind wie die Teilnehmer an einer Schlacht, die länger dauert als alle bekannten Schlachten. Aber der Feind ist geheim, er ist nirgends zu sehen; ihn kann man nicht treffen. Man wartet nur darauf, von ihm getroffen zu werden. Der Kampf wird von der gegnerischen Seite allein geführt. Sie schlägt, wen sie will. Sie schlägt so viele, daß man bald fürchten muß, sie werde alle schlagen.

Sobald die Epidemie anerkannt ist, kann sie in nichts anderes münden als in den einen, gemeinsamen Tod aller. Die von ihr ergriffen werden, erwarten – da es kein Mittel gegen sie gibt – die Ausführung des Urteils, das über sie verhängt ist. Nur die von der Epidemie Ergriffenen sind *Masse*: sie sind *gleich* in bezug auf das Schicksal, das sie erwartet. Ihre Zahl nimmt mit wachsender Beschleunigung zu. Das Ziel, auf das sie sich hinbewegen, ist in wenigen Tagen erreicht. Sie enden in der größten Dichte, die menschlichen Leibern erlangbar ist, alle zusammen auf einem Leichenhaufen. Diese stockende Masse der Toten ist nach den religiösen Vorstellungen mancher nur vorläufig tot. Sie wird in einem einzigen Augenblick wiederauferstehen und dicht beieinander geschart vor Gott antreten zum Jüngsten Gericht. Aber auch wenn man von dem weiteren Schicksal der Toten absieht – denn nicht überall sind die Glaubensvorstellungen darüber dieselben –, so bleibt eines unbestreitbar: die Epidemie mündet in die Masse der Sterbenden und Toten. ›Straßen und Tempel‹ sind davon voll. Es ist oft nicht mehr möglich, die Opfer einzeln zu begraben, wie es sich gehört; in riesigen Massengräbern werden sie übereinandergelegt, Tausende von ihnen in einem Grabe beisammen.

Es gibt dreierlei bedeutende, der Menschheit wohlvertraute Phänomene, deren Ziel in Leichenhaufen besteht. Sie sind einander nahe verwandt und es ist darum besonders wichtig, sie gegeneinander abzugrenzen. Diese drei sind die Schlacht, der Massenselbstmord und die Epidemie.

In der *Schlacht* hat man es auf den Leichenhaufen der Feinde abgesehen. Man will die Zahl der lebenden Feinde verringern, damit an ihr gemessen die Zahl der eigenen Leute um so größer sei. Daß auch eigene Leute dabei umkommen, ist unvermeidlich, aber es ist nicht, was man wünscht. Das Ziel ist der Haufen feindlicher Toter. Man bewirkt ihn aktiv, durch eigene Tätigkeit, die Kraft des eigenen Armes.

Im *Massenselbstmord* wendet sich diese Aktivität gegen die eigenen Leute. Mann, Weib, Kind, alles bringt einander gegenseitig um, bis nichts mehr da ist als der Haufen der eigenen Toten. Damit niemand in die Hände des Feindes gerate, damit die Zerstörung vollständig sei, wird Feuer zu Hilfe genommen.

In der *Epidemie* ist das Ergebnis dasselbe wie im Massenselbstmord, aber es ist nicht willkürlich und scheint durch eine unbekannte Macht von außen auferlegt. Es dauert länger, bis das Ziel erreicht ist; so lebt man in einer Gleichheit schrecklicher Erwartung, neben der alle üblichen Bindungen der Menschen sich lösen.

Das Element der Ansteckung, das in der Epidemie von solcher Wichtigkeit ist, hat die Wirkung, daß die Menschen sich voneinander absondern. Das sicherste ist, niemand zu nahe zu kommen, denn er könnte die Ansteckung schon in sich haben. Manche fliehen aus der Stadt und zerstreuen sich auf ihre Güter. Andere schließen sich in ihre Häuser ein und lassen niemand zu. Einer vermeidet den anderen. Das Einhalten von Distanz wird zur letzten Hoffnung. Die Aussicht auf Leben, das Leben selbst drückt sich sozusagen in der Distanz zu den Kranken aus. Die Verseuchten formen sich allmählich zu toter Masse um – die Unverseuchten halten sich von jedermann, oft auch ihren nächsten Angehörigen, ihren Eltern, ihren Gatten, ihren Kindern fern. Es ist merkwürdig, wie die Hoffnung, zu überleben, den Menschen hier zu einem einzelnen macht, ihm gegenüber steht die Masse aller Opfer.

Aber in dieser allgemeinen Verdammtheit, der jeder von der Krankheit Erfaßte als verloren gilt, ereignet sich das Erstaunlichste: es gibt einige Gezählte, die von der Pest genesen. Es läßt sich denken, wie ihnen unter den anderen zumute sein muß. Sie haben überlebt, und sie fühlen sich als *unverletzlich*. So können sie auch Mitgefühl für die Kranken und Sterbenden aufbringen, von denen sie umgeben sind. »Solche Leute«, sagt Thukydides, »fühlten sich über ihre Genesung so gehoben, daß sie meinten, sie könnten auch in Zukunft nie mehr an einer Krankheit sterben.«

Über das Friedhofsgefühl

Friedhöfe haben eine starke Anziehung; man sucht sie auf, auch wenn man keinen Angehörigen dort liegen hat. In fremden Städten pilgert man zu ihnen hin; man läßt sich Zeit für sie; man ergeht sich darin, als wären sie für einen angelegt worden. Es ist auch in der Fremde nicht immer das Grab eines verehrten Mannes, das einen hinzieht. Aber selbst wenn der Besuch ursprünglich einem solchen galt, so wird doch immer mehr daraus. Man gerät auf dem Friedhof sehr bald in eine Stimmung ganz eigener Art. Es ist fromme Sitte, sich über die Natur dieser Stimmung zu täuschen. Denn der Ernst, den man fühlt und den man noch mehr zur Schau trägt, verdeckt eine geheime Genugtuung.

Was tut der Besucher eigentlich, wenn er sich auf einem Friedhof befindet? Wie bewegt er sich und womit ist er beschäftigt? Er geht langsam zwischen den Gräbern hin und her, besieht sich diesen oder jenen Stein, liest die Namen und fühlt sich von manchen von ihnen angezogen. Dann beginnt er, sich dafür zu interessieren, was unter den Namen steht. Da ist ein Paar, das lange beisammen gelebt hat und nun, wie es sich gehört, nebeneinander ruht. Da ist ein Kind, das ganz klein starb. Da ist ein junges Mädchen, das eben noch seinen 18. Geburtstag erreichte. Mehr und mehr werden es Zeitabläufe, die den Besucher fesseln. Mehr und mehr lösen sie sich von rührenden Besonderheiten ab und werden zu Zeitabläufen als solchen.

Da ist einer 32 Jahre alt geworden und ein anderer drüben 45 Jahre. Der Besucher ist schon jetzt älter, und jene sind sozusagen aus dem Rennen. Er findet viele, die es nicht so weit gebracht haben wie er selbst, und wenn sie nicht ganz besonders jung gestorben sind, erweckt ihr Schicksal durchaus kein Bedauern. Es gibt aber auch viele, die ihn übertreffen. Da finden sich Männer von 70, und hie und da ist auch einer, der über 80 Jahre alt geworden ist. Diese kann er noch erreichen. Sie reizen ihn dazu, es ihnen gleichzutun. Noch ist für ihn alles offen. Das Unbestimmte des eigenen, noch zu erwartenden Lebens ist ein großer Vorteil, den er vor ihnen hat, und mit einiger Kraftanstrengung könnte er sie sogar übertreffen. Es ist sehr aussichtsreich, sich mit ihnen zu messen, denn einen Vorteil hat er schon jetzt vor ihnen: ihr Ziel ist erreicht, sie leben nicht mehr. Mit welchem von ihnen immer er wetteifern mag, alle Kraft ist auf seiner Seite. Denn dort ist keine Kraft, nur das bezeichnete Ziel. Die Überlegenen sind erlegt. Schon jetzt können sie einem nicht mehr von Mann zu Mann ins Auge sehen, und sie flößen einem die Stärke ein, für immer *mehr* als sie zu werden. Der 89jährige, der dort liegt, ist wie ein höchster Ansporn. Was hindert einen, 90 zu werden?

Aber dies ist nicht die einzige Art der Rechnung, auf die man unter einer solchen Fülle von Gräbern verfällt. Man beginnt darauf zu achten, wie lange manche Menschen schon hier liegen. Die Zeit, die einen von ihrem Tode trennt, hat etwas Beruhigendes: um so viel länger ist man schon auf der Welt. Friedhöfe, die noch ganz alte Steine haben, die bis ins 18. oder gar bis ins 17. Jahrhundert zurückgehen, haben etwas Erhebendes. Man steht geduldig vor den verwischten Inschriften und geht nicht von der Stelle, bis sie entziffert sind. Die Zeitrechnung, deren man sich sonst nur zu praktischen Zwecken bedient, erhält plötzlich ein starkes, tiefsinniges Leben. Alle die Jahrhunderte, von denen man weiß, gehören einem zu. Der da unten liegt, ahnt nichts davon, daß der Stehende die Spanne seines Lebens betrachtet. Die Zeitrechnung ist für ihn zu Ende mit der Jahreszahl seines Todes; für den Betrachter ist sie aber weitergegangen, bis zu ihm selbst. Wieviel gäbe der alte Tote darum, könnte er noch neben dem Betrachter dastehen! 200 Jahre sind es her, seit jener starb: man ist sozusagen um 200 Jahre älter geworden als er. Denn vieles aus der Zeit, die seither verstrich, ist einem durch Überlieferung jeder Art wohl bewußt. Man hat darüber gelesen, man hat davon erzählen hören, und einiges hat man auch selbst erlebt. Es ist schwer, hier keine Überlegenheit zu fühlen; der naive Mensch, in dieser Situation, fühlt sie.

Noch mehr aber fühlt er, daß er hier allein spazierengeht. Zu seinen Füßen liegen viele Unbekannte, alle dicht beisammen. Ihre Zahl ist unbestimmt, doch groß, und es werden ihrer immer mehr. Sie können nicht voneinander fort, sie bleiben wie auf einem Haufen. Er allein kommt und geht, wie es ihm beliebt. Er allein unter den Liegenden steht aufrecht.

Von der Unsterblichkeit

Es ist gut, von einem Manne wie Stendhal auszugehen, wenn von dieser Art privater oder literarischer Unsterblichkeit die Rede ist. Ein Mann, der den landläufigen Glaubensvorstellungen mehr abgeneigt ist, wäre schwer zu finden. Er ist vollkommen frei von allen Bindungen und Verheißungen irgendeiner Religion. Seine Empfindungen und Gedanken sind ausschließlich diesem Leben hier zugewandt. Er hat es auf das genaueste und tiefste empfunden und genossen. Er hat sich über alles ausgebreitet, das ihm Freude geben konnte, und er ist darum nicht schal geworden, weil er das *Vereinzelte* auf sich beruhen ließ. Er hat nichts zu fragwürdigen Einheiten zusammengefaßt. Sein Mißtrauen galt allem, das er nicht zu *empfinden* vermochte. Er hat viel gedacht, aber es gibt keinen kalten Gedanken bei ihm. Alles, was er verzeichnet, alles, was er gestaltet, bleibt dem heißen Augenblick seines Ursprungs nahe. Er hat vieles geliebt und an allerhand geglaubt, aber es blieb alles auf eine wunderbare Weise greifbar. Was immer es war, er konnte es gleich in sich finden, ohne daß er der Tricks irgendeiner Ordnung bedurfte.

Dieser Mann, der nichts voraussetzt, der auf alles selber stoßen wollte, der das Leben selbst war, soweit es Gefühl und Geist ist, der sich im Herzen jeder Begebenheit befand und sie darum auch von außen betrachten durfte, bei dem Wort und Gehalt sich auf die natürlichste Weise decken, als hätte er die Sprache auf eigene Faust zu reinigen unternommen, dieser seltene und wahrhaft freie Mann hatte doch einen *Glauben*, von dem er so leicht und selbstverständlich spricht wie von einer Geliebten.

Er begnügte sich ohne Wehleidigkeit damit, für wenige zu schreiben, aber er war ganz sicher, daß in hundert Jahren sehr viele ihn lesen würden. Klarer und isolierter und ohne jede Anmaßung ist der Glaube an literarische Unsterblichkeit in modernen Zeiten nicht zu fassen. Was bedeutet dieser Glaube? Was ist sein Inhalt? Er bedeutet, daß man da sein wird, wenn alle andern, die zur selben Zeit gelebt haben, nicht mehr da sind. Es ist nicht, daß man den Lebenden als solchen übel gesinnt ist. Man räumt sie nicht aus dem Weg, man tut nichts gegen sie, man stellt sich ihnen nicht einmal zum Kampfe. Man verachtet die, die zu falschem Ruhme gelangt sind, aber man verachtet es auch, sie mit ihren eigenen Waffen zu bekämpfen. Man grollt ihnen nicht einmal, denn man weiß, wie sehr sie sich geirrt haben. Man wählt sich die Gesellschaft derer, zu denen man selbst einmal gehören wird: alle jene aus vergangenen Zeiten, deren Werk noch heute lebt, die zu einem sprechen, von denen man sich nährt. Die Dankbarkeit, die man für sie fühlt, ist eine Dankbarkeit für das Leben selbst.

Töten, um zu überleben, kann einer solchen Gesinnung nichts bedeuten, denn man will nicht *jetzt* überleben. Man tritt erst in hundert Jahren in die Schranken, wenn man selbst nicht mehr lebt und so nicht töten kann. Es ist Werk gegen Werk, was sich dann mißt, und es ist zu spät, etwas dazu zu tun. Die eigentliche Rivalität, um die es einem geht, beginnt, wenn die Rivalen nicht mehr da sind. Sie können dem Kampfe, den ihre Werke führen, nicht einmal zusehen. Aber dieses Werk muß da sein, und damit es da ist, muß es das größte und reinste Maß von Leben enthalten. Nicht nur hat man es verschmäht, zu töten, man hat alle, die mit einem waren, mitgenommen in jene Unsterblichkeit, in der alles wirksam wird, das geringste wie das größte.

Es ist das genaue Gegenbild jener Machthaber, bei deren Tod ihre Umgebung mitsterben muß, damit sie in einem jenseitigen Dasein der Toten alles wiederfinden, woran sie je gewöhnt waren. Durch nichts wird ihre tiefinnerliche Ohnmacht furchtbarer bezeichnet. Sie töten im Leben, sie töten im Tod, ein Gefolge von Getöteten geleitet sie ins Jenseits.

Wer aber Stendhal aufschlägt, findet ihn selbst und alles wieder, das um ihn war, und er findet es hier in diesem Leben. So bieten sich die Toten den Lebenden als edelste Speise dar. Ihre Unsterblichkeit kommt den Lebenden zugute: in dieser Umkehrung des Totenopfers fahren alle wohl. Das Überleben hat seinen Stachel verloren, und das Reich der Feindschaft ist zu Ende.

Anmerkungen

S. 30f. Die Schilderung des Haka findet sich bei *J. S. Polack*, New Zealand, A narrative of travels and adventure. London 1838. Vol. I, p. 81–84.

S. 36 Das ›Stehen auf Arafat‹ ist häufig beschrieben worden, am ausführlichsten in *Gaudefroy-Demombynes*, Le Pèlerinage à la Mekke. Paris 1923, p. 241–255.

S. 42 Bechuana: *Dornan*, Pygmies and Bushmen of the Kalahari, p. 291.

S. 42 Boloki: *Weeks*, Among Congo Cannibals, p. 261.

S. 42 Pygmäen des Gabun: Das Lied über die Höhle der Toten stammt aus *Trilles*, Les pygmées de la forêt équatoriale. Paris 1931.

S. 42 Hilfsgeister des Tschuktschen-Schamanen: *Ohlmarks*, Studien zum Problem des Schamanismus, S. 176.

S. 43 Vision des Eskimo-Schamanen: *Rasmussens* Thulefahrt. Frankfurt 1926. S. 448–49.

S. 43 Totenheere des schottischen Hochlands: *Carmichael*, Carmina Gaidelica. Vol. II, p. 357.

S. 43f. Das Nordlicht bei den Lappen und Tlinkit-Indianern: *Höfler*, Kultische Geheimbünde der Germanen. Frankfurt 1934. S. 241–42.

S. 44 Die Bevölkerung der Luft: *Bin Gorion*, Die Sagen der Juden. Bd. I. Von der Urzeit, S. 348.

S. 44 Das Heer der Dämonen bei den Persern: *Darmesteter*, The Zend-Avesta. Part II, p. 49.

S. 44f. *Cäsarius von Heisterbach*: Eine vollständige englische Übersetzung des Dialogus Miraculorum ist unter dem Titel ›The Dialogue on Miracles‹ bei Routledge 1929 in London erschienen. Die Zitate hier stammen aus vol. I, p. 322–23, p. 328; vol. II, p. 294–95.

S. 45f. Gott und sein Hof: *Cäsarius*, vol. II, p. 343.

S. 46f. Heuschreckengedicht: *Waley*, The Book of Songs. London 1937, p. 173.

S. 60 Madame Jullien an ihren Sohn: Brief vom 2. August 1791 in *Landauer*, Briefe aus der Französischen Revolution, Band I, S. 339.

S. 61 Camille Desmoulins an seinen Vater. *Landauer*, Band I, S. 144.

S. 63 Revivals: Gute Berichte über die Revivals, besonders in Amerika, finden sich im Buche von *Davenport*: Primitive Traits in Religious Revivals. New York 1905. Einer der berühmtesten Prediger hat seine eigene Lebensgeschichte erzählt: The Backwoods Preacher. An Autobiography by *Peter Cartwright*. London 1858.

S. 63 Höllenstrafen: *Davenport*, p. 67.

S. 63f. Meeting von Cane Ridge: *Davenport*, p. 73–77.

S. 64 Zuckungen; Bellen; heiliges Lachen: *Davenport*, p. 78–81.

S. 65f. Die Darstellung eines Festes bei den Papua in all seinen Phasen bildet den Gegenstand eines ungemein lebendigen Buches von *André Dupeyrat*: Jours de Fête chez les Papous. Paris 1954.

S. 68 Ein Fest bei den Tupinambu: *Jean de Léry*, Le voyage au Brésil 1556–1558. Neue Ausgabe 1927 bei Payot, Paris. p. 223–24.

S. 70 Kriegstanz der Frauen bei den Kafirs im Hindukusch: *Crooke*, Things Indian, p. 124.

S. 70 Kriegstanz der Frauen bei den Jivaros: *R. Karsten*, Blood Revenge, War and Victory Feasts among the Jibaro Indians of Eastern Ecuador. Washington 1922. p. 24.

S. 70 Mirary and Madagaskar: *R. Decary*, Mœurs et Coutumes des Malgaches. Paris 1951. p. 178–79.

S. 73 *Jeremias*: Kap. 25, 33.

S. 73 Mohammeds Predigt an die toten Feinde: Die Überlieferungen über das Leben Mohammeds nach *Ibn Ishak* erschienen in der deutschen Übersetzung von *Weil* 1864. Diese Arbeit ist überholt von der modernen englischen Übersetzung von *A. Guillaume*, The Life of Muhammad. A translation of Ibn Ishaqs Sirat Rasul Allah. Oxford 1955. Die Berichte über die Triumphpredigt an die Toten finden sich hier, p. 305–306.

S. 74 Der Bericht des Une bei *Erman*, Ägypten und ägyptisches Leben im Altertum, S. 689.

S. 75 Preislied auf Ramses II.: *Erman*, Die Literatur der Ägypter, S. 324.

S. 75 Die Schlacht bei Kadesch: *Erman*, Die Literatur der Ägypter, S. 333.

S. 75 Merenptahs Sieg über die Libyer: *Erman*, Ägypten und ägyptisches Leben, S. 710–711.

S. 75f. Ramses III. und die Libyer: *Erman*, ebenda, S. 711.

S. 76 Zählung von Köpfen bei den Assyrern. – Das Relief aus der

Zeit Assurbanipals ist schematisiert abgebildet bei *G. Maspéro*, Au Temps de Ramses et d'Assourbanipal, p. 370.

S. 83 Das Feuer in den Veden: *H. Oldenberg*, Die Religion des Veda, S. 43.

S. 85f. Feuertanz der Navajos: *Hambly*, Tribal Dancing and Social Development. London 1926. p. 338–39.

S. 86f. Brandstifterin: *Kräpelin*, Einführung in die psychiatrische Klinik. Bd. II. Fall 62. S. 235–240.

S. 95 Die Sturmgötter im Veda. *Macdonell*, Hymns from the Rigveda, p. 56–57.

S. 98f. *Plutarch*, Leben des Pompejus, Kap. 11.

S. 107 Verteilung der Jagdbeute. – Siehe *É. Lot-Falck*, Les Rites de Chasse chez les peuples sibériens. Paris. Gallimard 1953. p. 179–183.

S. 108ff. Der Kriegszug der Taulipang gegen die Pischauko stammt aus *Koch-Grünberg*, Vom Roroima zum Orinoco. Bd. III. Ethnographie, S. 102–105.

S. 122 Totems der Australier. – Neben den älteren Werken von Spencer and Gillen und C. Strehlow sind hier besonders wichtig: *Elkin*, The Australian Aborigines 1943. *Elkin*, Studies in Australian Totemism. The Oceania Monographs No. 2. 1933.

S. 122f. Büffeltanz der Mandan: *George Catlin*, The North American Indians, vol. I., p. 143–44.

S. 131f. Ungutnika und die wilden Hunde: *Spencer* and *Gillen*, The Arunta, p. 169.

S. 132ff. Jagdmeute und Känguruh: Arunta, p. 170–71.

S. 135 Auf dem Kandidaten liegen: Arunta, p. 192–93.

S. 135ff. *Spencer* and *Gillen*, The Arunta. Gänsemarsch, p. 160. Umlauf im Kreise, sehr häufig, z. B. p. 273. Niederlegen in einer Reihe, p. 280, Figur 100. Tanzende Scheibe, p. 261–62. Zwei Reihen einander gegenüber, p. 189. Karree, p. 278. Haufen am Boden, p. 286, 290, 292. Feuerproben, p. 294. Schleudern von brennenden Zweigen, p. 279, p. 289. Beschneidung, p. 219.

S. 141ff. *Mary Douglas*, The Lele of Kasai, in African Worlds, edited by *Daryll Forde*. Oxford University Press 1954. p. 1–26.

S. 141 Prestige des Waldes: *M. Douglas* in African Worlds, p. 4.

S. 143f. Gemeinsame Jagd: *M. Douglas*, p. 15–16.

S. 147ff. *R. Karsten*, Blood Revenge, War and Victory Feasts among the Jibaro Indians of Eastern Ecuador, Washington 1922.

Eine neuere Studie ist die von *M. W. Stirling*, Historical and Ethnographical Material on the Jivaro Indians. Washington 1938.

S. 149ff. *Ruth Benedict*, Patterns of Culture, Houghton Mifflin, Boston 1934. p. 57–130. Deutsche Übersetzung: Urformen der Kultur, Rowohlts Enzyklopädie 1955. S. 48–104.

S. 150f. Regenbeschwörung: Urformen der Kultur, S. 53.

S. 154 Dahomey: *Dalzel*, The History of Dahomey. 1793. Dieses alte, unschätzbare Buch enthält auch die erste ausführliche Schilderung der ›Annual Customs‹, des jährlichen Festes; p. XXff. Weitere Werke über Dahomey: *Burton*, A Mission to Gelele, King of Dahomey. 2 vols. London 1864. – *Ellis*, The Ewe-speaking Peoples of the Slave Coast of West Africa 1890. – *Le Hérissé*, L'Ancien Royaume du Dahomey. Paris 1911. – *Herskovits*, Dahomey, an Ancient West African Kingdom. 2 vols. New York 1938.

S. 157 Der spanische Pilger Ibn Jubayr. – The Travels of *Ibn Jubayr*. Translated by R. J. C. Broadhurst. London, Cape 1952. Ausdehnbarkeit Mekkas, p. 174.

S. 158 Der Prophet des Kampfes und des Krieges: *Goldziher*, Vorlesungen über den Islam, S. 22 und 25. ›Tötet die Ungläubigen‹: Koran, Sure 9, v. 5.

S. 159 Kybele rasend: *Lukian*, Göttergespräche. 12. Gespräch, in der Übersetzung von Wieland.

S. 159 Klage der Isis: *Erman*, Religion der Ägypter, S. 39.

S. 162ff. Neben *Goldzihers* Vorlesungen über den Islam sind für dieses Kapitel herangezogen worden: *Gobineau*, Religions et Philosophies dans l'Asie Centrale. 1865. Neue Auflage, Paris 1957. *Donaldson*, The Shiite Religion. London 1933. *v. Grunebaum*, Muhammadan Festivals. London 1958. *Virolleaud*, Le Théâtre Persan. Paris 1950. *Titayna*, La Caravane des Morts. Paris 1930.

S. 163 Die Leiden Hussains: *Donaldson*, p. 79–87.

S. 163 Heimsuchungen des Geschlechtes des Propheten: *Goldziher*, S. 212–13.

S. 164 Um Hussain weinen: *Goldziher*, S. 213–14.

S. 164 Das Grab Hussains in Kerbela: *Donaldson*, p. 88–100.

S. 165f. Das große Fest der Schiiten. *Grunebaum*, p. 85–94.

S. 166 Zwei Arten von Brüderschaften: *Gobineau*, p. 334–38.

S. 168f. ›Das Theater ist gesteckt voll‹: *Gobineau*, p. 353–56.

S. 170 ›Gehe du und errette von den Flammen‹: *Grunebaum*, p. 94.

S. 170ff. Der Tag des Blutes: *Titayna*, La Caravane des Morts, p. 110–113; zitiert bei *De Félice*, Foules en Délire, p. 170–71.

S. 177ff. *Stanley*: Sinai and Palestine, p. 354–58.

S. 179ff. *Curzon*: Visits to Monasteries in the Levant, p. 230–50.

S. 185ff. In dieser Abteilung sind nur wenige Kapitel vereinigt, die sich mit einer Ausnahme alle auf moderne Verhältnisse beziehen. Es wäre verfrüht, hier mehr zu geben: der Leser ist mit den Ergebnissen der späteren Teile des Buches, die der Untersuchung der Macht gewidmet sind, noch nicht vertraut. Es ließe sich also mit Recht einwenden, daß der Titel ›Masse und Geschichte‹ zu weit gefaßt ist. Die Anwendung der gewonnenen Einsichten über Masse und Meute auf historische Bewegungen früherer Epochen bleibt einer späteren Veröffentlichung vorbehalten, die zum Teil schon ausgeführt, zum Teil skizziert ist.

S. 214ff. Der Bericht, den ich über die Ereignisse bei den Xosas gebe, stammt – etwas vereinfacht – aus *Theal*, History of South Africa, vol. III., p. 198–207. – Der deutsche Missionar *Kropf*, der Zeuge der Ereignisse war, hat seine Eindrücke in einem kurzen, sehr anschaulichen, aber schwer zugänglichen Aufsatze niedergelegt: Die Lügenpropheten des Kaffernlandes. (Neue Missionsschriften, 2. Aufl., Nr. 11, Berlin 1891.) *Katesa Schlosser* hat in ihrem Buch ›Propheten in Afrika‹ (Braunschweig 1949) auf Seite 35–41 eine knappe Version der Ereignisse gegeben. Die wichtigsten Stellen aus *Kropf* finden sich alle bei ihr zitiert. Die ausführlichste moderne Darstellung, mit neuem Material, findet sich im Buch eines südafrikanischen Provinz-Schriftstellers und ist in Europa unbekannt geblieben: *Burton*, Sparks from the Border Anvil, King Williams Town 1950. p. 1–102.

S. 236 *Zuckerman*: The Social Life of Monkeys and Apes. London, Kegan Paul 1932. p. 57–58.

S. 237ff. *Zuckerman*, p. 268–69; p. 300–304.

S. 252 Dschingis-Khan: nach *Wladimirzov*, The Life of Chingis-Khan. London, Routledge 1930. p. 168.

S. 253f. Cäsar: *Plutarch*, Leben des Cäsar, Kap. 15.

S. 257f. Das Leichenbankett des Domitian: *Dio*, Römische Geschichte. Epitome von Buch LXVII, Cap. 9.

S. 259ff. Der Bericht findet sich in *Josephus*: Geschichte des Jüdischen Krieges, Buch III, Cap. 8.

S. 263 ›Übrig blieb schließlich eben Josephus selbst, sage man durch glücklichen Zufall oder durch göttliche Fügung, mit noch einem Gefährten.‹ – In der slawischen Version des Jüdischen Krieges, die sich nach Meinung mancher Gelehrter auf einen früheren griechischen Text stützt, findet sich statt dieses Satzes ein anderer, der die Sache unverhohlen beim Namen nennt: ›Nachdem er (Josephus) dies gesagt hatte, rechnete er sich listig die Nummern aus und täuschte sie so alle.‹ Siehe die neue englische Übersetzung in den Penguin Classics: *Josephus*, The Jewish War, translated by G. A. Williamson, p. 403. Appendix: The Slavonic Additions.

S. 268 Muhammad Tughlak: siehe das spätere Kapitel Der Sultan von Delhi.

S. 268 Eroberung von Mudkal. – *Sewell*, A Forgotten Empire, p. 34.

S. 269 Hakim: *Wolff*, Die Drusen und ihre Vorläufer. Leipzig 1845. S. 286.

S. 270 ff. Für einen knappen Überblick über die Geschichte der Mogul-Kaiser, siehe *Smith*: The Oxford History of India, pp. 321–468.

S. 270 Der Bericht der Jesuiten über den Prinzen Salim stammt aus *Du Jarric*, Akbar and the Jesuits, translated by C. H. Payne. London, Routledge 1926. p. 182.

S. 272 Shaka: Die beste zeitgenössische Schilderung Shakas ist die des englischen Reisenden *Henry Finn*. Sein Tagebuch, das schon früher vielfach benutzt worden war, ist nach über 100 Jahren auch in Buchform erschienen: The Diary of *Henry Francis Fynn*, Edited by J. Stuart and D. Mck. Malcolm. Pietermaritzburg. Shuter and Shooter 1950. Die einzige moderne Biographie von Wert, die sich neben allen schriftlichen Quellen auch auf mündliche Traditionen stützt, ist von *Ritter*, Shaka Zulu. London, Longmans Green, 1955.

S. 276 Das Jahrhundert der Etrusker: *A. Grenier*, Les Religions Étrusque et Romaine. Paris 1948. p. 26.

S. 278 Mana auf den Marquesas: *Handy*, Polynesian Religion, p. 31.

S. 279 ff. Der Töter bei den Murngin: *Warner*, A Black Civilisation. Harper and Brothers 1958. p. 163–165. Dieses Buch, das 1937 zuerst erschien, ist die umfassendste und bedeutendste Darstellung eines australischen Stammes, die es bis heute gibt.

S. 281 f. Der Held auf den Fiji-Inseln: *Lorimer Fison*, Tales from Old Fiji, p. 51–53, p. XXI.

S. 283 ff. Schlangenungeheuer und Held bei den Uitoto: *K. Th. Preuss*,

Religion und Mythologie der Uitoto. Göttingen 1921. Bd. I, S. 220–29.

S. 286 f. Ein Überlebender bei den Taulipang: *Koch-Grünberg*, Indianermärchen aus Südamerika. Jena, Diederichs 1921. S. 109–10.

S. 288 f. Der Ursprung der Kutenai: *Boas*, Kutenai Tales. No 74, The Great Epidemic, p. 269–70. Washington 1918.

S. 289 f. Massenselbstmord bei den Ba-ila: *Smith* and *Dale*, The Ila-speaking Peoples of Northern Rhodesia. London 1920. Vol. I., p. 20.

S. 290 Cabres und Caraiben: *Humboldt*, Reise in die Äquinoctial-Gegenden des neuen Continents, Bd. V, S. 63.

S. 293 f. Tod eines Indianerkindes in Demerara: *Roth*, An Inquiry into the Animism and Folklore of the Guiana-Indians. Washington 1915. p. 155.

S. 294 ff. Ahnenkult bei den Zulus: Der tote und der lebende Bruder. – *Callaway*, The Religious System of the Amazulu. 1870. p. 146–159.

S. 300 f. Das Königsmedium in Uganda: *N. K. Chadwick*, Poetry and Prophecy, Cambridge 1942. p. 36–38.

S. 301 ff. Der Ahnenkult der Chinesen: *Granet*, La Civilisation Chinoise. Paris 1929. p. 300–302. – *Henri Maspéro*, La Chine Antique. Neue Auflage. Paris 1955. p. 146–155. – *Jeanne Cuisinier*, Sumangat. L'âme et son culte en Indochine et en Indonésie. Paris, Gallimard 1951. p. 74–85.

S. 304 ff. Die Pest in Athen: *Thukydides*, Geschichte des peloponnesischen Krieges, Buch II, Kap. 47–54.